感谢国家自然科学基金重大项目"创新驱动创业的重大理论与实践问题研究"（72091310）课题三"大型企业创新驱动的创业研究"（72091311）、国家自然科学基金面上项目"悖论视角下工业互联网平台生态形成与演进机制研究"（72472137）以及教育部人文社会科学研究一般项目"基于工业互联网平台的大中小企业融通发展模式形成、治理与评价研究"（22YJA630011）的资助。

HANDBOOK OF
CORPORATE ENTREPRENEURSHIP RESEARCH

公司创业研究手册

戴维奇◎著

经济管理出版社
ECONOMY & MANAGEMENT PUBLISHING HOUSE

图书在版编目（CIP）数据

公司创业研究手册／戴维奇著. --北京：经济管
理出版社，2025.6. --ISBN 978-7-5243-0341-1

Ⅰ. F276.6

中国国家版本馆 CIP 数据核字第 2025QP8931 号

组稿编辑：丁慧敏
责任编辑：丁慧敏
助理编辑：李浩宇
责任印制：张莉琼

出版发行：经济管理出版社
　　　　　（北京市海淀区北蜂窝 8 号中雅大厦 A 座 11 层　100038）
网　　　址：www. E-mp. com. cn
电　　　话：(010) 51915602
印　　　刷：唐山玺诚印务有限公司
经　　　销：新华书店
开　　　本：710mm×1000mm/16
印　　　张：30. 75
字　　　数：518 千字
版　　　次：2025 年 7 月第 1 版　　2025 年 7 月第 1 次印刷
书　　　号：ISBN 978-7-5243-0341-1
定　　　价：98. 00 元

序 一

我一直主张要加强对大企业创业的研究，因为大企业不仅仅代表一个国家和地区的经济实力和科技实力，也是新一轮科技革命和产业变革中的创业主力。过去30多年，我国传统产业的技术追赶，大部分由大企业承担完成，比如，我国的建筑、能源、高铁、空天、电力等产业，之所以具有国际竞争力，是因为大型国有企业做出了不可替代的贡献。大型民营企业也是如此，如海尔的"人单合一"、小米的"生态链"、美的智能设备制造商转型等，也无一不是大型民营企业内部创新创业的结果，国内大企业通过公司创业实现持续发展，开始形成战略科技力量的系统框架。再从世界范围看，3M、微软、脸书、西门子、谷歌等大型企业，依靠知识、人才和资源积累，调动整个公司的创新创业资源，为公司内创业提供了强大支持。

反过来，我们也必须认识到，大企业的创新创业活力肯定远远比不上中小企业，特别是科技型民营中小企业。虽然传统产业的创新追赶和创业发展中，大企业发挥了中流砥柱、战略基础作用，但是，在新兴产业和未来产业的创新发展中，民营企业却成为最重要的力量。无论是人工智能产业的杭州六小龙出圈，还是数字平台三大高地（深圳、北京、杭州）的形成，无不说明，在数字产业化风起云涌的当下，大型国有企业几乎都是"旁观者"。为什么占尽天时、地利的大型国企难以通过公司创新型创业开拓全球数字技术创新创业的新地？这个问题也需要从理论上给予明确的回答。因此，从辩证关系看，需要对大企业的创新创业做深入研究，找到其特质和问题，对症下药，提出建议。

其实，理论界对企业创新创业的研究没有停止过。20世纪60年代，学界就提出"公司创业""战略创业""内创业"等概念来表征大企业的创新创业，还形成了"组织层面创业"的研究领域。只是在起始阶段，学者把组织层面创业看作消除"大企业病"的一种手段。到了 20 世纪 70 年代，学者发现大企业创业是一种变革的姿态，以此来激发企业的变革努力，实现与环境的动态一致性，该阶段学界把公司创业看作"战略适应"的重要手段。进入 21 世纪后，随着数字技术的广泛运用，企业组织形态和组织间竞争逻辑发生了根本性改变，公司创业风起云涌，各类平台企业、生态企业运用组织层面创业活动，试图改变既有的业务结构、商业模式和组织架构，让大企业也能适应数字经济的变化。在这个过程中，我们看到了海尔集团、华为技术、美的集团等大型民营企业，已经在数字时代的创新创业模式上做出了有影响力的成就。

虽然不少大企业取得了突破，但绝大部分国有大企业和大部分民营大企业还是难以跳出路径依赖和刚性束缚。那么，在产业组织、生产方式、创新模式剧烈变迁的新情境下，大企业是不是有可能走出"创新的窘境"？我认为是有可能的，因为多产业融合、组织边界模糊、创新生态重构，为那些敢于突破路径刚性的大企业提供了新机会。事实上，我们发现，华为、阿里、苹果这样的大企业，在创新能力和创业精神方面继续走在全球前列。为此，我们需要在理论上阐述清楚为什么有的大企业可以持续拥有创新活力，而有的大企业则掉入了创新的陷阱？特别是我国的大企业，是否有可能通过制度创新、体制创新、市场创新等方式，像国际科技巨头那样，持续走在创新驱动发展的前列？5 年前，我们刚开始谋划国家自然科学基金重大项目"创新驱动创业的重大理论与实践"时，我就提出要关注对大企业创新驱动创业的研究。

目前，开展对大企业的"组织层面创业"研究，至少有以下三层特别的意义。一是有利于探索出大企业服务国家创新驱动发展的新模式。至今，我国还没有完全确立企业作为创新第一主体的地位，那么多巨型国有企业在服务国家高水平科技自立自强上难有作为。这需要理论界和产业界深刻反省创新驱动创业的体制机制问题。二是有利于促进大企业依靠创新参与全球竞争。如果我们 100 多个巨无霸国有企业有了创新驱动创业的活力，他们完全有实力去参与全球竞争，他们的创新驱动创业的活力迫切需要被激发。三是有利于探索出大企业赋能海量中小企业创新驱动发展的新机制。我注意到一种现象——虽然巨型国有企业没有创新活力，但他们实在拥有太多资源，可以发挥市场资源池、资金资源池功能，通过"二老板"机制，把资源再配置给海量民营企业，也算是发挥了"影子政府"的作用。

以上三方面功能是我不成熟的猜想。要实现以上功能，就需要理论界把视野放得更加开阔一些，不能仅仅停留在企业组织内部来研究公司创业问题，要更加关注市场体制、技术体制和制度体制对大企业创新创业的影响，要更加关注百年未有之大变局下的公司创新创业行为，更加关注新发展格局下的公司全球创新创业行为，这应该是创业学者对国家需求的响应。

学术的使命是服务世界，学者的使命是服务我们的人民，对于管理学科的学者来说，仅仅停留在文献梳理和相关性检验上做研究，是远远不够的。我期望青年学者们更多地通过学术活动来承担国家使命。

戴维奇教授长期研究大企业创业行为，承担过多个国家和其他纵向项目研究，经常深入实践一线去调研，取得了丰富的科研成果，他还是我国创业领域青年学者的优秀代表，他嘱我为本书写个序，我非常乐意。也借此机会祝他取得更多优秀的学术成果，服务企业创业实践。

2025 年 5 月 20 日

序 二

公司创业作为企业在动态竞争环境中实现持续发展与战略适应的关键活动，其研究领域在过去半个多世纪里经历了丰富的演进与拓展。《公司创业研究手册》一书的问世，恰逢其时地为学界和业界提供了一部系统、全面且深入剖析公司创业研究的工具书。

本书以 1969~2024 年公司创业领域的发展为时间轴，沿着"总体图景—构念体系—过程研究—情境嵌入—未来蓝图"这一清晰主线展开五篇内容。从阐述公司创业研究的历史背景、发展脉络与研究边界，勾勒出领域的全景图为出发点；到深入探讨核心构念及其维度，梳理重要构念成果；再到解构公司创业过程，剖析关键行动者，以及分析不同情境下的研究成果；最后对比国内外研究，展望未来方向，每一部分都环环相扣，构建起完整且系统的知识体系。

在研究方法上，作者综合运用逻辑思辨、文献计量、比较研究和历史研究等多种方法，确保了研究的科学性与严谨性。通过对大量文献的深入分析和对关键学者学术史的梳理，书中不仅厘清了公司创业研究的学术根基与边界范畴，还首次归纳出公司创业构念的最新维度。公司创业过程"黑箱"的打开、对情境化研究的深刻洞察，以及对国内外研究差异的细致比较，都体现了作者在该领域的长期积淀和敏锐洞察力。

本书建构的知识体系、厘清的构念体系以及集成创新的研究成果，为公司创业研究提供了坚实基础和发展方向。对于研究者，它是理论指南，助力快速融入研究社区并开展前沿探索；对于企业，它是实践指引，指导管理方式及评估创业活动价值；对于政府，它是参考，推动新兴经济体下公司创业政策的制定与完善。

总之，《公司创业研究手册》是一部将理论与实践融为一体的著作，对推动公司创业研究的发展具有重要意义。我相信，无论对公司创业领域的研究者、实践者还是政策制定者，这部著作都将引领他们在公司创业的探索之路上不断前行，收获新的洞见与成果。

是为序。

2025 年 5 月 20 日

序 三

在全球经济加速变革、数字技术深度渗透的时代背景下，公司创业已成为企业突破成长瓶颈、重塑竞争优势的核心引擎。《公司创业研究手册》恰逢其时地为学界与业界提供了一幅纵贯半个世纪、横跨多元情境的公司创业研究全景图谱。这部著作以长期的学术积淀、系统的研究框架和鲜明的现实关怀，展现了作者在该领域的深刻洞见，必将成为公司创业研究的重要参考书。

追溯学术脉络：构建知识体系的"坐标系"

公司创业研究的演进，折射出企业管理理论与实践的迭代逻辑。从20世纪60年代末作为破解"大企业病"的工具萌芽，到数字时代成为主动驾驭环境变革的战略核心，这一领域的发展始终与时代同频共振。作者以历史研究法为轴线，将公司创业研究划分为萌芽、探索、发展、高潮、深化五个阶段，清晰勾勒出从单一构念到多维体系、从被动适应到主动创新的演化轨迹。尤为重要的是，书中首次构建了"总体图景—构念体系—过程研究—情境嵌入—未来蓝图"的立体化知识框架，为后续研究提供了可追溯的学术根基与可拓展的知识坐标系。这种对学术史的系统性梳理，解决了既有研究碎片化的问题。例如，书中通过文献计量法与CiteSpace可视化分析，呈现关键词时区图谱，直观揭示研究热点的迁移规律；运用比较研究法厘清构念间的异同，明确公司创业与战略创业、创业导向等概念的边界与关联。这些工作如同为领域研究搭建了"数字地图"，使研究者快速定位学术坐标、把握前沿动向。

解构研究维度：打开理论创新的"工具箱"

公司创业的复杂性，体现在其多维交织的研究范畴。作者以逻辑思辨为手术刀，剖析了领域内的核心命题：在构念层面，首次将"公司保育"纳入构念维度，揭示了数字时代企业在创新与守成之间的平衡逻辑；在过程研究中，整合 Burgelman 的战略过程模型、Hornsby 的互动过程模型等经典理论，同时引入组织学习、合法性等新视角，打开了创业活动从机会识别到资源配置的"黑箱"；在主体分析中，首次系统阐释高层、中层、基层管理者及员工的角色分工，从微观基础角度解构组织行为的内在机制。

情境化研究是本书的另一大亮点。面对新兴经济崛起、家族企业转型与数字技术颠覆的三重语境，作者深入剖析不同情境下公司创业的独特规律：在新兴经济中，制度变迁如何塑造创业战略；在家族企业中，代际传承与创业精神如何协同；在数字时代，平台生态与数据驱动如何重构创业逻辑。这种对"情境嵌入"的深度挖掘，既回应了管理学研究的本土化诉求，也为全球学者理解制度多样性下的创业现象提供了中国视角。

面向实践前沿：提供知行合一的"路线图"

学术研究的终极价值，在于为实践提供思想武器。本书对研究者、企业与政府均具有鲜明的指导意义：对于学界而言，清晰的领域边界界定与构念体系建构，为学术新人快速融入研究社区提供了"入门指南"，而对未来研究方向的前瞻性思考（如内涵维度深化、理论视角拓展、情境化创新等），则为资深学者开辟了新的学术疆域。对于企业而言，书中关于创业过程阶段、关键主体角色、效果评估框架的论述，可直接转化为管理工具。例如，管理者可依据创业导向维度设计激励机制，参照情境化模型制定数字化转型策略。对于政府而言，书中揭示的新兴经济创业规律，为政策制定者优化创新创业生态、设计差异化扶持措施提供了理论依据，尤其在数字经济战略布局、家族企业传承政策等方面具有现实参考价值。

戴维奇教授的研究团队展现出良好的学术整合能力与现实洞察力。作为长期深耕数字平台生态与公司创业领域的学者，其在《管理世界》、*Journal of Business Ethics* 等期刊发表的 80 余篇论文，以及主持的 3 项国家自然科学基金项目，为本书奠定了坚实的研究基础。书中既有对国际前沿理论的批判性吸收，也有对中国企业实践（如互联网平台创业、传统企业数字化转型）的观察思考，体现出"顶天立地"的研究模式——既攀登学术高峰，又扎根实践沃土。在管理学研究日益强调交叉融合与本土化创新的今天，《公司创业研究手册》的出版恰逢其时，既是对过往研究的集成，更是面向未来的开篇。相信这部著作能助力推动公司创业研究在理论深度与实践广度上实现新的突破，为中国企业在不确定时代的创新发展提供智慧支撑。

张玉利

2025 年 5 月 20 日

前 言 Preface

——Me-search！

Dean A. Shepherd

随着创业研究的深入和研究成果的推广，"公司创业"（corporate entrepreneurship）这一概念获得了越来越高的认知度。不仅在学界，而且在实务界也是如此。

中文里的"公司创业"与英文里的"corporate entrepreneurship"，实际上都具有两层含义：一是可以指称一个研究领域（research domain），二是可以代表一个理论构念（construct）。当公司创业指向一个研究领域时，是指包括公司创业、创业导向、战略创业、内创业等关键构念在内的，研究在位企业的创业行为或现象的专门研究领域。而当我们用它来表达一个构念时，则是指相对于个体层面创业而言的组织层面的创业行为（firm-level entrepreneurship）。本书旨在刻画半个多世纪以来公司创业领域的研究进展，建构公司创业研究的概念体系和知识体系。因而，本书书名中的"公司创业"指向的是一个研究领域。除此之外，本书其他地方所提及的"公司创业"既可能是指研究领域意义上的公司创业，也可能是指理论构念意义上的公司创业。

实际上，出于严谨性的考虑，当我们要表达研究领域意义上的"公司创业"时，使用"组织层面创业"的概念或许更为合适。这是因为，corporate entrepreneurship 应当是指"大公司的创业活动"。尽管这一理解符合早期研究的现实，但随着时间的推移，中小企业的创业活动及其研究也用上了"corporate entrepreneurship"的标签。这样一来，"大公司的创业活动"的提法也变得不甚恰当。"corporate entrepreneurship"一词最达意的翻译应当是"在位企业的创业"或"组织层面的创业"。考虑到不论是大企业还是中小企业均可被称为"组织"或"在位企业"，加之"在位企业的创业"的提法并不常用，而"组织层面创业"更易理解，因此用"组织层面创业"来指称我们所关注的公司创业研究领域更为恰当。然而，考虑到"公司创业"已被人广为传播且符合当下的认知习惯，因此我们最终还是没有使用"组织层面创业"的提法。

从上述概念界定过程中，读者或许就可以体会到"公司创业"这一领域概念体系的琐碎与复杂，要在短期内快速把握这一领域实属不易。这也促使我和我的团队萌生了出版一本研究手册的想法。本人对于公司创业的研究始于2007年。当时，我刚刚考入浙江大学管理学院攻读博士学位。那年，也是浙大管院要求脱产读博士的第一年。放弃教职去攻读脱产的博士学位，这将带来种种转变和挑战。然而，我很快做了决定，毅然开启了个人成长过程中的一次重要转型。很多人对我的决策感到不解，但若干年后回头来看，这个凭借直觉做出的决策是经得起推敲的。这一经历的影响是多方面的，不仅是生活、家庭和职业上的，事实上它也影响了我对研究方向的选择。我至今依然记得那段在浙江大学紫金港校区李摩西医学外文图书馆阅读文献的美好时光。那时，我总是早早地来到图书馆，在落地窗边的位置坐下。尽管窗外有着类似"康桥流水"的景观，但我也无暇他顾，而是有滋有味地看起一篇篇论文。只有中午在图书馆自带的小餐厅用餐后，我才会在绿茵茵的草地上慢慢行走片刻，沐浴正午阳光，眺望一下远处英伦风格的楼宇。就是在这样的环境中，我慢慢开始进入公司创业研究领域。

导师魏江教授专攻战略和创新。于是我也沿着这两个领域探索。一次偶然的机会，我阅读到Hitt等编写的《战略管理》教材最后一章，正是战略创业。当时，战略创业这一构念在Hitt等学者的倡导和推进下，经过几年的发展已慢慢成熟，进入了主流的《战略管理》教科书，也成为战略管理领域最为新颖的知识模块之一。从这个章节中，我欣喜地发现，战略创业所倡导的"同步追逐机会和优势"的思想，本质上是马奇"探索—开发"理论框架在战略管理领域的运用。与此同时，战略创业实际上是公司创业的一种具体形式或一个部分。我找来几篇公司创业的论文，发现其刻画的不断创新、冒险和战略更新的现象代表着在位企业不满足于现状、奋发向上的姿态，能很好地解释为何有的企业孜孜不倦、不断实现转型升级，而有的企业安于现状、停滞不前的客观现实。再经过一段时间的阅读，我发现这是一个内容相当丰富的研究领域，层次多样且不断演进发展，具有很强的生命力。很快，我就喜欢上了这个领域。一方面，它不仅能很好与当时企业的转型升级话题结合；另一方面，也许是更重要的方面，它与我自身的经历契合——对我来说，放弃教职重新回炉再造何尝不是一种创业、一次转型？或许正因如此，我很容易理解公司创业文献的内涵，因为只要我将企业层面的故事投射到自己身上时，便豁然开朗。正如知名创业学者 Shepherd 所说的那样，研究者要做"me-search"——要从自己的经历中挖掘"自己有感觉"的研究主题，并为其提供洞见。很幸运的是，早在攻读博士学位的早期阶段，我就不知不觉地做到了。

之后，我与公司创业研究就结下了不解之缘。博士期间，我专注于集群企业的公司创业前因、行为和影响因素等方面的研究，作为骨干参与了与公司创业主题密切相关的课题研究，包括国家自然科学基金面上项目"文化根植性与产业集群演变轨迹的关联机理研究""知识网络双重嵌入、知识整合与制造型集群企业能力轨迹跃迁研究"，以及国家社会科学基金重大项目"二次创新—组合创新—全面创新：中国特色自主创新道路研究"等；同时，以第一作者身份在《科学学研究》《科学学与科学技术管理》《外国经济与管理》等期刊上发表论文，以集群企业为研究对象，分别探讨了关系嵌入、结构嵌入以及两者的交互对于公司创业的影响效应、公司创业行为与其财务绩效的关系以及任务环境对于"公司创业—财务绩效"关系的权变影响、咨询网络的结构特征以及建议者分享信息等因素对于公司创业的影响等重要内容。

博士毕业后我到高校任教，除公司创业与集群企业的研究外，逐渐将研究内容延伸至战略创业、创业导向、创业教育及公司社会创业（corporate social entrepreneurship）等方面，重点分析了战略创业、公司创业、公司社会创业的构念定位、演化进程以及未来研究方向等内容，从内涵、生成机制、存续关系等七个维度细致勾勒作为后来者的战略创业之于公司创业的差异，以及战略创业这一新构念对组织层面创业研究的"附加价值"，指出未来中国背景下战略创业研究的三个基本方向：正面应对效度争议、展开多视角的研究以及实现研究的情境化，借此推进了中国情境下的战略创业研究，为增强理论的实践指导意义提供了动力。

近年来，我先后主持了三项以公司创业为主题的国家级科研项目和八项省部级科研项目；主持完成的两项国家自然科学基金项目《为何不停歇？战略参照点理论视角下公司创业生成与持续机制研究》（国家自科面上项目，编号：71672168）和《产业网络嵌入、公司创业与集群企业升级研究》（国家自科青年项目，编号：71202173）的后评估均为"优秀"；同时，在 *Journal of Business Ethics*、*Entrepreneurship and Regional Development*、*Asia Pacific Journal of Management*、*Journal of Business Research*、*International Entrepreneurship and Management Journal*、*Asian Business & Management* 等外文学术期刊以及《管理世界》《科研管理》《科学学研究》等中文学术期刊上公开发表了 30 余篇以公司创业为主题的论文，出版了 8 部学术专著。我猜想，这些成果的取得，或许还是与自己对这个领域有比较好的"感觉"有关吧。

转回到本书的写作。在本书的写作过程中，我们努力做到三个面向。一是面向公司创业的青年学者，希望能为其快速把握这一领域提供一个门径。我们经常在想，如果通过本书的阅读，青年学者能迅速地走到公司创业研究的前沿，那么我们的努力就没有白费。二是面向对公司创业感兴趣的研究生。我们希望本书能像一张地图那样，帮助我们的研究生从纷繁复杂的文献中快速理出头绪。我们也经常提醒自己，每一个章节都要能够起到提纲挈领的作用，要成为研究生科研路上的路标和指南针。三是面向公司创业资深学者。我们希望本书能够在一定程度上起到回顾总结的作用，同时也能够激发资深学者进一步开发"公司创业的中国理论"（Chinese theory of corporate entrepreneurship）的热情。总之，我们希望为新手提供快速进入领域的指引，为研究生培养提供素材，为未来公司创业研究提供方向。当然，我们也希望这本书能够对所有愿意了解公司创业研究或对公司创业现象感兴趣的人们有所帮助。

一个好的想法的形成往往是很快的，但想法的落地通常会遭遇种种波折。本书的写作从 2020 年 3 月底就启动了，但到 2022 年 4 月才初步完成，历时两年多。之后，我又用两年多对全书的架构进行了调整，直到 2024 年 6 月，全书的写作才真正告一段落。其间，我不断调整本书的框架结构，最终形成了一个基本令自己满意的内容安排。全书包括五篇。第一篇是总体图景，由第一章来交代。作为引言，第一章主要设定公司创业领域的构成与边界。第二篇为构念体系，包括第二章到第五章，用以描述公司创业构念的维度演化、测量、前因与后果、三个关键维度等内容，讲述除公司创业之外的其他核心构念，包括创业导向、内创业和再投资等。第三篇是过程研究，由第六章、第七章和第八章构成，解构公司创业的一般过程、前因与后果研究的主要发现以及公司创业过程中的关键行动者。第四篇是情境嵌入，包括第九章到第十一章，主要梳理新兴经济背景、家族企业情境以及数字时代背景下的公司创业研究进展。第五篇是未来蓝图，包括第十二章，在对比国内外研究进展的基础上，提出了未来公司创业研究的若干进路。

本书的完成是众人努力的结果，感谢王珊珊、周丹和贺锦江等同仁承担的研究工作。感谢我的研究生王铱、姜悦、张妙、邵梅、钱奕彤、赵映、胡双、张晓萍、秦鑫鑫、梁雨薇、胡亚冰、张蓝予、徐一格、周泽军、李雯、任静等在研究工作中的付出和贡献，也感谢研究助理何诗宁做出的努力。饮水思源，感谢导师魏江教授对我研究工作全方位、长期的指导。感谢张玉利教授对我长期以来的学术指导，尤其是其主持的重大课题子课题给予的大力支持。感谢蔡莉教授、李新春教授和苏敬勤教授等对本书所做的专业指导。最后，尽管我们尽了最大努力确保内容的准确性，但在浩繁的文献包围下也难免出现纰漏，欢迎各位读者不吝批评指正。

戴维奇

2025 年 5 月 20 日

于杭州橡树园

简明目录 Concise Contents

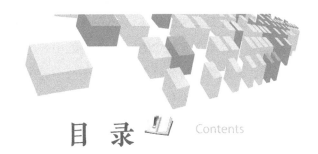

目 录 Contents

第三篇　过程研究

第四篇　情境嵌入

第五篇　未来蓝图

第一篇
总体图景

第一章 公司创业研究的总体图景

本章以"起源—脉络—边界—架构"的叙事线索,缓缓铺开一幅公司创业研究的宏伟画卷。我们先追溯至公司创业研究的诞生之地,揭示其深厚的历史渊源与理论根基。如同穿越时空的旅者,我们沿着时间的长河,追溯过去五十余年,公司创业研究所走过的曲折路径,展现其发展的脉络与变迁。

随后,我们将视野拓展至空间维度,界定公司创业研究的疆界与领域,如同绘制一幅精细的地图,标明每一个研究领域的领地与边界。最终,我们以宏观的视角,概述本书的结构框架,以及它所蕴含的学术价值与深远意义,为读者呈现一幅公司创业研究的"全景图",引领读者进入一个充满智慧与探索的世界。

本章的逻辑框架见图1.1。

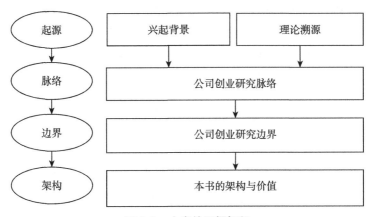

图 1.1 本章的逻辑框架

第一节　公司创业研究兴起背景

创业的本质是机会的识别与利用（Shane & Venkataraman，2000）。创业行为的主体可以是独立的个体，也可以是组织。前者引出了个体创业（individual entrepreneurship）或独立创业（independent entrepreneurship）的概念，用以刻画独立的个体识别和利用机会的现象。后者则引出公司创业（corporate entrepreneurship 或 firm-level entrepreneurship）的概念，用以刻画在位企业或组织发起的识别和利用机会的过程。

关于公司创业研究的起源，Shepherd 和 Katz 在其 2004 年的著作《创业、组织涌现和成长研究进展（第七卷）》中为我们提供了深刻的洞见。他们指出，在学术界开始系统性地关注公司创业之前，这一现象已在商业实践中悄然兴起。最早对公司创业现象进行系统分析的，是管理学界的两位杰出观察家：彼得·德鲁克和 Arnie Cooper。德鲁克在 20 世纪 70 年代提出了"商业企业中的创业"（entrepreneurship in the business enterprise）这一概念，而 Cooper 则深入探讨了"创业型环境"。

公司创业研究兴起的标志性事件有两个：一是 Westfall（1969）在美国管理学会学报（Academy of Management Journal）上发表了题为《推进美国产业中的公司创业》（Stimulating Corporate Entrepreneurship in U. S. Industry）的文章（Westfall，1969），成为管理学术期刊上第一篇与"公司创业"直接相关的文章；二是 1975 年"创业与企业发展国际研讨会"在美国辛辛那提市召开，发表了数篇有关"公司创业"的学术会议论文，为 20 世纪 70 年代后半程的公司创业研究铺平了道路。这一研讨会也是公司创业朝着有组织的学术共同体迈进的标志（Shepherd & Katz，2004）。考虑到上述两个重要事件均出现在美国，有理由将美国作为公司创业研究的发源地。

学术研究的出现与现象的涌现密切相关。那么，20 世纪 70 年代的美国企业，面对的究竟是什么样的环境从而激发其从事创业活动？对于这一问题，彼得·德鲁克在 1985 年出版的《创新与创业精神》一书中，或多或少给出了答案。概括来说，主要有以下四个方面（Drucker，1985）。第一，第二次世界大战（"二战"）以来，随着美国科技投入的不断增加，新技术引致的创业机会不断涌现，为大企业从事创业活动创造了天然的条件。"二战"前后，美国大力发展科技教育，利用高新技术成果，改进传统工业生产技术，发展新兴工业和军事工业（Guth & Ginsberg，1990）。随着教育和科研经费投入的持续增加，高科技成果不断涌现，这为大企业启动创业活动奠定了基础。第二，高素质人才的涌现为在位企业开展创业活动提供了人力资源保障。"二战"以来，美国政府不断加大外来高素质人才的引进力度，同时加强基础教育，提升国民整体素质。加之，当时的美国社会相对稳定，就业岗位需求较大，大量人才涌入大企业，其中不乏具有企业家精神的"创业者"（Drucker，2002），这为大企业开展创新和创业活动提供了保障。第三，无可比拟的经济条件成为大企业开展创业活动的坚实基础。大企业凭借雄厚的资金实力，可以不断尝试新的创业想法。反观中小企业，融资难问题未得到解决，进而难以有效实施创业活动。于是，不少大企业对新产品、新业务和新市场进行了探索，同时加大了对于新创和中小企业的投资，成功获得了"创业租金"（Guth & Ginsberg，1990）。第四，"二战"后，产业结构的快速变迁要求美国企业实现转型升级，这直接推动了在位企业创业活动的开展。随着第三次科技革命的发展，"二战"后美国的经济结构由劳动密集型、资源密集型向知识密集型和技术密集型转变，其产业结构也由传统工业向新兴工业转变（Mowery，2009）。传统工业部门为了提高其在市场中的地位，充分利用第三次科技革命的新成果，引进先进的技术，自我完善改造以谋求更长远的发展（Mowery，2009）。时至20世纪60年代，一些企业开始质疑研发投资的价值。它们发现，虽然通过研发掌握了最先进的科学知识，然而鲜有将其商业化的案例（Wolcott，Lippitz & Booksx，2010）。为解决技术商业化难题，一些企业选择创建独立的新业务单元或企业，致力于寻找和开发与现有产品不匹配的甚至是冲突的机会，或那些自身业务单元囿于种种限制而无法追求的机会（Fini，Rasmussen，Wiklund & Wright，2019）。还有一些企业并没有建立独立的新业务发展部门，而是试图通过模仿领先企业的实践和文化来重塑企业内部的概念化能力和商业化能力（Wolcott，et al.，2010）。这些都为公司创业的盛行铺平了道路。

总之，在上述因素的共同作用下，从20世纪70年代中期开始，美国率先从"管理型经济"向以"创新"为重要特征的"创业型经济"转型（Drucker，2002）。管理型经济也被称为"大企业经济"——在位大企业在其中占据主导地位，而新创企业、小企业是大企业的追随者。随着管理型经济向创业型经济的转变，新创企业和小企业由大企业的追随者变为经济增长的关键引擎。在这一转型过程中，美国的大企业不再满足于传统的经营模式，而是开始积极探索新的商业领域，建立新的业务单元，甚至孵化和培育新兴企业。公司创业活动不仅在经济发展模式的大转换中应运而生，而且它们本身也成了推动创业型经济形成的重要力量。

第二节　公司创业研究理论溯源

从学术渊源来看，公司创业研究脱胎于战略管理。最初，公司创业研究就是从战略管理研究中分化出来的一个重要分支。早在 20 世纪 70 年代末，两位在战略管理领域作出开创性贡献的学者 Schendel 和 Hofer 就指出"可用一种新的眼光来审视商业政策和规划[①]"（Guth & Ginsberg，1990）。Schendel 和 Hofer（1979）提出了战略管理领域一系列有潜力的议题，其中就包括创业和创造新企业。两位学者认为，在企业内部创生新的企业是战略管理应当覆盖的议题。这表明，战略管理的先驱们最初就将公司创业议题画入了自己的"版图"。

更为明确的证据来自公司创业领域重要学者 Burgelman（1983）。他在《公司创业与战略管理：过程研究的洞见》一文中，具体分析了公司创业与战略管理的关系，指出公司创业是一种"自发的战略行为"（autonomous strategic behavior），是与"引致的战略行为"（induced strategic behavior）互补进而成为整个战略管理"拼图"的重要组成部分（Burgelman，1983）。具体而言，Burgelman（1983）基于物理学中的"自组织理论"（self-organization theory），指出企业要维持生存发展，其战略既需要"多样性"（diversity），亦需要"秩序"（order）和"一致性"。战略的多样性通常来自基层员工自发形成的战略举措或行为（autonomous strategic initiative or behavior），而秩序和一致性的形成依靠的是既定战略（the concept of strategy）的管控。进一步地，Burgelman（1983）提出了一个"战略行为、企业情境与战略概念的交互模型"，如图1.2 所示，用于解释基层涌现的自发战略举措或行为最终如何通过"自组织"

---

① 当时战略管理被称为"商业政策"。

而成为企业战略的一部分，同时也澄清了公司创业的本质和角色。

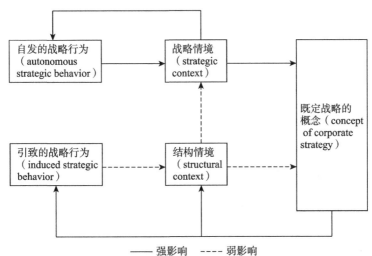

—— 强影响 ---- 弱影响

图 1.2　战略行为、企业情境与战略概念的交互模型

资料来源：Burgelman R. A. (1983). Corporate Entrepreneurship and Strategic Management：Insights from a Process Study [J]. Management Science, 29 (12)：1349-1364.

　　"战略行为、企业情境与战略概念的交互模型"的基本逻辑如下。首先，每个企业都有一个所谓"既定战略"。既定战略实质上是一个用以解释导致企业过去和当下成功或失败的"理论"。既定的战略催生出部分而非全部企业的战略行为。接受既定战略影响的战略行为就是所谓"引致的战略行为"（induced strategic behavior）——企业中层和基层管理者以及员工执行企业战略而形成的行为。当然，也有部分战略名义上是符合既定战略的，但实际上违背了高层管理者的本意。这类不符合企业既定战略的"错误"战略行为通过"结构情境"（structural context）的过滤和选择，最终得以消除。所谓结构情境，就是高层管理者可操控的、可用于影响中基层行为的各种管理机制。从本质上讲，结构情境实际上是一种"选择机制"或者说"减少多样性"的机制。其次，除了引致的战略行为，企业还会形成若干"自发的战略行为"（autonomous strategic behavior）。尽管从开展这些行为的主体来说，这些行为都是有目的的，但这些行为都是在既定战略之外发生的。自发战略行为为企业战略提供了更多思路，成为战略"多样性"的来源。自发战略行为因处于既定战略之外，因而不受"结构情境"的制约。然而，自发战略行为最终要成为企业既定战略的一部分，必须经过一个由中层管理者主导的"政治化过程"——中层管理者质疑既定战略、向高层管理者推荐自发的战略行为并劝说其予以接纳的过程。Burgelman（1983）将这一过程称为"战略情境"（strategic context）。通过这一过程，自发的战略行为就会被高层管理者"追认为"既定战略的一部分。最后，新的既定战略又将开启一个新的循环，对战略行为产生塑造作用。

Burgelman（1983）通过上述模型，解释了由自发战略行为引发的"多样性"是如何被统一到企业既定战略进而建立秩序的过程。他进一步强调，自发的战略行为在概念上等同于公司创业行为。因为，自发的战略行为就是企业的"局内人"利用企业富余的生产要素并形成"新组合"的过程，而这正好就是公司创业的实质。显然，通过这一模型，Burgelman（1983）将公司创业有机整合到战略过程之中，使我们清晰地认识到，公司创业本质上是战略管理的重要组成部分。

此外，不难发现，早期从事公司创业、创业导向、内创业等研究的学者，如 William D. Guth、Robert A. Burgelman、Charles Hofer 和 Dan Schendel 等，都可以归入战略学者的行列。而公司创业的早期作品，不少发表在诸如 Strategic Management Journal 的战略管理专业期刊上，如 Burgelman（1985）的《管理新事业部门：研究发现与对战略管理的启示》一文[①]，就发表在 Strategic Management Journal 第 6 卷第 1 期上。后续的研究进一步关注了公司创业对于企业绩效和竞争优势的影响（如 Zahra，1995，2000），而探究企业绩效的异质性或者竞争优势的来源正是战略管理的核心议题。

上述证据都表明，从理论源头上讲，公司创业与战略管理关系密切。

第三节　公司创业研究基本脉络

一、已有研究观点

Shepherd 和 Katz（2004）对 20 世纪 70 年代到 21 世纪初公司创业研究的

---

①　Burgelman R. A. Managing the new venture division: Research findings and implications for strategic management [J]. Strategic Management Journal, 1985, 6: 39-54.

脉络进行了概括性描述，认为其经历了"起步—发展—停滞—再发展"的过程（见图 1.3）。20 世纪 80 年代，Robert A. Burgelman 和 Zenas Block 成为公司创业研究的核心学者，而 Rosabeth Moss Kanter 和 Gifford Pinchot III 等也在实务界传播公司创业的思想。在当时，美国大企业对于创业活动的关注和投入在抵御日本企业竞争的过程中也的确发挥了作用。到了 20 世纪 90 年代，公司创业研究的发展势头有所减弱，尽管 Zenas Block 和 Donald F. Kuratko 不遗余力地倡导这一研究领域，且在当时"公司创业"的提法也得到了认可，但其能见度不高，对个体创业的研究在这一时期总体上超过了公司创业研究。而到了 21 世纪初，随着互联网泡沫的破灭，个体层面的创业活动减少。随着大企业全球竞争力的增强，公司创业活动又趋于活跃。与之相对应的，这一阶段学界对于公司创业的研究也达到了前所未有的高度。

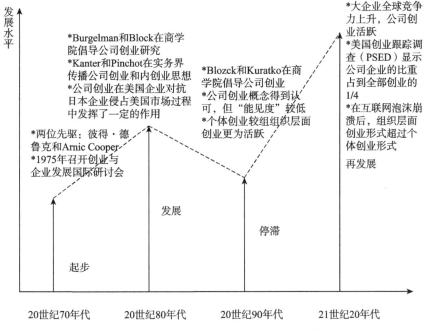

图 1.3　1970~2020 年代公司创业研究的演进

资料来源：作者绘制。

二、基于文献计量的分析

Sheperd 和 Katz（2004）的描述给了我们一个关于公司创业研究的总体印

象。然而，一方面，Sheperd 和 Katz（2004）的介绍相对简单；另一方面，时间范围上也存在局限。因此，我们采用文献计量方法，对这一领域进行较为详细的分析，以期厘清公司创业研究的完整脉络。

为了保证数据的权威性、相关性和可信度，作者以 Web of Science 作为文献检索数据库，并进一步选取其"核心合集数据库"进行检索。具体检索方法是以 "corporate entrepreneurship" "strategic entrepreneurship" "entrepreneurial orientation" "intrapreneurship" "corporate venturing" 等为主题进行检索，并进一步选择文献类型，论文（Article）、文献来源为《商业冒险杂志》（Journal of Business Venturing）、《战略管理杂志》（Strategic Management Journal）、《战略创业杂志》（Strategic Entrepreneurship Journal）等出自金融时报 50 本重要学术期刊列表（FT50）的期刊。检索时间跨度设为 1969 年 1 月 1 日至 2021 年 12 月 31 日。

为获得准确的结果，作者通过手动审核每篇文章的标题、摘要和关键字，并进行去重处理，最终得到 302 篇外文文献，并将文献以全纪录和引用的参考文献导出成纯文本的格式。我们采用 CiteSpace V 可视化软件进行复杂网络分析：运行 CiteSpace V 软件，将 "Time Slicing" 数据的切分年代设置为 "1969~2021"，时间切片为 2 年，"Term Source" 聚类词来源同时选择关键词，在阈值选择标准中将 Top N 设置为 50，Top N%设置为 10%，可视化模式选择 "Cluster View-Static" 和 "Show Merged Network"，"Node type" 节点类型根据各阶段要求调整，并由不同网络节点设置相关阈值，进行计算分析。最后，通过引文分析，以关键词进行聚类，来探究公司创业领域的研究热点以及研究的时间跨度，并以此为基础，结合对相关文献的阅读，对公司创业领域的研究脉络进行梳理划分。

如图 1.4 所示，分析 1969~2021 年发表在金融时报 50 本管理期刊（FT50）上的文献发现，在 1969~1989 年，公司创业研究发文数量十分有限；1990~1999 年，年均发文数量较前期有了一定的增加；2000~2006 年，每年文献发表数量进一步上升；2007~2012 年，学者们对公司创业现象的研究热情空前高涨，发文数有了明显的跃升；2013 年至今，公司创业研究发文数有所回落，总体上趋于平稳状态。

在分析 1969~2021 年文献发表总体情况的基础上，本章利用 CiteSpace V

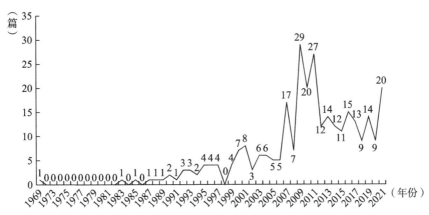

图1.4　公司创业研究文献发表数量趋势

资料来源：作者绘制。

软件，对公司创业研究的热点及其发展演变路径进行了梳理。如图1.5所示，1980年之前，公司创业研究相对有限；1983年前后，学者们开始对"革新"现象进行研究，但该项研究仅持续到1997年；1990年前后，学者们开始对"创造性破坏""合作创业"等公司创业形式进行探索，且该探索持续时间较长；1995年前后，学者们开始对促进公司创业的动力如"员工发展"等进行分析，并一直延续到2007年；2001年开始，学者们从微观到宏观各层面对公司创业的前因后果进行了更加深入的探索，前因方面如"组织支持感""吸收能力"等，后果方面如"全要素生产率""公司成长"等。此类研究一直持续到2012年前后；2007年开始，学者们对公司创业的研究热情陡然上升，其与"公司绩效""商业集团""可持续性权衡""家族企业""代际参与"等议题整合，成为研究热点；2012年开始，基于"家族企业""新兴经济""转型经济"等情境的公司创业研究日趋活跃。

基于上述文献发表数量分析以及研究发展的时间线，作者将公司创业领域的研究进程划分为如下五个阶段：①1969～1989年为研究的萌芽阶段；②1990～1999年为研究的探索阶段；③2000～2006年为研究的发展阶段；④2007～2012年为研究的高潮阶段；⑤2013年至今为研究的深化阶段。

（1）萌芽阶段。1969～1989年，公司创业研究尚处于萌芽阶段，依次出现了公司创业、创业导向和内创业三个核心构念。就公司创业构念而言，如前所述，1969年，Westfall在美国管理学会学报上发表"公司创业"相关论文，正式拉开公司创业研究的序幕。Westfall（1969）指出创业可以且应该被视为一种公司职能，并剖析了促进和阻碍创业行为的因素（Westfall，1969）。此后，公司创业研究主要围绕现有组织内创生新企业即内部创新（innovation）和冒险（corporate venturing）等议题展开（Burgelman，1983，1984；Nielsen，Peters & Hisrich，1985）。尽管学者们对公司创业的现象怀有日益浓厚的兴趣，但 Jennings 和 Lumpkin（1989）指出，其时对于"公司创业"的定义似乎并未形成共识（Jennings & Lumpkin，1989）。

此外值得注意的是，公司创业领域的另一重要构念——创业导向（entrepreneurial orientation）亦在该阶段出现。对创业导向这一构念的研究实际上由 Miller 和 Friesen（1982）开创，后者提出了"产品创新"和"风险承担"两个具体的维度（Miller & Friesen，1982），成为后续提出的创业导向构念的重要组成部分（魏江，戴维奇 & 林巧，2009）。最后，内创业概念也在 Pinchot（1985）等的倡导下，在这一阶段闪亮登场。

（2）探索阶段。1990～1999 年，公司创业研究的重心逐渐转向前因与后果方面，从企业内外部识别相关因素。前因方面，研究发现企业战略布局和高管特征等组织内部因素都能对公司创业施加影响并最终影响企业绩效。如 Kuratko 等（1990）发现，创业型管理更能促进公司创新能力的提升（Kuratko，Montagno & Hornsby，1990），Lumpkin 和 Dess（1996）发现公司高层对创业活动的支持更有助于创意实施和组织绩效提升（Lumpkin & Dess，1996）。从组织外部看，宏观环境特征能形塑公司创业活动。如 Kuratko 等（1990）发现，环境特征的变化对企业进行创业活动产生的影响会随时间及特定条件的改变而变化（Kuratko et al.，1990）。后果方面，Zahra 和 Covin（1995）验证了公司创业行为对于企业绩效的积极影响（Zahra & Covin，1995）。在这一阶段的后期，著名战略管理学者 Hitt 和 Ireland 等提出了"战略创业"的概念，强调其是战略管理和创业两个领域交叉形成的新构念，意在强调同步追求竞争优势（战略管理）与新的创业机会（创业管理）的理念。这一构念的引入为公司创业研究注入了新的活力。

（3）发展阶段。2000～2006 年，公司创业研究进一步受到学者的重视。这一时期，学者们主要关注组织中的"人"对公司创业活动的影响。如 Kuratko 和 Goldsby（2004）探讨了中层管理者在支持较少的环境下进行创业所面临的挑战，以及可能导致的不利后果，同时提出了避免此类困境的建议，包括在组织内建立灵活的机制，培养基层员工的主动性和风险承担性，紧密协调中层管理者个人和组织计划之间的矛盾，举办企业培训以及加强道德建设等（Kuratko & Goldsby，2004）。再如，Srivastava 和 Lee（2005）探究了高管团队特征对公司创业的影响，指出高管团队任期和教育背景异质性都会对新产品进入的顺序和时间产生影响（Srivastava & Lee，2005）。

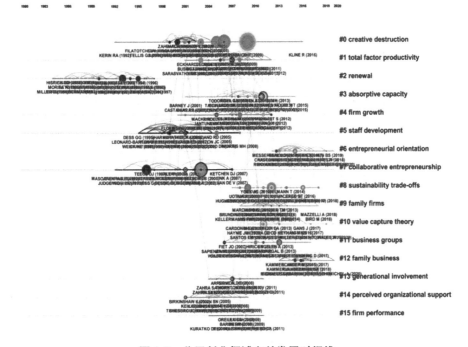

图 1.5　公司创业领域文献发展时间线

资料来源：根据 Citespace V 结果整理。

（4）高潮阶段。2007~2012 年，公司创业研究迎来高潮，在外部影响因素、产出结果和相关理论拓展等方面，结出累累硕果。这一阶段，研究人员将目光聚焦在公司创业的外部环境上。如 Simsek 等（2007）强调企业外部环境通过影响高层管理者知觉到的管理环境最终影响公司创业活动（Simsek，Veiga & Lubatkin，2007）。Teng（2007）指出战略联盟作为重要的外部网络有助于公司创业，并就如何建立诸如联合投资、技术联盟和学习联盟等不同形式的联盟进而促进公司创业活动给出了答案（Teng，2007）。从产出结果来看，

Keh 等（2007）认为企业的创业导向对市场营销信息的获取和利用起着至关重要的作用，同时也对企业业绩有着直接影响（Keh，Nguyen & Ng，2007）。Zhao 等（2011）考察了创业导向、体验式学习、自主性学习和企业绩效之间的关系，结果显示创业导向与体验式学习之间呈正相关，但与自主性学习呈倒 "U" 型关系，这两者都会提升企业绩效（Zhao，Li，Lee & Chen，2011）。

理论拓展方面，Ketchen、Ireland 和 Snow（2007）整合了网络理论、学习理论、资源基础观以及实物期权等理论，揭示了无论是大企业还是小企业，它们在进行战略创业的过程中，都需要通过协作创新克服各自的挑战，才能最终实现财富的增长（Ketchen，Ireland & Snow，2007）。Meuleman 等（2009）发展了代理理论和战略创业之间的互补性，同时明确了不同类型收购的绩效效应（Meuleman，Amess，Wright，& Scholes，2009）。De Clercq 等（2010）基于社会交换的角度来理解创业导向和企业绩效之间的关系，验证了当组织的社会环境更接近程序正义、信任和组织承诺的理想配置时，公司创业和绩效间的正向关系更强（De Clercq，Dimov & Thongpapanl，2010）。

（5）深化阶段。2013 年至今，公司创业研究稳步推进，新的研究情境、特殊的组织形式不断涌现，加上数字时代的到来，使得这一研究领域继续保持了旺盛的生命力。从研究情境上看，以往研究大多基于西方发达国家情境，对新兴经济情境下公司创业实践关注不足。这种趋势在这一时期得到改观。有关中国、印度尼西亚等新兴经济体的公司创业实践进入了学者的视野，并形成了学术成果。如 Hsu 等（2014）基于东南亚五个新兴国家汽车设备制造商的调查数据，发现公司创业会影响企业的核心运营能力，从而进一步影响企业创新（Hsu，Tan，Jayaram & Laosirihongthong，2014）。此外，家族企业作为特殊组织形式受到了研究人员的关注，基于家族企业情境的公司创业研究逐步增加。如 Boling 等（2016）认为，相较于非家族企业，家族企业中管理者任期和创业导向水平之间的倒 "U" 型关系并不突出（Boling，Pieper & Covin，2016）。Minola 等（2021）围绕公司创业的定义、维度和机制，结合家族企业的异质性，提出了家族企业创业的过程模型，为后续研究铺平了道路（Minola，Kammerlander，Kellermanns & Hoy，2021）。最后，数字时代的到来也使公司创业发生新的变化（Nambisan，2017）。数字技术以其开放性、可供性和自生长性深刻地影响了公司创业的主体、过程和结果（Nambisan，Wright & Feldman，

2019）。总之，从趋势看，情境化的公司创业研究无疑是当下和未来研究的热点。

第四节　公司创业研究基本范畴

历经 50 多年的发展，公司创业已成长为一个较为庞大且活跃的研究领域。通过对 1969～2022 年的文献梳理发现，这一领域存在多个核心构念（construct），且这些构念的维度随现象的变化而不断演化，成为公司创业研究演进的关键动力。纵观已有的文献，公司创业研究领域主要有公司创业（corporate entrepreneurship，CE）、创业导向（entrepreneurial orientation，EO）、战略创业（strategic entrepreneurship，SE）和内创业（intrapreneurship）四个"大"的构念，此外，诸如再投资（reinvestment）等文献较少但符合公司创业内涵的"小"构念。上述构念及其维度总体上决定了公司创业这一研究领域的边界和范畴。

一、公司创业的核心构念

1. 公司创业

公司创业（corporate entrepreneurship，CE）是公司创业研究领域最早出现的构念（Westfall，1969）。其本质强调在位企业以一种创新和先动的姿态行事，通过风险承担来寻求新的产品、市场与业务机会（Zahra，2000；戴维奇，2015）。作为刻画分析现象的工具，公司创业构念的内涵与维度随时间推移而不断演变，展现了"一维度—两维度—三维度—三维以上维度"的发展轨迹（魏江等，2009）。考虑到三维以上维度是在三维架构上进一步细化而来，因而较为公认的是三维度的架构，即认为公司创业是一个涵盖创新、公司冒险（corporate venturing）和战略更新（strategic renewal）的构念（魏江等，2009）。后续 Kuratko 和 Audretsch（2013）依据现象的变化，将公司创业构念重新划分为两个维度——公司冒险（corporate venturing）和战略创业（strategic entrepreneurship）（Kuratko & Audretsch，2013）。

公司冒险是公司创业构念的关键维度，其定义为"通过内部和外部手段，在现有的或新的领域、市场、行业中创建业务的一套组织体系、流程和实践"

（Narayanan，Yang & Zahra，2009）。公司冒险主要关注与创建新业务相关的各种步骤和流程，并将其整合到公司的整体业务框架中（Sharma & Chrisman，1999）。此类新业务作为拥有准自主权和决策权的实体进行运作，可能存在于组织内部，也可能存在于组织外部（Ireland，Covin & Kuratko，2009）。据此，公司冒险可进一步细分为内部公司冒险（internal corporate venturing）和外部公司冒险（external corporate venturing）。

内部公司冒险是在企业现有边界内设立新的业务部门或是创建新的企业（Burgelman，1983）。通过内部公司冒险，企业可获取新业务领域的资源和知识并开发新能力，促进企业达成盈利和发展的目标（Garvin，2004）。外部公司冒险则是指企业通过投资持有股权或收购外部企业或新业务的创业活动（Keil，2004）。外部公司冒险的重要形式之一是公司创业投资（corporate venture capital），指在位企业对初创或中小企业进行少数股权投资，以获取其创新、技术和其他情况的过程（Narayanan et al.，2009）。另外，特定类型的裂变创业（spin-off）也属于外部公司冒险。裂变创业是脱离母体企业的创业行为，根据创业主体（母体企业发起/员工自行开展）和触发事件（创业机会驱动/不良事件引发）两个维度，可以将裂变创业分为四种类型：单纯机会型、单纯生存型、战略重组型和母体支持型。在母体支持型裂变创业活动中，母体企业可通过股权或协议等形式与裂变新创企业保持正式联系，为新创企业提供如信誉保证、供应链配合等资源支持（Bruneel，Van De Velde & Clarysse，2013），因而母体支持型裂变创业符合外部公司冒险的内涵，是其重要表现形式之一。此外，合资企业（joint venture）和收购（acquisition）也是外部公司冒险的重要表现形式。在实践中，企业通常结合具体情况综合运用各类公司冒险形式来发展新业务。

在公司创业领域，战略创业具有双重身份：既是一个独立的构念，也是更大范围的构念——公司创业的一个重要维度。公司创业强调探索新机会，而战略创业则强调同步搜寻优势与机会，即企业在既有业务范围内追求竞争优势的同时，着眼未来寻求新的业务发展机会（Ireland，Hitt & Sirmon，2003）。因此，较之公司创业，战略创业拥有更多的内涵。因此，基于内涵与外延的逻辑关系，战略创业的外延相对较小，而公司创业的外延相对较大，最终使得两者形成包含与被包含的关系——战略创业是公司创业的一种特定形式。目前，既有文献将战略创业构念细化为战略更新、持续创新、组织重新定义、组织复兴和商业模式重构五个具体的维度（Ireland & Webb，2007）。具体而言，战略更新是指企业采用一种新的战略；持续创新是指在现有体系内引入新的产品或服务；组织重新定义是指重构现有的产品或市场体系；组织复兴是指组织内部的创新和战略升级；商业模式重构是指重新打造现有的商业模式。

近年来，公司保育（corporate nurturing），即大企业通过建立孵化器（corporate incubator）/加速器（corporate accelerator）等带动新创企业以及自身发展的现象层出不穷，成为在位企业推动新创企业生成发展的重要形式。研究学者指出，公司保育应成为公司创业构念的第三个维度（Shankar & Shepherd，2019）。

2. 创业导向

创业导向（entrepreneurial orientation，EO）这一构念最早源于 Miller 和 Friesen（1982）的研究，两位作者以此作为区分创业型企业和保守型企业的标准。创业导向指的是一个组织的属性，描述的是该组织支持并表现出持续创业行为的程度，反映了组织对待"新进入"（new entry）事件的主动性（Covin & Wales，2019），代表企业发生创业行为的总体战略态势（Covin & Wales，2019；Wales，2016）。

从创业导向的维度构成来说，其历经了一系列发展与改变。1982 年，Miller 和 Friesen 提出了产品创新和风险承担两个维度。这两个维度也为后来创业导向的发展奠定了基础，是现今使用较多的创业导向维度的重要组成部分。之后，Miller（1983）进一步完善了维度的划分，提出了创新性（innovation）、先动性（proactiveness）和风险承担性（risk taking）三个维度。Covin 和 Slevin（1989）也沿袭了此三维度。后续，Lumpkin 和 Dess（1996）将创业导向视为一个多维度的结构，包含了自主性、创新性、风险承担性、先动性和竞争性。时至当下，学者们结合高阶梯队理论提出创业导向包含三种表现形式：高层管理风格、组织配置以及新进入举措。高层管理风格是指高层管理人员具有创业型管理风格，从企业的战略决策和经营管理过程中得以体现；组织配置指企业具有创业型企业的结构、流程和文化，这些要素共同使企业能够创新产出；新进入举措则是引入新产品或技术进入市场的一系列计划和行为。创新、风险承担、积极主动性、竞争进取性和自主性这五个维度分别在上述三种表现形式中或多或少有所体现，从而形成一个多维动态的创业导向分析框架，使得不同层次的创业导向研究能更加系统地进行（Wales，Covin & Monsen，2020）。

3. 内创业

内创业（intrapreneurship）同样是公司创业研究领域的重要概念，由 Pinchot 在 1985 年提出。与公司创业构念不同，内创业侧重于刻画"个体在已有组织中开展的创业行为，如创建新业务、寻求新机会、创造经济价值等"（Pinchot，1985）。而后随着时间的推移，2001 年，内创业定义更新为"在已有组织内的创业过程"，并涵盖四个维度：新业务风险、创新、自我更新、积极主动性（Antoncic & Hisrich，2001）。其中，新业务风险维度指追求和进入公司当前业务相关的新业务、新产品或新市场；创新维度是指新产品、新服务和新技术的创造；自我更新维度强调战略重组、结构重组以及组织变革；积极主动性维度则反映了高层管理者追求竞争力的方向，包括主动性、冒险性、竞争进取性和胆识。时至当下，研究者明确了内创业在公司创业研究中的具体位置，强调它是现有组织内部员工启动和推进的创业行为，强调的是一种"自下而上"的公司创业模式（Blanka，2019）。

4. 战略创业

战略创业（strategic entrepreneurship，SE）是描述公司创业现象的另一个关键概念。战略创业反映了"具有战略眼光的创业行动"（Hitt，Ireland，Camp & Sexton，2001）。具体而言，战略创业是指企业同步寻求优势和机会的行为。其中，优势寻求行为（advantage-seeking）是基于利用企业当前竞争地位的战略视角，而机会寻求行为（opportunity-seeking）则是基于识别新机会以确保企业未来发展的创业视角（Hitt et al.，2001；Ireland et al.，2003）。因而，战略创业本质上是战略管理和创业两个领域交界面上的一个构念。

现有战略创业定义中，一部分学者强调其是一种企业文化属性，体现在创业心态和创业文化等方面；另一部分学者认为其刻画了企业具体活动的开展，比如持续再生、发展创新、组织变革、商业模式重建，等等。到了 21 世纪，Kuratko 等认为战略创业所表达的内涵与公司创业的重要维度——战略更新——有类似之处，加之战略创业也同样有助于建构企业持续的竞争优势。据此，他们将战略创业纳入公司创业这一构念范围内，指出战略创业作为一

个重要维度与另一个维度——公司冒险——共同构成了公司创业构念的主体
(Kuratko & Audretsch，2013)。

5. 再投资

再投资（reinvestment）指企业将赚取的利润再次投入新业务开发，从而
保证企业自身未来发展（Cull & Xu，2005；Dai & Liao，2019）。再投资行为易
受企业所有权（Acemoglu & Johnson，2005）、制度环境（Ge et al.，2016）和
政治联系（Zhou，2013）等多种因素影响。与前述四个构念相比，再投资也
是出于创新目的而开展的公司创业行为，但其关注点在企业中创建新业务的
收益方面，而非企业开展新业务活动的主动过程。

二、核心构念之间的横向比较

在公司创业、创业导向、战略创业、再投资和内创业这五个概念中，创
新维度一直贯穿其中，成为判定企业是否具有创业精神的共有属性。当然，
这些构念之所以能够同时存在，是因为其内涵或侧重点不尽相同。

1. 公司创业与战略创业之间的差异

首先要明确，公司创业与战略创业在范畴上是不同的。与战略创业相比，
公司创业的外延更大。这是因为，公司创业构念的内涵仅有一个——利用新
机会、开发新业务，而战略创业要求我们同步做好优势搜寻和机会搜寻，也
就是既要做好现有的业务，也要开发新业务。用"探索—开发"（exploration-
exploitation）框架来分析，公司创业强调的仅仅是探索，而战略创业不仅强调
探索（开发新业务），也要求做好开发（做好既有业务）。因此，从内涵与外
延的关系来说，战略创业内涵较多，外延较小，而公司创业内涵较少，外延
较大。我们可以认为，战略创业的内涵就是在公司创业的基础上，要求企业
进一步把既有的业务做好，形成竞争优势。据此，战略创业就是一种特殊类
型的公司创业。或者说，战略创业是公司创业的特定形式。也正因如此，Ku-
ratko 和 Audretsch（2013）将战略创业作为公司创业的一个维度从逻辑上讲也
是合理的。

2. 公司创业与内创业之间的差异

内创业是指由企业的基层员工提出并得到中高层管理者支持的一种特殊
类型的公司创业活动。换言之，当员工有了一个好的创业想法，向管理者提

出并得到了支持，最终在企业内部创业时，就是内创业现象。显然，这是一种"自下而上"的特殊的公司创业活动。最典型的例子莫过于海尔。目前海尔内部已经全面"创客化"，拥有 200 多个"小微组织"。这些小微组织本质上就是员工自下而上发起的创业项目。如果员工有了一个想法，或是发现了一个市场需求，想到了一个好的产品或服务，那么员工就可以在海尔的平台支持下，组建一个小微团队，自负盈亏，自主经营，同时分享超标利润。

既然有"自下而上"的公司创业，那么同样也会有"自上而下"的公司创业。如阿里集团，从阿里巴巴网站起步，到淘宝、支付宝、天猫再到菜鸟物流，围绕自身的使命目标建立了一系列新业务，而这些新业务总体上是由企业的高层管理者发起的。因此，公司创业既有自下而上的，也有自上而下的，而内创业作为自下而上的创业形态，仅为公司创业的一部分。两者的范畴存在明显的差异。两者的相同之处在于，它们都强调探索而不要求开发。

3. 公司创业与创业导向之间的差异

公司创业（CE）与创业导向（EO）是紧密相关但本质不同的两个概念（Covin & Wales，2019）。尽管二者都探讨了创业组织中的创新，关注了类似的现象，但公司创业重点关注的是组织创业活动的过程本身，而创业导向则是组织的一种属性或倾向性——当创业活动在组织中活跃到某种程度时，就可以说此组织具有创业导向（Covin & Wales，2019）。

实际上，创业导向与前面提到的公司创业、内创业和战略创业都是不同的。因为创业导向体现的是企业从事创业活动的倾向性，是对企业从事创业活动的"强度"的一种测度，刻画的是企业的一种"属性"。而无论是公司创业、内创业还是战略创业都刻画了公司创业的"行为"。显然，行为与属性在性质上是不同的。就公司创业与创业导向而言，两者就好像一个硬币的两面。虽然两者本质上都关注了公司创业的现象，但两者的关注点或视角是不同的。

总而言之，上述构念是公司创业领域的关键构念，尽管在内涵与外延以及概念类别上存在若干差异（如图 1.6 所示），但它们共同绘就了公司创业研究领域的边界（如图 1.7 所示）。表 1.1 展示了公司创业研究领域术语的内涵及相互关系。

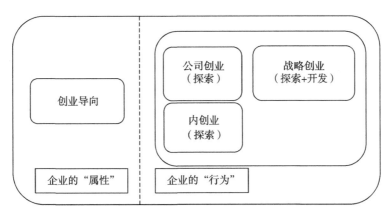

图 1.6　核心构念之间的区别与差异

资料来源：作者绘制。

表 1.1　公司创业研究领域术语

类别	中文名称	英文名称	英文缩写	定义
核心构念	公司创业	Corporate Entrepreneurship	CE	在位企业以一种创新和先动的姿态行事，通过风险承担来寻求新的产品、市场与业务机会（Zahra, 2000；戴维奇，2015）
核心构念	战略创业	Strategic Entrepreneurship	SE	企业同步寻求优势和机会的行为（Hitt et al., 2001）
核心构念	内创业	Intrapreneurship	–	现有组织内员工启动和推进的创业行为（Blanka, 2019）
核心构念	创业导向	Entrepreneurial Orientation	EO	代表企业发生创业行为的总体战略态势（Covin & Wales, 2019；Wales, 2016）
核心构念	再投资	Reinvestment	–	企业将赚取的利润再次投入新业务的创建之中，从而保证企业自身未来发展的行为（Cull & Xu, 2005）
构念维度	公司冒险	Corporate Venturing	CV	通过内部和外部手段，在现有的或新的领域、市场、行业中创建业务的一套组织体系、流程和实践（Narayanan, Yang & Zahra 2009）
构念维度	内部公司冒险	Internal Corporate Venturing	ICV	在位企业生成新的业务部门，或是创建新企业的创业行为（Burgelman, 1983）
构念维度	外部公司冒险	External Corporate Venturing	ECV	企业通过投资持有股权或收购外部企业或新业务的创业活动（Keil, 2004）

续表

类别	中文名称	英文名称	英文缩写	定义
构念维度	公司保育	Corporate Nurturing	CN	大企业通过建立孵化器/加速器等带动新创企业以及自身发展的创业行为（Shankar & Shepherd, 2019）
构念维度	公司创业投资（也称"公司风险投资"）	Corporate Venture Capital	CVC	有明确主营业务的非金融类在位企业，出于财务收益和战略协同双重目标，对新创企业进行的少数股权投资行为（Narayanan, Yang & Zahra, 2009）

资料来源：作者整理。

第五节 本书的架构及研究价值

一、本书的架构

随着环境的动态变化和商业竞争的日趋激烈，公司创业的作用不断凸显，成为在位企业充分利用自身资源与能力、构筑持续竞争优势的重要途径。在此背景下，公司创业的实践也日益丰富，呈现出"如树有根、枝繁叶茂"的状态。在过去半个多世纪，学者们对公司创业的本质、过程、结果以及前因进行了广泛的探索，取得了丰硕的成果，使得公司创业成为创业研究中不可或缺的组成部分。尽管以往文献也对公司创业研究进行了一定的梳理，但大多聚焦于某一个特定构念或维度，鲜少有系统性的整合和建构。为此，本书以"公司创业领域"为范畴，对其文献进行全面梳理，揭示研究的历史背景，论证理论研究的渊源，通过核心构念及其维度的识别，明晰研究领域的边界。在此基础上，本书整理有关公司创业的由来、内涵与维度、测度与可操作化、过程、前因与结果、关键主体、核心学者等内容，同时归纳新兴/转型经济、数字经济以及家族企业等情境中的公司创业研究成果。最后，本书比较了国内外公司创业研究的进展，并就如何加速我国公司创业研究提出了若干进路。

具体地，如图1.8所示，本书分五篇，沿"总体图景—构念体系—过程研究—情境嵌入—未来蓝图"这一主线展开。第一篇是总体图景，包括第一章，主要介绍公司创业研究出现的历史背景、总体发展脉络以及研究边界，使读者快速得到一个"全景图"。第二篇为构念体系，包括第二章到第五章，

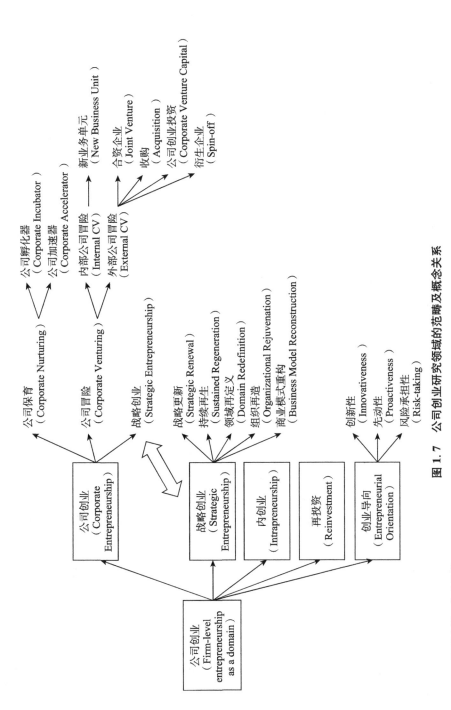

图 1.7 公司创业研究领域的范畴及概念关系

资料来源：作者绘制。

一是围绕公司创业领域的核心构念——公司创业——的内涵与测度、核心维度等内容展开，二是梳理公司创业的其他重要构念，包括创业导向、内创业和再投资等方面的具体研究成果。第三篇是过程研究，由第六章、第七章和第八章构成，解构公司创业的一般过程研究、前因与后果研究的主要发现以及公司创业过程中的关键行动者。第四篇是情境嵌入，包括第九章到第十一章，剖析新兴/转型经济、家族企业和数字经济三种情境下的公司创业研究成果。"情境化"被认为是推进公司创业研究的重要方向。在近20年，新兴经济和家族企业无疑是公司创业研究的重要情境。而近年来随着数字技术的不断涌现和运用，数字化背景下的公司创业日益成为当下和未来的重要研究方向。因此，本书分别梳理基于不同情境的公司创业研究现状。第五篇是未来蓝图，包括第十二章，主要运用比较研究方法，将国内和国际两个范畴的公司创业研究进行对比，确定发展阶段和路径的异同，最终揭示未来国内的公司创业研究在内涵与维度、研究主题、理论视角以及情景化等方面可进一步努力的方向。

二、本书的价值

本书的理论价值至少包括以下七个方面：

第一，明确了公司创业研究的理论源头，界定了公司创业领域的边界与范畴，并通过核心构念的比较明确了各构念的异同。与聚焦特定公司创业领域构念（如创业导向）的研究不同，本书在相关研究中首次集成了多个核心构念，勾勒了公司创业研究领域的"全景图"，对于推进公司创业研究乃至创业研究的发展都具有重要意义。具体地，第一章在分析公司创业研究出现的历史背景的基础上，在相关研究中首次提出"公司创业研究脱胎于战略管理"的观点，从而明确了公司创业的学术根基；通过文献计量分析，提出公司创业研究经历了"萌芽""探索""发展""高潮"和"深化"五个阶段的观点；指出公司创业领域主要由围绕公司创业、战略创业、创业导向、内创业和再投资五个构念的相关研究构成。

第二，追溯了核心构念——公司创业的发展脉络，有助于帮助读者以点带面地理解整个公司创业研究领域的演进过程；在相关研究中首次引介了公司创业构念最新出现的维度——公司保育，对已有研究进行了深入分析，有助于读者理解新的经济社会和技术环境下公司创业的最新形态。具体而言，第二章在相关研究中对公司创业构念的演化做出了最为完整的分析，引出了包括公司冒险、战略创业和公司保育在内的三个维度公司创业构念，并对公司创业构念的测量方法进行了全面的梳理。考虑到公司创业构念的三个维度本身就刻画了复杂现象，因此第三章和第四章围绕这三个维度归纳理论进展。对于公司冒险维度，侧重分析了外部公司冒险的多种形态以及研究发现。对于战略创业维度，强调其是战略逻辑和创业逻辑的"混合体"。第四章对公司创业的第三维度也是最新维度——公司保育——进行了细致的刻画和界定，同时也分析了在位企业从事公司保育的动因与绩效后果，并指出了未来研究者可着力的若干方向。

第三，归纳了除"公司创业""战略创业"这两个关键构念之外的其他关键构念的研究进展，包括围绕"创业导向""内创业"和"再投资"三个构念所完成的关键成果，建立了分析框架。具体地，本书第四章在相关研究中首次给出了最完整的创业导向构念维度演化分析，梳理了创业导向的多种操作化方法，分别从宏观、中观和微观三个层次讨论了创业导向的前因与后果；首次提出"再投资"是刻画公司创业行为的重要构念并勾勒其研究框架。

第四，运用了过程视角将公司创业活动的"黑箱"打开，解释了公司创业的一般过程模型，梳理了公司创业的前因与后果，并在相关研究中首次全面审视了公司创业过程中涉及的四个关键行动者。具体而言，第六章对公司创业的一般过程进行了详细剖析，特别是整合了组织学习观、"探索—开发"观和制度观（合法性理论）讨论公司创业过程，深化了人们对于公司创业过程的理解。第七章全面解释了公司创业所可能产生的影响以及影响其形成的因素。第八章审视了公司创业过程中的关键行动者，全面梳理了以往研究对于四个关键主体即高层管理者、高管团队、中层管理者、基层管理者（员工）在公司创业过程中所扮演的角色，有助于读者深入理解公司创业的微观基础。

第五，剖析了新兴经济、家族企业和数字经济时代公司创业研究的现状，分析其不足，有助于我国学者进一步理解公司创业研究日益情境化的趋势，并推动其开展高度情境化的研究。具体而言，以"创业研究情境化"为指引，

第九章探讨家族企业背景下的公司创业行为，揭示了家族企业独特的治理体系、家族和非家族的关系之中的社会情感财富（socioemotional wealth）以及诸如"家族性"（familiness）等特有的资源对家族企业的公司创业过程的独特影响。第十章分析数字技术对公司创业所嵌入的一般环境和任务环境的重塑作用，并剖析两种环境的变化给公司创业的要素（机会、资源和主体）、组织形式、过程和结果所带来的深远影响。第十一章探讨了新兴经济情境对公司创业研究的深远影响，并对既有基于新兴经济情境的公司创业研究成果进行了归纳。

第六，比较了国内外公司创业研究的演进过程，并在此基础上勾勒了未来公司创业研究之关键进路。通过对公司创业研究领域演进动力的分析，帮助读者以公司创业为例理解管理学研究领域演进的基本规律。具体地，第十二章通过对比国内外公司创业研究，指出了国际国内研究的演化规律存在共性，同时也明确了国内研究的不足以及未来研究进路，包括公司创业的内涵与外延、研究主题、理论视角以及研究的情境化等四方面。这有助于推动我国公司创业研究进一步追赶和超越，为全球公司创业研究作出更大的贡献。

第七，本书对于研究者、企业和政府都具有重要实践启示。首先，本书提出了公司创业研究领域的边界与范畴（图1.7），勾勒了核心构念及其相互之间的关系（图1.6），建构了公司创业研究领域的知识框架（图1.8），总结并提炼出了研究领域的总体脉络、演进过程以及未来进路，对后续学者快速了解公司创业研究的轮廓，明确其来龙去脉，快速融入研究社区并独立开展前沿研究具有重要的参考价值。其次，本书梳理了公司创业的过程、形式、测度、关键主体、重要结果等内容，企业可以此作为依据判断自身是否具备开展公司创业活动的基础条件，明确各个时间节点的管理方式及关注侧重点，以及评估开展公司创业活动的价值及效果等，这对于进一步推动我国企业的公司创业实践具有重要的指导意义。最后，本书阐明了不同情境下公司创业的一般规律，为我国以及其他新兴经济体设计与制定推进公司创业的政策、推出支持公司创业的有效举措提供了理论依据。

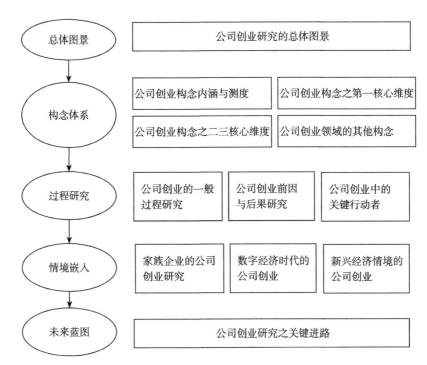

图 1.8　本书的总体框架

第二篇

构念体系

第二章 公司创业构念内涵与测度

本章意在刻画组织层面创业重要构念——公司创业——的发展路线图。沿着"演进—内涵—操作化"这一主线,本章首先交代公司创业构念的缘起。其次,分阶段对其 50 余年的发展历程进行了回顾,梳理了里程碑事件。再次,对公司创业构念进行了总结和分析,指出其维度随现象和时间不断变迁的规律。最后,对公司创业构念的操作化方法进行了回顾和总结。

本章的逻辑框架见图 2.1。

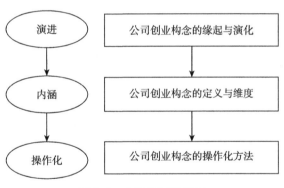

图 2.1 本章的逻辑框架

第一节 公司创业构念的缘起与演化

一、公司创业构念的缘起

"创业"这一术语的提出最早可以追溯至 1734 年,法国经济学家 Richard Cantillon 认为创业是"回报不确定的自我雇佣"(Mcmullan & Long, 1990)。1990 年,Gartner 对既有文献进行了梳理,指出对于创业的概念存在两种观点。一种观点强调创业的过程，如创新和成长等；另一种观点则关注创业的结果，如价值创造。对于这两者，近八成的学者认同的是第一种观点。事实上，这些学者对于创业的定义，基本上是 Schumpeter（1934）和 Gartner（1990）定义的变体（Gartner，1990）。

Schumpeter 认为，创业是实现新组合的过程，包括新产品、新技术、新市场、新组织形式以及新供应来源等（Schumpeter，1934）。而 Gartner 认为，创业就是创建新企业。显然，实现新组合不等于创建新企业，因而 Schumpeter 和 Gartner 的定义相对独立。与此同时，Schumpeter 和 Gartner 两人的创业概念又存在一定的交集。具体而言，实现新组合有可能导致新企业的创建，而新企业的创建也可能包含了新组合的实现。考虑到这两种界定已得到广泛的认同，且存在交叉和联系，我们可以把两者结合起来，形成对创业概念的较为宽泛的理解，即创业既包括 Schumpeter（1934）所强调的"实现新组合"的过程，也包括 Gartner（1990）所说的"创建新企业"的含义。值得强调的是，无论是 Schumpeter 还是 Gartner，都侧重于创业的过程，而非创业者是谁（Gartner & William，1988），从而打破了创业研究领域长期以来关注个体层面研究的固有观点，为组织层面创业研究的开启做好了理论上的铺垫。

公司创业研究的出现始于"二战"后。当时，全球经济环境受到了巨大的冲击，企业外部环境复杂动荡，且无法准确分析和预测变化的方式。在此种特殊环境下，官僚或常规的领导方式和企业运营模式已无法应对变化。企业须以不断涌现的市场机会为切入点，迅速做出改变。因此，公司创业作为应对"快变"环境挑战的有效方式，逐步登上历史舞台，而针对公司创业现象的研究也由此拉开帷幕。1971 年，Peterson 和 Berger 在《管理科学季刊》上发表了题为《组织中创业：来自流行音乐行业的证据》的论文，试图确定组织中创业出现的条件和可采取的组织战略（Peterson & Berger，1971）。

Peterson 和 Berger 的文章基于 Schumpeter 的创业定义，认为只有推出新组合的个体才能被称为创业者。他们以流行音乐行业为例，强调除了个体"白手起家"式的创业，还存在大企业内部员工发起的创业活动。Peterson 和 Berger 援引 Schumpeter 的观点指出，创业活动或者说生产要素的新组合实际上更可能在大企业内完成，因为在此情境下员工直接可得的生产要素较多。进一步地，Peterson 和 Berger 依据流行音乐行业的证据，强调市场环境的动荡性与大企业内部创业是成正比的。而为了做好企业内部的创业活动，企业首先需要识别受环境影响较大的部门，并将其作为开展创业活动的关键场域。例如，对于流行音乐行业的企业来说，制片部门受环境的影响较大，因而是需要启动创业活动进而应对环境动荡性的关键部门。其次，企业要指定专门人员来扮演创业者的角色，并推进创业活动。如在流行音乐行业，这一角色通常由众多的制片人来完成。最后，要加强对市场以及各个制片人创业绩效的监控，从而有效管控和减少创业活动可能带来的风险（如制片人盲目投资的风险）。此文强调了大企业情境中的个体亦可成为创业者，锁定了公司创业的微观基础。与此同时，此文也论证了环境动荡性与创业活动的关系，以及在企业内部开展创业活动的三个要点。正因如此，Zahra、Jennings 和 Kuratko 甚至将此文誉为"公司创业研究领域的奠基之作"。（Zahra，Jennings & Kuratko，1999）此后，公司创业研究系统性地展开，逐步成为宏观组织研究的重要组成部分。

迄今，公司创业研究已走过 50 余年。其间，其核心构念与维度以及内容焦点跟随时代发展而不断更迭，在学术界和实践界皆产生了重要影响。在理论演进方面，公司创业作为一个研究领域，经过多年发展已逐渐成熟，其包含的创新、战略更新、公司冒险等多个维度针对不同对象解决了不同组织层面的研究问题。例如，公司创业的作用方面，既有研究采用组织学习理论、能力理论、资源基础观等方法探究正式与非正式公司创业活动对于企业绩效（Zahra，1993，1996a）、企业学习（Yang，Narayanan & Zahra，2009）、知识共享与创造（Dushnitsky & Shaver，2009）、能力升级和开发（Sapienza et al.，2006；Yiu & Bruton，2007）的影响。公司创业的影响因素方面，探索了人力资源管理及智力资本——人力资本的一部分（Schmelter et al.，2010；Zhang & Jia，2010）——对于公司创业活动的影响，国家和企业特有变量在解释企业从事国际公司创业活动中的作用（Dess et al.，2009），以及中层管理者在推进公司创业活动中扮演的角色（Hornsby et al.，2009；Kuratko et al.，2005），等等。上述研究较全面地揭示了公司创业的过程、影响效应以及形成机制，帮助人们厘清了公司创业这一现象的本质。

二、公司创业构念的演化

围绕公司创业构念的研究至今已逾 50 年，大致可以分为如下四个阶段：

①1970~1990 年为基础研究阶段；②1991~1999 年为快速推进阶段；③2000~2012 年为高速发展阶段；④2013 年至今为研究深化阶段。

1. 基础研究阶段（1970~1990 年）

这一阶段主要的研究进展是明确了创业可以作为一种组织层面的现象加以探讨，并阐明了其内涵和研究边界。在研究方法上，尽管大样本的数据分析也有所涉及，但以概念性或定性研究为主。早期的公司创业研究主要受现象驱动（phenomenon-driven）。为了帮助在位企业适应动荡的技术环境，应对激烈竞争的挑战，研究人员将目光投向以在位企业为主体的创业活动。如前所述，Peterson 和 Berger（1971）在《管理科学季刊》上发表了一篇研究流行音乐行业环境动荡性对公司创业影响的论文，开创性地将个体能动性与组织层面的创业活动联系起来。同时，识别了组织内促成创业的客观条件以及企业可采取的战略举措（Peterson & Berger，1971）。在这篇奠基之作后，Miller（1983）界定了"公司创业"的三个维度①，包括创新性（innovation）、风险承担（risk-taking）以及先动性（proactiveness）。此外，他所开发的关于公司创业活动的标准化测量方法，进一步加快了该领域实证研究的进展。在此基础之上，Covin 和 Selvin 采用问卷调查法，开发了一套内容较为全面的量表（Covin & Slevin，1989）。而 Burgelman 则是将公司创业有机整合到战略过程之中，阐明公司创业本质上是战略管理的重要组成部分。他认为在既定的企业战略框架下包含两种战略行为，即自发的战略行为（autonomous strategic behavior）和引致的战略行为（induced strategic behavior）。前者直接受既定战略影响，后者则发生在既定战略之外，在概念上等同于公司创业行为（Burgelman，1983）。通过采用过程研究方法，Burgelman 捕捉到了企业在创业过程中所面临的恶性循环、矛盾、困境以及创造性张力（creative tensions）。

除了上述研究，Kanter 同其哈佛研究团队采用多案例研究法，观察了 8 个企业的战略更新过程（Kanter，1985；Kanter, Quinn & North，1992；Kanter & Richardson，1991），并分析出企业是如何通过计划来组织公司创业活动的。进一步地，Kanter 等提炼出四种培育和支持公司创业活动的通用模式：①纯风险投资（pure venture capital）——母公司对外部业务进行投资；②创业发展

---

① 实际上，后续研究将其作为创业导向的三个维度。

孵化器（venture development incubator）——将新创企业作为内部或外部的独立实体进行管理；③创意创造与转移中心（idea creation and transfer center）——开发新活动，并将其传递给既有业务加以利用；④员工项目（employee project）——员工参与的创业型项目。MacMillan 及其同事重点研究公司冒险活动中的公司创业投资，并识别出一系列关于公司创业投资的驱动因素，包括在位企业享有的特权（MacMillan, Block & Narashima, 1986）、先前投资的失败经历（MacMillan, Block & Narashima, 1986）以及与新创企业的密切程度（Siegal & MacMillan, 1988）等。

Guth 和 Ginsberg（1990）在总结前人研究成果的基础上，提出了公司创业构念的两维度定义。第一个维度涉及现有企业内发展与新业务相关的公司冒险/创新活动。第二个维度则是战略更新，即通过资源重组（例如，重新明确业务重点，改变主要营销方式，调整产品开发进程或者重塑业务类型）创造新的财富。表 2.1 是对上述早期研究的归纳整理。

表 2.1　早期研究的主要贡献

作者	研究方法	研究内容	主要贡献
Peterson 和 Berger	定性	组织结构	创业不限于个体，企业也可开展创业活动
Miller	定量	企业层面的创业行为	实现企业层面创业（创业过程）的方法因环境而异，强调企业类型的影响
Burgelman	定性	组织环境中的个人创业行为	公司是其成员创业机会的源泉
Pinchot	案例	公司冒险活动	四种公司创业工具；结构和管理事项
MacMillan	定量	公司创业投资	公司创业投资的影响效应和驱动因素
Guth 和 Ginsberg	概念	公司创业定义	公司创业旨在开展公司冒险/创新或是战略更新

资料来源：作者整理。

2. 快速推进阶段（1991~1999 年）

围绕公司创业构念的研究在 20 世纪 90 年代明显加快了步伐。在这一时期，研究方法由定性研究转向量化研究，主要基于调查开发的大样本数据库进行探索。同时，三个关键主题主导了公司创业研究，即审查公司创业的绩效影响，探究公司创业的驱动因素，以及讨论国际化的公司创业活动。

首先，研究人员聚焦公司创业的财务回报，尤其是盈利能力和增长情况（Zahra，1991，1993，1996）。公司创业与财务绩效之间存在正向关系（Zahra & Covin，1995），但是这种正向关系在不同情境下存在显著差异，例如，在不同的行业情境下两者关系是不同的。Zahra 关注到不同公司创业活动组合对于企业盈利和增长的影响（Zahra，1993），同时也指出公司创业和财务绩效之间可能存在非线性关系（Zahra，1991）。此外，研究人员还探讨了公司创业对其他组织方面的影响，如基础资源（Barney，1991）、能力升级与发展（Zahra，Nielsen & Bogner，1999）等。

其次，研究人员分别从企业内外环境角度来探究公司创业的驱动因素。一方面，从外部环境来看，民族文化（Hayton，George & Zahra，2002）、产业条件（Zahra，1993，1996）等均有涉及。另一方面，研究人员还关注到企业内部的影响因素，包括组织结构（Covin & Slevin，1988；Zahra，1991）、组织文化（Zahra，1991）、激励（Zahra，1991）、管理系统（Zahra，1991）以及企业所有权（Zahra，1996），其基础逻辑在于企业特定变量会影响员工的感知、态度和行为，从而决定对公司创业的潜在投入。值得注意的，虽然相关学者关注到特定变量对公司创业的影响，但未就其细分维度进行深入研究。此外，研究人员并未遵循 Burgelman（1983）的开创性工作，进一步强化企业战略与公司创业活动之间的联系。

最后，国际化问题（international issues）和相关变量也激起了公司创业学者的研究兴趣。伴随着世界经济的全球化、西方跨国公司的飞速发展，公司创业研究在新的情境下得以加速推进。Birkinshaw（1997）研究了跨国公司及其子公司的公司创业实践。结果显示，企业的战略、结构、系统、奖励尤其是部门间关系都会对公司创业施加影响。同时，他还阐明了公司创业在创建新业务中的关键作用，揭示了一个组织的政治经济（如对资源的竞争能力）会影响不同业务单元参与公司创业的程度，而成功的公司创业实践反过来又会改变公司内部的权力动态（power dynamics）平衡，从而影响对未来公司创业活动的承诺和投资。Zahra 和 Garvis（2000）基于实证研究，将国际运营中的公司创业与公司整体绩效联系起来，发现环境特征显著调节了公司创业与绩效之间的关系。不过，研究人员并未关注到国际运营环境下公司创业的独特方式，也未对活跃在国际市场的中小企业进行深入分析。

3. 高速发展阶段（2000~2012年）

这一时期，研究人员沿着不同路径继续围绕公司创业构念展开研究，成果丰硕。一些学者探究了企业为吸引中层管理人员开展公司创业活动而采取的不同措施（Hornsby et al.，2009；Kuratko et al.，2005），另一些学者则研究了智力资本和人力资源管理对公司创业的影响（Schmelte et al.，2010；Zhang & Jia，2010）。还有部分学者调查了公司创业对非美国企业的绩效的影响（Hajipour & Mas'oomi，2012；Kemelgor，2002；Li & Zahra，2012）。其中，"公司冒险"和"在位企业如何识别机会"这两个主题得到充分关注。

公司冒险作为公司创业的子维度之一，是指进入新的市场领域以重塑企业的业务组合。公司创业学者对不同类型的冒险活动进行了分类，并讨论了各种冒险活动实现增值的具体情形。同时，还将其与战略更新联系，借助公司冒险进行组织更新，有助于提升组织能力以识别和创造机会，并使企业在现有的和新的市场领域内探索机会。公司冒险能填补企业能力集（capability set）的空白，加快企业战略行动，增强其战略储备。

就在位企业如何识别机会而言，公司创业学者将其与独立创业者（independent entrepreneurs）进行对比，识别出在机会寻求方面，两者在规模、重点、资源需求、潜在回报和战略影响等维度皆有所不同。O'Connor 和 Rice（2001）认为，为了提升组织的机会识别能力，高层管理者可启动一个试点小组（pilot group）关注机会变化，培育非正式网络，完善结构机制。在跨国公司中，机会的识别更为复杂。由于经营地点的多样性，子公司面临着一系列利润丰厚的机会，可单独或与多方联合共同寻求机会。然而，并非所有子公司都能自由选择可利用的机会。Mahnke 等（2007）观察到，各业务单元间不同的战略导向以及管理者不同的风险偏好会深刻影响机会的搜寻与识别（Mahnke，Venzin & Zahra，2007）。Mahnke 等（2007）进一步断言，知识碎片化和信息不对称会严重阻碍关键决策者对机会的理解（Mahnke，Venzin & Zahra，2007）。

4. 研究深化阶段（2013年至今）

2013年至今，围绕公司创业构念的研究稳步推进，新的研究情境、特殊的组织形式使得这一研究领域继续保持了旺盛的生命力。从研究情境来看，新兴/转型经济和数字经济都得到了充分关注。Dai 和 Liu（2015）以中国转型经济为背景，提出将公司创业视为一种动态能力，帮助企业将制度网络产生的制度资本与其他内部和外部组织资源整合来创造新的资源和能力，以此应对不断变化的环境机遇和挑战，从而促进绩效提升（Dai & Liu, 2015）。Holmes 等（2016）则探索了技术政策的两个维度，即国家研究资助和知识产权保护的相互作用对于公司创业活动的影响，研究发现获得不同技术政策类型的电商行业的企业，会采取特定的公司创业策略（Holmes et al., 2016）。随着物联网、大数据、云计算和人工智能等数字技术的快速发展，数字经济对于公司创业的影响已然不可忽视。刘莎莎等（2020）基于数字化情境，探究互联网独角兽的公司创业路径（刘莎莎、宋立丰和宋远方，2020）。

从组织形式看，对家族企业的研究正在逐渐兴起。Jaskiewicz 等（2015）指出创业遗产（即对过往创业成就的记录）有助于激励家族企业现任者和继任者进行战略活动从而促进家族企业的跨代创业（Jaskiewicz, Combs & Rau, 2015）。Minola 等（2016）对家族企业的生命周期进行了分析，发现随着创业家族从年轻的商业家族阶段过渡到商业阶段，其进行公司创业的动机增加；随着创业家族从商业阶段过渡到合作阶段，其进行公司创业的动机增加；随着创业家庭从合作阶段过渡到代际传承阶段，其进行公司创业的动机减弱（Minola, Brumana, Campopiano, Garrett & Cassia, 2016）。

除此之外，这一阶段多种理论的运用也丰富了公司创业研究，主要包括高阶梯队理论（Haynes, Hitt & Campbell, 2015; Courpasson, Dany & Marti, 2016）、制度理论（Dai, Alon & Jiao, 2015; Dai, Arndt & Liao, 2020）和双元性（Baert et al., 2016）等。

第二节　公司创业构念的定义与维度

一、公司创业构念的定义

公司创业构念的定义在过去几十年随着时间的推移发生了诸多改变，既有研究采用不同研究视角和方法最终形成了差异化的公司创业定义。

按照时间线来说，早期的公司创业研究主要集中在如何发展现有组织内的公司创业活动（Hill & Hlavacek, 1972; Peterson & Berger, 1971），但并未形成明确的公司创业定义。20 世纪 80 年代，学者开始探索公司创业现象。到了 1982 年，Schollhammer 在《内部公司创业》一书中对公司创业进行了界定，认为其是"为了实现组织价值再造而需要组织约束和资源承诺的行为"。1983 年，Burgelman 发表了《战略行为、企业环境与战略行为的交互模型》和《公司创业和战略创业：基于过程研究的视角》，对公司创业的来源与定义进行了清晰的阐述与界定。文章基于过程视角，对大型多元化公司——由多个迥异但又相互关联的业务所组成的大公司——的内部创业进行了实地研究，构建了组织中不同层次管理人员的关键活动过程模型，提炼了新企业形成的战略过程，认为内部创业的成功取决于自主创业活动参与者的操作水平、中层管理者对项目战略意义的推行以及高层管理者支持创业计划的程度（Burgelman，1983b，1983a）；在管理方面，高层管理者应考虑控制通过公司创业活动进行变革的程度和速度，实行创新的管理办法和行政安排，以促进公司创业活动的开展。通过以上分析，Burgelman 认为公司创业是"公司通过内部发展而进行多元化的过程，这种多元化要求新的资源组合，以将公司业务扩展到公司当前能力和机会允许的范围"（Burgelman，1983a）。

20 世纪 90 年代，学术界对创业行为为公司带来价值的看法产生了巨大改变，此阶段是公司重新定义业务组合，思考如何有效利用人力资源，并通过创业活动在全球经济中占领一席之地的重要时间段，因此学者将公司创业作为重新激发和增强公司能力的重点（Zahra，Nielsen & Bogner，1999）。1990 年，Guth 和 Ginsberg 在《战略管理杂志》（*Strategic Management Journal*）上发表了题为《公司创业》的主题文章，梳理了公司创业概念的由来、涉及的领域、主要研究问题及相关内容经典文献。两位学者认为公司创业包括两种现象和过程，一是在已建立的企业内部发展新的业务，即内部创新或风险投资；二是通过更新关键的管理思想和理念来完成组织变革，即战略更新。这一定义对于后续研究具有重要的理论借鉴及参考价值（Guth & Ginsberg，1990）。随后，1994 年，Stopford 和 Baden-Fuller 两位学者在研究不同类型的公司创业中，将公司创业定义为包含创新、冒险、战略更新三个维度的活动过程，并指出创新这一维度包含"企业通过组织复兴能够改变产业规则"的情况（Stopford & Baden-Fuller，1994）。到了 1995~1996 年，Zahra 开始集中探索公司创业与环境条件、技术战略以及企业绩效之间的关系，在发表的文章内指出公司创业是"公司所有创新、更新和风险投资活动的总和",企业对于环境的感知以及环境的客观条件会显著影响企业公司创业活动(Zahra, 1996a; Zahra & Covin, 1995)。直至20世纪90年代末,学术界认可了公司创业活动的重要价值,但在研究过程中使用的术语有所差异,造成了混乱复杂的情形。因此,为了更加清晰地界定公司创业活动进而推进后续研究,Sharma 和 Chrisman 两位学者对于公司创业领域内的术语及分类进行了系统性的总结,正式指出公司创业包含三个维度:创新、战略更新和公司冒险,其中公司冒险分为外部公司冒险和内部公司冒险。这一定义后来被大多数学者采纳运用,使得公司创业构念进一步成熟与完善(Sharma & Chrisman, 1999)。

21世纪是国际经济发展、技术变革、市场变化迅速而猛烈的时代,企业所面临的外部环境条件更加动荡复杂,为了更好地应对此类挑战,企业纷纷通过公司创业活动的施行来保持现有竞争优势,同时寻求未来可持续发展。因此,在上述背景下,公司创业活动更加蓬勃多彩,学术界对于公司创业的领域、维度进行了更加深入的细分。2000年,Zahra 在对于企业国际化公司创业的技术知识、技能和资源的重要性研究中,将公司创业定义为"通过产品、流程创新和市场扩张,在在位企业中创造新业务的正式或非正式活动",并把创新及风险投资两个维度进一步细化,其中创新分解为产品创新、流程创新和组织创新三个子维度,风险投资分为国内风险投资和国际风险投资两个子维度,从而形成了一个五维度的公司创业构念(Zahra & Garvis, 2000)。

Thornberry(2001)认为,公司创业是开展不寻常业务或采取不寻常的经营方式,包含公司冒险、内创业、组织变革和破坏行业规则四个维度。在日益动荡的环境中,行动缓慢、规则制度单一、系统化、官僚主义的大型组织,需要进行公司创业活动的探索,必须通过建立关注机会的组织为应对快速变化的环境做准备(Thornberry, 2001)。随后,不同学者基于不同视角对公司创业这一构念形成了差异化的理解,如 Smith 和 Gregorio 以及 Mcmullen 在探讨创业活动的书籍及文章中认为,公司创业是"个人在不确定的情况下做出判断产生的一系列的创业行为,通过这些创业行为,公司可以寻求到竞争对手没有注意或利用的创业机会。此类创业行为由新市场、新客户、新资源组合方式构成"(Mcmullen & Shepherd, 2006; Smith & Gregorio, 2002)。

在同一时间段，中国情境下的公司创业研究也初有所成。2008 年，Yiu 和 Lau 通过对中国企业的调查，采用动态分析方法研究网络资源（政治资本、社会资本和声誉资本）对获取竞争地位及优势的作用。他们将公司创业分解为产品创新、组织创新、国际新创企业、国外新创企业四个部分，并发现公司创业在新兴市场企业的资源配置中扮演着独特的角色，通过更新企业能力，与不断变化的环境保持一致，以此应对其需求变化（Yiu & Lau，2008）。

接下来，学者开始对公司创业这一庞大的复杂领域进行回顾与总结，并通过分析理论缺口指明公司创业未来的研究方向和内容。2009 年，Phan 等对公司创业的既有研究体系进行了梳理，认为"多发生在成熟企业当中，包括企业级的正式与非正式活动，主要通过战略更新，创新和企业风险投资来开发新的商机，以实现企业的价值增值、扩大生产边界"，并指出后续研究应对公司创业理论的普适性、公司创业活动的治理机制以及不同层次上激励和支持公司创业活动的管理方式和技能等方面进行深入研讨（Phan et al.，2009）。

随着时间的推移和成果的积累，越来越多的证据表明，公司创业对于全球企业未来生产和发展具有重要作用。而随着这一领域的成果不断增加，公司创业本身的概念及内涵也在发生改变，尤其是战略更新这一维度逐渐和企业战略及竞争优势的探索紧密相连。因此，为了更好的识别和解释公司创业现象，2013 年，Kuratko 和 Audretsch 两位学者对于公司创业的维度和概念重新进行了界定，认为公司创业包括公司冒险和战略创业两个维度。其中公司冒险包括外部公司冒险、内部公司冒险和合作风险投资；战略创业包括战略更新、持续创新、组织重新定义、组织复兴和商业模式重建。这为后续研究确立了新的维度基础，赋予了公司创业这一构念更具时代性、更贴切的内涵（Kuratko & Audretsch，2013）。

综上所述，公司创业这一构念的定义随不同时代背景、研究视角、研究内容需要而有所差异，且不断变革与更新，也标志着公司创业研究持续发展与完善。表 2.2 对公司创业定义的演化过程进行了归纳。

表 2.2 公司创业定义的演化过程

时间	作者（年）	公司创业定义
20 世纪 80 年代	Schollhammer（1982）	为了实现组织价值再造而需要组织约束和资源承诺的行为
	Burgelman（1983a，1983b）	公司通过内部发展而进行多元化的过程，这种多元化要求新的资源组合，以将公司业务扩展到公司当前能力和机会允许的范围
20 世纪 90 年代	Guth & Ginsberg（1990）	公司创业包括两种现象和过程：①在已建企业内部发展新的业务，即内部创新或风险投资；②通过更新关键的思想和理念来完成组织变革，即战略更新
	Stopford & Baden-Fuller（1994）	公司创业包含创新、冒险、战略更新三个维度。其中创新指"打破框架的变化"或"改变竞争规则"
	Zahra（1995，1996）	企业所有创新、更新和风险投资活动的总和
	Sharma & Chrisman（1999）	将公司创业界定为一个由创新、战略更新和公司冒险三维度构成的构念
21 世纪	Zahra（2000）	通过产品、流程创新和市场扩张，在现有企业中创造新业务的正式或非正式活动。将创新分解为产品创新、流程创新和组织创新三个子维度，并把风险投资拆分为国内风险投资和国际风险投资两个子维度，进而形成了一个五维度的公司创业构念
	Thornberry（2001）	公司创业是不寻常业务或不寻常的经营方式，包含公司冒险、内创业、组织变革和破坏行业规则四个维度
	Smith & Gregorio（2002）	个人在不确定情况下做出判断产生的一系列的创业行为，通过这些创业行为，公司可以寻求到竞争对手没有注意或利用的创业机会。此类创业行为由新市场、新客户、新资源组合方式构成
	Mcmullen（2006）	
	Yiu & Lau（2008）	把公司创业分解为产品创新、组织创新、国内新创企业和国外新创企业四个部分，并形成了一个四维度的公司创业构念
	Phan（2009）	公司创业多发生在成熟企业当中，包括企业级的正式与非正式活动，主要通过战略更新、创新和企业风险投资来开发新的商机，以实现企业的价值增值和生产边界扩大过程
	Kuratko，Morris & Covin（2011）	将公司创业定义为两个维度的构念，包括公司冒险和战略创业。其中公司冒险包括外部公司冒险、内部公司冒险、合作风险投资；战略创业包括战略更新、持续创新、组织重新定义、组织复兴、商业模式重建

资料来源：作者整理。

二、公司创业构念的维度

公司创业构念的具体维度构成随时间的推移以及公司创业现象的变迁而不断改变，自 20 世纪 80 年代起至今经历了单维度至多维度的变化，本章沿着时间轴依次加以呈现。

Burgelman 在 1983 年提出了"一维度"的公司创业构念。Burgelman（1983a）根据企业内部创业的结果，提出了大型复杂企业的战略过程模型，将企业战略行为分为自发战略行为和引致战略行为两种，而引致战略行为是在操作层面上与公司的既定战略保持一致且高层管理者可以操纵的各种行为机制。此种行为能影响组织运营，从而导致创新行为，但无法产生全新的资源组合。而自发战略行为是有目的的创新，其不属于企业既定战略规划。Burgelman（1983a）认为，自发战略行为为战略更新提供了基础，在概念上等同于公司创业活动。基于以上认识，Burgelman 将公司创业定义为"公司通过内部发展来从事多元化活动的过程"。在这一界定中，公司创业是一维度的，主要是指"内部风险投资"。通过内部风险投资，既定战略概念及方向受到挑战，新的行为制度与秩序得以形成。企业通过内部风险投资可主动创造机会、寻求机会并采取行动实现企业发展（Burgelman，1983a）。

公司创业的二维度的代表作为 Guth 和 Ginsberg（1990）发表的"公司创业"主题文章，文中对 1990 年之前的公司创业概念及研究内容进行了系统性的总结与梳理，并提出了一个包括公司创业的影响因素以及其维度构成的模型。其中，公司创业影响因素方面，Guth 和 Ginsberg（1990）指出公司创业主要受环境、战略领导、组织形式、组织绩效的影响，同时公司创业还反作用于组织绩效。而公司创业维度构成方面，Guth 和 Ginsberg（1990）强调公司创业包含两个维度即创新/已有企业内的冒险以及已有企业的战略更新。创新和公司冒险是指通过做出决策和采取行动，在现有企业内发展新业务或创建新企业，从而实现公司从旧到新的转变行为。战略更新是指通过新的资源组合创造新的财富，包括重新集中企业的竞争力、改变企业市场营销或分销的方式及手段、调整产品开发的方向以及重构运营模式等。Guth 和 Ginsberg（1990）通过澄清和呈现公司创业研究的概念及维度，有力地促进了公司创业理论的发展（Guth & Ginsberg，1990）。

基于上述研究，学者们纷纷开展对于公司创业不同现象的研究，随后，1994 年和 1999 年有学者分别对于公司创业维度的构成进行了重新的思考与探讨。1994 年，Stopford 和 Baden-Fuller 两位学者在《公司创业形成》一文中探讨了不同类型的公司创业，在 Guth 和 Ginsberg 提出的二维度的基础上将公司创业拆分为创新、冒险以及战略更新三个维度。其中创新是指在企业存在的行业中"打破框架"或"改变规则"的行为；冒险是指在现有组织内创建新业务；战略更新则是改变企业的资源模式，以获取更好和可持续的整体经济绩效的过程（Stopford & Baden-Fuller, 1994）。

1999 年，Sharma 和 Chrisman 对公司创业领域内使用的术语及相关定义进行了梳理与协同。在此文章中，两位学者正式区分了公司创业与独立创业，并将公司创业分为公司冒险、创新以及战略更新三个维度。其中，创新是向市场引入有可能改变企业和环境的新事物；公司冒险指组织进行新企业创建的冒险行为；而战略更新指重大的战略或结构变化。而后，Sharma 和 Chrisman 重点阐述了公司冒险活动，将其分成内部公司冒险和外部公司冒险两种形式，内部公司冒险包含结构自主、关联程度、创新程度等子维度，而外部公司冒险则包括兼并、裂变创业和风险投资计划等多种形式（Sharma & Chrisman, 1999）。Sharma 和 Chrisman 的三维度公司创业构念的提出对后续研究产生了重要的影响，在此后的一段时间内，相关公司创业研究一直继承并采用了创新、公司冒险及战略更新三个维度的构成，也有研究在此基础上进行细化拆分，形成了多维度的公司创业构念。在此后的 2001 年，Thornberry 在对于大型、官僚组织的公司创业活动研究中，也采用了三维度的形式，并对各个维度内包含的内容进行了深入探讨，例如，内创业、组织变革、打破竞争规则以改变行业等（Thornberry, 2001）

公司创业的四维度和五维度构成均是基于对上述三个维度构成的深入或者细化实现的。1999 年，Covin 和 Miles 在研究公司创业活动对于竞争优势的作用时，将公司创业分为四个维度，包括战略更新、持续再生、领域重新定义以及组织复兴。其中战略更新指组织通过从根本上来改变竞争方式或重新定义与市场及行业竞争对手的关系，从而协调组织与环境的关系。持续再生是指企业定期持续地推出新产品、新服务或者新企业，此种方式旨在利用潜在的或未充分开发的市场机会，利用公司重视创新的能力来拥抱变革。领域重新定义指企业主动创建一个新的产品市场，企业自身可以创建行业标准或者定义标准，从而以先发制人的方式开发市场机会。组织复兴是通过改变内部流程、结构或能力来寻求维持或提高其竞争地位的过程，其焦点在于组织本身的创新创业现象（Covin & Miles, 1999）。Covin 和 Miles 从竞争优势的角度对公司创业进行维度构建，为学者进行公司创业研究提供了一个全新的视角。另外，在 21 世纪的公司创业研究中，多数学者对于三维度构成进行了细化分析，例如，Yiu 和 Lau 在对中国企业跨国公司的研究中将公司创业构念拆分为产品创新、组织创新、国内新创企业和国外新创企业四个维度（Yiu & Lau，2008）；Zahra 在探讨公司创业活动与企业绩效表现的关系时，将公司创业的创新维度和公司冒险维度进一步细分，形成产品创新、流程创新、组织创新、国内风险投资和国外风险投资的五维度（Zahra & Garvis，2000）。

基于公司创业活动和企业持续竞争战略及维持竞争优势地位的联系，Morris 等将公司创业分为公司冒险和战略创业两个维度（Morris，Kuratko & Covin，2011）。公司冒险主要目的是创建新业务，涵盖各种创建、增加或投资新企业的方法，包括内部公司冒险、外部公司冒险和企业并购。企业在进行冒险活动的过程中，必须明确自身的管理目标，并建立风险评估和控制系统，根据企业的动机来评估风险投资行为的绩效。战略创业指同时进行机会和优势搜寻的相关行为，强调通过机会驱动，使企业建立和维持自身的竞争优势，包括战略更新、持续创新、组织重新定义、组织复兴和商业模式重构五个子维度。其中，创新是战略创业的重点，代表了公司战略、产品、市场、组织结构、流程、能力或业务模式的根本变化，也代表了企业利用机会的手段，从而更好地进行战略创业的实践（Kuratko & Audretsch，2013）。

根据以往公司创业文献，组织通过至少两种活动来发展/维持其创业精神——公司冒险和战略更新。事实上，企业越来越多地在其组织界限之外寻找创新。据此，Shankar 和 Shepherd（2019）进一步扩展了关于公司创业的文献，将公司保育作为公司创业的第三个维度——另外两个维度是公司冒险和战略更新。具体来说，为了使企业变得更具创新性，老牌公司扩大了它们积极参与公司创业的方式（Weiblen & Chesbrough，2015）。发展公司加速器（corporate accelerator）项目是大型企业最近开始使用的一种吸引、支持和催化创业企业的方法，也是公司培育的一种主要形式，大型企业希望从参与加速的过程中受益（Kanbach & Stubner，2016；Kohler，2016）。例如，契合战略的公司加速器能够带来创新机会，而创业型公司加速器则能够帮助企业增加培育出生态系统的机会（Shankar & Shepherd，2019）。此外，以往研究对于公司加速器和外部公司冒险的界定存在一些争议。公司加速器与外部公司冒险有一些相似之处，特别是公司冒险中的公司创业投资，因为提高公司的创新、试验新技术和实现公司水平的双元性的动机似乎相似（Basu et al. , 2011）。然而，从企业的边界来看，外部公司冒险主要是指企业在其外部所进行的创业举措，而公司加速器则较为特殊，难以简单地归结为在企业内部或者外部。因此，虽然公司加速器与外部公司冒险有一些共性，但综合来看，前者所属的公司保育和后者所属的公司冒险应分别属于公司创业构念下两个独立的维度。

总而言之，公司创业维度从单一构成到多维构成不断演进变化，按照时间维度演进过程如表 2.3 所示。

第三节　公司创业构念的操作化方法

1983 年，Miller 将"公司创业"分为创新、冒险和积极性三个维度，随后 Covin 和 Slevin（1989）在此基础上开发了一个相应的测量量表。之后，研究者认为 Miller（1983）提出的三个维度本质上是"创业导向"构念的三个维度。相应地，Covin 和 Slevin（1989）开发的量表是创业导向而非公司创业量表。或许因为历史上有这段插曲，所以学界也一度混淆了创业导向（EO）和公司创业（CE）这两个构念。

从构念的操作化来说，公司创业量表是在创业导向量表成熟后才被开发出来的（魏江、戴维奇和林巧，2009）。1990 年，Guth 和 Ginsberg 将公司创业分成了创新/冒险与战略更新两个维度，后续研究在此基础上着手量表建构（Guth & Ginsberg, 1990）。

1996 年，Zahra 基于 Guth 和 Ginsberg（1990）对公司创业的定义及维度分析，认为公司创业是企业所有创新、更新和风险投资活动的总和。在此基础上，Zahra（1996）依据二手数据及邮件调查问卷资料，构建了一个新的 5 分制、包含 14 个测量题项的公司创业量表（Zahra, 1996b），如表 2.4 所示。此量表是自公司创业构念明确提出以来，第一个比较完善和成熟的量表。

表 2.3　公司创业构念维度的演进过程

概念及范畴	作者	维度	
公司创业（CE）	Burgelman（1983）	内部风险投资	公司通过内部发展来从事多元化活动的过程
	Guth & Ginsberg（1990）	创新/冒险：创新被描述为公司从旧到新的转变；公司冒险是实现战略更新的可能途径之一	战略更新：通过新的资源组合创造财富
	Stopford & Baden-Fuller（1994）	创新：在企业的行业中，创新被称为"打破框架"的变化"或"改变竞争规则"	冒险：公司冒险（或内部创业）是指在现有组织内创建新业务 ／ 战略更新：改变企业的资源模式，以获得更好和可持续的整体经济绩效
	Sharma & Chrisman（1999）	创新：创新被概括为向市场引入新事物，有可能改变公司和环境	冒险：组织在进行新企业创建的公司冒险行为 ／ 战略更新：重大的战略结构变化
	Thornberry（2001）	战略更新：创新被含蓄地描述为行业规则弯曲或改变竞争参与规则，以改变企业的行业	冒险：公司冒险有两个方面的描述：(1) 企业内部创立新企业；(2) 内创业、内创业家需要识别和发展分拆业务 ／ 组织更新：更新是指通过组织变革以及新的安排或资源的组合
	Covin & Miles（1999）	战略更新：企业通过从根本上改变其竞争方式，重新定义其与市场或行业竞争对手的关系 ／ 持续再生：公司定期和持续地引进新产品和服务或进入新市场领域的活动	领域重新定义：主动创造新的产品市场领域 ／ 组织复兴：企业通过改变其内部流程、结构和能力来维持或提高其竞争力
	Yiu & Lau（2008）	产品创新：开发新产品 ／ 组织创新：组织重组、战略重新定位	国内新创企业：资源重组、配置创建国内新企业，实施市场化运作，在当地市场保持竞争力 ／ 国外新创企业：通过国外风险投资创立新企业，适应市场体制环境，在全球市场上保持竞争力

续表

概念及范畴	作者	维度				
		产品创新	流程创新	组织创新	国内风险投资	国际风险投资
公司创业（CE）	Zahra（2000）	通过创新产生新产品	通过创新产生新流程	通过创新产生新组织体系	进入现有市场来创建新企业	进入国外市场创建新企业
	Kurako, Morris & Covin（2011）	公司冒险 公司参与创建新业务		战略创业 进一步细分为战略更新（侧重于企业新战略的采用）和为追求竞争优势而采取的具体活动（持续更新、领域重新定义、组织复兴和商业模式重建）		
	Shankar（2019）	公司冒险 在组织边界之外创建新的企业		战略创业 寻求优势以发展/维持公司创业	公司保育 识别潜在的加速风险，企业加速，通过公司加速器进行企业培育、战略姿态和投资时间范围	

资料来源：作者整理。

表 2.4 Zahra（1996b）提出的公司创业量表

题项	因素		
（近三年来此家公司）	创新	公司冒险	战略更新
在研发的投资远高于行业平均水平	**0.83**	-0.25	0.17
购入或使用世界顶尖研发设备	**0.79**	-0.28	0.19
向市场输入大量新产品	**0.71**	0.21	-0.27
比主要竞争者有更多的重要发明专利	**0.67**	0.28	-0.21
在产业中有突破性的创新发展	**0.53**	-0.18	-0.16
进入许多的新产业	0.29	**0.70**	-0.21
显著扩展国际化运营	0.25	**0.66**	-0.13
已经收购了很多不同行业的公司	-0.26	**0.63**	0.17
已经创建或投资了几家新企业	0.23	**0.60**	-0.14
专注于提高现有业务的绩效表现，而非进入新行业（负向）	0.17	**-0.53**	0.26
已经剥离了几种不盈利的业务	-0.26	-0.17	**0.69**
改变了每个业务单元的竞争策略	0.25	0.11	**0.62**
发起若干提高业务单位生产力的计划	0.27	-0.19	**-0.57**
重构运营模式，确保各业务单位之间的协调沟通	0.25	-0.15	**0.54**
特征值	3.11	2.36	1.88
解释百分比	24.13	18.31	14.58

资料来源：Zahra, S. A. (1996). Governance, ownership, and corporate entrepreneurship: The moderating impact of industry technological opportunities. Academy of Management Journal, 39 (6), 1713-1735.

到了 21 世纪，Zahra 等（2000）在研究中等规模公司创业活动与所有权及政府制度等关系中，将创新与公司冒险两个维度进一步细分，依据二手数据及调查数据，构建包括产品创新、流程创新、组织创新、国内风险投资和国际风险投资五个维度在内的公司创业量表。Zahra 等（2000）针对创新和公司冒险的测量分别对应不同题项，其中创新维度共 13 个测量题项，如"经常成为行业中第一家向市场推出新产品或新服务的公司"等；而公司冒险共 9 个测量题项，如"进入国内的新市场"等（Zahra, Neubaum & Huse, 2000）。此量表是在 1996 年量表的基础上做出的进一步深入与细化，且将 21 世纪跨国公司开展的创业活动考虑其中，具体测量题项如表 2.5、表 2.6 所示。

表 2.5　Zahra（2000）提出的公司创业量表（公司冒险维度）

题项	国内风险投资	国际风险投资
进入国内新市场	**0.84**	−0.23
促进国内新业务生成	**0.75**	0.31
在美国发展新产业	**0.67**	0.28
支持国内新的创业活动	**0.61**	−0.18
为国内创业活动提供资金	**0.56**	0.29
进入国外新市场	−0.17	**0.75**
扩大自身国际业务	0.23	**0.66**
支持国际创业活动	−0.19	**0.57**
为国际创业活动提供资金	0.28	**0.51**
特征值	2.59	1.92
解释百分比	24.23	18.60
内部一致性信度	0.77	0.74

资料来源：Zahra, S.A., Neubaum, D.O., & Huse, M.（2000）. Entrepreneurship in medium-size companies：Exploring the effects of ownership and governance systems. Journal of Management, 26（5），947−976.

表 2.6　Zahra（2000）提出的公司创业量表（创新维度）

题项	产品创新	流程创新	组织创新
经常成为行业中第一家向市场推出新产品或新服务的公司	**0.89**	0.31	−0.17
为公司新市场创造全新的产品	**0.83**	0.25	0.21
为公司现有市场创造全新的产品	**0.79**	0.23	0.28
新产品商业化	**0.73**	0.27	0.22
大力投资以前沿产品为导向的研发	**0.61**	0.25	0.20
大量投资于前沿工艺技术研发	0.30	**0.78**	0.23
成为行业中第一家开发和引进全新技术的公司	0.27	**0.75**	0.19
开创新工艺技术	0.19	**0.67**	−0.08
复制其他公司的加工技术（负向）	−0.31	**−0.65**	0.19
在业内率先开发创新的管理体系	0.24	0.27	**0.74**
在业界率先引入新的商业理念和实践	0.21	0.15	**0.65**
改变组织结构以促进创新	0.27	0.27	**0.60**
引入创新的人力资源计划，以激发创造力和创新	0.16	0.23	**0.55**

题项	产品创新	流程创新	组织创新
特征值	3.50	2.60	2.01
解释百分比	26.32	19.63	15.11
内部一致性信度	0.78	0.70	0.73

资料来源：Zahra, S. A. , Neubaum, D. O. , & Huse, M. (2000). Entrepreneurship in medium-size companies：Exploring the effects of ownership and governance systems. Journal of Management, 26（5）, 947-976.

2002 年，Yiu 认为公司创业强度主要是指公司在创新和战略更新方面实现的程度，主要表现在企业内部产品能力、技术能力和营销能力的构建上。因此运用 7 分制量表，引入四个指标：①公司研发投入；②厂房和设备的投资；③新产品投入市场的数量；④开拓新市场和营销投入，用以描述公司在产品能力、技术能力和营销能力等方面的变革程度，最终刻画公司创业的强度（Yiu, 2002），具体如表 2.7 所示。

表 2.7　Yiu（2002）的公司创业强度量表

构念	题项 （近三年来，公司在下列题项中的平均变化）
公司创业强度	公司研发投入
	厂房和设备的投资
	新产品投入市场的数量
	开拓新市场和营销投入来描述公司在产品能力、技术能力和营销能力等方面的变革程度
	内部一致性信度 = 0.81

资料来源：Yiu, D. W. (2002). Government, business groups, and corporate entrepreneurial intensity during institutional transition. Unpublished Doctoral Dissertation. The University of Oklahoma.

2008 年，Yiu 和 Lau 在 Zahra 等（2000）提出的量表的基础上，采用探索性因子分析方法对 Zahra 的量表进行因子分析，剔除交叉项后构建了含有产品创新、组织创新、国内风险投资和国际风险投资四个维度的公司创业量表，借以衡量公司创业活动的水平（Yiu & Lau, 2008），具体题项如表 2.8 所示。

表 2.8 Yiu 和 Lau（2008）提出的公司创业量表

维度	题项
产品创新（α=0.93）	在行业中第一个向市场推出新产品（0.62）
	在新市场上销售而创造全新的产品（0.62）
	为公司现有市场创造全新的产品（0.62）
	推广新产品（0.59）
	大力投资以产品为导向的前沿研发（0.60）
	大力投资以尖端工艺技术为导向的研发（0.60）
	成为行业内第一家开发和引进全新产品的公司（0.57）
	内部一致性信度=0.93
组织创新（α=0.85）	率先开发创新管理体系（0.63）
	在业界率先引入新的商业概念和实践（0.61）
	改变组织结构以促进创新（0.55）
	引入创新的人力资源计划，以激发创造力和创新（0.52）
	内部一致性信度=0.85
国内风险投资（α=0.91）	促进创建新的国内企业（0.57）
	在国内发展新产业（0.53）
	支持国内新创业活动（0.59）
	资助国内开办商业活动（0.58）
	内部一致性信度=0.91
国际风险投资（α=0.84）	进入新的国外市场（0.39）
	扩大国际业务（0.58）
	支持致力于国际业务的创业活动（0.63）
	为致力于国际业务的启动商业活动提供资金（0.65）
	内部一致性信度=0.84

资料来源：Yiu, D. W.（2002）. Government, business groups, and corporate entrepreneurial intensity during institutional transition. Unpublished Doctoral Dissertation. The University of Oklahoma.

2011 年，Simsek 和 Heavey 在考察人力资本、社会资本以及组织资本对于公司创业与企业绩效关系的中介作用过程中，在 Zahra（1996）提出的量表基础上又进行了相关修正，从创新程度、公司冒险和战略更新三个维度构建了一个 7 分制的公司创业量表（Simsek & Heavey, 2011），具体参见表 2.9。

表 2.9　Simsek 和 Heavey（2011）提出的公司创业量表

维度	题项
创新程度	在研发的投资远高于行业平均水平
	向市场输入大量新产品
	比主要竞争者有更多的重要发明专利
	在产业中有突破性的创新发展
	用于新产品开发计划的支出
公司冒险	进入新市场
	收购不同行业的公司
	创建新企业
	在现有市场中寻找新的利基市场
	为创建新企业提供资金
	创建新的半自治和自治业务单元
战略更新	剥离不盈利的业务单位
	改变竞争方式
	重新组织业务、单位和部门，确保加强协调和沟通
	对竞争行业进行细化
	引进创新型人力资源项目
	在业界率先引入新的商业理念和实践

资料来源：Simsek, Z. , & Heavey, C. (2011). The mediating role of knowledge-based capital for corporate entrepreneurship effects on performance：A study of small-to medium-sized firms. Strategic Entrepreneurship Journal, 5 (1), 81-100.

综上，自 Zahra 于 1996 年正式构建第一个公司创业量表，后续学者多是基于此量表结合自身研究情境与样本特征加以修订和细化。表 2.10 归纳了不同学者对于公司创业的差异化测度方法。

表 2.10　公司创业测度总结

学者	公司创业测度
Guth & Ginsberg (1990)	将公司创业概括为①企业内部发展新业务，即内部创新或风险投资；②通过更新关键思想和理念进行组织变革，即战略更新两种现象或两个过程测度
Zahra & Covin (1996)	公司创业是公司所有创新、更新和风险投资活动的总和，建构了一张新的包含 14 个测项的公司创业量表

学者	公司创业测度
Zahra，Neubaum & Huse（2000）	构建包括产品创新、流程创新、组织创新、国内风险投资和国际风险投资五个维度的公司创业量表。共 9 个测量题项，如"经常成为行业中第一家向市场推出新产品或新服务的公司"等
Daphne Yiu（2002）	公司在创新和战略更新方面实现的程度，主要表现在企业内部产品能力、技术能力和营销能力的构建上。引用四个指标：①公司研发投入；②厂房和设备的投资；③新产品投入市场的数量；④通过开拓新市场和营销投入来描述公司在产品能力、技术能力和营销能力方面的变化，从而测量公司创业的强度
Yiu & Lau（2008）	建构了含有产品创新、组织创新、国内风险投资和国际风险投资四个维度的公司创业量表
Simsek 和 Heavey（2011）	从创新程度、公司冒险和战略更新三个维度测度公司创业

资料来源：作者整理。

　　较为遗憾的是，尽管公司创业构念目前已经演化为公司冒险、战略创业与公司保育三大维度，但涵盖这三个维度的整体的、全面的操作化工具还未出现。此外，目前对于"公司创业"构念的测度主要通过运用量表并收集一手数据加以实现。运用二手数据或文本数据进行测度的操作化方法还未出现。上述两方面都是未来公司创业研究需要推进的基础性工作。

第三章 公司创业构念之第一核心维度：公司冒险

作为组织层面创业领域最为核心的一个构念，公司创业的维度随着时间的推移和新现象的出现而不断变化，成为该研究领域不断与时俱进、向前发展的重要动力。进入 21 世纪的第二个十年，数字技术的发展使得企业的技术环境快速变化，再加上难以预测的自然、社会和政治环境的变迁，公司创业的形态也随之变化。值得注意的是，越来越多的在位企业把孵化和培育新创企业或与中小企业融通发展作为重要任务，以避免被颠覆式创新击败的命运。Shankar 和 Shepherd（2019）将这一现象概念化为"公司保育"（corporate nurturing），并认为这是新时期在位企业从事公司创业的重要形式。据此，第三章和第四章将公司创业细分为公司冒险（corporate venturing）、战略创业（strategic entrepreneurship）和公司保育三个维度，逐一解析各维度的研究框架，并提出未来研究议程。

本章的逻辑框架见图 3.1。

图 3.1 本章的逻辑框架

公司冒险是企业实现战略更新、为股东创造价值的重要手段，因此与创新和战略更新紧密相关。公司冒险活动通常建立在新市场的创新或引进新产品的基础上，并可能引起公司业务、战略或竞争状况的重大变化，从而变革企业的运营模式。与战略创业不同，公司冒险强调在组织内部或外部创建新业务（Sharma & Chrisman，1999），其主要关注点在于创建与新业务相关的各种步骤和流程，并将新业务整合到公司整体的业务组合中去。既有研究已在公司冒险的概念、前因、过程、影响因素及结果方面积累了大量研究成果，因此本部分从这些方面进行回顾，以期梳理出公司冒险研究的脉络，并促进未来研究探索。

第一节　公司冒险的定义与维度

公司冒险的概念及形式随时间推移不断变化。1981 年，Rind 探讨了"公司冒险战略的范围"，将公司冒险从公司控制的内部公司冒险延伸至包括股权投资在内的外部公司冒险（Rind，1981）。此后，1986 年，Skykes 等对于公司冒险的研究结果证实了外部公司冒险作为公司冒险活动的组成部分的重要性（Sykes，1986）。随后，1995 年，Withers 等将公司冒险定义为"将动态的创业活动注入企业中的工具和手段"。1999 年，Sharma 和 Chrisman 将公司冒险定义为"在企业中创建新的商业组织的创业努力"。自此，后续研究多采用这一定义进行相关探索（Sharma & Chrisman，1999）。2009 年，Narayanan 等重新梳理了公司冒险与价值创造的研究框架，将公司冒险定义为"通过内部和外部手段，专注于在现有或新的领域、市场或行业中创建企业的一系列组织体系、流程和实践的总和。内部公司冒险通常包括创新和新业务孵化，外部公司冒险通常包括许可、合资、收购和公司创业投资（Corporate venture capital）"（Narayanan et al.，2009）。通过内部公司冒险，企业可创建属于自身的新业务。此类新业务可能存在于组织内部，也可能存在于组织外部，通常作为拥有准自治权和决策权的实体进行运作。内部公司冒险可能会创建新的业务部门，或是创建新企业。外部公司冒险是指企业通过投资持有股权或收购外部企业的创业活动。此概念中的"外部企业"多数是处于创建初期的"年轻公司"。2002 年，Miles 和 Covin 在对于公司冒险形式的研究中，又将内部公司冒险和外部公司冒险按照实施方式如经营及战略预算、金融中介机构等划分为直接和间接等类别，由此产生了直接内部公司冒险、间接内部公司冒险、直接外部公司冒险和间接外部公司冒险这四种细分形式（Miles & Covin，2002）。在实践中，可通过使用上述不同投资组合进行新业务的发展。表 3.1 到表 3.4 分析了各种公司冒险形式。

表 3.1　几种选定的公司冒险类型的比较

作者	公司冒险类型	分类标准
Roberts（1980）	创业投资	需要公司参与
	公司保育	
	企业拆分	
	新型合资企业	
	企业融合	
	内部冒险	
Rind（1981）	新创企业部门	需要公司管理层投入精力
	独资企业	
	新型合资企业	
	直接风险资本	
Sykes（1986）	内部公司冒险	公司的内部/外部
	风险资本投资	
Jolly & kayama（1990）	公司范围内的任务强度	公司的控制程度
	非正式的、自愿的团队	公司的内部/外部
	公司支持人员	
	新创部门	
	新型风险公司	
Ginsberg & Hay（1994）	内部公司冒险	创业活动的焦点在哪里
	创业合作	
Sharma & Chrisman（1999）	外部公司冒险	新企业的地理位置
	内部公司冒险	

资料来源：Miles, M. P. & Covin, J. G. (2002). Exploring the practice of corporate venturing: Some common forms and their organizational implications. Entrepreneurship Theory and Practice, 26 (3), 21-40.

表 3.2 公司冒险四种形式的总结性定义

冒险的形式	典型特征
直接–内部	新创企业无须金融中介（直接通过运营预算或战略预算）进行融资，且由公司员工在公司领域内进行开发
直接–外部	该公司在没有使用专门的新创业基金的情况下，获得或占据外部公司的股权
间接–内部	该公司会投资创业资本基金，该基金旨在鼓励公司员工进行内部公司冒险。创业资本基金通常在公司内部产生和运作，并由公司员工管理
间接–外部	公司投资一个创业资本基金，该基金使外部公司冒险聚焦于特定的行业或技术部门，该基金可能会产生于公司之外，由非公司员工管理，也可能起源于公司内部，由公司员工管理

资料来源：Miles, M. P. & Covin, J. G. (2002). Exploring the practice of corporate venturing: Some common forms and their organizational implications. Entrepreneurship Theory and Practice, 26 (3), 21-40.

表 3.3 在不同企业环境下公司冒险的几种可能的形式

公司管理层的需求和偏差	公司冒险的目标		
	组织发展与文化变迁	战略收益/实物期权的发展	快速的财务回报
风险控制的需求			
高	D-I	D-I, D-E	D-E
低	I-I	I-I, I-E	I-E
为创业投入资源的能力和意愿			
高	D-I, I-I	D-I, D-E, I-I, I-E	D-E, I-E
低	I-I	I-I, I-E	I-E
容忍创业风险的倾向			
高	D-I	D-I, D-E, I-I, I-E	D-E, I-E
低	None	I-I, I-E	I-E

注：D-I：直接–内部；

　　D-E：直接–外部；

　　I-I：间接–内部；

　　I-E：间接–外部。

资料来源：Miles, M. P. & Covin, J. G. (2002). Exploring the practice of corporate venturing: Some common forms and their organizational implications. Entrepreneurship Theory and Practice, 26 (3), 21-40.

表 3.4 外部公司冒险与内部公司冒险的区别

特点	外部公司冒险	内部公司冒险
想法起源	在母公司外部	在母公司内部

续表

特点	外部公司冒险	内部公司冒险
想法形成	在外部	在内部
想法商业化	创建拆分公司，投资创业公司	在公司内部建立团队或单位
自治化水平	高	中低

资料来源：Rohrbeck, R., Mario and Arnold, Heinrich M. (2007). Combining spin-out and spin-in activities-the spin-along approach. Paper presented at the ISPIM 2007 Conference："Innovation for Growth：The Challenges for East & West".

一、外部公司冒险

外部公司冒险即有意识地寻找外部新思想和知识，从而促进现有企业的更新（Keil, 2004）。企业有时会建立专门的外部冒险部门，这些部门的任务是寻找有意愿和存在潜在价值的可进行风险投资的合作伙伴。因此，外部冒险的效率在很大程度上取决于外部搜索的效率（Dushnitsky & Lenox, 2005）。并且，外部冒险部门作为外部合作伙伴和母体公司之间的"界面管理者"（Keil et al., 2008），在促进知识共享上面临着独特的挑战——在促进母体企业与外部合作伙伴资源共享的同时，还要设法改变母体企业对于从外部学习知识的"冷漠"甚至"抗拒"态度（Puranam & Srikanth, 2007）。外部公司冒险有多种形式，以下选择裂变创业（spin-off）、自旋创业（spin-along）以及公司创业投资（corporate venture capital）加以具体介绍。

1. 裂变创业（spin-off）

裂变创业是一种独特的新企业创建方式，可以助力企业建设自身的核心竞争力及独特竞争优势。近年来，裂变创业已成为推动科技创新和产业集群发展的重要驱动因素，为社会经济发展注入了新的活力。学界在裂变创业的内涵与分类、创业过程、触发事件（Buenstorf, 2007）、制度联系（Jurgen, 2004）、商业模式（Pirnay et al., 2003）以及资源组成（Clarysse et al., 2005）等方面的研究取得了丰硕的成果（Fontes, 2005）。

首先，在裂变创业内涵与分类方面，从企业间关系的角度看，裂变创业是"从头创业"这种市场进入方式的一种重要形式。就本质属性而言，裂变是指从母体组织中衍生出新的组织，新组织既与母体有关联，又有自己的独特属性。裂变创业作为一种企业进入市场的特殊方式，既是新创企业在传承母体组织基因的基础上进行创新的重要途径，又是企业识别和开发利用新的机会以及跨组织转移资源的有效机制。

由于裂变创业具有形式多样、内涵丰富等特点，学者分别从不同的视角加以分类。例如，Pirnay 等（2003）根据组织间知识转移的性质提出了科研成果转移型、科学方法转移型和特定技能转移型三种裂变创业；Perez 和 Sanchez（2003）基于母体组织的性质把裂变创业分为大学裂变创业、公司裂变创业和其他组织裂变创业三大类别；De Coster 和 Butler（2005）按照一般新创企业的划分思路把裂变创业区分为机会型（外界出现有吸引力的创业机遇）和需要型（创业者失去在母体组织工作的兴趣）两大类。根据创业主体和触发事件，裂变创业可划分为四种类型：单纯机会型、单纯生存型、战略重组型和母体支持型（Bruneel et al.，2013）。

其次，裂变创业过程研究最早可追溯至 1983 年。当时，Garvin（1983）提出，按照生命周期理论，裂变创业可分为五个阶段，即引入阶段、早期增长阶段、晚期增长阶段、成熟阶段和衰退阶段，并深入分析了每个阶段裂变企业在市场定位、产品技术、资源流动等方面的特征。而后，Thompson 和 Klepper（2005）将裂变创业划分为员工学习、触发事件和新创企业生成三个阶段，得到了学术界的广泛认可。第一阶段员工学习主要指裂变创业者在母体组织获得各种有用的知识且个人的技能随之不断提升，为裂变创业提供了可能。第二阶段是触发事件，公司遭遇诸如战略分歧、机会发现以及内部不良事件等的影响，从而改变了创业者离开母体组织创建新企业的机会成本，促使创业项目形成。第三阶段为新创企业生成，裂变创业从母体公司转移和传承各类资源，这些资源的整合程度和使用水平决定了新企业的绩效水平。

表 3.5 整理了裂变创业过程中的阶段和决定性因素。

表 3.5　裂变创业过程中的阶段和决定性因素

阶段	员工学习	触发事件	裂变能力
影响结果	裂变潜力	裂变形成	裂变绩效
背后的原因	·对技术和市场的学习	·战略分歧	·技术和市场知识的转移
	·对组织过程的学习	·机会发现	·组织过程的转移
	·个人技能的习得	·母公司内部不良事件	·个人技能的使用

资料来源：作者整理。

最后，裂变创业具有不同于一般创业的特殊性，会对母体组织和新创企业以及社会经济发展产生独特的影响。具体而言，以价值创造为主要特征的裂变创业，其影响主要可从微观和宏观两个层面分析。其一，在微观层面，裂变创业对母体组织和新创企业具有不同的影响效应，对新创企业的影响主要表现在裂变新创企业创建难度低、生存率高、成长速度快等方面；而对母体组织的影响则是一把"双刃剑"，既可能促进母体组织发展，也可能损害母体组织的利益。一方面，裂变创业可以帮助母体组织淘汰缺乏战略共识、不认同组织文化、专业技能不达标或供给过剩的人力资源，为母体组织运营创造良好环境。另一方面，裂变新创企业和母体企业在产品和市场方面可能存在重叠，进而会改变母体组织所在产业的竞争程度，导致母体组织动荡。其二，在宏观层面，裂变创业比较容易获取源于母体组织的资源优势，从而能大幅度改善自身的外部网络环境，并且通过该网络来获取成功创建和经营裂变新创企业所必需的关键资源。同时，裂变创业也为产业集群的形成创造了条件，裂变创业者倾向于利用自己的社会关系识别创业机会和创业资源，因此只要区域发展政策得当，就有可能开创区域内裂变新创企业蓬勃发展的局面，最终形成并发展为区域内的产业集群。

2. 自旋创业（spin-along）

2007 年，Rohrbeck 等提出了自旋创业（spin-along）的概念，用以刻画外部公司冒险与内部公司冒险相结合从而提升企业创新绩效的方式（Rohrbeck，2007）。在自旋创业过程中，母体企业鼓励员工将自己的商业想法带到外部去创建新公司，发展成功的公司在后续被回购并整合到母体企业当中。"自旋"过程是一种混合的公司冒险形式，结合了内部公司冒险和外部公司冒险的优点（Michl et al.，2013）。内部冒险能与母体企业交换资源，从而利于新创企业的发展，但新创企业可能出现过度依赖母体企业的情况。外部冒险具有独立于母体企业的优势，但与此同时也失去了母体企业的支持和保护。而自旋创业的企业一方面可以得到母体企业的支持、保护以及资源，另一方面也有能力在市场上独立行动和决策。对母体企业而言，自旋创业可有效实现组织"双元"（ambidexterity）——在探索新机会的同时，保持开发现有资源的能力（见图 3.2）。

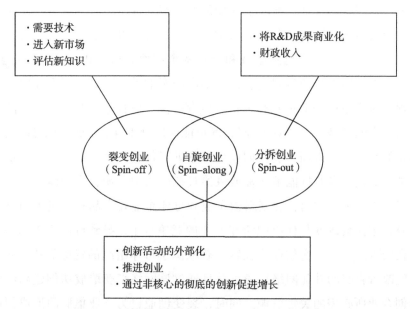

图 3.2　自旋创业是裂变创业和分拆创业的组成部分

资料来源：Rohrbeck, R., Mario and Arnold, Heinrich M. (2007). Combining spin-out and spin-in activities-the spin-along approach. Paper presented at the ISPIM 2007 Conference："Innovation for Growth：The Challenges for East & West".

　　自旋创业对企业追求财务和战略目标均有积极影响（见图3.3）。财务目标方面，企业可获得创办新企业而产生的利润，或是通过最初投资新企业而获得投资回报。战略目标方面，首先，自旋创业可促进企业创新，加快非核心业务的研发，在扩展现有业务的同时开发新业务，进而找到企业的"二次曲线"。其次，自旋创业还是推进激进式创新和渐进式创新的可行路径，能克服激进式创新和渐进式创新的局限，推动企业更好更快地发展。再次，自旋创业能推动企业的商业模式创新，在不损害自身品牌、商誉及形象的情况下，通过自旋创业试验其他的商业模式，以制定未来发展的目标及方向。最后，在自旋创业的过程中，创始人通常接近市场，深入了解客户需求，并及时适应这些需求。与此同时，创始人能在与母体企业现有业务几乎没有协同关系的情况下发展新业务，只要达到预期的投资回报，就可以推动新创企业和母体企业的共同发展（见图3.4）。

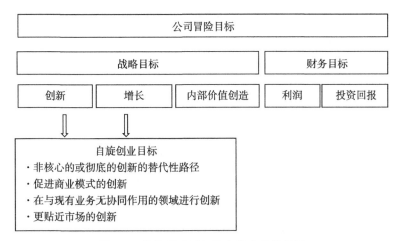

图 3.3　公司冒险目标和自旋方法的目标

资料来源：Rohrbeck，R．，Mario and Arnold，Heinrich M.（2007）．Combining spin-out and spin-in activities-the spin-along approach. Paper presented at the ISPIM 2007 Conference："Innovation for Growth：The Challenges for East & West"．

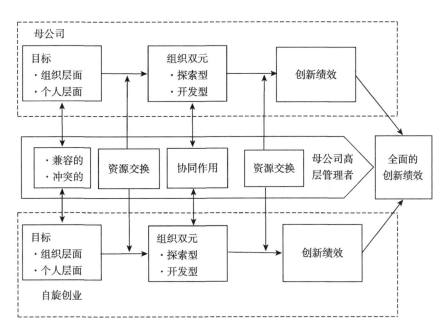

图 3.4　自旋创业步骤的概念性框架

资料来源：Michl，T．，Gold，B. & Picot，A.（2013）．Managing strategic ambidexterity：The spin-along approach. International Journal of Technology Management，61（1），47-63.

3. 公司创业投资（corporate venture capital）

（1）何谓"公司创业投资"？

1）公司创业投资的发展脉络。公司创业投资始于 20 世纪 60 年代的美国。彼时，一众大型企业试图通过公司创业投资，为进入潜在的新业务增长领域"探路"，以弥补既有业务的不足（Sykes，1990）。20 世纪 60 年代至 90 年代末，公司创业投资伴随着美国经济周期几经震荡。进入 21 世纪，由于美国整体经济的稳定，公司创业投资焕发出巨大活力。与此同时，在这一轮公司创业投资浪潮中，亚太地区尤其是中国作为新兴市场国家也逐步进入大众的视野（丛海涛和唐元虎，2003），关于公司创业投资的理论研究也随之而起。总体来看，近 20 年来，以美国情境为主的研究更为活跃，相关文章见诸管理学顶级期刊。但自 2011 年以来，尤其是 2014~2015 年我国推出"双创"政策以及 2016 年颁布"创投二十二条"后，我国公司创业投资行业也迅速成长，有更多的在位企业通过参股、建立投资子部门、新建投资子公司等方式涉足公司创业投资。国内的相关理论研究也在近 10 年呈现出快速追赶的态势。

2）公司创业投资的内涵。在公司创业（corporate entrepreneurship）构念中，公司冒险（corporate venturing）和战略创业（strategic entrepreneurship）是其重要维度（Kuratko & Audretsch，2013）。这其中的公司冒险是指通过内部和外部手段，专注于在现有或新领域、市场、行业中创建业务的一套组织体系、流程和实践（Narayanan et al.，2009）。由于创建的新业务作为拥有准自主权和决策权的实体，既可存在于现有组织边界之内，也可存在于边界之外（Ireland et al.，2009），因而公司冒险被进一步划分为外部公司冒险（External corporate venturing）和内部公司冒险（Internal corporate venturing）两个维度（Schildt et al.，2005；Sharma & Chrisman，1999）。进一步地，学者们对外部公司冒险的维度进行了划分，公司创业投资与联盟、建立合资企业和收购新创企业并列为其下的四个子维度（Miles & Covin，2002；Schildt et al.，2005；Sharma & Chrisman，1999）。

尽管学者们一致认为公司创业投资是公司外部冒险的重要形式（Titus et al.，2017），但就其具体内涵而言，不同学者的观点却不尽一致。有学者基于企业财务视角剖析公司创业投资的内涵。如 Benson 和 Ziedonis（2009）认为公司创业投资能为在位企业建立信息优势，帮助其识别和评估具备发展潜力的收购目标，进而提高收购绩效（Benson & Ziedonis，2009）。但是，有更多的学者则是基于战略角度解读公司创业投资的内涵。如 Schildt 等（2005）认为公司创业投资是企业获取外部知识的一种手段，能帮助企业了解并掌握最新的外部技术（Schildt et al.，2005）。又如 Maula 等（2013）将公司创业投资视为一种"预警机制"，塑造企业关于现有能力空洞的认知，并引导企业高层管理者关注外部技术变化从而增强环境适应能力（Maula et al.，2013）。再如王苏生等（2017）将公司创业投资视为一种实物期权创造机制，通过增加企业的战略柔性，从而创造更高的企业价值（王苏生、康永博和彭珂，2017）。此外，学者还识别出企业从事公司创业投资活动的战略动因，包括搜寻新机会（Titus & Anderson，2018；Wadhwa & Kotha，2006）、提高决策能力（Keil et al.，2008）、加入辛迪加网络并占取中心位置（Keil et al.，2010）、建立新战略联盟（Van de Vrande & Vanhaverbeke，2013），等等。不同于以上两种观点，Dushnitsky 指出企业从事公司创业投资活动出于战略和财务的双重考虑。在战略上，公司创业投资是企业获得新知识的一种策略，为企业建立了一个了解技术的"新窗口"（Dushnitsky & Lenox，2005）；在财务上，公司创业投资是一种创新工具，能为公司创造经济价值（Dushnitsky & Lenox，2006）。表 3.6列出了相关研究中公司创业投资的主要内涵。

表 3.6 公司创业投资的主要内涵

研究视角	作者和年份	内涵
财务视角	Benson & Ziedonis（2009）	公司创业投资能通过形成信息优势而提高企业的收购绩效
战略视角	Schildt et al.（2005）	公司创业投资是获取外部知识的一种手段，能帮助企业了解并掌握最新的外部技术
	Maula et al.（2013）	公司创业投资是一种"预警机制"，引导企业高层管理者关注外部技术变化从而增强企业的环境适应能力
	王苏生等（2017）	公司创业投资是一种实物期权创造机制，能增加企业的战略柔性
	Titus & Anderson（2018）；Wadhwa & Kotha（2006）	公司创业投资是一种帮助企业识别和利用外部机会的工具
	Keil et al.（2008）	公司创业投资所形成的优势有助于提高企业决策者的决策能力

研究视角	作者和年份	内涵
战略视角	Keil et al. (2010)	公司创业投资有助于企业加入辛迪加网络并占取中心位置
	Van de Vrande & Vanhaver-beke (2013)	公司创业投资所形成的企业间关系有助于之后建立新战略联盟
财务和战略视角	Dushnitsky & Lenox (2005, 2006)	公司创业投资能提供技术窗口，并为公司创造价值

资料来源：作者整理。

虽然学者们关注的视角不尽相同，但就一些关键方面达成了如下共识：其一，公司创业投资的投资方是从事非金融类主营业务的成熟在位企业（又称公司投资者），因而与独立风险投资的投资方（专业投资机构）是不同的；其二，公司创业投资的受资方是独立于公司投资者的新创企业，一般具有高技术能力和发展潜力；其三，在位企业对新创企业进行少数股权投资，区别于其他涉及多数股权的投资行为，如收购或合资；其四，公司投资者不仅仅基于财务目标进行投资，更聚焦于公司创业投资可能带来的战略收益，且后者对在位企业的激励作用更大。因而，公司创业投资是指有明确主营业务的非金融类在位企业，在战略扩张动机和财务收益目标的驱动下，对具有发展潜力的新创企业进行少数股权投资的公司创业行为。

（2）基于在位企业视角的公司创业投资研究。

基于开展公司创业投资的在位企业的视角，以往研究主要从公司创业投资的目标、影响因素、绩效效应以及投资策略这四个相关主题展开探讨。

1）开展公司创业投资的目标。在位企业开展公司创业投资兼具财务目标和战略目标，在这两者中又以战略目标更为突出，过往研究对此进行了深入分析。Sykes（1990）认为，公司创业投资作为一种外部冒险方式，为企业识别潜在的新业务增长领域开辟"窗口"，同时也为后续进入新业务领域提供收购来源，进而拓宽企业发展新业务的范围。在此基础上，Keil（2004）从能力的角度出发，认为公司创业投资有助于企业新能力的培育，并对现有能力进行重组。Dushnitsky 和 Lenox（2006）认为在位企业进行公司创业投资的战略目标包括寻求潜在技术和提升产品需求。一方面，公司创业投资为在位企业提供了一种有效的环境扫描方式，识别威胁并利用能补充自身核心业务的新技术。另一方面，通过投资新创企业，在位企业能感知市场的最新动态，从而增加市场对其产品的需求。Van de Vrande 和 Vanhaverbeke（2013）基于实物期权理论认为，在位企业出于形成战略联盟的目标，通过创建一个公司创业投资组合，为其提供了一系列机会。一旦技术和市场的不确定性减少，在所需技术明确的情况下，企业就可以进行后续投资，建立战略联盟，以确保技术知识的转移。Di Lorenzo 和 Van de Vrande（2018）从知识利用的角度考量，公司创业投资是在位企业获取知识并有效嵌入组织内部的渠道之一。除了关于战略目标的讨论，以往研究也就财务目标做出分析。Chesbrough（2002）认为在位企业也会关注财务绩效，以期通过公司创业投资获取丰厚的投资回报。Benson 和 Ziedonis（2009）认为公司创业投资能改善企业内部知识库以及提升利用优势信息的能力，这对长期从事公司创业投资的企业而言，有助于其日后的收购活动并提升收购绩效。表 3.7 归纳了在位企业开展公司创业投资的目标。

表 3.7 在位企业开展公司创业投资的目标

作者与年份	公司创业投资的目标
Chesbrough（2002）	获取投资回报
Benson 和 Ziedonis（2009）	提升收购绩效
Sykes（1990）	拓宽发展新业务的范围
Keil（2004）	培育新的能力并重组现有能力
Dushnitsky 和 Lenox（2006）	寻求潜在技术；提升产品需求
Van de Vrande 和 Vanhaverbeke（2013）	形成战略联盟
Di Lorenzo 和 Van de Vrande（2018）	利用新创企业的知识

资料来源：作者整理。

2) 公司创业投资的影响因素。现有研究主要从产业环境和组织特征两个方面探究在位企业开展公司创业投资的影响因素。一方面，在位企业需要正确地感知和辨别环境，随环境的变化而及时调整公司创业投资策略，从而有效地反映和适应环境，获得战略收益，并最大化公司价值。另一方面，组织特征反映了在位企业进行公司创业投资时所具备的条件，直接影响到公司创业投资的数量和种类。总之，在不同的产业环境和组织特征下，在位企业开展公司创业投资的动机存在差异。

从产业环境来看，以往研究集中在技术环境、市场环境以及社会环境上。

首先，技术环境主要从技术创新和技术变革两方面来讨论。公司创业投资能为在位企业提供技术窗口（Dushnisky & Lenox，2006），通过获取新创企业的技术知识实现技术创新，提高生产率（Dushnisky & Lenox，2005）。Dushnitsky 和 Lenox（2005）基于 1990～1999 年 1171 家企业数据发现，当行业内（如计算机、半导体等创新密集型行业）的技术机会较为丰富时，在位企业就会热衷于公司创业投资。Da Gbadji 等（2015）发现，当在位企业的总部位于创新创业活动较为活跃的地区时，其更有意愿开展公司创业投资。而快速的技术更迭则会给企业带来前所未有的压力，Sahaym 等（2010）基于实物期权理论，发现公司创业投资所带来的战略灵活性会因行业的不同而有所差异。具体而言，行业研发强度、技术变革与公司创业投资活动强度正相关，此外行业技术变革还会正向调节行业研发强度与公司创业投资活动的关系（Sahaym et al.，2010）。

其次，关于市场环境的讨论主要聚焦丰腴性（Munificence）、动态性和竞争性这三个方面。丰腴性主要体现在行业高速增长所带来的大量增长机会成为推动在位企业开展公司创业投资的重要因素（Dushnitsky & Yu，2019）。动态性则反映市场变化的强度和方向。Tong 和 Li（2011）出于战略柔性的考虑认为，公司创业投资活动给企业提供了限制下行风险并抓住上行机会的权利，所以在高度的市场不确定性情况下，在位企业进行外部冒险时更倾向于选择公司创业投资而非收购。同样，王苏生等（2017）发现，在市场不确定性高的情形下，公司创业投资所带来的公司价值创造效应更为显著（王苏生、康永博和彭珂，2017）。此外，竞争性代表了同行业内的企业抢占有限资源的激烈程度。在高竞争强度和弱独占性作用下，在位企业倾向于开展更多的公司创业投资（Basu et al.，2011）。

最后，关于社会环境的讨论主要基于创新扩散理论和企业行为理论展开。Gaba 和 Meyer（2008）认为，组织实践会受到"种群内传播"和"种群间传播"两种社会影响机制的作用。将企业行为聚焦到公司创业投资活动时，就"种群内传播"而言，企业倾向于追随知名企业的脚步进行公司创业投资；就"种群间传播"而言，企业会参照风险投资做出决策，具体表现为当企业距离风险投资集群较近时，更有意愿开展公司创业投资活动。郭蓉和文巧甜（2019）基于2007~2015年中国信息科技行业上市公司数据发现，公司创业投资决策取决于企业绩效与行业期望目标之差。业绩期望顺差越大，企业越满足于当前状态，公司创业投资活动相应减弱；而当出现业绩期望落差时，企业会主动进行问题搜寻，更倾向于采取冒险性行为，从而促进公司创业投资活动的增加。

从组织特征来看，影响因素涵盖的内容更为广泛，主要有企业成员特征、内部资源、公司治理结构、社会资本以及企业绩效等。

第一，企业成员的相关研究集中在高管团队和CEO特征上。Cabral等（2021）发现，当高管人员拥有安全工作保障时，会主动尝试新的组织结构和做法，进而促进公司创业投资项目的引入（Cabral et al., 2021）。此外，管理人员的职业经验也会影响公司创业投资实践（Dokko & Gaba, 2012）。Sahaym等（2016）研究发现高管团队的职能异质性（Functional heterogeneity）与在位企业的公司创业投资活动呈倒"U"型关系。Fischer等（2019）探究了高管团队与公司创业投资部门经理之间的关系对于公司创业投资活动的影响（Fischer et al., 2019）。基于代理理论提出，两者间的代理冲突会影响公司创业投资业务单元的存续。戴维奇和姜浩然（2020）则是基于高阶梯队理论指出，自恋型CEO在认知和动机两个层面都倾向于做出公司创业投资决策。

第二，内部资源和能力作为企业竞争优势的基础，有助于在位企业识别和利用创业机会。Basu等（2011）基于资源基础观认为，技术资源和市场资源是在位企业开展公司创业投资活动的重要前因，前者有助于在位企业评估新创企业价值，后者则能推动新创企业的商业化过程（Basu et al., 2011）。同样地，刘伟和黄江林（2016）基于中国情境也得出类似结论，技术资源和财务资源对于在位企业选择公司创业投资战略方面具有促进作用。

第三，公司治理结构和公司创业投资活动间的关系在近几年得到了学者们的关注。Anokhin等（2016）就公司治理因素作出详尽讨论，董事会中的授权董事比例越高，在位企业从事公司创业投资活动越活跃，而外部董事比例对此没有显著影响；CEO的两职合一会影响公司创业投资活动水平，而CEO的股权薪酬结构和任期对此没有显著影响（Anokhin et al., 2016）。

第四，社会资本有助于企业接触到更多的公司创业投资机会。在位企业建立的战略联盟能提供互补资源，并为新兴技术的商业化创造额外机会，从而支持其投资新的领域（Dushnitsky & Lavie, 2010）。企业所处的网络位置也会影响到其信息的获取以及随后的公司创业投资实践（Noyes et al., 2014）。Noyes 等（2014）从有关公司创业投资信息的角度出发，认为当在位企业与一些经常进行公司创业投资活动的企业联系较为密切时，会更加倾向于采用公司创业投资；当在位企业占据网络中心位置时，也会增加公司创业投资活动。

第五，绩效反馈作为管理者的决策依据，对公司创业投资的采用与否也有着直接影响。当企业的创新绩效高于预期时，管理者便满足于当前状况，不太愿意重新配置内部资源利用外部机会，公司创业投资的意愿随之下降；而当创新绩效低于预期时，管理层对风险的容忍度上升，于是更有可能进行公司创业投资（Gaba & Bhattacharya, 2012）。表3.8是对上述研究内容的汇总。

3）公司创业投资的绩效效应。在位企业出于战略目标的考虑，会寻求新的知识、技术从而优化自身，同时也会考虑财务目标，获取投资收益。相对应地，公司创业投资的绩效效应就体现为战略绩效、财务绩效以及综合绩效（综合考虑战略绩效和财务绩效）。

首先，作为公司创业投资最主要的目的，提升战略绩效得到了学者们的充分关注，其中涵盖知识获取、技术创新、能力开发以及联盟与收购等方面。

第一，公司创业投资聚焦新创企业，是在位企业获取新知识的重要渠道之一。公司创业投资作为一种松散模式，较少整合外部资本，能为发现新知识提供一个更为有效的环境，而这些新知识对变化的适用性更强，有助于提升在位企业的探索式学习（Schildt et al., 2005）。Wadwa 和 Kotha（2006）基于36家通信行业上市公司的实证研究发现，公司创业投资数量与知识创造率（knowledge creation rate）呈倒"U"型关系。公司创业投资所提供的新知识和新信息，能为在位企业在应对问题时提供新的解决办法并提升吸收能力，从而促进知识创造。但是随着公司创业投资数量的增加，囿于管理者的"有限理性（bounded rationality）"，以及企业自身资源的限制，难以有效应对处理，知识创造率反而有所下降。

第二，公司创业投资的数量和多元化结构都会影响在位企业技术创新的成效。公司创业投资活动能够促进组织学习（Dushnitsky & Lenox, 2005），投资数量与在位企业技术创新之间存在正相关关系，并且在相同数量下，吸收能力越高的企业技术创新效率越高（万坤扬和陆文聪，2014）。此外，公司创业投资组合中的地域多样性（Belderbo et al.，2018）和新创企业与在位企业之间的关联程度（Keil et al.，2008）都会对公司技术创新产生积极的影响。

第三，公司创业投资作为一种获得式学习过程，对于能力开发的影响主要包括新能力的获取和现有能力的重构（Keil，2004）。例如，Keil 等（2008）基于认知理论，在对 5 家 IT 行业代表性企业进行访谈的过程中发现，在位企业进行公司创业投资时，能意识到自身发展中存在的不足，从而提前进行能力重构，以适应市场变化（Keil et al.，2008）。此外，丛海涛和唐元虎（2003）认为，在位企业在自身熟悉且具有优势的领域进行公司创业投资活动能起到增强核心竞争力的作用。

表 3.8　在位企业进行公司创业投资的影响因素研究

研究角度	涵盖内容	作者与年份	理论视角	影响因素
产业环境	技术环境	Dushnisky 和 Lenox（2005）；Da Gbadji et al.（2015）	组织学习理论	技术机会
		Sahaym et al.（2010）	实物期权理论	行业研发强度；技术变革
	市场环境	Dushnitsky 和 Yu（2019）	实物期权理论	增长机会
		Tong 和 Li（2011）；王苏生等（2017）	实物期权理论	市场不确定性
		Basu et al.（2011）	资源基础观	竞争强度；独占性
	社会环境	Gaba 和 Meyer（2008）	创新扩散理论	同行业公司采纳程度；距离风险投资集群的距离
		郭蓉和文巧甜（2019）	企业行为理论	企业绩效与行业期望目标之差
组织特征	成员特征	Cabral et al.（2021）	人力资源理论	管理工作保障
		Dokko 和 Gaba（2012）	制度理论	管理人员职业经验
		Sahaym et al.（2016）	高阶梯队理论	高管团队功能异质性
		Fischer 等（2019）	代理理论	高管团队与 CVC 部门经理间的代理冲突
		戴维奇和姜浩然（2020）	高阶梯队理论	CEO 自恋
	内部资源	Basu et al.（2011）	资源基础观	技术资源；市场资源
		刘伟和黄江林（2016）		技术资源；财务资源
	公司治理	Anokhine et al.（2016）	代理理论	授权董事比例；CEO 两职合一

续表

研究角度	涵盖内容	作者与年份	理论视角	影响因素
组织特征	社会资本	Dushnitsky 和 Lavie（2010）	资源基础观	战略联盟
		Noyes et al.（2014）	社会网络理论	与实施 CVC 公司的联系；网络中心位置
	企业绩效	Gaba 和 Bhattacharya（2012）	企业行为理论	创新绩效与预期之差
		戴维奇等（2012）	威胁—刚性理论	过往绩效

资料来源：作者整理。

第四，联盟与收购、公司创业投资都属于公司外部冒险形式，相互之间存在着密切联系。公司创业投资能为在位企业提供有关新创企业的技术信息，降低后续形成技术联盟过程中的不确定性。从实物期权的角度来理解，公司创业投资类似于期权的建立，而后续的技术联盟则可视为期权的行使过程（Van de Vrande & Vanhaverbeke，2013）。同样地，并购新创企业所产生的价值也依赖于公司创业投资的强度和连续性（Benson & Ziedonis，2009）。

除以上四个方面，最新研究也将对企业社会责任的影响纳入考察范围。Battisti 等（2022）基于资源基础观提出，公司创业投资会促进企业社会责任绩效的提升，帮助企业建立可持续性的竞争优势（Battisti et al.，2022）。

其次，虽然财务目标不是公司创业投资的最主要动机，但以往研究也揭示了公司创业投资对财务绩效的影响。以内部收益率和净现金流量这两项财务指标为例，在位企业进行公司创业投资活动所带来的直接收益在不同企业间呈现"双峰分布"特征，并且在整个公司创业投资项目投资周期内，项目的启动时间、整体规模、年投入额以及减值和获利手段都会影响最终收益（Allen & Hevert，2007）。此外，有关盈利能力和收入增长的评价，则是基于跨国企业的公司创业投资实践。跨国公司实施的公司创业投资活动对其盈利能力和收入增长具有积极影响，而当企业的吸收能力较强时，这一正向关系更为显著（Zahra & Hayton，2008）。翟丽等（2010）则是基于中国情境，考察了公司创业投资对于企业总资产收益率的影响。在对 1998~2006 年沪深两市中参与公司创业投资的 85 家上市公司进行分析后发现，公司创业投资活动在短期内并未给企业带来显著收益，从长期来看其收益显著为负（翟丽等，2010）。

最后，在综合绩效方面，公司价值一直是学者们关注的话题。以往研究显示，公司创业投资所蕴含的实物期权价值能为在位企业带来战略灵活性，从而提升其公司价值（王苏生等，2017）。具体而言，公司创业投资组合的多元化程度和投资双方的战略联系强度都会提升在位企业的公司价值（Lin & Lee，2011）。就公司创业投资与公司价值这两者的关系而言，Yang 等（2014）作出进一步分析，其实证结果显示，投资组合多元化程度与在位企业价值之间呈"U"型关系（Yang et al.，2014）。值得注意的是，当在位企业出于战略导向积极参与到公司创业投资实践过程中时，往往比单纯追求财务目标能获取更高的公司价值（Dushnitsky & Lenox，2006）。除了公司价值，也有研究发现公司创业投资借助于以往的中心地位和母公司的资源与背书，能帮助企业快速获得联合投资网络的中心位置（Keil et al.，2010）。

表 3.9 梳理了在位企业开展公司创业投资的绩效效应。

表 3.9　在位企业开展公司创业投资的绩效效应

研究角度	涵盖方面	作者与年份	理论视角	影响内容
战略绩效	知识获取	Schildt et al.（2005）	组织学习理论	探索式学习
		Wadwa 和 Kotha（2006）		知识创造率
	技术创新	万坤扬和陆文聪（2014）		技术创新效率
		Belderbo et al.（2018）		技术绩效
		Keil et al.（2008）		创新
	能力开发	Keil（2004）	动态能力理论	获取新能力；重构现有能力
		Keil et al.（2008）	认知理论	能力重构
		丛海涛和唐元虎（2003）	–	增强竞争优势
	联盟与收购	Van de Vrande 和 Vanhaver-beke（2013）	实物期权理论	技术联盟
		Benson 和 Ziedonis（2009）	吸收能力理论	并购绩效
	企业社会责任	Battisti et al.（2022）	资源基础观	企业社会责任绩效
财务绩效	财务指标	Allen 和 Hevert（2007）	公司金融相关理论	内部收益率；净现金流量
		Zahra 和 Hayton（2008）	组织学习理论	盈利能力；收入增长
		翟丽等（2010）	协同效应理论	总资产收益率

续表

研究角度	涵盖方面	作者与年份	理论视角	影响内容
综合绩效	公司价值	王苏生等（2017）	实物期权理论	公司价值创造
		Lin 和 Lee（2011）		增长价值
		Yang et al.（2014）		公司价值创造
		Dushnitsky 和 Lenox（2006）	组织学习理论	价值创造
	中心地位	Keil et al.（2010）	关系理论	投资网络中心位置

资料来源：作者整理。

4）公司创业投资的策略研究。公司创业投资的策略研究可以从组织结构、投资模式以及投资偏好三个方面加以归纳。首先，组织结构是开展公司创业投资的基础，根据与在位企业的关联程度高低，可划分为战略投资部、全资投资子公司、母公司与独立风险投资机构合资的投资公司，以及母公司作为有限合伙人投资于创投基金这四种结构。其次，在具备相应的组织结构后，投资模式的选择也显得非常重要。Chesbrough（2002）根据公司创业投资的动机（战略导向/财务导向）和被投企业与投资企业之间的关联程度（紧密/松弛）这两个维度首次提出了四种公司创业投资模式，分别为驱动型投资、浮现型投资、授权型投资和被动型投资（详见图 3.5）。而依照在位企业选择公司创业投资的手段则可将其划分为三种模式：联合基金、专项基金和全资子公司（Yang et al.，2014）。进一步地，Dushnitsky 和 Lenox（2006）选择在位企业的"涉入程度"作为区分标准，按照关系的密切程度由高到低分别为：直接投资、全资子公司进行投资、专用基金以及有限合伙人参与投资。此外，关于不同模式的比较，陆方舟等（2014）综合考察了公司创业投资直接投资模式、控股创投公司模式以及参股创投公司模式对于企业价值的影响，实证结果显示三种模式之间存在着显著差异（陆方舟等，2014）。最后，公司创业投资的偏好直接决定了其实施策略。一是投资对象的选择上，在位企业偏好行业相关程度较高的新创企业同时青睐较为年轻、位于生命周期较早阶段的新创企业（Dushnitsky，2013）。二是投资额度与轮次上，学者们发现较高的投资金额、较少的投资轮次是在位企业进行公司创业投资时的偏好（Dushnisky & Lavie，2010；Noyes et al.，2014）。

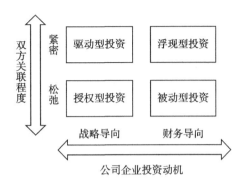

图 3.5　四种公司创业投资模式

资料来源：Chesbrough H. W. (2002). Making sense of corporate venture capital. Harvard Business Review, 80 (3), 90-99.

（3）基于新创企业视角的公司创业投资研究。

从接受公司创业投资的新创企业的视角出发，学者们主要聚焦于新创企业接受公司创业投资的动机及影响因素和后果研究两个相关主题。

1）公司创业投资的动机及影响因素。新创企业在选择是否接受公司创业投资时，主要基于两点考虑：其一，通过让出部分股权能否置换到在位企业的资源（Chesbrough，2002；Katila et al.，2008）并获取品牌背书（Dushnitsky & Lenox，2005）；其二，在与在位企业的交流互动中，是否存在有效的保护机制以避免核心技术泄露（Colombo & Shafi，2016；梁晓艳等，2006）。

首先，关于资源获取可从在位企业与新创企业间的关系出发。当新创企业所需的资源和流程与在位企业高度相关时，新创企业便能够利用在位企业的制造工厂、分销渠道、技术或品牌，同时也可能采用在位企业的商业实践来服务其产品开发和销售（Chesbrough，2002），通常也就更愿意接受公司创业投资。不过，也有研究认为，即使新创企业与在位企业之间存在技术联系，也未必一定能促成新创企业选择在位企业作为融资对象。这一关系的形成还取决于母公司的机会主义行为倾向，以及新创企业能否借助社会网络来感知其机会主义倾向（Kim et al.，2019）。除了单方面考虑双方存在的合作关系外，新创企业与在位企业之间的竞合关系也进入了学者们的视野。当新创企业接受竞争者的公司创业投资时，通常会限制在位企业通过公司创业投资持有新创企业股权的比例、董事会的席位以及成为领投机构的机会；而当接受合作者的公司创业投资时，双方企业能实现战略协同，在位企业有更强的动力使用其互补资产支持新创企业的成长与发展，并有较大机会获得董事会席位等特权（Masulis & Nahata，2009）。

其次，获取品牌背书是新创企业接受公司创业投资的又一诱因（Stuart et al.，1999）。借助于公司创业投资这一沟通平台，新创企业可与在位企业建立密切联系，进一步以在位企业的声誉为背书，从而提升自身在市场环境中的竞争地位和声誉，并在社会网络中构建合法性，最终推动企业整体的商业化进程（Arikan & Capron，2010）。

最后，尽管新创企业可借助在位企业的互补资源和品牌背书来创造企业价值，但是由于双方地位的不平等，一旦缺乏有效的保护机制，新创企业仍不会将公司创业投资设为最佳的融资模式。较强的产权保护制度能促进新创企业选择接受公司创业投资（梁晓艳等，2006；Dushnitsky & Shaver，2009），而社会保护机制起到的促进效果则并不显著，只有当其与产权保护制度共同存在时，才会发挥作用（Colombo & Shafi，2016）。Colombo 和 Shafi（2016）基于欧洲情境，进一步研究发现，即便在一些产权保护制度相对较弱的行业中，公司创业投资活动仍相当活跃。其可能的原因在于欧洲市场的风险投资网络不及美国发达，新创企业不能及时地将独立风险投资作为替代选项，公司创业投资的间接作用由此上升。

表 3.10 归纳了新创企业接受公司创业投资的影响因素。

表 3.10　新创企业接受公司创业投资的影响因素

作者和年份	理论视角	影响因素
Kim et al.（2019）	技术合作相关文献	技术联系；在位企业的机会主义倾向；在位企业—新创企业的社会联系
Masulis 和 Nahata（2009）	契约理论；代理理论	在位企业和新创企业的竞合关系
Arikan 和 Capron（2010）		品牌背书
梁晓艳等（2006）	微观经济理论	产权保护制度
Dushnitsky 和 Shaver（2009）	互补资产理论	产权保护制度
Colombo 和 Shafi（2016）	互补资产理论；资源依赖理论	产权保护制度；社会防御机制

资料来源：作者整理。

2）接受公司创业投资对新创企业的后果研究。公司创业投资对于新创企业的影响及后果存在着不同结论。一方面，受益于在位企业所提供的互补资产、先进技术等资源支持，新创企业可进行技术创新以提高成长绩效，创造公司价值，积极影响显著；另一方面，由于在位企业的涉入，新创企业的核心技术和发明专利存在外泄风险（Kim et al.，2019），这可能使新创企业丧失核心竞争优势，进而对其创新绩效乃至综合绩效产生消极影响（Uzuegbunam et al.，2019）。

具体来看，公司创业投资对新创企业的作用体现在创新绩效、市场地位以及 IPO 活动这三个方面。首先，大多数学者都认为得到公司创业投资支持的新创企业具有更高的创新水平（Alvarez-Garrido & Dushnitsky，2016；Chemmanur，Loutskina & Tian，2014；薛超凯等，2019；Shuwaikh & Dubocage，2022）。在位企业所提供的该行业内的核心互补资产对于新创企业的研发和商业化进程有着至关重要的作用（Alvarez-Garrido & Dushnitsky，2016）。尤其是当新创企业与在位企业之间的技术关联度强时，公司创业投资对新创企业创新产出率的正向影响更为强烈（Chemmanur et al.，2014）。薛超凯等（2019）以中国创业板 2009~2013 年上市的 196 家新创企业为研究对象，认为无论是从创新投入还是从创新产出来看，由公司创业投资支持的新创业企业的创新水平显著高于独立风险投资支持的新创企业（薛超凯等，2019）。然而，需要注意公司创业投资下新创企业进行的创新活动可能受制于在位企业。因为公司创业投资是为了服务在位企业的整体战略目标，对于创新活动的选择存在偏好，极有可能迫使新创企业牺牲其他创造市场价值的机会来进行创新尝试（Song et al.，2008），这并不利于新创企业创新能力的培育，反而扰乱其长期战略部署，阻碍其持续发展（Dushnitsky & Shaver，2009；Katila et al.，2008）。例如，Uzuegbunam 等（2019）发现，在位企业所提供的战略资源和权力优势（Power advantage）确实能促使新创企业投入更多的组织资源和时间精力专注于研发和创新活动。具体表现为，公司创业投资机构的投资对新创企业后续的专利和版权的申请数量均有积极影响，但对新创企业的商标申请量却起到了负向削弱作用。原因可能在于，在位企业作为新创企业的股东，会影响到新创企业的战略决策，从而弱化新创企业对发展自有品牌的战略重视程度（Uzuegbunam et al.，2019）。

其次，依托在位企业的技术部门和分销渠道，新创企业能够在短时间内获得技术支持和进入新市场的机会，从而加快产品研发和市场开拓以提高竞争地位。Maula 等（2009）的研究证实了公司创业投资在为新创企业提供技术援助、树立企业形象、建立商业信誉等方面所扮演的重要角色（Maula et al.，2009）。Keil 等（2008）的研究也发现，公司投资者可以为新创企业提供更多相关的市场信息和技术资讯，以加速新产品的研发进程并提高其在市场竞争中的地位（Keil et al.，2008）。

最后，公司创业投资者的持股会影响新创企业的 IPO 进程及 IPO 估值。一方面，当新创企业所处行业对于特定类型的互补资产需求量较大时，采用市场化方式获得互补资产的交易费用相对较高，而公司创业投资的引入可减少在位企业与新创企业间的交易成本，促使新创业企业形成竞争优势，进而提高新创企业 IPO 概率（Park & Steensma，2012）。另一方面，由于在位企业通常在行业中享有较高的声誉和威望，公司创业投资举措实质也是向其他投资者释放积极信号的过程。在 IPO 估值中，公司创业投资能有效缓解新创企业与公众投资者之间的信息不对称问题。因此，拥有公司创业投资机构背书的新创企业，其 IPO 抑价（企业新股发行价格低于市场价格）水平显著下降（Wang & Wan，2013）。类似地，乔明哲等（2017）基于中国情境，发现公司创业投资参与的企业 IPO 抑价水平显著低于其他企业，公司创业投资持股比例与企业 IPO 抑价之间存在类似"⌒"型的非线性关系（乔明哲等，2017）。表 3.11 是对上述内容的概括整理。

表 3.11　接受公司创业投资对新创企业的后果研究

影响方面	作者和年份	理论视角	影响内容
创新绩效	Alvarez-Garrido 和 Dushnitsky（2016）	互补资产理论	企业创新
	Chemmanur et al.（2014）	公司金融相关文献	创新产出率
	薛超凯等（2019）	基于验证以往理论机制的探索性研究	创新投入；创新产出
	Uzuegbunam 等（2019）	资源基础观；产权战略	专利申请量；版权申请量；商标申请量
	王雷和周方召（2017）	互补资产理论	研发投入；专利申请总量

影响方面	作者和年份	理论视角	影响内容
市场地位	Maula et al. (2009)	组织学习理论；代理理论	商誉和能力
	Keil et al. (2008)	认知理论	产品开发；市场竞争地位
IPO 活动	Park & Steensma (2012)	多元代理理论	IPO 可能性
	Wang & Wan (2013)	信号理论；多元代理理论	IPO 抑价水平
	乔明哲等（2017）	信息不对称理论	IPO 抑价水平

资料来源：作者整理。

4. 合资企业

合资企业是指企业与一个或多个外部伙伴共同创建并拥有新企业的创业活动。创办合资企业允许合资各方之间达成灵活协议，企业可选择承担有限责任（即以认缴的出资额为限对公司的债务承担责任），也可以选择成为合伙人或承担无限责任的非法人（即在合资企业发生经营损失时负全部责任）。在实践中，大多数合资企业都是以有限责任公司的形式设立的。在通过合资而创立的新企业中，利润可根据合伙人的商议进行分配，不必与合伙人的投资成比例，双方还可约定一方采用加速偿还的方式回收投资，另一方在合资企业终止后成为合资企业资产的所有人。既有文献中，有关合资企业的文章较为稀少，部分原因可能是合资企业这一概念在 2013 年才被正式作为公司冒险的一种形式被纳入公司创业构念体系，前述使用术语以及词汇可能与此不同，导致了学者无法对公司创业领域的合资企业这一概念进行明确、清晰的界定，从而无法开展其相关研究。

合资企业是许多企业用来创造价值的工具（Piao & Zajac，2016；Vandaie & Zaheer，2014）。企业需要做出的最基本的合资决策之一就是合资企业的探索或开发的选择及程度组合。企业建立探索型合资企业，能发掘新的机会并加强学习，其特点是远程搜索、知识创造、冒险、实验和创新。相较而言，开发性合资企业利用现有的知识和技术，将成熟的产品商业化或产品扩展，以较低的成本进入新市场，此类合资企业的重点是产品的改进或市场效率的提高。近年来，研究合同在影响合资企业和绩效方面的成果较为丰富，学者研究了合同的性质，包括完整性和复杂性，以及它们对于合资企业管理的意义。另外，研究也强调了保持合同灵活性的重要性，认为合同灵活性对于合资企业至关重要，特别是在不确定性和风险条件下，企业状况在时刻改变，因此一定的"留白"能使企业更好地适应环境（Arino & Reuer，2004）。企业战略变化、新技术及环境波动是影响合资企业结果的关键因素，在决定进行合资企业创建时，管理者必须考虑上述关键因素，通过建立合资企业来实现自身需求。

二、内部公司冒险

内部公司冒险是公司冒险的第二个重要类别，是在现有企业中建立和发展新业务的过程（Sharma & Chrisman，1999）。企业通过内部公司冒险，可以获取新业务领域的资源、知识、开发新能力，从而增加企业盈利，实现发展目标（Garvin，2004）。关于内部公司冒险的研究最早可追溯至 20 世纪 70 年代，有近 25% 的美国财富 500 强公司创建了公司冒险部门，内部公司冒险作为新现象也随之引起学界关注，但当时的文献研究偏向提出管理意见而非构建理论。20 世纪 80 年代，内部公司冒险研究有了很大的发展，研究的主题、理论视角及研究方法的多样性都开始增加。在理论视角方面，主要使用战略相关理论和生态理论，探讨内部公司冒险活动影响企业层面的战略过程，或以内部公司冒险活动带来的财务绩效和市场份额的改变衡量其对于企业战略定位的影响。20 世纪 90 年代，有关内部公司冒险的研究成果数量略有下降，与 20 世纪 80 年代不同的是，从资源基础观（Barney，1991；Wernerfelt，1984）和组织学习理论（March，1991）来分析内部公司冒险现象的文章占据了这一时代近 60% 的份额。在主题上，组织背景有关变量对于内部公司冒险的影响受到了学界的重点关注，多数研究深入探讨了新企业与母体企业及其他利益相关者之间的复杂关系，以及在内部冒险过程中，获得组织支持的重要性（Kanter et al.，1991）。同时，学者们开始探讨内部公司冒险对于企业创新绩效的影响并将内部公司冒险与其他冒险方式进行了比较。到了 21 世纪，随着学者们对于公司冒险的兴趣显著增长（Narayanan et al.，2009），内部公司冒险的成果也大幅增加。与之前的研究相比，现今研究的情境及样本不再局限于北美企业，而是延伸至欧洲和亚洲。

既有研究主要探讨了内部公司冒险的内涵、形式、过程与驱动机制等问题。首先，作为公司创业"大伞"概念下公司冒险这一维度的重要组成部分，内部公司冒险在早期研究中也呈现出混乱、模糊的状态。Roberts 和 Berry（1985）将其定义为"企业通过在现有企业内建立一个新企业，开发与其现有基础业务完全不同的产品，从而试图进入不同的市场"。成熟的内部公司冒险概念提出是在 1999 年，Sharma 和 Chrisman 将其描述为"在企业组织内创建新业务或新企业的创业努力"。后续内部公司冒险研究多数采用这一概念（Sharma & Chrisman，1999）。

其次，在内部公司冒险的形式方面，共有两种分类视角。其一是组织可通过何种形式进行内部公司冒险以及影响这种选择的可能情况。例如，Burgelman 在 1984 年的研究中，提出了 9 种可选的内部公司冒险组织形式（图 3.6），其适用性取决于相关企业的经营关联度和战略重要性（Burgelman，1984）。与此类似，MacMillan 和 George 在 1985 年确定了公司冒险风险的 6 个级别以及对应难度，提出通过整合现有部门来管理较低级别的风险，而建立专门的风险管理部门管理对于企业具有挑战性的风险（Macmillan & George，1985）。其二是以内部公司冒险对于母体企业的战略作用划分，包括探索型（内部公司冒险作为鼓励母体企业适应不断变化的环境条件和扩展母体企业能力的手段）和开发型（更好地利用母体企业的资产和能力）。

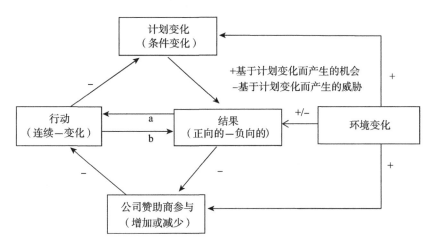

图 3.6　Burgelman 提出的内部公司冒险过程模型

资料来源：Robert A. Burgelman（1983）. A Process Model of Internal Corporate Venturing in the Diversified Major Firm. Administrative Science Quarterly, 28（2），223-244.

再次，在内部公司冒险的过程方面，相关研究主要出现在 20 世纪八九十

年代，从学习理论和企业行为理论的视角，探讨内部公司冒险作为企业战略
要素的开展过程，包括企业的管理决策（Desarbo et al.，1987）、学习过程
（Raghu et al.，1992）、拥护过程（Pier A. Abetti，1997；Day，1994）、管理阶
层对于内部公司冒险的选择过程（Burgelman & Robert，1988）。Desarbo 等
（1987）指出，内部公司冒险的决策在管理者层面首要的衡量标准为管理者支
持，另外企业的适合程度、初始投资经验、产品服务经验、较低的竞争威胁、
专有的技术、高毛利率和回报率也会影响内部公司冒险的过程（图 3.7）。
1992 年，Raghu 等提出了内部公司冒险的"试错过程"，将内部公司冒险过程
分为"试验—改进—错误学习"这三个主要步骤，在此期间企业家将会不断
尝试，直到产生积极的成果为止。Day（1994）对于内部公司冒险的拥护过程
进行了分析和研究，结果表明内部公司冒险的支持过程是一个"自上而下"

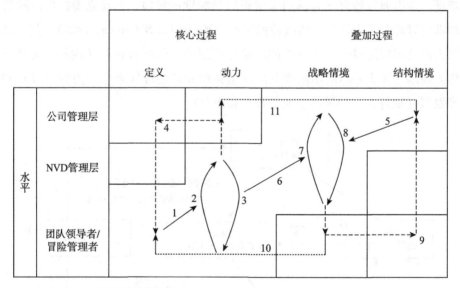

1,……,11   流程中的活动顺序

——   流程中强关联的活动

----   流程中弱关联的活动

……   流程中延迟的效应

图 3.7 Garud 等提出的内部公司冒险过程模型

资料来源：Garud R. & van de ven A. H.（1992），An empirical evaluation of the internal corporate ven-
turing process. Strat. Mgmt. J.，13：93−109.

的过程，内部公司冒险需要一些能够提供帮助的拥护者，从而允许内部冒险家获取资源及更多的信息，有效进行交互，彻底实现创新。1998 年，Burgelman 提出了内部公司冒险的选择过程，包括在公司的主流业务中寻找机会、概念化新商业机会、强制战略执行、竞争战略、战略构建、区域战略、追溯合理化以及企业战略变革等八个步骤（图 3.8）。

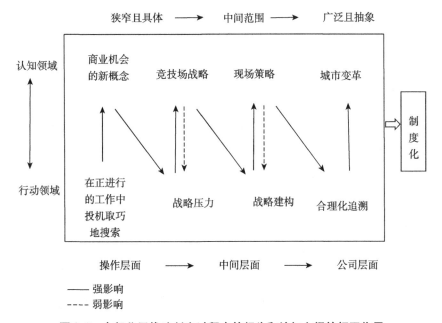

图 3.8　内部公司战略制定过程中的行为和认知之间的相互作用

资料来源：Burgelman & Robert, A. (1988). Strategy making as a social learning process: The case of internal corporate venturing. Interfaces, 18 (3), 74-85.

最后，Tidd 和 Taurins（1999）提出了驱动企业进行内部公司冒险的两种机制，即杠杆机制和学习机制。杠杆机制是指在新产品或新市场领域运用现有企业的核心竞争力占据一席之地；而学习机制则是指获取可能在现有产品或市场领域有用的新知识和技能。企业触发杠杆机制的情况包括：①开发未被充分利用的资源，围绕长期闲置的内部能力来创建新业务，将产生的新业务外包给他人，获取相应利润；②从现有资源中获取更多的价值，围绕公司的知识、能力或其他在产品市场领域有价值的资源来创建新业务；③对现有供应商施加压力，创建新业务成为内部供应来源的替代供应商；④创建新业务来分散产品开发的风险和成本，新业务目标市场风险与不确定性低于核心产品市场；⑤剥离非核心业务，并在非核心业务的目标市场开发新的商机。企业触发学习机制的情况包括：①创建新企业作为孵化实验室，学习并研究创业创新的过程；②通过在现有产品相关联的或潜在市场创建新业务，发展新的能力，并以此为基础获取新的知识和技能；③创立新企业作为培训基地，并转移现有管理人员，激发管理潜能、增加知识以及提升能力。

第二节　公司冒险的前因与后果

一、公司冒险的前因

既有研究对公司冒险前因的分析主要从公司冒险活动发生的背景和触发原因两方面展开。在公司冒险活动的发生背景方面，研究表明公司冒险活动特征的差异往往是由不同的背景因素引起的，可能产生不同的财务或非财务结果（Zahra & Covin，1995）。对公司冒险产生影响的背景因素主要包括两个大的方面，一是环境因素，二是组织因素。其中，环境因素主要包括技术相关因素以及对于新产品的需求条件，二者皆与公司冒险活动的特征密切相关（Badguerahanian & Abetti，1995）。企业开展公司冒险活动通常集中于探索新兴技术，通过改进技术性能，使其为商业化做好准备，从而实现企业发展。在现今技术不断变革的时代，激发以技术为中心的公司冒险也能大幅提升企业在动荡复杂的环境中稳定发展的可能。Zahra 和 Covin 通过研究发现，当企业面临敌意环境时，公司冒险活动尤其有用，能缓和环境的消极影响。在恶劣的环境中，企业不得不加大创新力度，并通过创新产生经济效益（Zahra & Covin，1995）。

在组织层面，影响公司冒险活动的七个潜在因素包括最高管理层的角色（Abetti，1997）、企业文化（Badguerahanian & Abetti，1995）、组织结构和沟通过程（Keil，2004）、奖励及控制措施（Hisrich，2001）、企业战略（Carrier & Camille，1996）及时机（Zahra & Covin，1995）。高层管理人员的支持对于实现公司冒险活动、激励内部创业和创建新企业至关重要。公司冒险作为公司战略的重要组成部分，需要在企业文化支持下进行精心计划，以确保实施的有效性和及时性，而且在实施过程中要明确自身的目标，建立风险评估和控制系统，根据公司冒险的动机来评估绩效。总而言之，支持性的外部及组织环境如高管团队和文化支持有助于公司冒险活动的形成和推进。

在公司冒险活动的触发原因方面，Miles 和 Covin 认为企业进行公司冒险的原因主要有三种：①提升现有企业风险承担能力以及对环境变化的适应能力；②从现有的组织中获取更多的价值，或将公司的经营范围和知识扩展到具有战略重要性的领域；③实现快速盈利。（Miles & Covin，2002）当企业通过冒险想要快速赢取利润时，企业一般会选择外部冒险。具体而言，企业会投资创建初期的"年轻企业"，希望通过此种活动获得超出公司经营范围的高额财务收益。企业在推进公司冒险的过程中，必须明确自身的管理目标，并且建立风险评估和控制系统，根据公司冒险的动机来评估绩效。

二、公司冒险的后果

在公司冒险的后果方面，前述研究表明公司冒险活动对于企业的财务和战略两方面均具有积极作用。公司冒险能带来积极的财务和非财务结果。在财务结果方面，公司冒险可以导致较高的财务回报，如净回报率及内部回报率的大幅提升。

在非财务结果方面，公司冒险会获得更具有战略性的好处，包括并购、技术许可、产品营销权和新技术的发明等。其一，公司冒险有助于确定合适的收购目标。在公司冒险的过程中，对于投资的其他企业进行审查，从而选择那些具有协同效应的企业。其二，通过公司冒险，企业可以获得推广技术的专利或许可，帮助企业在市场上推出新的产品或服务，从而和其他企业进行竞争。其三，企业可以通过公司冒险获得产品营销权，即使合资的企业不愿意进行技术授权，也可以将营销权出售。其四，在以技术为导向的市场中，公司冒险可以催生新的技术，从而在市场竞争中获取有利地位。还有研究表明，企业通过公司冒险活动获得的知识可能会影响企业主要的战略规划等。

2013 年，Kuratko 总结梳理公司创业研究进展时，提出公司冒险的作用有八方面：①利用未被充分利用的资源，围绕长期闲置的内部能力建立新的业务，这些新业务也可理解为将公司能力外包出去的工具和手段；②从现有资源中提取更多的价值，围绕公司的知识、能力或其他产品市场领域（之前企业未涉及）中有价值的资源建立新的业务；③为内部供应商带来竞争压力，通过建立新的业务，使其成为现有内部供应来源的替代者；④通过建立目标市场大于最初开发核心产品市场的新业务，分散产品开发的风险和成本；⑤剥离非核心业务，通过建立新业务以寻求公司处于有利地位且有战略利益的商业机会；⑥通过创立公司冒险部门，研究创新过程并了解公司创业的过程；⑦通过建立新业务发展新的能力，作为获取与技术、产品或具有潜在战略重要性的市场相关知识和技能的基础；⑧通过建立新业务作为企业培养管理者的培训基地，以发展具有综合管理潜力的个人（Kuratko & Audretsch，2013）。

第三节　未来主要研究机会分析

现有研究强调了公司冒险对开发新业务、学习和建立新的组织能力的重要性，这些能力可促进公司的生存、盈利和成长（Narayanan et al.，2009；Urbano et al.，2022）（图 3.9、表 3.12）。基于以上对于公司冒险研究的梳理，本章认为总体上应在以下两方面推进公司冒险研究。

首先，探究公司冒险活动给企业带来的非财务效应。在动荡且技术快速更迭的时代，传统的战略已无法适应环境的变化，此时公司冒险作为建设企业能力、推进企业发展进程的关键手段具有极大的战略重要性，包括丰富组织学习、促进创新和风险承担等相关活动的开展、为员工和管理者创造机会以及优化企业的整体竞争地位和市场绩效等。然而，既有研究侧重点都在于探索公司冒险活动的财务效益，对于非财务效益的分析以及实现机制的研究还不充分。

其次，分析公司冒险不同形式的组合对于企业财务和非财务绩效的影响及其时效性。研究表明，不同公司冒险的形式在持续时间、目标及组织结构上有显著的差异，企业通常会在发展势头及经济环境较好的时期启动系列公司冒险活动，但会在市场形势严峻时终止。既有研究未深入分析公司冒险不同形式的组合对于最终结果的影响，以及在财务或战略上获得回报的时效性，未来可进行深入探索。

最后，可从公司冒险的两个具体维度切入展开细致的研究。

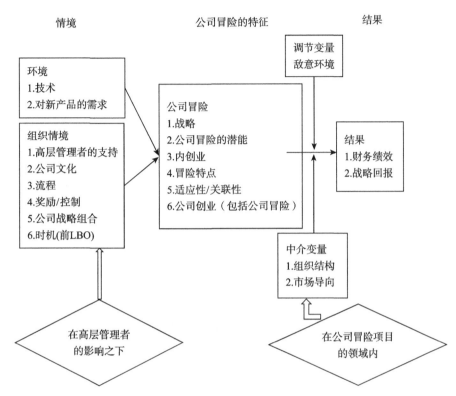

图 3.9　以盈利为目标的公司冒险模型

资料来源：Narayanan, V. K., Yang, Y. & Zahra, S. A. (2009). Corporate venturing and value crea-tion：A review and proposed framework. Research Policy, 38 (1), 58-76.

表 3.12　公司冒险（CV）vs 内部公司冒险（IV）

变量	CV	IV
资源重点		
投资资源	外部	内部
专有知识		重要
专业技术/市场营销知识		重要
品牌 ID	重要	
策略重点		
产品	specialty	commodity
顾客服务	重要	
低成本		重要

续表

变量	CV	IV
战略宽度	更宽	
技术策略		
首创	重要	
R&D 组合	应用的	基本的
内/外部 R&D	内部	外部
专利		重要
绩效	无差异[a]	无差异[a]
	更好[b]	

[a] Shrader and Simon（1997）

[b] Zahra（1996）

资料来源：Narayanan, V. K., Yang, Y. & Zahra, S. A.（2009）. Corporate venturing and value creation：A review and proposed framework. Research Policy, 38（1）, 58-76.

1. 外部公司冒险

就外部公司冒险而言，在过去40年里研究者对其多个主题进行了广泛的探索，得到了丰富的研究成果。首先，外部公司冒险是企业扩展其研发战略的一种举措——从纯粹的内部努力转向吸收外部创新来源而进行开放式创新（Boone et al., 2019；Dushnitsky & Lenox, 2005）。众多企业从事外部公司冒险不仅仅是为了获得高额财务回报，更是将其作为与外部新创企业乃至外部市场接触和培育关系的重要途径（Boone et al., 2019；Dushnitsky & Lenox, 2005；Gaba & Meyer, 2008）。其次，企业的外部公司冒险实践与其用于创新投入的资源分配（包括研发支出、人员配置、补充资产等）以及其创新产出（包括专利产出、产品创新、商标产出等）存在密切关系（Katila et al., 2008；Kim et al., 2019）。最后，外部公司冒险实践越来越与企业总体的战略规划相契合，对企业生存和可持续发展起着重要作用（Cirillo, 2019；Kang, 2019；Park & Steensma, 2012；Uzuegbunam et al., 2019）。

外部公司冒险存在诸多研究机会。

第一，后续裂变创业的研究可从研究背景及概念测量两个方面开展。研究背景方面，我国高科技产业与传统产业均出现裂变创业实践，那么随着新经济体的快速发展，裂变创业现象可能更加缤纷多样，成为一种独特的创业形式。那么，在转型经济背景下，裂变创业有何特征？不同地区不同类型的裂变创业有何差异？相关政策与制度怎样影响了裂变创业活动的开展？其作用机理如何？概念测量方面，现今裂变创业的内涵广泛、层次复杂，随着时间推移可能还会发展出新的维度或新的概念层次，在微观和宏观研究视角的细分值得学界关注。现有裂变创业研究也缺乏成熟的测量量表，随着研究的不断深入，裂变创业的测量也将成为其研究中的重要一环，未来学者也可根据裂变创业的组成维度进行成熟量表的开发及后续测量研究。

第二，现有关于自旋创业的研究均是用单案例方法，还存在一定的局限性，未来自旋创业的研究可从如下方向展开。①单案例研究有助于探索自旋创业的具体过程，把握过程中的细节及特征，但跨案例研究也非常重要，未来希望后续学者通过跨案例研究探索适用于不同行业企业的自旋创业的综合模式。②案例研究方法使用的是时间上的横截面数据，而自旋过程是一个纵向的发展过程，有些需要长达10年才可以实现，而且母体公司和新创企业的目标及组织结构可能随时间的推移而改变，因此，后续研究可采用纵向分析，探讨组织如何适应和发展自旋创业，并且探究环境及组织内部，例如领导风格和组织学习带来的影响。③自旋创业需要使用定量方法进一步探索，从而验证现有自旋创业框架中的关系。未来研究可检验自旋创业是否部分或全部调节了母体企业和新创企业目标之间的关系，以及自旋过程的前因和创新绩效的关系。也可从资源视角出发，研究哪些资源可以调节上述关系，以及这些关系是否还会受到其他变量的调节作用。

第三，未来研究应将公司创业投资作为外部公司冒险研究的重点。概括而言，从研究内容看，既有公司创业投资研究的大部分工作都集中在公司创业投资与独立风险投资的比较、公司创业投资的影响因素以及公司创业投资对企业绩效特别是对创新绩效的影响上；从研究对象看，既有研究分别探究其对在位企业或新创企业的影响；从研究情境看，既有研究大多基于西方发达国家背景，对新兴经济情境下的公司创业投资实践研究相对不足；从研究方法看，既有研究从案例研究逐步转向大样本实证研究；从研究视角看，既有研究主要运用实物期权理论、资源基础理论、资源依赖理论、知识基础理论等视角。随着公司创业投资现象的动态发展，新的研究机会不断涌现。例如，公司创业投资研究可拓展到对在位企业、其他关键利益相关者（例如，新创企业、公司创业投资单元和独立风险投资公司等）乃至整个创业生态系统各方的影响上，不断丰富研究的情境与边界条件，采用更多的理论视角进行系统研究。

具体而言，未来研究者可重点在下述方面推进公司创业投资研究。首先，依托公司创业和创业投资的相关知识，深入探讨公司创业投资研究中宏观层面的环境和行业因素等作为调节变量的作用机理及影响效果。技术、市场的快速变革导致企业面临更大的竞争压力，动荡的行业环境迫使企业将战略选择的重点放在开展外部开放式创新上。学者们对企业决策的外部行业环境越发关注，公司创业投资的前因和后果研究与行业和环境因素密切相关。因此，未来研究可进一步关注宏观层面因素的调节作用，探究不同市场竞争环境下公司创业投资的阶段性特征与绩效结果。其次，推动公司创业投资研究与创新和战略管理研究相结合，进一步探究企业进行公司创业投资这一战略决策的内在机制。公司创业投资的研究通常涉及不同战略决策之间的选择问题，如为什么成熟公司选择直接投资于外部新创企业这一开放式创新方式而不是授权股东独立行事进行内部创新？公司投资者为何以及应如何选择和组织外部的新创企业来合作？新创企业又该如何比较和选择公司投资者和独立风险投资者？再次，探索战略和竞争优势的微观基础。微观基础讨论的核心是人力资源在战略管理进程中的作用（Felin et al., 2015）。公司创业投资为研究该问题提供了独特的场景。这是因为，公司创业投资研究将企业层面的创新战略扩展到企业范围之外，且高度重视企业高管团队与管理人员的知识积累、历史经验等个体层面因素对公司创业投资形成和绩效结果的重要影响（Dokko & Gaba, 2012；Hill & Birkinshaw, 2014）。因此，未来可进一步从微观角度，探究企业高管的人口学特征（如高管任期、持股比例、文化水平、薪酬收入等）和心理特征（如注意力、风险偏好、身份认同、自恋等）对公司创业投资进程的重要作用。又次，拓展公司创业投资研究的理论视角和研究情境。研究公司创业投资的理论视角还比较零散，因而整合不同理论视角或采用多理论视角开展研究将是未来的趋势。此外，未来研究要重视基于新兴经济情境的研究。公司创业投资实践不断从西方发达国家扩散到发展中国家，新兴经济体中公司创业投资现象越来越普遍，因而公司创业投资已不再是少数发达国家企业的特权。相应地，发展中国家以及新兴经济国家在公司创业投资研究方面也将贡献越来越多的成果（谢雅萍和宋超俐，2017）。同时，随着公司创业投资变得更加国际化，未来研究可探索地域复杂性给公司创业投资所带来的挑战。最后，未来研究可将公司创业投资研究放在创业生态系统的情境下进行讨论。谷歌、英特尔、高通以及通用等国外企业，以及我国的联想、阿里巴巴、腾讯、百度、小米科技以及复星集团等都积极参与公司创业投资，并基于此构建开放式创新平台以及创业生态系统。因此，未来可进一步研究公司创业投资在基于平台的创新创业生态系统中的作用及其实现机制，将在位企业、新创企业、其他投资者等利益相关者统筹考虑，建构多层次、多范畴的系统性研究。

2. 内部公司冒险

既有研究已经在内部公司冒险内涵及形式、过程、影响因素及结果三个方面积累了大量成果，经本章梳理后，内部公司冒险研究还有如下探索方向及深入分析空间。第一，内部公司冒险的形式方面，未来研究可进一步讨论不同内部公司冒险形式的组合所带来的影响效应，进而为企业用好内部公司冒险工具提供指引。第二，从国际化战略角度考虑内部公司冒险。例如，在企业国际化过程中，内部公司冒险扮演的角色，以及其何时、如何有助于创造企业竞争优势。第三，探讨更多组织背景因素对于内部公司冒险的作用，如可与组织行为学和心理学进行整合，研究诸如动机、个性创造力以及社会多样性对于内部公司冒险的影响。第四，探讨宏观层面影响内部公司冒险的因素以及内部公司冒险本身的变化。例如，国际环境下的内部公司冒险探索以及政策制定、内部公司冒险在国家和行业之间的表现形式及其差异等。第五，从个人层面分析内部公司冒险的过程。例如，研究个人情感和决策等方面的因素对内部公司冒险过程的影响。第六，深入解析内部公司冒险的阶段，特别是内部公司冒险的想法产生和机会识别阶段。

第四章 公司创业构念之二三核心维度：
战略创业、公司保育

本章是第三章的延续，继续介绍公司创业构念的第二和第三核心维度。

第一节 核心维度之二：战略创业

组织层面的创业行为能带来颇多益处，如财富创造（Hitt et al., 2001）、竞争优势（Ireland et al., 2001）、产品领先地位（Porter, 1997）以及金融和经济收益（Oecd, 2007）等，因此一直是管理实践和学术界重点关注的对象。然而，其动态及不确定性阻碍了创业者寻求利益、承担风险、开展创业活动的过程。为解决其属性带来的困扰，实现财务创造等积极结果，依据创业和战略管理的相关理论，学者开始探讨一种更加结构化及战略性的创业方法，战略创业由此提出（Ireland et al., 2001）。战略创业结合了战略管理逻辑（基于新古典经济学的均衡逻辑）和创业逻辑（基于奥地利经济学派的非均衡逻辑），意在兼顾战略管理和创业（Keyhani, 2022）。两种经济学逻辑在战略管理和创业学科出现之前就已分道扬镳。而近年来，随着合作博弈理论的运用，均衡逻辑与非均衡逻辑之间的"矛盾"开始缓和，两种逻辑的整合也成为可能，共同形成了战略创业的底层经济逻辑支撑。如表 4.1 所示，没有创业的战略逻辑只是结构和约束的逻辑（a logic of structures and constraints），没有战略的创业逻辑只是行动和变革的逻辑（a logic of action and change），两者缺一不可。战略创业的提出有效解决了"没有战略的创业是盲目的，没有创业的战略是浅尝辄止的"这一问题。过往的 20 年，许多研究都从战略创业的角度进行了思考和探究。

表4.1 战略创业逻辑是战略管理和创业两种逻辑的融合

	无创业的战略逻辑	无战略的创业逻辑	战略创业的逻辑
主要目标	竞争优势：比竞争者表现得更好	创造新价值	创建可自我维持的价值创造系统并提高其绩效
是否均衡	均衡	非均衡	既有平衡又有不同程度的不平衡，增加或减少，恒定或波动的不平衡水平
改变的途径与时间	稳定的结构性条件	随着时间进行动态性改变	某些方面的稳定模式和其他方面不同程度的变化的混合体
优势是否可持续	优势可以是可持续的	优势是短暂的	任何优势都存在于可持续性或暂时性的连续体中。有些优势可以比其他优势维持得更久。不平衡并不意味着优势不能持续
如何将优势作为行动的指导	聚焦于利用现有优势	聚焦于创造新价值，而不关注优势和劣势	当前和预测的优势和劣势结构以及机会提供了一定的承受力和约束，指导人们在利用现有优势和寻求新机会之间的资源分配
如何处理劣势	劣势不可克服因为结构被认为是稳定的	劣势可以被克服或者转化为优势	劣势可以被克服或转化为优势，但在任何指导行动的战略中，劣势都是必须考虑的限制性因素。劣势或缺乏优势在多大程度上阻碍了行动，应与机会权衡
如何对待结构和行动	聚焦于行动	聚焦于行动和创造性代表	注重行动—结构动态性
相对于结构的代理方法	行动由结构或约束决定，并被认为是自主的，没有创造性的空间	行动是可能的，不受结构或条件的约束，可以是创造性的和破坏性的	承担并受制于结构的行动，同时也重塑了结构（结构化）
竞争方法	将竞争作为战略中的主要或唯一问题	竞争大多无关紧要	竞争是战略中需要考虑的众多因素之一，有时很重要，有时不重要
如何处理不确定性	预测	奈特不确定性	可预测的模式与各种不确定因素的混合体
如何获取机会	机会由市场缺陷结构客观决定	不管现有的结构条件如何，总是可以主观地创造或发现新的机会	新的机会可以通过优势和劣势结构所提供和限制的方式来创造、发现和开拓，从而导致新的优势和劣势结构

续表

	无创业的战略逻辑	无战略的创业逻辑	战略创业的逻辑
主观主义与机会评价的探讨	优势和劣势的结构客观上决定了任何竞争地位的价值	企业家的主观创造力和想象力可以创造新的机会，企业家的主观判断决定了他们所感知的机会的价值。事后看来，这些判断可能是不正确的	企业家的主观创造力和想象力可以创造新的机会，企业家的主观判断包含了对当前和预测的优势和劣势结构的分析，这有助于评价机会的价值，并增加与其他利益相关者对这些评价的主体间的一致性。尽管任何特定的利益相关者的评价仍然可能在事后变成不正确的

资料来源：Keyhani, M. (2022). The logic of strategic entrepreneurship. Strategic Organization, doi：10. 1177/14761270211057571.

本部分将从战略创业的内涵维度与测量、过程、影响因素以及作用结果四个方面对以往研究进行梳理总结，而后提出战略创业未来的研究方向，以便读者更好地理解这一重要维度。

一、战略创业的内涵与测量

战略创业现今是公司创业的重要形式，其内涵与维度随时间的推移而不断演变。Ireland 等在 2001 年确定了战略管理的六个核心领域（如图 4.1 所示），包括创新（创造和实施想法）、网络（提供和获取资源的途径）、国际化（快速适应和扩张）、组织学习（转移知识和开发资源）、成长（刺激成功和改变）以及高层管理团队和治理（确保策略的有效及实现），并基于上述核心领域认为战略创业既可归属为创业活动也可以归属为战略活动，但其提出的概念中侧重点在战略方向，忽略了创业的核心主题（Hitt et al., 2001）。随后，Hitt 等对于上述六个领域进行了相关修订，包括外部网络和联盟、资源和组织学习、创新和国际化（Hitt et al., 2001）。虽然这两个模型具有相似之处，例如关注网络和企业成长，但 Hitt 等强调了战略创业对资源、能力方面的作用，不过二者都未对创业核心，即创业机会、创业资源和创业者相关方面进行相应分析和阐述。

2003 年，Ireland 等整合了资源基础、人力资本、社会资本、组织学习以及创新认知等理论，重新修订了战略创业的核心维度，包括创业心智、创业文化与创业领导、战略性资源管理以及运用创造力发展创新四个维度，

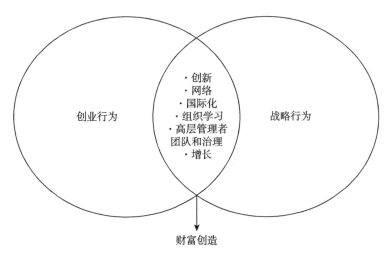

图 4.1　通过创业行为和战略行为创造财富

资料来源：Ireland, R. D., Hitt, M. A., Camp, S. M. & Sexton, D. L. (2001). Integrating entrepreneurship and strategic management actions to create firm wealth. Academy of Management Perspectives, 15 (1), 49-63.

并认为通过整合这些维度可解决如何综合机会寻求行为和优势寻求行为创造财富等问题（Ireland et al., 2003）。其中，作者将创业心智定义为一种以成长为导向的个性，通过这种个性，个人可以促进灵活性、创造力、持续的创新和更新。也就是说，在不确定的环境中，具有创业心智的人也能识别和开发新的机会。创业心智包含六个维度，即识别创业机会、创业警觉性、实物期权逻辑（real options logic）、创业框架、机会记录（opportunity register）和时机。创业文化是企业共同的价值观和信念，是在企业内完成工作的方式，有效的创业文化能够影响组织成员如何看待问题，以及如何看待公司竞争格局的认知框架，同时培育创业文化能够培养组织中管理者及员工的创业心态，从而在不确定的商业环境中寻找创业机会，然后确定成功利用这些机会所需要的能力。而创业领导则可以影响他人进行战略资源管理，从而强调机会寻求和优势寻求行为。与此同时，创业领导还可以培养企业员工的创业能力，强调企业竞争力的重要性以及致力于发展人力资本的愿景，从而有助于通过个人努力发展企业能力，例如敏捷性、创造力和战略性管理资源的技能等。战略资源管理是指企业在同时追求利用机会寻求和优势寻求行为时，在战略管理的框架下进行的资源部署。企业可以通过构建资源组合、捆绑资源、利用能力等途径对企业的金融资本、人力资本以及社会资本进行战略性管理，从而产生创造力，进行创新。运用创造力发展创新包括两个方面，其一是创造力和异类联想（个人具有的知识广度越大，其越有可能使用双向决策过程，即将两种或两种以上以前不相关的技能或信息组合，发生异序化反应，在一段时间精神孵化之后，经过有意识和连续的推理和实验过程，可促进创新的发展和使用，从而产生竞争优势）；其二是突破性创新和持续性创新。创造力是创新的基础，当资源得到战略管理时，创造力就得到了支持，从而影响了突破性创新和持续性创新的质量和数量。此种战略创业的四维度的提出，在一定程度上解决了其侧重点偏向战略而忽视创业属性的特点，从创业核心三要素分析了战略创业的构成，使得各方组成更加平衡。

2005 年，Luke 认为战略创业是企业寻求机会与追求竞争优势的组合性行为（Luke, 2005）。随后，在此基础上，Luke 和 Verrynne 进一步阐述了战略创业的组成要素，强调通过保持战略创业不同要素之间的动态平衡，企业才能识别潜在的创业机会并建立和保持竞争优势。两位学者将战略创业的核心要素分为基础要素和支持要素两大类，其中基础要素包括识别机会、创新、风险承担、灵活性、远见性和成长；支持要素包括战略、文化、品牌、卓越运营、成本效应和知识传播与利用（Luke & Verreynne, 2006）。到了 2007 年，Ireland 和 Webb 认为战略创业是企业开发当前竞争优势，同时探索未来机会的方式，如图 4.2 所示。探索和开发在操作上、结构上和文化上都是不同的过程，在此过程中创新尤为重要，可以是公司战略、产品、市场方面的改变，也可以是组织结构、流程、能力或业务模式的根本变化（Ireland & Webb, 2007）。创新是企业区别于行业内其他竞争对手的基础，也代表了企业利用机会的手段，从而更好地进行企业战略创业的实践。2008 年，Morris 等将战略创业定义为现有企业内不需要创建新业务的任何组织的重大创新（Morris, 2008）。2009 年，Ireland 等在公司创业的框架内讨论了战略创业这一重要维度（如图 4.3 所示），认为战略创业是企业在不确定环境下从战略视角采取的一系列创业行为，并提出高管的战略愿景和企业的组织结构都能够影响战略创业行为（Ireland et al.，2009）。与此同时，Schindehutte 从战略决策角度认为战略创业是组织决策者利用复杂、动态的创造性潜力进行创新的过程（Schindehutte & Morris，2009）。Luke 在 2011 年对以往战略创业的研究进行了相应的回顾与梳理，在此基础上提出战略创业是基于创新、机会识别及其增长的一系列组合上，将新事物引入市场的独特过程（Luke et al.，2011）。最新关于战略创业的定义在 2017 年，Simsek 等将其广泛地视作领域、行为、认知或决策的集合（Simsek et al.，2017）。具体战略创业内涵与维度演变的过程见表 4.2。

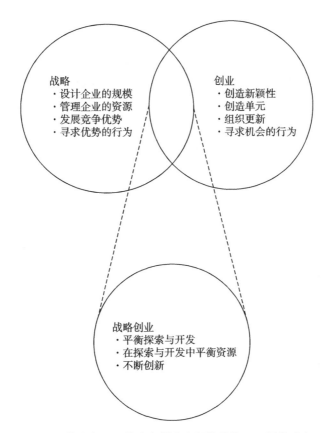

图 4.2　战略创业：战略和创业之间的价值——创造融合

资料来源：Ireland, R. D., Covin, J. G. & Kuratko, D. F. (2009). Conceptualizing corporate entrepreneurship strategy. Strategic Direction, 33 (1), 19–46.

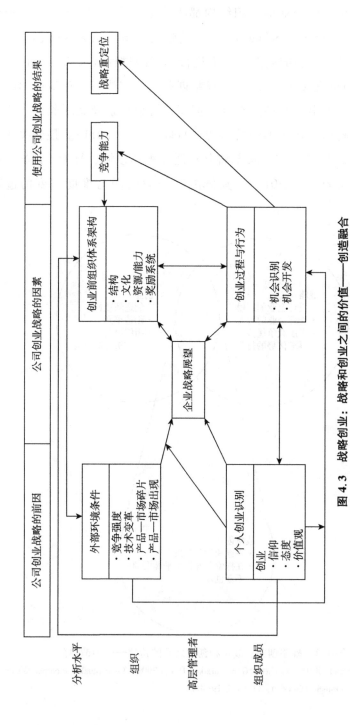

图 4.3　战略创业：战略和创业之间的价值——创造融合

资料来源：Ireland, R.D. and Webb, J.W. (2007) Strategic Entrepreneurship: Creating Competitive Advantage through Streams of Innovation. Business Horizons, 50, 49—59.

表 4.2　战略创业内涵与维度演变

作者及年份	内容
Ireland et al. , 2001	创新（创造和实施想法）、网络（提供和获取资源的途径）、国际化（快速适应和扩张）、组织学习（转移知识和开发资源）、成长（刺激成功和改变）以及高层管理团队和治理（确保策略的有效及实现）
Hitt et al. , 2001	外部网络和联盟、资源和组织学习、创新和国际化
Ireland, Hitt & Sirmon, 2003	创业心智、创业文化与创业领导、战略性资源管理，以及运用创造力发展创新四个维度
Luke, 2005	战略创业是企业寻求机会与追求竞争优势的组合性行为
Luke & Verreynne, 2006	进一步阐述了战略创业的组成要素，强调通过保持战略创业不同要素之间的动态平衡，企业才能识别潜在的创业机会并建立和保持竞争优势；将战略创业的核心要素分为基础要素和支持要素两大类，其中基础要素包括识别机会、创新、风险承担、灵活性、远见性和成长；支持要素包括战略、文化、品牌、卓越运营、成本效应和知识传播与利用
Ireland & Webb, 2007	战略创业是企业开发当前竞争优势，同时探索未来机会的方式，探索和开发在操作上、结构上和文化上都是不同的过程
Morris, 2008	战略创业定义是现有企业内不需要创建新业务的其他任何组织的重大创新
Ireland, Covin & Kuratko, 2009	战略创业是企业在不确定环境下从战略视角采取的一系列创业行为，并提出高管的战略愿景和企业的组织结构都能够影响战略创业行为
Schindehutte & Morris, 2009	从战略决策角度认为战略创业是组织决策者利用复杂、动态的创造性潜力进行创新的过程
Luke, Kearins & Verreynne, 2011	战略创业是基于创新、机会识别以及增长的一系列组合上，将新事物引入市场的独特过程
Simsek, Heavey & Fox, 2017	将战略创业广泛地视作领域、行为、认知或决策的集合

资料来源：作者整理。

　　过去 20 年，Ireland 等（2003）提出的战略创业四维度得到了广泛认可，但通过文献梳理发现，现今还未出现从上述四维度，即创业心智、创业文化与创业领导、战略性资源管理以及运用创造力发展创新角度开发成熟的战略创业测量量表。究其原因，有学者认为，战略创业四核心维度的提出可能混淆了战略创业发生的前因变量、情境变量与实际发生过程，例如，创业文化和创业领导是实现创新的本质，那么在战略创业实际开展的过程中，此项维度并非像战略资源管理以及运用创造力发展创新二维度那样是活动过程中实际发生的动作，而更侧重于组织的属性或影响战略创业发生的前因变量及情境变量，其具体作用未加以深入探讨，使得测量战略创业成为挑战（Ireland et al.，2003），如图 4.4 所示。

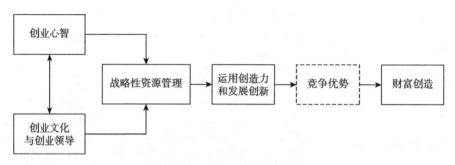

图 4.4　战略创业模型

资料来源：Ireland, R. D., Hitt, M. A. & Sirmon, D. G.（2003）. A model of strategic entrepreneurship：The construct and its dimensions. Journal of Management，29（6），963-989.

二、战略创业的基本过程

战略创业是通过有效创新获取可持续竞争优势的过程。国内外学者在战略过程研究方面均产出了富有价值的成果。国外研究方面，早在 2000 年，Eisenhardt 等基于过程视角探讨了开展战略创业的六个步骤，包括即兴创作（improvisation）、相互适应和合作（co-adaption and collaboration）、市场匹配（patching）、再生（regeneration）、试验（experimentation）和即时调整（time-pacing）（Eisenhardt，2000）。所谓即兴创作是指管理者在已有框架的约束下进行弹性运作的能力，在多变的环境中，为了及时对动态变化的市场做出反应，管理者必须利用机会进行创新；相互适应与合作是指通过资源配置与共用来增进联盟、网络和企业内外部关系的协同配合，这是实现成长的必要步骤；市场匹配是指企业在充分认识和克服自身应对内外部变化方面的缺陷的基础上，积极采取行动来适应市场变化；再生是指企业要在持续变化的环境中不断发现和利用新的机会来巩固自己的竞争地位；试验是指企业应该善于尝试新的观念和开展失败学习；而即时调整则是指通过有规则的渐进式变革来确保组织活动的有序增值（董保宝和向阳，2012）。2007 年，Ireland 和 Webb 将战略创业视为获取竞争优势的源泉，并将其分为探索性过程及开发性过程（Ireland & Webb，2007）。其中探索性过程是企业的组织学习过程，成功进行探索依赖于企业获取新的、多样化的知识，并随后将其与现有知识所整合的能力，从而应对环境变化。探索性过程主要通过并购、联盟、公司创业投资等形式进行，将企业有限的内部资源延伸至广泛、多样化的机会范围，有利于企业识别机会和开发各种新产品。开发性过程则是指在市场竞争发生根本性变化后，处于相对稳定的时期时，企业以当前的竞争优势解决新的市场需求，主要通过渐进式创新进行，以推出高质量的产品尽早抓住新的市场机会。2011 年，Hitt 等构建了一个"输入—过程—输出"模型，深入探讨了战略创业的资源投入、资源编排（Orchestration）、创造竞争优势和价值等方面内容，并认为战略创业在个人、组织、社会层面上均有益处（Hitt et al.，2011），如图 4.5 所示。到了 2018 年，Paek 和 Lee 从企业发展价值评估的视角，依据动态能力理论，分析了企业获取和维持持续竞争优势的过程。研究表明，企业家的管理能力，包括环境感知、机会抓取、战略弹性、创业导向，通过组织学习的过程进而演变成为企业持续竞争优势。与此同时，金融资本和人力资本以及品牌声誉、企业经验等能够通过影响企业家的管理能力进而影响竞争

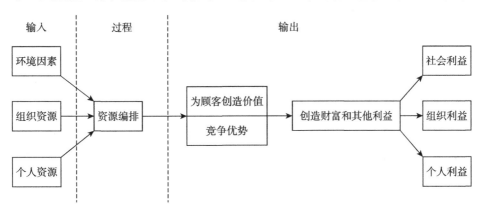

图 4.5 战略创业的输入—过程—输出模型

资料来源：Hitt, M. A., Ireland, R. D., Sirmon, D. G. & Trahms, C. A.（2011）. Strategic entrepreneurship：Creating value for individuals, organizations, and society. Academy of Management Perspectives, 25（2），57–75.

优势的获取。此外，企业持续竞争力的反馈作用也得到了证实，即企业的竞争力水平越高，企业就越能发展动态能力，越容易在高度波动的环境中保持竞争优势（Paek & Lee, 2018），如图 4.6 所示。

战略创业

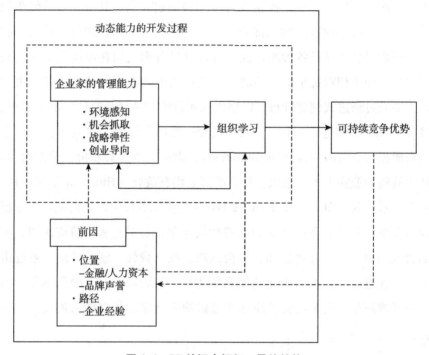

图 4.6　SE 的概念框架：最终结构

资料来源：Paek, B. & Lee, H. (2018). Strategic entrepreneurship and competitive advantage of established firms: evidence from the digital TV industry. International Entrepreneurship and Management Journal, 14 (4), 883-925.

　　国内研究方面，戴维奇和魏江探究了新兴经济中战略创业发生的过程，从创业心智、战略选择及动态能力视角，构建了包括环境变迁、创业心智、先动优势、战略创业和业务演化等五个构念在内的战略创业过程模型，为研究新兴经济背景下战略创业的基本过程奠定了基础（戴维奇和魏江，2015），如图 4.7 所示。

　　战略创业框架的比较见表 4.3。

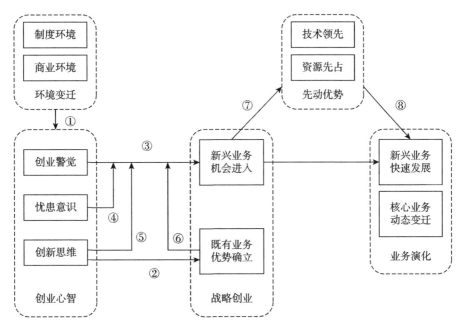

图 4.7　战略创业过程模型

资料来源：戴维奇和魏江（2015）. 创业心智、战略创业与业务演化. 科学学研究, 033（008），
1215-1224.

表 4.3　战略创业框架的比较

行为	Ireland et al.（2001）	Hitt et al.（2001）	Ireland et al.（2003）	Ireland & Webb（2007）	Ketchen et al.（2007）	Kraus & Kauranen（2009）
创新	创新	创新	应用创造力发展创新	持续创新	协作创新连续流动网络	
网络/联盟	网络获取资源	外部网络联盟		组织活动的变化，例如：结盟、合并收购		
国际化	国际化扩张	国家化				
资源/组织学习	组织学习知识转移开发资源	资源组织学习	战略性地管理资源捆绑资源充分利用能力	组织结构分散的惯例可操作性学习资源		资源和能力

续表

行为	Ireland et al. (2001)	Hitt et al. (2001)	Ireland et al. (2003)	Ireland & Webb (2007)	Ketchen et al. (2007)	Kraus & Kauranen (2009)
增长	增长刺激成功和变革					
创业领导力	高层管理团队和治理有效的战略				追求更广泛能力的管理心态小公司与大公司之间的区别	创业者
创业文化			创业文化和领导力创新风险承担愿景	组织文化重视试验的价值接受不确定性容忍失败		组织结构（作为文化的反映）
创业心态			创业心态机会识别灵活地使用恰当的资源	平衡寻求机会和寻求优势的行为重视研究和开发	平衡寻求机会和寻求优势的行为必须同时做到	环境（反映了所确定的机会）
战略						战略

资料来源：Luke, B., Kearins, K. & Verreynne, M. L. (2011). Developing a conceptual framework of strategic entrepreneurship. International Journal of Entrepreneurial Behaviour & Research, 17 (3-4), 314-337.

三、战略创业的影响因素

既有研究从企业内部因素和外部因素两个方面分析了战略创业的影响因素。

1. 企业内部因素

战略创业的内部影响因素包括企业的资源与能力、知识、企业规模与类型、领导及文化、组织结构、战略过程、商业模式。

第一，从资源与能力的角度而言，Luke 等认为，资源开发和资源基础观是战略创业的重要基础，企业通过对资源进行开发、重新配置或更新以应对持续不断变化的环境。因此，以国有企业为样本，探索了战略创业活动过程中的两个关键过程，一是掌握组织的核心技能和资源，二是通过转移和利用这些知识、核心技能或资源来创造新产品、服务或市场（Luke et al.，2011）。
Esisenhardt 和 Martin 认为，企业的动态能力包括资源积累、组织学习和创新
活动，为战略创业提供了理论先驱（Eisenhardt & Martin，2000）。根据动态能
力理论，企业通过管理非常规的战略，围绕感知、抓取和变革的创业机会进
行创业活动，从而开发动态能力，使企业在不稳定的环境中保持竞争优势
（Teece，2012）。

第二，从知识的角度而言，知识是企业的核心资产和资源，当知识不恰
当地溢出时会危及其在市场中的地位，但如果进行"有意识"的流动，则会
增强企业的创新能力（Perri & Peruffo，2016）。利用知识溢出提供的机会，通
过战略创业可以更准确、更轻松地实现企业家设定的目标。在此之后，多数
学者又将知识作为传导现象，对于战略创业中机会的识别和实现进行了充分
研究（Sarkar，2017）。具有战略创业眼光的管理者可以通过捕捉及时的知识，
瞄准所获得知识的市场潜力，并以战略创业的方式对其采取行动，从而实现
预期的竞争优势（Tavassoli，2017）。Ferriera 等学者则开发了基于知识溢出的
战略创业框架，通过强调战略利益，特别是创业计划从而改善企业利用知识
溢出的方式，鼓励企业采取更多的获取全球市场竞争力的战略创业计划行为
（Ferreira et al.，2017）。因此，企业丰富的资源能力、丰厚的知识储备更利于
其进行战略创业活动。

第三，从企业类型与规模来看，国有企业及不同规模的企业开展战略创
业活动各有不同特征（Luke & Verreynne，2006）。Ketchen 等将大企业和小企
业区分开来，利用其不同的优势和弱点，例如，大企业有更多的资源，小企
业更加灵活等，从而通过不同的途径和方式进行战略创业（Ketchen et al.，
2007）。随着这一观点的提出，学者开始进行小公司背景下战略创业的相关探
索（Kraus et al.，2011），较小的企业有能力更快地改变和利用开发性或探索
性机会，从而放大创新行为（Rauch，2009）。

第四，在企业战略创业过程中，管理者的创业行为影响重大（Hornsby et
al.，2009）。具有创业思维的管理者以及积极培育创业文化的管理者都能促进
战略创业活动的开展（Gibson & Birkinshaw，2004）。

第五，不同的组织结构设计对于战略创业的开发及探索过程有不同的影
响，拥有独立进行探索及开发部门的企业，更能够适应战略创业活动并抓取

市场中出现的机会（O'Reilly & Tushman，2013）。

第六，企业的战略定位及历史战略行为模式所形成的身份和形象可以促进或抑制企业的创新与变革，从而在追求战略创业的过程中发挥积极或消极的作用。

第七，从商业模式角度而言，Demil 等（2015）则认为，商业模式重点在于解释企业如何开展业务活动的总体模式，在概念内涵上来讲，其与战略创业中寻求竞争优势的含义完全一致，且商业模式强调在活动过程中的资源配置，而非单独资源或静态资源的独立整合，这也和战略创业中强调资源开发利用的角度一致，因此，从商业模式角度可以有效解释战略创业中为何不同企业的表现是不同的（Demil et al.，2015）。

2. 企业外部因素

战略创业的外部影响因素包括企业所在的环境、市场等。

第一，从企业所在的环境而言，动态复杂的环境能够促进企业进行战略创业活动（Rosenbusch et al.，2013），还有研究表明，企业开展战略创业与其所在的制度情境息息相关，支持经济自由的制度允许以低交易成本进行战略创业活动，在不确定的条件下寻找、组合、尝试新的资源组合，追求利润，从而对国家的经济增长产生积极影响（Bjornskov & Foss，2013）。

第二，企业所在的市场因素，例如，竞争强度、技术变化、产品市场细分和产品市场涌现，对战略创业产生影响，但具体的影响作用还未被证实（Ireland et al.，2009）。

四、战略创业的作用结果

战略创业在个体、组织、社会等层面有不同的作用结果。第一，战略创业在个体层面的作用结果包括晋升、职业脱轨、扩展社交网络、经济利益、角色模糊、离职意愿等（Monsen & Boss，2009）。第二，战略创业可以使企业实现财富创造、提升竞争能力、提高竞争优势（Hitt et al.，2001），这对于企业的财务绩效有积极的影响（Kraus et al.，2011）。还可能带来培育企业的亲创业（pro-entrepreneurship）文化、先进的创新能力、声誉提升等积极影响，或使企业战略模糊带来经济损失的消极影响（Kuratko et al.，2005）。第三，战略创业在宏观层面可能会促进社会经济增长、使人民生活质量提升、促进人类发展以及解决环境环保问题，等等（Bjørnskov & Foss，2013）。

综上，本章整理出了战略创业研究框架，如图4.8所示。

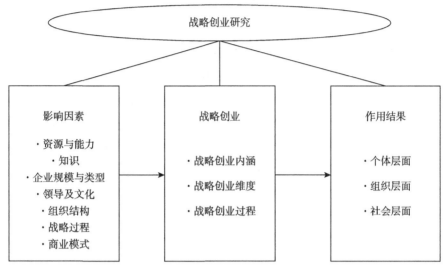

图4.8　战略创业研究框架

资料来源：作者绘制。

五、未来研究机会分析

基于上述分析，战略创业已在内涵维度与测量、战略创业过程、战略创业影响因素、战略创业作用结果等方面取得了大量丰富的成果，本章总结并提出战略创业未来研究在如下主题还有一定的探索空间。

第一，战略创业的内涵方面。什么类型的企业更容易、更适合进行战略创业？什么样的行为或活动在战略创业中最容易被识别？一家公司是否需要超过某个门槛才能被视为战略创业？战略创业的测量应该有哪些标准，例如是创新行为的数量还是质量能更好地衡量战略创业？能否根据这些标准按不同影响构建成熟的战略创业量表？不同情境下的战略创业内涵是否具有差异？

第二，战略创业的维度方面。追求战略创业的组织中，如何整合创造力和战略资源管理从而发展创新？现有研究缺乏对这一问题的认知过程。战略创业的四个维度之间，即战略资源管理、创造力发展创新、创业领导和创业文化以及创业心智之间的关系如何？怎样进行调整能够使企业战略创业成功的可能性增加？这四种要素和其他影响因素有无交互作用？具体作用机制如何？战略创业的探索及开发过程所需的资源有何特征？是否有特定的资源或能力能够帮助企业实现这两种过程或降低其难度？随着时代变化，战略创业是否会出现新的维度构建？

第三，战略创业的过程研究方面。战略创业的机会和优势寻求行为是在某一时间节点发生的还是在不同的过程中发生的？是以怎样的形式出现的？突发、波动还是其他形式？组织如何克服其组织惯性以持续的平衡探索和开发过程？机会和优势寻求行为是必须发生在同一组织，还是发生在多元化组织的不同层次和不同部门中？战略创业的过程模型是否还要涵盖其他如触发事件等因素？现有模型是否构建完全？如果是的话，在何种情况下各种关键活动会按照顺序发生？又在怎样的情境下会有不同的情况出现？

第四，战略创业的影响因素及作用结果方面。未来研究可验证本章总结中未被证明关系的变量，例如，企业所在的市场因素，又如，竞争强度、技术变化、产品市场细分和产品市场涌现，对战略创业产生的影响。或是探索战略创业带来的非财务结果，比如社会责任、客户满意度等变量，探讨其影响效果。

据上述总结分析，希望未来通过不同的组织理论来解释或验证上述战略创业主题内包含的问题，以便更好地定义和解释这种创业现象，引发更多具有新颖性、吸引性的讨论，推动战略创业研究向新的、有趣的方向进一步发展。

第二节　核心维度之三：公司保育

2013 年，Kuratko 和 Audretsch 指出，公司创业包括公司冒险（corporate venturing）和战略创业（strategic entrepreneurship）两个维度，这一观点得到了较多的认同。最近，公司创业领域著名学者 Shepherd 与其合作者（2019）指出，大企业通过建立孵化器/加速器等形式带动新创企业以及自身发展是一种新型的公司创业形式，应成为公司创业构念的第三个维度——公司保育（corporate nurturing）（Shankar & Shepherd, 2019）。

公司保育这一概念及其界定在文献中出现得比较早（Roberts & Berry, 1985），具体是指"在位企业培育其他实体（企业）的发展"（Braun &

Bertsch, 1993）。为此，在位企业通过建立诸多类型的创业支持组织（entrepreneurial support organization），如孵化器、加速器、科技园、创客空间和共享办公空间等，来达成这一目标。换言之，由在位企业组建的"创业支持组织"是公司保育这一行为的具体实现形式。

为更好地理解公司保育这一最新的维度，本节首先具体介绍公司保育、创业支持组织的概念内涵；其次，讨论公司保育的前置因素以及关键结果；最后，基于上述研究发现提出未来研究展望。

一、创业支持组织与公司保育

在位企业一直在通过保育新创或中小企业来实现更高的生产效率、更高的利润增长率。通过公司保育，在位企业获得了良好的公众形象，减少了重复努力以降低财务成本。公司保育这一公司创业行为甚至还提供了规模经济，从而有助于市场份额和利润率的增长（Braun & Bertsch, 1993）。

公司保育旨在培育其他初创企业发展，是一种创业行为，而这一行为需要依靠"创业支持组织"（entrepreneurial support organization）这一载体来实现。创业支持组织是指首要目的是通过直接或间接的、有形或无形的援助来支持个人和集体实现创业目标的组织（Bergman & Mcmullen, 2021）。在这一概念界定中，"首要目的"一词值得关注。事实上，社会上有许多组织，如政府、大学和金融机构，都以某种形式提供创业支持。然而，对于政府、大学和金融机构来说，向企业提供援助只是其核心目标之一，且通常不是它们的首要目的。因此，并非所有提供创业支持的组织都是创业支持组织，当且仅当一个组织的"首要目标"是支持其他实体创业时，才能被认定为创业支持组织。

过去几十年，实践中涌现了五种较为主流的创业支持组织类型，即孵化器、加速器、科技园、创客空间以及共享办公空间。表 4.4 提供了这五种形式的详细信息，包括常见定义、创办者和特征等内容。这些创业支持组织有些是政府、社区或非营利性组织创办的，有些是在位企业创办的。显然，在位企业搭建的创业支持组织（包括在位企业建立的孵化器、加速器、科技园、创客空间以及共享办公空间）是完成其"公司保育"行为的载体，是"公司保育"的基础设施。公司保育与在位企业搭建的创业支持组织就如一枚"硬币"的两面，紧密相连，密不可分。

表 4.4　创业支持组织类型概述

类型	概述
孵化器	定义： • 企业孵化器是一种共享的办公空间设施，旨在为在孵企业提供战略性的（即"投资组合-"或"客户端-"或"承租公司"）、增值的监控和业务援助的干预系统（即业务孵化）（Hackett & Dilts，2004b）。 • 基于资产的具有可识别的管理中心的组织，专注于通过知识聚集和资源共享实现业务加速的使命（Phan et al.，2005）。 早期例子/现有规模：1959 年（巴达维亚工业中心，纽约）/全球约 7000 所 法律形式：营利性 & 非营利性 创办者：政府、大学、企业、创业者、非营利性机构、金融机构 支持的创业阶段：创业前期、创业初期 特征：办公空间、有形资源、管理支持、网络、工坊
加速器	定义： • 为初创企业提供的项目，为其提供指导、财务投资、办公空间、社会关注和认证服务（Clough et al.，2019）。 • 为初创企业提供支持的组织，通过一个或多个过程（学习、检验、进入、成长和创新）加速其发展（Crisan et al.，2021）。 • 旨在通过提供特定的孵化服务，以教育和指导为重点，在有限时间的密集项目中加速成功创业的组织（Pauwels et al.，2016）。 早期例子/现有规模：2005 年（Y Combinator，剑桥）/全球约 3000 所 法律形式：营利性 & 非营利性 创办者：政府、大学、企业、创业者、非营利性机构、金融机构 支持的创业阶段：创业初期、成长期早期 特征：办公空间、管理支持、培训/指导、财务、毕业支持
科技园	定义： • 以地产为基础的方案：（1）与知识创造中心（如大学和研究中心）有正式的业务联系；（2）旨在鼓励业务创新；（3）具有积极参与向客户传递技术和业务技能的管理职能（Colombo & Delmastro，2002）。 • 一个由专业人士管理的组织，其主要目的是通过促进创新文化及其相关企业和知识型机构的竞争力来增加社会财富（Hobbs et al.，2017）。 早期例子/现有规模：1951 年（斯坦福工业园，帕洛阿尔托）/全球约 400 所 法律形式：营利性 & 非营利性 创办者：政府、大学、企业 支持的创业阶段：成长期早期、持续成长期、成熟期 特征：办公空间、管理支持、知识交流

类型	概述
创客空间	定义： ● 成员可获 得一系列制造技术，共享制造设施之地（Browder et al.，2019）。 ● 一个社区研讨会，成员需支付访问工具和工作空间的费用（van Holm，2017）。 早期例子/现有规模：1995 年（c-base，柏林）/全球约 1400 所 法律形式：营利性 & 非营利性 创办者：大学、企业、图书馆、非营利性组织、社区、协会、创业者 支持的创业阶段：创业前期、创业初期、成长期早期 特征：共享工作空间、有形资源、网络、工坊、公共活动
共享办公空间	定义： ● 低租金的工作空间，旨在提供一个有趣和非正式的氛围（Clayton et al.，2018）。 ● 共享的办公环境，由一群不同类型的工作者付费使用，作为他们的工作场所，参与社会互动，有时还就共同的工作进行协作（Waters-Lynch & Pott，2017）。 早期例子/现有规模：2005 年（Hat Factory，旧金山）/全球约 19000 所 法律形式：营利性 & 非营利性 创办者：大学、企业、图书馆、非营利性组织、社区、创业者 支持的创业阶段：创业前期、创业初期、成长期早期 特征：共享工作空间、管理支持、网络、工坊、公共活动

注：上表中仅企业建设的创业支持组织才是公司保育的载体或具体实现形式。在英文文献中，它们通常被冠以"公司孵化器"（corporate incubator）、"公司加速器"（corporate accelerator）等，从而与其他主体创办的创业支持组织区分开来。

资料来源：Bergman, B. J. & McMullen, J. S. Helping entrepreneurs help themselves: A review and relational research agenda on entrepreneurial support organizations. Entrepreneurship Theory and Practice. doi：10.1177/10422587211028736.

二、从事公司保育的主要动机

为适应市场的变化，在位企业必须开发新的知识，并利用这些知识来创造新的产品和服务（O'Connor & Demartino，2006）。然而，在位企业在培育激进式创新时往往面临困难，如组织惯性、规范和结构的制约等（Christensen，1997）。因此，越来越多的在位企业试图通过公司保育与初创企业建立合作关系，进而促成激进式创新（Hausberg & Korreck，2020）。如此，公司保育成为在位企业创新和创业的重要形式（Shankar & Shepherd，2019）。在公司保育所运用的载体——创业支持组织——当中，属公司孵化器和加速器最为典型。因此，本章以公司孵化器（corporate incubator）和公司加速器（corporate accelerator）为例，来探讨相关议题。

在位的企业为何要创办公司孵化器来进行公司保育？既有文献中，Becker

和 Gassmann（2006）指出科技型公司创办孵化器是为了促进技术发展，而服务型公司创办孵化器是为了扩大向顾客提供的服务范围。相比之下，Hausberg 和 Korreck（2020）提出的观点更深入，他们认为在位企业通过创办公司孵化器或加速器是为了与初创公司合作来应对颠覆式创新所带来的挑战。显然，这与其他主体创办孵化器的动因是有区别的。例如，政府创办的孵化器又称科技园区（Cadorin et al.，2021），多是为了促进宏观环境的发展。这是因为，创业和创新都具有显著的区域影响，而孵化器在促进区域创新环境的发展方面发挥着关键作用（Lamine et al.，2018；Surana et al.，2020）。特别是，为了应对全球经济挑战，孵化器被视为创造就业、启动和振兴行业和地区的工具，甚至被认为是高科技产业发展的中流砥柱（Abetti，2004）。而大学孵化器是地区经济发展生态系统的重要组成部分（Nicholls-Nixon，Valliere et al.，2021）。Kolympiris 和 Klein（2017）认为大学创办企业孵化器或是为了吸引特定类型的教师和学生，提高大学的声望，产生经济乘数效应，最终使整个社区受益。

总体而言，既有文献对这一问题的着墨较少，但概括来说在位企业创办公司孵化器不外乎以下原因。一是应对环境和创新的不确定性，来解决企业探索时所面临的风险。二是与新创企业建立共生关系，打造创业环境，这与政府、大学创办孵化器的原因类似。三是优化与利益相关者的联系，成为实现区域利益相关者共同目标的桥梁（Mcadam et al.，2016）。

三、公司保育带来的绩效影响

本部分同样以公司孵化器或公司加速器为例，剖析公司保育的绩效评估方式和影响。事实上，先前的研究对公司孵化器和公司加速器的绩效和潜在影响的评价产生了相当大的兴趣（Kiran & Bose，2020）。

1. 公司孵化器的绩效评估

绩效水平是衡量公司孵化器成功与否的关键标准，是孵化行为的最终结果，也是掌握孵化器发展现状的重要依据。孵化器是发挥特定功能的组织单元，具备相似的组织结构。但在实践中，各种孵化器的最终效能和结果又会有很大的差异。Bergek 和 Norrman（2008）将孵化器绩效定义为孵化器结果与孵化器目标相对应的程度，但由于不同创办主体的目标不同，对孵化器绩效的评估变得更加复杂。

学者们已开发出多种模型来衡量孵化器的绩效，大多集中于孵化器的经济、社会、组织、体制和技术能力。Allen 和 Mccluskey（1990）指出，评估孵化器绩效最常见的指标是创造就业能力、总孵化期和孵化后存活率。Mian（1997）从项目的发展和可持续性、在孵企业的生存和成长和社区相关的影响等维度来评估公司孵化器。Fonseca 和 Jabbour（2012）将公司孵化器和环境建立联系，提出了孵化器绿色评价的框架，将可持续性的概念融入公司孵化器的发展评估中。Barbero（2012）基于 Aernoudt（2004）所提出的孵化器分类，探究了不同类型孵化器绩效的差异，其中涵盖了公司孵化器这一类型。他们从文献中归纳出五类绩效衡量标准——企业成长、参与研发项目、研发投入、活动产出和创造就业。通过具体研究发现，经过公司孵化器培养的企业在销售方面具有更好的表现。Gamber 等（2020）在 Hill 和 Birkinshaw（2008）的基础上，提出从财务绩效、技术绩效和创业绩效三方面具体评价公司孵化器的绩效。由于评估方法和维度较多，对于何种方法、哪些维度最适合衡量公司孵化器的绩效，目前学界仍存在争议。

2. 公司孵化器的潜在影响

除了对于公司孵化器绩效的评价，已有研究还关注了公司孵化器对在孵企业和在位企业影响的差异。

（1）公司孵化器对在孵企业的影响。

对在孵企业来说，公司孵化器最直接的影响是提升其绩效。在孵企业的绩效通常由是否存活（Aerts et al. , 2007；Allen & Mccluskey, 1990；Bruneel et al. , 2012；McAdam & Marlow, 2007；Mian, 1997；Pena, 2004）、销售和就业增长率（Colombo & Delmastro, 2002；Pena, 2004；Soetanto & Jack, 2013）、净利润增长率（Chen, 2009；Mian, 1997）、出口增长率（Mian, 1997）、资产回报的满意度（Chen, 2009）等指标来衡量。

以往研究表明，公司孵化器对在孵企业的成长存在显著的影响。大多数孵化器接受初创公司的想法，并帮助它们发展成能在市场中生存下来的公司，理想情况下还能加速其成长（Bergek & Norrman, 2008）。公司孵化器为新创企业提供庇护环境（如办公空间）和业务援助（如公关、招聘、法律和知识产权保护咨询、会计）。所有这些都有助于初创企业降低间接成本（Lukes et al. , 2019），促进其快速发展。有的公司孵化器还直接向在孵企业提供资金，通过内部和外部网络来帮助其建立合法性（Lukes et al.，2019）。此外，在位大企业会通过公司孵化器将自身的知识转移到初创企业中，这类知识往往对大企业而言不一定具有经济价值，但对在孵企业具有重要意义（Clausen & Rasmussen，2011），此举也有利于大企业进行知识留存与沉淀。

个别研究记述了公司孵化器可能给在孵企业带来的挑战。首先，公司孵化器内部热情开放的氛围固然有利于在孵企业发展，但也意味着信息泄露的可能性增加。新创企业担心自己的想法、战略和知识产权被窃取。因此，在孵企业需要对各种信息进行甄别，在与其他企业分享信息的过程中保持警惕。其次，信任是创业者之间建立联系的重要基础。然而，在公司孵化器中各在孵企业的企业性质类似且往往是直接竞争对手，因而如何建立信任也是一大难题。最后，随着在孵企业的成熟，其与在位企业也可能产生摩擦。在不断收到在位企业指示和建议的情形下，在孵企业发展独立的、安全的内部系统的愿望可能无法实现（McAdam & Marlow，2007）。

（2）公司孵化器对创办孵化器的在位企业的影响。

公司孵化器作为在位企业和初创企业之间的交流桥梁，可以为在位企业探索创新的思路、扩大社会网络以及建立实物期权创造条件，最终有益于在位企业的发展。

首先，公司孵化器可以为发展新业务提供创新思路。大量初创企业利用新兴技术发明产品，重塑商业模式，成为创新的重要源泉（Kohler，2016）。公司孵化器内的网络十分有利于包括缄默知识等在内的无形资产的获取和吸收（Soetanto & Jack，2013）。这不仅对在孵企业而言是如此，而且对在位企业而言亦是如此。公司孵化器是知识转移的良好场所（Koetting，2020），在位企业通过与多个初创企业的互动可以学习到新兴的技术和各种前沿问题的解决方案，获得更多的创新灵感（Becker & Gassmann，2006；Maine，2008），进而更好地应对不确定性所带来的挑战。

其次，在位企业还可与在孵企业形成合作伙伴关系，进而扩展自身的社会网络（Wu，Wang & Wu，2021）。在位企业与在孵企业之间可以是互惠互利的，在孵企业可成为在位企业的顾客或是开放式创新的合作伙伴。不仅如此，通过在孵企业，在位企业可以进一步拓展其社会网络并汲取更多的知识和资源。

最后，在位企业可通过公司孵化器获得面向未来的实物期权（Hackett &

Dilts，2004b）。在高不确定性的情境下，当在位企业与初创企业拥有类似的创业方案时，在位企业可放弃亲自尝试的做法，转而为初创企业提供开发资金和业务援助。与此同时，掌握新创企业的部分股权。这样做不仅让在位企业有机会以更低的成本、更短的时间和更小的业务风险来探索有前景的创新，与在孵企业一同开发新产品和新服务，通过在孵企业探索市场机会，并通过在孵企业的技术和人才来解决发展的困难。同时，通过此过程，在位企业获得了实物期权，后者使其可以根据形势和新创企业的实际发展状况，行使有利自身的权利，最终可实现"锁定下限损失，获取上限收益"的目的。换言之，实物期权使得在位企业拥有了更多的选择余地和能动性。

四、未来研究议程的初步建构

因应 Shankar 和 Shepherd（2019）的呼吁，"公司保育"这一维度重回大众视野，迸发出新的生命力。然而，由于这一维度研究尚未成熟，同时又出现新兴现象，有较多研究缺口需要学者们在未来进行填补。例如，"公司保育"一词的定义随新现象的兴起应囊括更多内容，然而尚未有文献对新时代下的公司保育进行界定。又如，现有的相关文献多为描述性文章，公司保育这一构念应如何操作化，如何对其进行实证研究亟须学者们探讨。再如，公司保育是以创业支持组织为载体的，那么如何推进相关研究？最后，公司孵化器和公司加速器是公司保育所有载体中研究相对较为成熟的，那么后续研究应如何进一步深化？为回答上述问题，本部分从创业支持组织和公司孵化器/加速器两方面出发加以具体讨论。

1. 创业支持组织

迄今为止，创业支持组织的相关研究多为高度描述性的，专注于其提供的资源，只有少数研究采用纵向方法和过程方法进行数据收集和分析。在创业支持组织系统中，各主体之间紧密联系，相辅相成，共同发展。展望未来，可以创业支持组织与其他组织的关系为切入点，探讨他们之间的相互关系，因此，本章从四组关系（创业者和创业支持组织中的新创企业、创业者和创业支持组织中的其他创业者、创业者和创业支持组织以及创业支持组织和外部利益相关者）出发，探讨未来的研究机会，表 4.5 提供了这四组关系之中可供参考的研究议题。

表 4.5　创业支持组织的未来研究机会

	创业者 &ESO 中的 新创企业	创业者 &ESO 中的 其他创业者	创业者 &ESO	ESO& 外部利益 相关者
潜在研究问题	考虑到他们加入 ESO 之前有限的资源和支持,创业者如何应对资源丰富的 ESO 环境? ESO 的行为和背景,如何影响创业者加入或退出? 创业者如何在 ESO 环境中调动或利用资源?其举措是否会影响未来资源的获取	在 ESO 中,其他企业家的存在如何影响创业者创业? 创业者会采取什么样的干预措施来促进沟通和透明度呢? 在 ESO 中,创业者会出现什么样的角色/社会身份,如何平衡或克服	如何、为何以及在何种情况下,信息流会在 ESO 和创业者之间流动? 作为对不同创业者的支持组织,ESO 如何反映、学习、改进和改变? ESO 如何平衡自己生存与初创企业生存	如何、为何以及在何种情况下,信息流会在 ESO 和外部利益相关者之间流动? ESO 内部的实践如何被 ESO 创办者或 ESO 参与的系统录取? ESO 如何促进和合法化创业活动?尤其是在创业活动不常见的地方
理论视角	双环学习理论 认知行为治疗理论 资源拼凑 意义构建理论	社会比较理论 社会认同理论	资源依赖理论 社会交换理论 烙印理论	生态系统理论 网络理论 中介理论

　　资料来源:Bergman, B. J. & McMullen, J. S. Helping entrepreneurs help themselves:A review and relational research agenda on entrepreneurial support organizations. Entrepreneurship Theory and Practice. doi:10. 1177/10422587211028736.

　　首先,创业者与其在创业支持组织中的新创企业。创业是一个密集反馈的过程,创业者必须能够根据最新披露的有关消费者、产品、自身发展前景的信息做出决策(Grimes,2018)。因此,即使是创业者和其新创企业之间也以学习为基本特征,创业者不仅要学习如何从创造中实现利润,也要理解为何继续这样做。以往研究表明,创业者的学习能力可能存在差异,而既有文献鲜有对新创企业发展纵向跟踪以及研究创业支持组织的措施、背景对其学习能力的影响,未来可完整跟踪一个创业者或一群创业者在创业支持组织中从进入到退出的旅程,从中挖掘出创业者与其在创业支持组织中的新创企业的双向影响。创业者如何应对资源丰富的创业支持组织环境?创业支持组织的行为和背景,如何影响创业者加入或退出?创业者如何在创业支持组织环境中调动或利用资源?其举措是否会影响未来资源的获取?

　　其次,创业者和创业支持组织中的其他创业者。一个创业支持组织通常支持多位企业家发展,焦点创业者会对其他创业者产生积极或消极的作用,并受其他创业者影响。然而,目前还没有文献研究创业者为其他常驻创业者做了什么，创业者的社会心理往往被忽视，创业者在同伴中的身份或扮演的角色并未受到关注，创业者之间的竞合关系亦未被很好地研究。在创业支持组织中，其他企业家的存在如何影响创业者创业？创业者会采取什么样的干预措施来促进沟通并提高透明度呢？在创业支持组织中，创业者会出现什么样的角色/社会身份，如何平衡或克服？这些问题可以在未来进行探索。

再次，创业者和创业支持组织之间的关系同样值得挖掘。目前创业支持组织的文献几乎只强调创业支持组织为创业者所做的事，如提供咨询、服务、财务支持，很少有研究探讨为何创业支持组织会助力新创企业成功，例如创业支持组织对其收入模式、治理结构和最佳实践的改变。此外，创业者和创业支持组织之间的双向关系尚未被很好地研究，如何、为何以及在何种情况下，信息流会在创业支持组织和创业者之间流动？作为对不同创业者的支持组织，创业支持组织如何反映、学习、改进和改变？创业支持组织如何平衡自己生存与初创企业生存？这些问题都尚待解答。

最后，创业支持组织和外部利益相关者也应得到探讨。就如其支持的新创企业一样，创业支持组织并不存在于真空之中，其影响着生态系统中的其他利益相关者，亦被利益相关者所影响。创业支持组织是由谁创办的？为何创办？解散后组织内的资源又该流向何方？这些问题我们并未了解。因为大部分文献将创业支持组织的存在视为理所当然，很少有研究探索其为何失败，是否与外部利益相关者有关。此外，如何、为何以及在何种情况下，信息流会在创业支持组织和外部利益相关者之间流动？创业支持组织内部的实践如何被其创办者或其参与的系统录取？创业支持组织如何促进和合法化创业活动？除了两者的相互关系，对他们的研究也可以微观化。既有研究通常强调了创业支持组织缓冲和连接的功能，创业支持组织被视为新创企业和外部利益相关者的中介，但如果不更多地关注创业支持组织的管理层和员工所嵌入的关系网，就很难理解为什么创业支持组织能够以缓冲和桥梁的方式来支持创业者。

2. 公司孵化器/加速器

近年来，国外关于公司孵化器的研究方兴未艾。既有研究的焦点从早期的关于孵化器定义的争辩过渡到有关孵化器理论的构建。概括而言，从研究内容看，公司孵化器的早期研究大部分都集中在基本内涵的识别与讨论，包括定义、分类和过程模型。之后，研究者深入公司孵化器的影响和作用方面，强调公司孵化器有利于在孵企业生存和成长，也有利于在位企业发展。从研究对象来看，公司孵化器的研究重心也经历着从孵化器本身到在孵企业、在位企业再到第三代孵化器——公司加速器的转变。从研究情境看，既有研究大多基于西方发达国家背景，对新兴经济情境下的公司孵化器现象研究相对不足。从研究方法看，既有文献仍主要采用定性的方法研究。从研究视角看，既有研究主要运用动态能力理论（O'Connor & DeMartino，2006）、创业生态视角（Banc & Messeghem，2020）、双元理论（Alange & Steiber，2018）、社会系统理论（Uittenbogaard et al.，2005）和权变理论（Maine，2008）等。总体而言，公司孵化器研究还处于起步阶段，随着其动态发展，新的研究机会不断涌现，为未来研究创造了诸多机会。图 4.9 总结了可供未来研究者参考的研究方向。

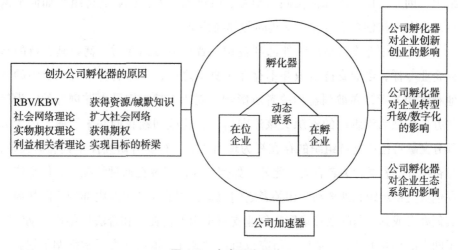

图 4.9　未来研究机会

资料来源：作者绘制。

一方面，未来研究要对公司孵化器本身进行更为广泛而深入的探索，主要包括以下四个要点。

第一，要从多个视角剖析在位企业创办公司孵化器/加速器的动因。从不同的研究视角出发，可推导出不同的解释。若以资源基础观和知识基础观为理论视角，在位企业可通过孵化器及时地了解最新最前沿的技术、管理方式和商业模式等，也可通过孵化器与在孵企业合作，探索新技术或创新，这些技术或创新会对现有业务产生影响。在位企业甚至可通过此方式获得创新型人才。除此之外，在位企业也可与在孵企业形成良好的关系，使其成为自己的客户。若以社会网络为切入点，在位企业正处于社会网络关系的核心位置，将外部环境中的利益相关者与内部在孵企业建立联系，调配和控制所拥有的资源。实物期权理论亦能很好地解释在位企业为什么要创办孵化器。在不确定性程度高时，在位企业可以创办孵化器，并通过选择弱小但有前景的新创企业进入孵化器来创造实物期权，以此实现"观望"或"投资观望"（Hackett & Dilts，2004a）。在不确定性程度低时，企业通过监控和咨询以及注入资源来行使期权，同时控制潜在的失败成本。

第二，要分别从多个主体出发，探索一系列有价值的议题，如表4.6所示。从在孵企业的角度，一家初创企业为何加入孵化器？又为何加入由在位企业创办的公司孵化器？这一问题并未被很好地讨论。又如，公司孵化器如何影响在孵企业？如何提高在孵企业的合法性？其边界条件是什么？在孵企业加入公司孵化器后，如何与其他在孵企业（往往是竞争对手）进行沟通才能既有利于知识共享，又防止信息泄露？公司孵化器是否会给在孵企业带来弊端？这些议题都需要在未来进一步讨论。从公司孵化器的创办者和管理者即在位企业的角度，可供研究的问题更多。例如，在位企业为何选择创办孵化器，而不是其他公司创业方式？何时创办？如何创办？公司孵化器/加速器对在位企业的影响效应如何产生？其关键作用机制是什么？投资孵化器是否会引发其他类似创业行为？在位企业在选择受孵化企业时，应追求同质（规模效应）还是异质（知识多样）？其又该如何平衡自身与在孵企业之间的利益？这些问题需要在未来得到解答。

表4.6 未来研究议题

主体	研究问题
在孵企业	1. 一家初创企业能否及是否应加入多家公司孵化器/加速器？ 2. 在孵企业之间如何良性沟通？ 3. 公司孵化器对在孵企业的作用受什么因素的影响？ 4. 加入公司孵化器是否及如何获得更多的合法性？ 5. 加入公司孵化器有何弊端？是否会对在孵企业的发展造成不利影响？ 6. 为何选择由在位企业创办的孵化器即公司孵化器

续表

主体	研究问题
在位企业	1. 如何选择是否创办公司孵化器？何时创办？何时放弃？ 2. 为何选择创办公司孵化器，而不是其他创业方式（如 CVC）？ 3. 公司孵化器/加速器对在位企业的效应如何产生？其作用机制是什么？ 4. 公司孵化器/加速器如何影响公司的创业精神、企业绩效？ 5. 公司孵化器/加速器对在位企业的探索式和利用式创新造成什么影响？ 6. 如何协调在位企业现有业务与在孵企业业务的关系？ 7. 投资公司孵化器是否会引发其他的创业行为（如收购、CVC）？ 8. 在位企业与在孵企业如何相互影响？如何平衡两者的利益？ 9. 选择受孵化企业时，应追求同质（规模效应）还是异质（知识多样）
公司孵化器/加速器	1. 如何构建公司孵化器/加速器的合法性？ 2. 什么情境下创办公司加速器，而不是公司孵化器？ 3. 设计公司加速器时应考虑什么因素？组织环境对于设计公司加速器有影响吗？如何影响？ 4. 是否存在某类初创公司比其他类型的公司更适合加入公司加速器

资料来源：作者整理。

第三，要关注多个主体之间的互动及其影响。现有研究多从公司孵化器、在孵企业和在位企业这三个角度出发调查公司孵化器的前因和后果（Hausberg & Korreck，2020），但这三者之间以及三者与环境之间的联系和动态性并没有被很好地调查与分析。未来，应综合考虑三者之间的动态联系，讨论三者之间动态的影响机制。此外，在位企业与在孵企业之间的关系也值得进一步探讨。公司孵化器如何协调在位企业和在孵企业的利益？初创企业为何选择由在位企业创办的孵化器？在位企业为何选择孵化器这一具体的公司创业形式？这些问题亟须未来研究者关注和推进。

第四，要进一步解构作为一种新型公司孵化器的公司加速器的专业化运作模式。未来，学者可考虑公司加速器如何建构自身合法性，使用了何种策略及机制？还可考虑公司加速器的商业模式，了解模式与潜在机制之间的关系，以便在更广泛的创业生态系统中创造价值（Cohen et al.，2019）。另一个相关领域是研究在日益拥挤的创业支持环境中，公司加速器如何与其他中介组织竞争，以获得初创企业的青睐；而在位企业又为何在诸多投资方式中选择公司加速器；在孵企业为何选择公司加速器而非公司孵化器？这些问题都需要在未来进一步解决。

另一方面，未来研究可将公司孵化器与其他热点问题结合起来讨论，不仅深化公司孵化器自身的研究，也为推进其他领域的研究贡献力量，主要的切入点有以下三个。

第一，将公司孵化器研究与企业创新创业研究紧密联系起来。未来研究可进一步考察公司孵化器提升在位企业创新能力或创新绩效的过程机制。Shankar 和 Shepherd 已将公司培育作为公司创业的新维度，并指出公司孵化器是实现公司培育的具体形式（Shankar & Shepherd，2019）。因此，应将公司孵化器研究与公司创业研究关联起来，如通过对比其他公司创业形式，明晰公司孵化器在推进在位企业创业过程中的独特作用；识别运用公司孵化器这一特定形式推进在位企业创业的情景条件；探索公司孵化器的建设对于促进其他公司创业活动的意义等。

第二，将公司孵化器研究与传统产业企业的转型升级特别是数字化转型研究结合起来。例如，可考察公司孵化器在传统产业企业转型升级中的作用以及实现机制。数字化时代下，公司孵化器涌现出新的特征，如可结合数字化的技术，促进资源整合，推动企业间合作共生，提高孵化绩效。在位大企业亦可通过公司孵化器形成并主导数字创业生态系统（Carayannis & von Zedtwitz，2005；Rocha，Mamedio & Quandt，2019）。因此，未来研究可考察在位企业通过创办公司孵化器增强数字能力进而实现数字化转型的关键过程和机制。

第三，将公司孵化器研究与企业生态系统研究紧密结合起来。随着新技术和新模式的不断涌现，企业的竞争模式正在从单打独斗走向众创、共创、广域协同，企业间不再是独立割裂的个体，而是以多种形式紧密联结在一起而形成的生态系统（Banc & Messeghem，2020；Steiber & Alange，2020）。公司孵化器作为融通大企业和中小企业的载体，有助于促进各参与者之间建立相互依存的关系，促使各参与者之间形成"竞合"关系，最终加速企业生态系统的生成。因此，未来可在 Cohen 等（2019）、Banc 和 Messeghem（2020）以及 Shankar 和 Clausen（2020）等研究的基础上，进一步深化有关公司孵化器与企业生态系统关系的研究，探索公司孵化器在企业生态系统形成中扮演的角色以及其具体作用机制。

除此之外，未来研究要进一步在研究方法和研究情境两方面加以拓展。第一，从研究方法看，现有研究多使用案例法，定量研究或实证研究较为匮乏，这在早期研究阶段尤为明显。考虑到公司孵化器现象相对较新，采用案

例等定性研究方法是恰当的。未来研究者可考虑运用 QCA 等方法进行定性的
比较分析。第二，从研究情境看，将中国等发展中国家作为研究情境的相对
较少，未来可探索发展中国家和地区的公司孵化器有何独特性。公司孵化器
作为一种新兴的公司创业形式近年来发展较快，是我国大中小企业融通发展
的重要载体，具有广阔的运用前景。为此，学界有必要在总结梳理已有知识
体系的基础上，进一步强化重要议题的研究，为未来实践提供指引。

　　总体而言，尽管在位企业的保育行为即公司保育这一概念及其界定在文
献中出现得比较早，然而并未经常性地运用，直接研究公司保育现象的研究
并不多见。基于此，迄今我们对公司保育这一维度知之甚少，与实践的快速
发展形成了鲜明的反差。因此，学者们应将公司保育视为公司创业这一更大
概念的组成维度（Roberts & Berry，1985；Shankar & Shepherd，2019），对公司
保育的内涵与本质进行更广泛的研究。

第五章　公司创业领域的其他构念

刻画公司创业现象的构念有多个，除"公司创业""战略创业"这两个关键构念外，学者们主要还运用了"创业导向""内创业"和"再投资"这三个构念。本章将建立分析框架，分别回顾以往围绕三个构念所做的研究，并在此基础上构建未来研究议程。

本章的逻辑框架见图 5.1。

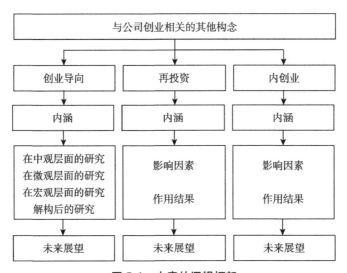

图 5.1　本章的逻辑框架

第一节　创业导向及相关研究

创业导向指的是一个组织的属性，描述的是该组织支持并表现出持续创业行为的程度，反映了组织对待新进入（new entry）事件的主动性（Covin &

Wales, 2019)。特别地，创业导向代表了一种总体战略姿态，这种姿态反映在企业反复出现的创业行为中（Covin & Wales, 2019；Wales, 2016）。经过三四十年的发展，创业导向已逐渐成为一个比较成熟的理论体系，是公司创业研究中使用最频繁的构念之一（Anderson et al.，2015；Ireland et al.，2009；Lumpkin, 2011）。创业导向概念的提出，使得学界能以此划分创业型企业和传统型企业，并为企业的运营决策实践、相关战略行为提出理论启示。尽管如此，现今对于创业导向这一概念的本体还存在一定的疑问。例如，创业导向到底是一个态度构念，还是一个行为构念或者两者皆有？创业导向的维度构成是单一层次还是多层次？创业导向的测量应该使用形成性还是反映性方法？当上述问题的争论依然突出时，围绕"创业"在企业层面的意义及内涵等基本问题就仍未得到解决。在本章中，我们以创业导向为主线，梳理其内涵维度、测量、影响因素及作用结果四个方面的内容，并基于此提出未来创业导向研究的构想。

为保证用于综述文献的权威性、相关性和可信度，外文文献以"entrepreneurial orientation"为主题，选择商业、管理和经济领域的论文和综述进行检索，并将出版物来源限定在 FT50 范围内。文献来源包括 *Entrepreneurship Theory and Practice*、*Journal of Business Venturing*、*Strategic Entrepreneurship Journal*、*Strategic Management Journal*、*Research Policy* 等主流期刊。类似的，中文文献以"创业导向"为主题，并将出版物来源限定在 CSSCI 范围内。鉴于公司创业的有关文献最早可追溯到 1969 年，本章将检索时间跨度设为 1969 年 1 月 1 日至 2022 年 5 月 30 日。为获得准确的结果，作者一一阅读每一篇文献的题目和摘要，筛选出与研究主题高度相关的文献，最终确认了 486 篇文献，其中外文文献 203 篇，中文文献 283 篇。

一、创业导向概念及维度

创业导向概念和维度的提出经历了一段时间的演化与发展，大致可以分为三个阶段（魏江等, 2009）。表 5.1 介绍了各个阶段中较为典型的定义及维度演化。

表 5.1 创业导向定义及维度演化

发展阶段	作者及年份	创业导向定义
构念孕育阶段	Miller 和 Friesen（1982）	采用创业模式的企业勇于创新、定期创新，同时在产品市场战略方面承担相当大的风险
	Miller（1983）	创业型企业是指从事产品市场创新，进行一些有风险的冒险活动，并率先提出"主动"创新，击败竞争对手的企业
	Morris 和 Paul（1987）	创业型企业的决策规范强调积极主动、创新的策略，但也包含风险因素
战略姿态阶段	Covin 和 Slevin（1989）	战略姿态可以广义地定义为一个公司的整体竞争导向。具有创业型战略姿态的企业是指高层管理人员具有创业型管理风格的企业，企业的战略决策和经营管理哲学可以证明这一点
	Covin 和 Slevin（1991）	创业姿态反映三种组织层次的行为：1. 面对不确定性时，高管在投资决策和战略行动方面的风险承担；2. 产品创新的广泛性、频率及其技术领先趋势；3. 公司的先动性也体现在公司倾向于积极主动地与行业竞争对手竞争
创业导向阶段	Lumpkin 和 Dess（1996）	创业导向指导致自主行为倾向、创新、承担风险的意愿、竞争对手积极竞争和追求积极的市场机会的实践活动和决策过程
	Voss 等（2005）	创业导向指公司层面的行为倾向（反映出冒险、创新、积极主动、自主和竞争进取），这些行为会导致组织或市场发生变化
	Avlonitis 和 Salavou（2007）	创业导向是一种组织现象，反映了企业的管理能力，通过这种管理能力，企业可以采取积极主动的措施，改变竞争环境，使之对自己有利
	Anderson 等（2015）	创业导向是由两个较低级别维度组成的企业层次构念：其一，创业行为，即企业层面对新产品、流程或商业模式的追求（创新性），并将这些创新在新产品或市场领域的预期商业化（主动性）；其二，面对风险的管理态度，即一种存在于负责发展和实施公司级别战略的高级经理的内在管理倾向，一般来说，应具有承担战略行动带来不确定结果的能力

资料来源：作者整理。

1. 构念孕育阶段

创业导向这一构念最早源于 Miller 和 Friesen（1982）的研究。Miller 和 Friesen（1982）认为，创业型企业和保守型企业在创业影响因素方面存在差异，应将两者区分开来研究。他们提出创业导向有产品创新和风险承担两个维度，这两个维度为后来创业导向构念的发展奠定了基础，是现今较多使用的创业导向维度（Covin & Slevin，1989；Lumpkin & Dess，1996；Miller，1983）。之后，Miller（1983）进一步完善了维度的划分，提出了创新性（innovation）、先动性（proactiveness）和风险承担性（risk taking）三个维度。Miller（1983）在文中将企业分为三类，并逐一分析了影响各类企业创新的因素。通过对 52 家样本公司的实证分析，其结果正如理论推演的结论，创业是一个多维度的构念，包括了创新性、先动性和风险承担性。Miller（1983）还将采取超前行动以领先竞争者的企业定义为创业型企业。Miller（1983）虽未明确提出"创业导向"这一构念，但其在文中强调的概念实为"创业导向"的雏形，其内涵和维度的划分至今仍得到广泛的运用。

2. 战略姿态阶段

战略姿态的明确提出要归功于 Covin 和 Slevin（1989）。1989 年，Covin 和 Slevin 调查了小型制造企业对环境敌意的战略反应，在文中开创性地提出了"战略姿态"这一构念，认为战略姿态是企业战略反应的重要体现之一。两位学者将战略姿态广义地定义为一个公司的整体战略倾向，创业型企业的战略姿态同 Miles 等（1978）所描述的"创业型组织"类似，战略决策和管理理念都极具创业风格；相反，保守型企业倾向于规避风险，缺乏创新，与 Miles 等（1978）提出的防御型企业较为类似。由于创业型战略姿态的特点是频繁和广泛地使用技术和产品创新、积极的竞争导向以及高管具有强烈的风险承担倾向，因此 Covin 和 Slevin（1989）沿袭了 Miller（1983）对创业导向维度的划分，并为创新性、先动性和风险承担性三个维度开发了量表，该量表成为学者们最常用的测量创业导向这一构念的量表（魏江等，2009）。从测量这一角度来看，可以发现"战略姿态"是创业导向的前身，是创业导向的最早称谓。

随之，"战略姿态"走进了研究者的视野。1991 年，Covin 和 Slevin 再发一文，将创业作为一种组织层面的现象，将具有创业倾向的战略姿态称为"创业姿态"，并开发模型描述了创业姿态的前因后果，提出了 44 个重要命题。这一观点迅速掀起创业导向研究的热潮。Zahra（1993）随后强调了 Covin 和 Slevin（1991）一文应修改和可扩展的几个领域。Zahra（1993）认为，Covin 和 Slevin（1991）的模型只强调了创业的强度，此外创业活动的形式、创业活动类型以及创业活动的持续性并未得到很好的解释。这一观点得到了

Covin 和 Slevin（1993）的认可。

3. 创业导向阶段

创业导向的明确提出要追溯到 Lumpkin 和 Dess（1996）。Lumpkin 和 Dess（1996）将创业导向视为一个多维度的结构，包含了自主性、创新性、风险承担性、先动性和进取心。同时，Lumpkin 和 Dess（1996）指出，创业导向并不代表创业，创业是指"新进入"，而创业导向促进了"新进入"这一行为。创业导向的五个维度相互独立，若只有其中几个维度发生作用，依旧可实现成功创业。这挑战了 Covin 和 Slevin（1989）所提出的创业导向维度共变的观点，与 Gartner（1985）的主张一致，Lumpkin 和 Dess（1996）认为维度之间是独立变化的。该结论成为后续创业导向解构研究的依据。纵使 Lumpkin 和 Dess（1996）明确提出了创业导向的定义，但学者们在测量该构念时仍以 Covin 和 Slevin（1989）提出的为主，采用三维度开展相关研究。自此，创业导向的构念趋于成熟。

二、创业导向的测量方式

创业导向的测量与对该构念的理解有关。创业导向可被理解为一个潜在的构念，可用形成性（formative）或者反映性（reflective）测量建模进行评估。在形成性模型中，测量模型使用的是指标的解释性组合；而在反映性模型中，测量模型使用的是各种潜在因素的组合。两种测量模型的不同表现在潜在构念和测度因果关系之间的假定方向：潜在构念导致其测度或者潜在构念产生于测度。当因果关系的假定方向是从测度到构念，形成性测量模型是恰当的，当因果关系的假定方向是从构念到测度，则反映性测量模型更加合适。除因果关系外，反映性和形成性测量模型还有其他的差异。例如，在反映性测量模型中，测度假设为主题性的且彼此可以互换，因此测度之间可以具有高相关性，可使用内部一致性进行评估。相比之下，在形成性测量模型中，测度是不可互换的，每一个测度都用来代表潜在构念的一个基本部分，内部一致性不再适合。但两种测量模型本身都可以被指定为一阶模型或高阶模型，可以是纯模型，也可以是混合模型（单一形成反映或形成反映组合）。一阶测量模型指定了一维潜在构念及其测度之间的关系，高阶测量模型指定多维构念的级别与其度量之间的关系。根据创业导向的维度构成，创业导向可被视为一个二阶多维模型，包括三个最初的维度或 Lupmkin 等（1996）提出的五维度结构。现今对于创业导向到底运用于何种测量方式，学界仍未达成一致意见。本章梳理自创业导向构念出现至今具有重要影响的四个测量模型，并一一阐述。

第一，1989 年，Miller、Covin 和 Slevin 提出了一阶反映性创业导向量表。1983 年，Miller 对创业导向构念进行了最初的界定，认为创业导向包含创新、冒险和主动性三个子维度。在此基础上，Miller、Covin 和 Slevin 将创业导向测量的潜在构念描述为"一个基本的、单向的战略取向"，并依据以上三个维度提出创业导向的量表。每个维度下分别有三个题项，并采用 7 分制量表来进行打分测量。1989 年，Miller、Covin 和 Slevin 提出的一阶反映性创业导向量表如表 5.2 所示。

表 5.2　Miller、Covin 和 Slevin 提出的一阶反映性创业导向量表

题项		
创新性		
一般来说，我公司的高层管理者们喜欢……		
非常强调经过试验并且真实的产品或者服务的市场营销	1　2　3　4　5　6　7	非常强调研发、技术领先以及创新
贵公司在过去 5 年中（或成立以来）推出了多少种产品和服务？		
没有新的产品和服务	1　2　3　4　5　6　7	有很多新的产品和服务
许多新产品和服务的变化很小	1　2　3　4　5　6　7	许多新产品和服务的变化非常引人注目
先动性		
在与竞争对手的交易中，我的公司……		
通常对竞争对手的行动做出回应	1　2　3　4　5　6　7	通常发起竞争对手随后响应的行动
几乎不作为第一家引进新产品/服务、行政技术、操作技术的企业	1　2　3　4　5　6　7	经常作为第一家引进新产品/服务、行政技术、操作技术的企业
通常会寻求避免竞争冲突，更喜欢"和平共存"的姿态	1　2　3　4　5　6　7	通常采用竞争性、"击败对手"的姿态
风险承担性		
一般来说，我们公司的高层管理者有……		

续表

题项								
对低风险项目（有正常和确定的回报率）有强烈的倾向性	1	2	3	4	5	6	7	对高风险项目（有可能会获得高额回报）有强烈的倾向性
一般来说，我们公司的高层管理者相信……								
由于环境的性质，最好要谨慎地、渐进地探索方案	1	2	3	4	5	6	7	由于环境的性质，最好通过广泛行动逐步大胆探索，以实现企业行为目标
当面临不确定的决策情况时，我的公司……								
采取一种典型的谨慎的、观望的姿态，以做出高成本决定的概率最小化	1	2	3	4	5	6	7	采取一种典型的大胆的、激进的姿态，以最大化开发潜在机会的可能性

数据来源：Covin, J. G. & Slevin, D. P. (1989). Strategic management of small firms in hostile and benign environments. Strategic Management Journal, 10 (1), 75-87.

第二，1997 年 Knight 提出的跨文化背景下创业导向量表。Knight 以英国和法国为样本，构建了包括产品、研发、技术、风险、环境等指标的 80 个题目的创业导向测量量表。此量表反映了企业的创新和积极主动的管理倾向，开发了一个在企业层面跨文化测量创业导向的通用量表，从而使得跨国企业能够通过了解国外环境的动态，进一步了解其他国外背景下创业型企业管理者的特征，从而分析世界各地存在或潜在的竞争对手（Knight, 1997）。该研究提升了人们对于在全球化背景下创业导向现实作用的理解。

第三，2007 年 Hughes 和 Morgan 提出的创业导向量表。Hughes 和 Morgan 根据 Lumpkin 等（1996）提出的五个独立的创业导向子维度，即风险承担、创新、先动性、竞争进取性和自主性，研究上述五个子维度的独立影响，提出了包含五个独立维度的一阶反映性量表。此量表避免了形成性量表的局限性，将创业型企业表现出来的因素进行集体评估、判断或确定与特定的因果关系结合时不同维度的强度（Hughes & Morgan, 2007）。此外，在时间变化时，对创业导向各维度进行独立测量显得尤为重要，能够体现随着时间推进，不同维度的因果关系或稳定性可能发生的变化，但依然未体现出创业导向的多层次构念。2007 年 Hughes 和 Morgan 提出的创业导向量表如表 5.3 所示。

表 5.3　2007 年 Hughes 和 Morgan 提出的创业导向量表

题项
冒险性
在本行业，"冒险者"被视为积极的态度。
我们鼓励业内人士在有新想法的情况下，尝试一定的风险。
我们的业务强调机遇的探索和试验。
创新性
我们积极引入改进和创新的业务。
我们的企业在经营方法上有创新。
我们的企业寻求新的做事方法。
先动性
在任何情况下，我们总是努力先动（如在项目组对抗竞争对手）。
我们擅长发现机会。
我们发起其他组织响应的行动。
竞争积极性
我们业务的竞争非常激烈。
一般来说，我们企业在竞争时采取大胆或激进的方式。
我们试图尽我们所能击败对手。
自主性
允许员工不受干涉地行动和思考。
员工从事的工作允许他们在执行工作任务的方式上做出改变
员工被给予自由和独立来决定他们自己如何做他们的工作。
员工被赋予不受干扰地交流的自由。
如果员工认为这符合企业的最大利益，他们就有权利和责任单独行动

注：所有题项的评分都是 7 分，李克特量表的范围从"非常不同意"（=1）到"非常同意"（=7）。

数据来源：Hughes, M. & Morgan, R. E. (2007). Deconstructing the relationship between entrepreneurial orientation and business performance at the embryonic stage of firm growth. Industrial Marketing Management, 36 (5), 651-661.

第四，鉴于问卷调查的样本回收率一直是困扰学者实证检验的难题，Short 等（2010）提出采用文本分析的方式对创业导向进行测量，并开发出了相应的文本分析词表，如表 5.4 所示。

表 5.4　创业导向维度词表

创业导向维度	分析词
自主性	不附属、不联系、不受管制、不受强迫、不受束缚、不受统治、不受限制、不同的、不依附、单独、独立、独立自主、分离、解放、取消管制、取消控制、授权、思想自由、特权、许可、主权、自己动手、自我管理、自我统治、自我指导、自由、自治、自主
创新性	编造、变形、才华、策划、创建、创始、创新、创造、创造力、创造者、聪明、点子、独创、发明、发起、发现、改变、革新、构思、构想、构造、机灵、机智、激进、即兴、建立、精巧、灵感、灵活、灵巧、梦想、妙计、敏捷、巧妙、设想、首创、思考、思想、天才、天赋、想到、想法、想象、新奇、新颖、原创、重新设计、重铸、主意、专家、专利、足智多谋
先动性	查询、调查、机会、勘探、考察、期待、前景、前瞻、审查、搜查、搜索、搜寻、探查、探索、提前、细查、先导、先动、先知、寻求机会、寻找、询问、研究、预报、预测、预告、预计、预见、预料、预期、预想、预言、预知、远见、展望、主动
进取心	保卫、抱负、比赛、比武、搏斗、参与、成就、敌对、敌人、斗争、对抗、对立、对手、反对、奋斗、狗咬狗、好斗、激烈、交战、角力、角逐、进取、竞赛、竞争、抗衡、渴望、利用、努力、强化、侵略、上进、摔跤、挑战、凶猛、雄心、野心、战斗、争吵、争斗、争夺、争论、壮志、资本化
风险承担性	傲慢、不确定、承担、打赌、大胆、胆量、赌博、赌注、风险、果敢、机会、鲁莽、莽撞、冒失、冒险、轻率、投机、危险、无畏、勇敢
附加的归纳派生词	倡议、超越、成立、创立、创新、创业、定制、独特、发达、发起、发展、风险、高价值、机会、介绍、开发、领先、曝光、企业、启动、起源、前景、商业化、思考、所有权、特色、特征、推出、先进、新创企业、新兴、以客户为中心、引入、优势、原型、专利、专有、追求倡议、超越、成立、创立、创新、创业、定制、独特、发达、发起、发展、风险、高价值、机会、介绍、开发、领先、曝光、企业、启动、起源、前景、商业化、思考、所有权、特色、特征、推出、先进、新创企业、新兴、以客户为中心、引入、优势、原型、专利、专有、追求

资料来源：Short，J. C.，Broberg，J. C.，Cogliser，C. C.，& Brigham，K. H. (2010). Construct Validation Using Computer-Aided Text Analysis （CATA） An Illustration Using Entrepreneurial Orientation. Organizational Research Methods，13 （2），320-347.

三、从中观层面讨论创业导向

已有研究从宏观（外部环境层面）、中观（企业层面）与微观（企业家个人层面/高管团队层面）三个层面展开了有关创业导向的研究。其中，大多数研究聚焦于中观层面，探讨创业导向与企业层面变量之间的相互作用，主要包括企业中何种原因使得企业具有创业精神，以及创业导向会带来何种影响，引发了何种后果。

在创业导向这一构念提出的初期阶段，学者们激烈地探讨了"创业导向会给企业带来什么"这一关键问题，很大比例的文献集中在创业导向与企业绩效的关系之上。早期战略和创业文献直接地研究了这两个变量之间的关系，实证结果证明，无论在大企业（Lumpkin & Dess，2001）、中小企业（Keh et al.，2007；Wiklund & Shepherd，2005）还是大学衍生企业（Walter et al.，2006）中，无论在发达经济（Lumpkin & Dess，2001；Keh et al.，2007；Zahra & Covin，1995）还是新兴经济（Luo et al.，2005）中，创业导向均提高了企业绩效。早期研究的论点集中在这样一个观点上，即企业从强调新颖性、反应能力和一定程度的大胆探索中受益。Lumpkin 和 Dess（1996）对这些论点进行了广泛的讨论，其建议构成了研究创业导向与绩效关系的基础（Miller，1983）。在快速变化和产品与商业模式生命周期缩短的环境中，现有业务的未来利润流是不确定的，企业需要不断寻找新的机会，因此企业可从提升创业导向中受益。随着创业导向与企业绩效之间的关系在学术界得到广泛认可，学者们开始深入挖掘，研究创业导向是如何影响企业绩效的，试图打开两者之间的"黑箱"。现有研究主要围绕学习、创业两个角度来展开，发现创业导向一方面可以通过提升学习导向（Wang，2008）、体验式学习和获得式学习（Zhao et al.，2011）等途径作用于企业绩效——企业越具有创业导向，就越积极和广泛地获取信息，对风险的容忍度也越高，越能提供体验式学习和获得式学习的良好环境，对新信息和做事的新方法持开放态度。另一方面，创业导向可通过促进探索和开发的活动（Kollmann & Stockmann，2014）、可持续的社会实践（Courrent et al.，2018）贡献于企业绩效。

随着创业导向与企业绩效之间的关系日益明朗，研究者们逐渐开始关注改变创业导向与组织绩效的各种情境因素。对于情境的选择主要遵循了 Lumpkin 和 Dess（1996）所提出的研究范式，大致分为环境因素和组织因素。环境因素方面，如环境动态性（Wiklund & Shepherd，2005）、环境敌意（Lumpkin & Dess，2001）、制度环境（Wang et al.，2017）、国家文化（Saeed et al.，2014）等会正向调节创业导向与企业绩效之间的关系；组织因素方面，主要集中于对网络关系（Walter et al.，2006；Stam & Elfring，2008）、组织结构（De Clercq et al.，2010）、战略参与（Chirico et al.，2011；Brouthers et al.，2015）以及高管特征（Engelen et al.，2015a；Engelen et al.，2016）等的探讨。此外，亦有研究通过变更研究情境，发现了创业导向与绩效之间存在倒"U"型联系。Tang 等（2008）、董保宝等（2019）通过将研究情境置于中国等发展中国家，发现了创业导向与绩效之间的关系并非先前所认可的线性关系，而是呈现出倒"U"型的关系。为解释该现象，Anderson 等（2020）强调，在研究创业导向与企业绩效的关系时，应充分考虑时长这一因素。如从低创业导向到高创业导向，必然需要消耗大量闲置资源并进行新的战略投资（Bradley et al.，2011）。因此，在短期内，创业导向对企业盈利能力的效应是负的（Anderson et al.，2020）。

　　创业导向除了会带来财务上的影响，亦会提升组织其他方面的能力。既有研究主要考虑了创业导向对学习、知识、创新、企业社会责任以及组织惰性等方面的影响。首先，创业导向会明显地影响企业学习能力和学习模式。以往研究关于创业导向与组织学习关系的研究可以分为三个角度。第一个角度考察了创业导向在发展组织学习能力方面的影响（Anderson et al.，2009；Liu et al.，2002；Wang，2008），这些研究倾向于关注创业导向如何帮助塑造组织的文化和能力，从而促成未来的重复学习机会。第二个角度探讨了创业导向影响学习的具体过程（Li et al.，2009；Kreiser，2011），知识的创造和组合往往是这一观点的主要焦点。第三个角度评估了创业导向在促进学习相关活动中发挥的作用（Bierly et al.，2009；Hughes et al.，2007），这一角度倾向于关注创业导向如何为企业产生良好的基于知识的结果。其次，创业导向影响了知识的获取与利用。具有创业导向的企业为了其价值创造潜力，愿意冒险开发未知项目，倾向于承担风险和成为第一行动者（Hughes et al.，2021）。在此过程中，创业导向将组织置于不确定的情境中，使得企业更倾向于依靠知识来引领市场（Jiang et al.，2019）。此时，具有较高创业导向的企业将更积极地结合未充分利用的知识（蔡莉等，2011；李颖等，2018），并部署新产生的知识，以克服与风险、创新和先动相关的障碍（Simao & Franco，2018）。此外，创业导向亦会影响企业从外部获取知识。从联盟或合作伙伴中获取知识已变得非常流行（Li et al.，2010），创业导向会增加企业获取知识的动机和能力（Shu et al.，2014）。再次，创业导向促进了企业的创新行为。Perez-Luno 等（2011）通过研究创业导向的各个维度发现，创业导向中的先动性和风险承担性与创新的数量有关，强调的是创新的产生而不是创新的采纳。具有创业导向的企业更易在组织内部形成一股力量，以支撑企业的探索式创新（赵健宇等，2019），不仅包括渐进式创新（杜海东和刘捷萍，2014），还包含突破式创新（李泓桥，2013），甚至包含了与企业创新相匹配的营销程序创新（李先江，2012）。最后，创业导向影响了企业的社会责任承担。既有研究认为创业精神本身就包含济世精神、使命感、道德等内容（阮丽旸等，2017），对企业的伦理氛围、企业的内隐式或外显式伦理管理存在正向作用（Neubaum et al.，2004；尹珏林，2012），使得企业更注重员工福利以吸引创新人才，也会通过慈善等途径提高社会声誉，提高慈善类企业社会责任的履行，同时企业也具有创新的技术，可同时兼顾商业类的企业社会责任（阮丽旸等，2017）。进一步地，Zhang 等（2021）考虑了慈善类企业社会责任与社会责任创新的比例，鉴于创业导向导致企业更愿意尝试新的、回报不确定的活动，偏好引进新的技术来从事公益活动而非简单地给予外界捐款，具有高创业导向的企业会更偏好于选择社会责任创新，较少选择慈善类企业社会责任。

随着创业导向后果的研究逐渐成熟，学界已认识到创业导向对于企业的发展至关重要，于是转而探讨"何种因素能提高企业的创业导向"这一关键问题。在中观层面，前人对于前因的探索可分为企业特征和企业战略两方面。在研究早期，企业特征受到了学者们的关注，企业的规模、年龄、国际化程度和组织结构等都会对企业的创业导向产生影响。Williams 和 Lee（2009）认为规模是一把"双刃剑"，虽然组织的规模越大，个人面临的机会就越多，越有可能形成新的创业计划。但是，面临机会过多会降低企业实施有效程序的能力，规模越大、分布越分散的跨国公司需要处理的知识量越大，协调支撑创业过程的知识所带来的资源消耗成本影响也越大（Williams & Lee，2009）。类似的，国际化程度也会对创业导向带来负面的影响。企业所涉足的国家数量越多、越分散，知识协调能力就越难以有效发挥作用（Kurokawa et al.，2007；Wiklund，1999），从而降低了企业的创业导向。综合两方面以及实证结果，组织规模会抑制企业创业导向的萌生。企业年龄也是创业导向的影响因素。老牌企业已找到了自己的制胜法则和最佳工作方式，更可能对成熟技术产生依赖，从而陷入成熟技术陷阱，降低探索新兴技术的动机。这会对创业产生负面的影响，降低企业的创业导向（Ahuja & Lampert，2001）。从组织结构上看，由于创业活动需要较强的灵活性，因此组织结构上越正规，内部知识共享障碍越多，则其创业导向越低（De Clercq et al.，2013）。

另外，企业的战略和网络关系等也会对创业导向造成影响。既有研究表明当企业同时表现出高度的战略反应能力时，它们可能会从创业导向中获得最大的利益（胡赛全等，2014）。而战略反应与创业导向并非简单线性的关系，只有当战略与组织结构相匹配时，企业的战略反应能力才会作用于创业导向（Green et al.，2008）。组织网络也是一个重要的影响因素。网络关系能帮助企业家确定市场机会，利用网络开展经营（Mcdougall & Oviatt，2000），从而有利于提高创业导向。网络联系对企业的先动性及风险承担能力产生影响（Bell et al.，2001），由网络关系提供的经验知识影响了公司创业的意愿和能力，如果网络联系越多和越紧密，企业就越可能充分利用网络资源，也就越可能与合作伙伴确立信任关系，从而有利于提高进入市场并承担创新风险的能力。此外，网络若是开放的，那么企业就越能找到合作机会，从而有利于拓展市场，进而提升其创业的创新性、先动性和风险承担性（杜群阳和郑小碧，2015），这与易朝辉（2012）的观点十分类似。无独有偶，芮正云等（2020）也探究了组织网络对创业导向所带来的影响，但不一样的是，芮正云等（2020）结合了网络理论和组织学习理论，通过对新创企业网络导向的调查，发现网络导向与创业导向之间是倒"U"型关系，新创企业的网络嵌入与创业学习在这一关系中起到正向的调节作用。此外，组织冗余（王钰和胡海青，2021）、企业的信息优势（李德辉等，2019）、企业创新文化（胡赛全等，2014）、组织即兴（黎赔肆和焦豪，2014）等中观层面的因素都会对创业导向产生重要影响。

四、从微观层面讨论创业导向

相较于中观层面的相关研究，创业导向的微观探索起步较晚，时间上与中观层面对前因的探索较为相近。加上学界已对创业导向的重要性形成共识，因此在微观层面上，既有研究大多讨论了影响创业导向的微观前因，而鲜有文献研究其微观后果。

前因方面，现有研究主要从公司高层管理者和高管团队这两个关键主体出发，探讨"为何有些公司是创业型的，而其他公司不是"这一关键主题。从受到触发事件影响、制定战略决策到执行创业计划、获得创业产出都需要高层管理者或高管团队的参与，他们把握着公司的总体战略布局、方向以及未来发展趋势，指导着企业的整体运作模式、资源协调与配置、产品或服务的创新与知识创造，对企业创业导向有着较大的影响力（Guth & Ginsberg，1990）。

首先，对高管的研究多集中在高管特征的探索上，高管的年龄（Williams & Lee，2009）、任期（Boling et al.，2016；Williams & Lee，2009）、股权（Williams & Lee，2009）、继任（Gruhn et al.，2017）、自恋/过度自信（Engelen et al.，2015b；Wales et al.，2013）、对命运的看法（Au et al.，2017）、人格特质（梁巧转等，2012），甚至是否有注意力缺失过动症（Yu et al.，2021）等都受到了关注。与年轻的高管相比，年长的高管更有可能采取保守的立场，原因有三。第一，年长的管理者需要更多的时间来接受和吸收信息，并且要求更多的信息才能开始做决定（Taylor，1975）。第二，年长的管理者更倾向于维持现状，更不容易接受变化（Wiersema & Bantel，1992）。第三，年龄较大的经理人更厌恶风险，因为其接近退休，对职业稳定性更敏感，行为更具刚性（Carlsson & Karlsson，1970）。高管任职也备受学者们关注，一是任期，二是继任。对于任期的研究结果并不一致，有学者持正相关的态度（Williams & Lee，2009），也有学者认为呈倒"U"型趋势（Boling et al.，2016）。CEO继任也会导致企业创业导向发生变化（Gruhn et al.，2017），且这种变化在CEO变更后2~4年达到峰值。因此，Gruhn等（2017）建议，需要更长的时间框架进行研究，不仅要观察创业导向的直接变化，还要观察创业导向在时间上的变动。此外，CEO自恋也是公司创业领域的一个重要话题，现有观点大多认为自恋或过度自信的管理者更有可能争取大胆、激进的行动（Engelen et al.，2015b），从而激励公司采取更具创业精神、更具竞争力的战略姿态（Wales et al.，2013），即提高创业导向。

其次，高层管理者的社会资本、个人感知也受到了学者们的关注。CEO的内外部社会资本都得到了充分讨论。一方面，CEO的外部社会资本扮演着桥梁的角色，将CEO与外部的组织连接起来，这些外部实体是公司获取新的、有价值的战略信息和资源的重要渠道（Adler & Kwon，2002；Uzzi & Dunlap，2005）。先前的研究表明，创新往往来自整合企业的外部知识（Boeker，1997；Rosenkopf & Nerkar，2001），如外部社会资本增强了企业对不断变化的消费者需求的理解，从而促进了企业的创新（Yli-Renko et al.，2001），又如社会资本越强大，企业越能接触到不同的方法、观点与想法，在促进创新的同时又能规避内部的偏见（Walsh，1995；马丽和赵蓓，2018）。此外，通过外部社会网络获得的信息往往是未公开的私密信息，可为公司先动行为创造重大优势（Cao et al.，2015）。另一方面，CEO 的内部社会网络亦会对创业导向造成影响。拥有更大、更多样化内部社会资本的 CEO 更有能力识别公司不同部门之间的组合选择（Grant，1996），同时其对企业内部创新活动的知识和资源流动控制力更强（Cao et al.，2006；杜善重和汤莉，2019），从而更有效地在不同的职能中分配资源，增强公司的创新潜力。此外，通过更多的亲密关系，首席执行官更有可能接触到不同的观点，这些观点打破了其对公司和竞争市场的心理模式，从而有利于创新（Cao et al.，2015）。然而，Cao 等（2015）指出，过高的内部社会网络会给创业导向带来危害，内部社会网络过高，会导致公司内部成员共享同一套框架，从而增加群体思维，削弱发散性思维，降低了企业的创新性。除了高层管理者的外在表现，学者们还探索了其精神世界。戴维奇和赵慢（2020）探讨了企业家新政感知对其企业创业导向的影响，实证研究发现企业家的个人感知的确会影响企业的创业导向。

最后，高管团队（TMT）也是影响企业创业导向的重要因素，既有研究主要讨论了董事会断裂带（戴维奇等，2018）、董事会成员的多样性（Wincent et al.，2014；Sciascia et al.，2013）的影响。一方面，董事会断裂带不利于企业的创业导向。"董事会断裂带"源自"群体断裂带"的概念，刻画了高管团队所具有的潜在的、能将高管团队划分成多个子群体的虚拟分割线（戴维奇等，2018）。董事会断裂带越多，高管团队则越可能分裂出子群体，以"圈内人—圈外人"的眼光区别对待团队成员，从而阻碍了信息交流和沟通，不利于对冒险方案达成共识，以至于对创业导向的各个维度都造成负面影响。另一方面，董事会多样性会对企业创业导向产生影响。董事会多样性方面的研究包含了内外部多样性、职能多样性以及代际多样性等。第一，在董事会中，内部人士和外部人士将他们的注意力转移到不同的领域（Hambrick & Mason，1984），内部人士的注意力主要集中在内部网络状况和事件上，而外部人士的注意力主要集中在外部环境和变化上。因此，具有内外部多样性的董事会往往可以产生创造性的讨论，并在有关自身利益的问题上更平衡地做出决定，帮助网络更准确地预测结果和管理资源，做出更加脚踏实地、积极主动、勇于冒险的决策（Wincent et al.，2014）。第二，职能多样性表示了个体在不同职能领域的代表性，如市场营销、生产、研发、金融、会计和战略计划等职能（Bunderson & Sutcliffe，2002）。高管团队若具有更广泛的职能多样性，则具有更广泛的经验、观点和知识尤其是隐性知识，在解决问题时可以采用更复杂的方法和解决方案（Cannella et al.，2008），这对于开发创新的替代方案和寻找触发整个网络风险承担性和先动性的机会非常重要。第三，代际参与衡量了同时参与公司 TMT 的家族世代的代际数（Kellermanns & Eddleston，2006）。由于属于不同世代的家庭成员给团队带来的专业知识和观点不同，代际参与产生知识多样性，因此适度的代际参与会激发员工从事建设性的任务，有利于企业采取创业型的战略姿态。但高水平的代际参与导致较大的亲属距离和关系冲突，可能会破坏员工的关系环境，从而不利于创业导向的提升（Sciascia et al.，2013）。

在作者掌握的现有文献中，讨论企业创业导向带来的微观后果的文献较为稀少，仅有 1 篇文献探讨了这一话题。该文献从个人对组织创业导向的感知出发，研究了创业导向对员工角色模糊和离职意愿的影响。Monsen 和 Boss（2009）通过实证研究后意识到，创业导向的三个维度均对员工角色模糊和离职意愿具有负相关关系，即创业导向有利于员工认识自身的工作，有利于塑造员工的忠诚度。其原因或有以下两点：第一，具有创业导向的组织往往要求更多的变革活动，而更善于管理变革的员工本身不太可能想要辞职（Rutherford & Holt，2007）；第二，通过支持变革和创造力的文化，企业可以降低员工的恐惧和压力，尤其是降低与冒险、创新和先动活动相关的模糊性（Upson et al.，2007）。因此，组织创业导向具有降低员工角色模糊和离职意愿的作用。

五、从宏观层面讨论创业导向

与创业导向在微观层面的相关研究类似，宏观层面的相关研究主要聚焦于前因，围绕着制度环境、服务环境、环境动态性等宏观环境以及国家文化两方面进行探讨。首先，在环境方面，学者或关注环境本身，如环境敌意（Kreiser et al.，2020）、环境丰富性、环境动态性和复杂性（Rosenbusch et al.，2013），或只剖析环境中的某一部分，如制度环境（刘伟等，2014）和服务环境（黄永春等，2021）。Kreiser 等（2020）通过实证研究后发现环境敌意不利于创业导向的发展。根据威胁刚性理论，当敌意增加时，企业通常会减少创业资本配置行为。相反，环境动态性和复杂性有利于新机会的开发，环境丰腴性为公司创业提供资源，进而有利于公司创业导向的发展（Rosenbusch et al.，2013）。鉴于我国的独特性，制度环境是企业要面临的重要外部环境，刘伟等（2014）通过实证研究发现制度环境中的地区投资者保护水平、政府干预水平对企业创业有明显的促进作用——制度环境越完善，保护作用越高，企业采取创业导向的战略便少了一份后顾之忧；政府还可以通过干预来引导企业走向创业，如为企业提供创业导向的并购标的、颁布促进企业创业的扶持政策等。黄永春等（2021）在此基础上将研究范围扩大为服务环境，包含了社会文化环境、研发转移环境、中介服务环境和制度支持环境，解析了服务环境对新生企业家创业导向的影响机制，认为服务环境会通过提升新生企业家的机会感知、增强新生企业家的感知技能、提升新生企业家的风险容忍度以及帮助新生企业家扩大关系网络四条路径来提升创业导向。

拓展到影响作用方面，企业的创业导向甚至有助于国家经济增长。学术界已对创业对经济增长的重要性达成共识，但其实证研究出现了混合结果，其中一个可能的原因是对"创业"的衡量出现了问题。与其他变量不同，创业导向不仅衡量了创业的密度，更是表现了现有企业是否更高效使用创业资源的倾向，其水平特别是其增量与所有发展水平（发达或发展中）国家的经济增长呈正相关且强相关关系（Mthanti & Ojah，2017）。一个国家内企业的创业导向越高，则该国家在创新能力上做出的总努力和总投资便越高，与此相对应的研究成果和创新成果数量越多且更多元化，从而有利于国家的经济增长。

六、解构创业导向各维度的差异

过去，大多数研究都是将创业导向所有的维度进行汇总，得出一个单一的指标（Rauch et al.，2009）。然而，基于 Lumpkin 和 Dess（1996）提出的各维度可能彼此独立变化的观点，越来越多的研究强调了将创业导向描述为一个多维结构的重要性，这允许考虑创业导向各个维度与其他变量之间的不同联系。同时，Monsen 和 Boss（2009）广泛讨论了创业导向各维度分解的合理性，从而得出了风险承担性、创新性和先动性作为独立但相关的维度也是可行的结论。

将创业导向解构的研究集中讨论了创业导向各维度所带来的后果，其中对企业绩效影响的研究占据了这部分研究的半壁江山。实证结果不尽相同。部分研究认为创业导向的各维度都有助于企业绩效的提升（Kollmann & Stockmann，2014；Lumpkin & Dess，2001；陈文沛，2017；贾建锋等，2013），不同点在于其解构方式或选择的中介和调节变量不同。Lumpkin 和 Dess（2001）采用了五维度的解构方法，发现除了竞争积极性与销售增长率呈负相关，其他的维度均有利于企业绩效发展，该结果深化了创业导向与绩效关系的研究。贾建锋等（2013）将高管胜任特征作为中介变量，发现高管胜任特征在创业导向整体与企业绩效的关系中起到部分中介作用，但在创新性与企业绩效的关系中起到完全中介的作用，打开了创新性与企业绩效之间的"黑箱"。若将双元创新作为中介纳入考虑，可发现风险承担性具有独特性，只有该维度不利于利用式创新，但总体上创业导向仍可通过促进双元创新来提升企业绩效（Kollmann & Stockmann，2014）。通过该研究可知，与创新性和先动性不同，风险承担性描述了企业愿意冒险、愿意承担多少风险的程度，这或许在某种程度上不利于企业的绩效，在所有维度中具有"独特性"。其独特性也逐渐被学者们关注，开始围绕风险承担性来探讨其对企业绩效的影响。Lomberg 等（2017）解构地分析了创业导向与企业绩效的关系，延伸了 Lumpkin 和 Dess（1996）的观点，认为当风险承担与不断增加的创新性和先动性不一致时，更多的风险承担反而会降低绩效。进一步地，Putnins 和 Sauka（2020）探索了风险承担性对企业绩效的关系，发现风险承担性与企业绩效正相关。而创新性和先动性对企业绩效都没有直接的影响，创新性是通过调节风险承担性——企业绩效的关系对公司的业绩起作用的，先动性则是通过促进风险承担性来作用于企业绩效的。在情境因素的考虑上，McKenny 等（2018）作出了贡献，认为行业特点是一个值得考虑的情境，在增长且稳定的行业中，当企业强调自主性和进取心，较少关注创新性、先动性和风险承担性时，往往会表现良好；相比之下，在竞争激烈的行业中，创新至关重要。

除此之外，既有研究还讨论了创业导向各维度会带来的其他影响，主要集中在企业层面，如国际化范围（Dai et al.，2014）、企业创新的数量（Perez-

Luno et al.，2011）以及与政府和媒体的权利距离（Tang et al.，2014）。一是有关国际化范围的讨论。从成本效益的角度考虑，创新的成本是较大的，在创新性较高的情况下，企业更有能力将创新的前期成本分摊至国外市场，进而实现扩大国际范围的利益（Zahra & Garvis，2000）；在创新性较低的情况下，企业的资源密集程度较低，通过强调成本最小化和标准化以及依赖现有竞争力，创新性较低的公司也可能拓展出较大的国际范围（Autio et al.，2000）；然而在适度创新的水平下，仅运用中等水平的创新性不足以支撑多个国外市场所需的商业化努力（Dai et al.，2014）。因此，创新性与国际化范围是呈"U"型关系。类似的，主动性与国际化范围也呈现出"U"型关系，而与风险承担性呈现出了倒"U"型关系。二是有关企业创新数量的讨论。由于讨论的是创新，创新性对其的影响是显而易见的，故 Perez-Luno 等（2011）只讨论了先动性与风险承担性对创新数量的促进作用。先动性较高的企业不会简单地复制别人已提供的产品。为了应对消费者偏好的变化，企业会进行动态的试验，以确保新产品或新服务持续流入市场，即先动性促进了创新生产。创新从根本上说是有风险的（Zhou，2006），除非企业愿意面对潜在的失败，否则它将避免这样的活动。而高风险承担性的企业不介意将资源配置在高风险的项目中，将比风险规避的企业更积极地权衡创新的潜在利益，因此风险承担性与创新数量正相关便不足为奇。三是有关与政府和媒体的权利距离的讨论。创业导向在企业与外界环境交互时所发挥的作用是值得探讨的议题。Tang 等（2014）认为，企业在交互中与政府、媒体的权利是不一致的，但企业若能提高先动性，加快甚至抢先促进行业标准与行业规范的形成，便能提高话语权，降低其与政府、媒体之间的权利差异，从而提升自身的产品优势。

那么，是何种因素使创业导向各维度出现差异呢？学者们从国家文化的角度给予了解释。霍夫斯泰德从不确定性规避、个人主义、权利距离、男性气质与长期导向五个维度考察国家文化，Kreiser 等（2010）探讨了前四个维度对先动性和风险承担性的影响，认为不确定性规避和权利距离对风险承担性有着负面影响，而个人主义和男性气质对风险承担性有着正面影响；不确定性规避、个人主义和权利距离对先动性有着负面影响，而男性气质对先动性有着正面影响。

七、创业导向未来研究的方向

综上，前述关于创业导向的研究在概念维度、测量方法及量表、影响因素及作用结果方面已经奠定了丰厚的基础，但梳理文献后发现，创业导向还存在如下探索方向及问题。

其一，创业导向不是一个单一的概念，而是一个构念。因此，在不同研究中应使用差异化的创业导向结构，并且在具体研究情境中，确定研究使用的具体创业导向概念，并采用与这些概念相吻合的测量模型。同样，在理论构建时也应使用学者自身感兴趣的视角去做前沿研究，而采取其他创业导向视角作为支持自身研究模型的基础可能是不相关或者无效的。

其二，使用与创业导向相关的变量来设计和检验包含创业导向的理论模型。在常使用的九题项创业导向量表中，发现创业导向与组织、环境、管理和战略现象有着强烈的且可预测的联系，后续研究应表明创业导向与其提出的前因和结果之间有密切的因果逻辑关系。

其三，认识到使用的创业导向构造的理论和边界，从而避免研究模型在构造时重叠。在构建创业导向相关的理论模型中，其前因变量或调节变量往往是创业导向本身的构成部分，例如，创新性在多个构念中都得以体现，并不是衡量创业导向的独特组成，所以在开展研究中应避免与创业导向构念本身重叠。

其四，认识到创业导向是一个战略层面的构念。因此，在对创业导向的调研中应尽量选取战略水平和意识较高的员工。例如，在大中型企业中，选取高层管理人员作为创业导向的研究对象，而在小型、简单结构的企业中，企业的 CEO 对组织的运作有准确和合理的了解，因而单一的被调查者更为合适。

其五，在研究创业导向时，要有效识别其分析层次。组织内的个体员工可能会从事内部创业、自主战略行为或创新行为等，但这些形式的创新活动在个人层面并不一定能代表创业导向。同样，在创业导向水平较高的企业中也并非都是"创新者"，也有部分持保守或传统观念员工的存在。因此，后续研究应积极探索各级之间的创业导向的关系。

其六，创业导向的创新性维度方面，可以有多种多样的表现形式，对于研究者来说，重要的是理解与其研究问题相关的创新表现，并使用创业导向来抓取与所支持理论研究相关的创新形式。

第二节　内创业及其相关研究

一、内创业的基本内涵

当组织试图实现其战略目标及愿景使命时，重要的是要保持基层员工与战略目标及企业愿景的融合，同时灵活和创新地应对不断变化的外部市场环境。但在实践中，在整合内部的灵活性和创新时经常会产生冲突，内创业作为缓解这一冲突的手段应运而生。内创业这个词最早是由 Pinchot 在 1982 年所使用的，指的是在现有组织内部，为了获得创新性成果，而得到组织授权和资源支持的员工自主创新活动。内创业通过在观念、技术、产品、市场、制度、管理等方面的创新，创造新的价值，使企业产生更大的活力。研究表明在大企业中，内创业可使企业重新整合企业内部资源，积极应对变革，更好地发现、利用机会，从而获得竞争优势。后续研究进一步证明内创业适用于各种类型和大小的企业，使企业在高度不确定性中能保持主动性，是企业实现持续成长和发展的重要手段。内创业和公司创业的概念紧密相关，但内创业更侧重于关注组织中的基层员工发起的"自下而上"的创业行为。

内创业的定义随时间发展而不断演变，现今有关内创业的定义主要分为三类。第一类是从创业导向角度定义，即基于员工的创业导向进行的创新创业活动。第二类是以内创业的结果为重点，内创业是指员工参与组织内部创业活动的程度，或者实施的内创业活动的数量。第三类是现有最新的定义，是 2019 年 Blanka 提出的"从现有组织内部层次结构中识别机会和发展创新"（表 5.5），其专注于新企业的创建，并以此提出了从员工角度出发的内创业测量量表，包括个人的年龄、教育水平、性别、任期、冒险行为、战略更新行为、个人计划、创新性、风险承担性、奖励及惩罚的敏感度 11 个题项。

现有内创业研究可分为四个大类，包括个体层面、组织层面、情境导向、内创业影响因素及结果，作者按照这四个大类梳理提炼有关内创业的研究成果。

表 5.5　概念概述

方法	概念化	参考文献
1. 创业导向法	员工内部创业的概念是基于员工的创业取向（即对创新、风险承担和个人的倾向性）	Moriano, Molero, Topa, and Mangin (2014); Wu, Parker, and De Jong (2014)
2. 内部创业成果法	员工内部创业的概念是指员工参与组织内部创业的追求，或实施内部创业举措的数量	Gawke, Gorgievski and Bakker (2018); Norrman, and Bager-Sjogren (2010)
3. 基于行为的方法	员工内部创业的概念是建立在员工对公司层面的内部创业有贡献的活动基础上的，而最近则是员工旨在为组织创造新业务（即风险行为）和提高组织对内部和外部进步的反应能力（即战略更新行为）的代理和预期行为	Zampetakis, Beldekos, and Moustakis (2009)

资料来源：作者整理。

二、内创业的影响因素

与其他构念类似，既有研究同样从个体层面、组织层面和环境层面切入，分析影响内创业的因素。

1. 个体层面

部分研究者从人口统计特征出发，发现教育和年龄与创新负相关，而其他类似研究则得出了相反的结论，即高教育水平会增加内创业的可能性。另有一部分研究者试图通过人格因素来识别组织内的内创业者，并进一步确定他们的具体特征。Sinha 和 Srivastava（2013）研究了人格特质和工作价值观对员工创新行为的影响，研究显示外向性、工作价值观、创造力、管理和成就与创新行为正相关。基于创业价值体系的研究还表明，坚持、雄心、创造力、冒险和乐观等价值观会影响创新绩效。进一步而言，个体的主动性也在内创业中发挥了关键作用，具有个体主动性的员工更有可能成为企业内创业者，也更容易参与企业内部创业项目。与此一致，Amo（2010）认为员工是创新过程的发起者和主要贡献者。

Zhu 等（2014）考察了员工的创造力和积极性对他们在组织内的创业竞

赛表现的影响，通过测量其被认可想法的数量、被接受想法的数量和对其他人想法的评论的数量，发现员工创造力越高，提出的想法越多；员工积极性越高，提出的想法越容易被接受。基于 Zhu 等（2014）的研究，学者构建了包含四种不同创新角色的框架，即追随者（低创造力和低主动性）、主动创始人（低创造力和高主动性）、创造性创新者（高创造力和低主动性）和内部创新者（高创造力和高主动性）。进一步地，Zhu 等（2014）强调内创业者是思想家、实干家、计划者和工作者的结合体。Kirby（2006）强调了个人的态度、创业感知能力和社会支持是促进内创业的相关因素。Parker（2011）指出，一般人力资本会导致内创业活动，专业/创造性的能力和沟通/拥护的能力增加了员工在工作中引入创新的可能性。

以往研究也通过比较独立创业者与内创业者的差异，来解释驱动内创业者从事创业活动的因素。研究显示，在不确定性和风险认知方面，内创业者与独立创业者非常相似。相比之下，内创业者似乎是更为周密的计划者，他们对经济增长的预期更高。此外，Martiarena（2013）的研究表明，与独立创业者相比，内创业者的风险厌恶程度更高，预期收益水平更低。

中层管理者作为推进内创业的重要主体，其个性和行为及其对员工的影响特别值得关注。Kuratko 和 Audretsch（2013）指出，中层管理者在内创业过程中具有特殊作用——中层管理者认可、改进和引导创业机会，并进一步确定、获取和部署必要的资源，最终追求创业机会。除此之外，中层管理者的领导风格与员工的组织认同交互对企业内创业行为也有影响，面向未来、积极主动、值得信赖的领导者与员工的企业内部创业行为正相关。

2. 组织层面

在组织层面，通过关注允许进行内创业的企业的组织结构和过程，以往研究提供了具有影响力的组织特征的见解，发现企业所有者的角色、活动规划和形式、战略自治的管理过程都是塑造有利于企业内创业环境的相关因素。组织赋权也是影响内创业的重要因素之一，允许员工在决策过程中拥有自主权和承诺的组织能催生更多的内创业行为。除上述内容外，企业文化也是影响内创业成败的潜在因素——企业内部创业思维的发展可促进企业内创业文化的形成，并进一步促进内创业活动的开展。

3. 环境层面

Urbano 等（2013）研究了国家层面的外在因素，比如创建公司的流程，社会环境影响下对失败及成功的认知等方面的影响。另外，由于企业内创业和创新紧密相连，学者开始探讨技术视角的内创业——工程师在组织中扮演企业内创业家。由于角色和工作环境的变化，工程师开始面临企业内部的管理责任，以及承担整个创新流程的风险，有学者专门针对这一问题，研究了工程师如何活跃地参与到内创业过程中去。

内创业与相关概念的区别见表 5.6。典型内创业影响因素研究见表 5.7。

表 5.6　内创业与相关概念的区别

概念	关键问题	关键相似点	关键区别
多样化战略	组织业务的产品/市场相关性	多样性重点的变革，尤其是在进入新的、不熟悉的产品/市场业务	产品/市场相关和跨组织业务的协同作用不是企业内创业的主要重点；企业内创业也包括非产品/市场的新兴活动和方向
功能	跨组织业务价值链的资源和活动的连贯组合	内创业是组织创新能力的体现	寻求组织间的一致性和协同作用不是企业内创业的关键问题
组织学习	知识获取和保留，组织惯例的改善	内创业可能造成部分学习过程的中断	建立知识库、组织记忆和惯例不是内创业的主要关注点
组织创新	组织视角下的新组合、产品、技术、创新	在生产和支持活动的新组合方面创造新东西	内创业的重点也是创建新的企业；但这并不是组织创新能力的重点

资料来源：作者整理。

表 5.7　典型内创业影响因素研究

分析焦点	子类别	参考文献
个人	业务层面的员工：人口统计学、个性、行为、认知、人力资本、社会资本、关系。中层管理者：个性、行为、领导力	Globocnik and Salomo（2015）；Sinha and Srivastava（2013）；Solymossy and Gross（2015）
组织	结构和流程，支持和促进者，奖励，文化	Fayolle, Basso, and Bouchard（2011）
背景	公司类型，国家特征，技术，学术界	Solymossy and Gross（2015）；Urbano and Turo（2013）
结果	行为结果，企业内部活动，绩效	Globocnik and Salomor（2015）
促进因素	个人层面的结果，分散的公司创业过程，ESE，发展的支持	Belousova and Gailly（2013）

资料来源：作者整理。

三、内创业的作用结果

首先，Antoncic 和 Hisrich（2001）分析了内创业与企业绩效的关系。以斯洛文尼亚企业为样本，Antoncic 和 Hisrich（2001）发现内创业与企业成长和获利性显著正相关；而以美国企业为样本，内创业仅与企业成长显著正相关。Elert 和 Stenkula（2020）认识到内创业在创新中发挥着关键作用。内创业活动的价值取决于内部创业者所面对的公司特性和社会奖励结构，Elert 和 Stenkula（2020）提供了一个分类，描述了社会规则和企业规则如何相互作用，以产生不同的内部创业结果。

其次，企业内创业经验会导致员工更容易从事公司冒险活动。Stam（2013）认为，知识和创新主要与内创业有关。在知识密集型组织中，激进的创新很可能得到员工的认可，因此 Stam（2013）明确地将创新与企业内创业联系起来，并指出员工创业活动比自上而下的创业活动更为普遍。Amo 和 Kolcereid（2005）研究了预测创新行为的因素，发现创新行为是高层管理者和企业内部创业者共同作用的结果。

四、内创业未来研究展望

梳理文献后发现，内创业还存在如下探索方向及问题。其一，为了加深对于企业内创业的理解，需要综合考虑因素组合后对于内创业的影响。例如，同时考虑组织层面和个人层面的因素组合，探究其对于内创业的作用机制。其二，除现有的中层管理者担任"管理者"这一角色对内创业产生影响外，中层管理者本身也可以成为内创业家，后续应加强此方面的研究。其三，内创业者的任务和能力、内创业者自身的社会环境、网络、与员工及不同部门的联系是未来内创业研究的一个重要方向，探索上述方面的影响，使内创业行为和外部环境相结合，从而使得企业有目的地进行培训，从而为内创业活动开展提供发展性支持。其四，类似于大学或科研机构，即学术背景下的内创业相关现象和问题亟须进一步分析和解答。像企业一样，大学和科研机构这种学术背景的组织也面临着环境的变化，所以也需要形成全新的创业文化模式，由此引出的学术人员的新角色，即内创业者角色，培养其创业技能，使得在研究中的知识转移至市场并实现商业化，从而跨越大学等系统的界限，重新定义其能力。

基于 SLR 结果确定的研究主流和未来研究方向见图 5.2。

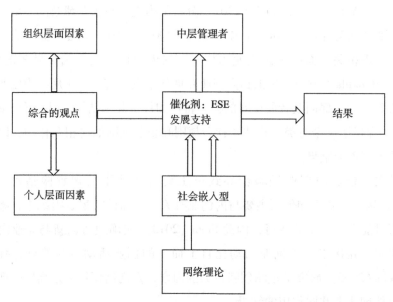

图 5.2 基于 SLR 结果确定的研究主流和未来研究方向

资料来源：作者绘制。

第三节　再投资及其相关研究

一、再投资的基本概念

再投资是企业重要的活动之一，是管理人员对于保留和收回企业利润的关键决策（Zhou et al.，2017），受到产权、制度等多种因素影响（Acemoglu & Johnson，2005）。新古典主义理论认为，再投资决策是一个学习过程（Jovanovic，1982），具体而言，创业者进入一个行业时，并不能确定其是否有能力创建新企业，而是在企业建立后，通过经营企业获取利润才发现自身能力。就其本身而言，企业的再投资是一个调整的过程，所有者或高层管理者重新调整企业的规模，以符合其真正的管理能力。

杨超（2019）研究了公司的跨国再投资行为，具体将其分为跨国公司的资本追加和资本撤离两类。资本追加指的是跨国公司从母公司获得更多的资本，或者将营业利润用于再投资，以扩大外资分支企业的生产规模。依据商务部的调查数据，中国每年实际使用的外资金额中有 1/3 来自外商企业的资本再投资。资本撤离指跨国母公司将东道国的子公司抛售给国内企业的过程。

二、再投资的影响因素

首先，外部融资的可用性是再投资决策的一个重要决定因素。企业家需要决定是用外部资金代替其利润再投资，还是用其利润再投资。其中，外部资金的来源对于再投资也产生了影响，如政府贷款、银行贷款和非正式融资（基于关系的借款）等（Nguyen，2018）。

其次，企业的规模对企业的再投资决策产生影响。中小企业由于其特定的竞争优势和劣势，可能会对地方治理安排和外部融资环境做出不同的反应，而微型企业在运营理念、目标和管理方式上与中小企业有较大差异，因此其决定再投资可能还会存在其他方面的因素（Baumann & Kritikos，2016）。

再次，管制放松也会对企业的再投资决策产生影响。Dai 等（2018）发现，企业家越是关注管制放松，他们的企业就越有可能将利润再投资于扩大现有业务或进入新市场，且这种关系受到企业家政治关联和企业所在地制度发展水平的影响。其一，企业家对放松管制的关注与再投资之间的关系在企业家有政治联系的企业中得到加强。其二，对位于制度发展水平较高地区的企业，对放松管制的关注与再投资之间的关联关系会得到加强。

最后，投资前景对企业的再投资决策产生影响。例如，从跨国公司总部视角看，再投资的资本应该选择进入具有良好增长前景的分支机构，首先考虑的因素是东道国的市场发展潜力，如 GDP 增长趋势、人口规模和结构等。

三、再投资的作用结果

目前，关于再投资的作用结果研究，主要集中在以跨国投资为背景的投资环境下，再投资行为对企业绩效的影响。首先，从跨国资本追加来看，跨国母公司资本追加行为促进了资本累积效应的形成，受资本追加的分支企业具有更高的生产率、销售收入和创新能力；其次，分支企业的无形资产规模、研发支出、培训支出和财务流动性均显著增加，构成资本追加促进企业绩效提升的机制。从跨国资本撤离的角度来看，Javorcik 和 Poelhekke（2017）发现外资企业生产率优势依赖外资的股权持有，该研究利用印度尼西亚的企业层面数据发现外资撤离使得企业的生产率相比股权状态未发生变化的外资企业下降3.8%，且负面影响持续到撤资的第二年和第三年。外资撤离的最直接后果是分支企业脱离跨国公司所主导的全球商业网络，最先表现为企业出口收入的下降。

四、再投资未来研究议题

首先，先前再投资的研究多是基于企业财务相关的探讨，在金融领域尤为突出，但现有研究已证明再投资尤其是在位企业的再投资也是公司创业值得探讨的现象，未来学者可以借用金融或经济领域的内容，将其延伸至创业及战略领域，探讨在创业研究范围内再投资扮演的角色、作用机制、影响因素及结果，进而推动再投资在创业领域内的进展。

其次，国际经济学和国际商务领域的文献对此鲜有研究，特别是关于跨国公司如何处理海外分支企业的利润，即是将赚取的利润继续留在海外分支企业用作扩大投资，还是转移到跨国公司总部？这一决定背后所考虑的因素有哪些？这些因素在不同时间段的作用有何不同？经济学对此研究还不够。未来学者应该对跨国公司处理其海外分支企业利润的决策过程，以及背后的机理及边界条件等进行分析。

最后，以往研究大多建立在制度理论的基础上，探讨政治联系和区域制度发展的作用。尽管它们是转型期经济体的关键特征，但在未来的研究中还应考虑其他制度因素。未来研究者可运用其他理论，如高阶梯队理论和印记理论，来探讨这个问题，并将企业家的背景和经验与他们的注意力分配模式联系起来解释再投资的决策过程。

第三篇

过程研究

第六章　公司创业的一般过程研究

本章旨在揭示公司创业的一般过程。过程模型的构建是公司创业一般过程研究的基础。从文献来看，公司创业过程模型首次构建于 1983 年，Burgelman（1983a）在研究大型复杂组织的创业活动时，将"自发战略行为"等同于公司创业，从而首次提出了公司创业活动的战略过程模型。1993 年，Hornsby 等提出了公司创业互动过程模型，系统分析了从个体到组织的公司创业活动的开展过程。2004 年，Kuratko 和 Goldsby 提出了公司创业的一般过程模型，阐述了公司创业活动从"被触发"到产出的过程。本章认为此模型体现了公司创业不同层次的参与互动，完整勾勒了公司创业在时间顺序上的演变逻辑，因而以此文提出的模型为基础，具体分析组成公司创业过程的核心要素。最后，本章梳理了近期涌现的基于不同视角的公司创业过程研究成果并加以总结，进一步勾勒未来公司创业过程研究议题。

本章的逻辑框架见图 6.1。

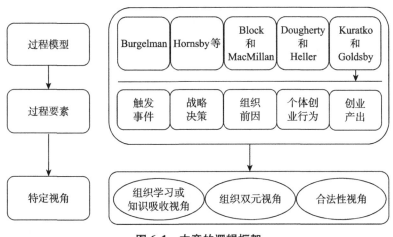

图 6.1　本章的逻辑框架

第一节 公司创业过程模型研究

一、Burgelman 的公司创业战略过程模型

1983 年，Burgelman 在《公司创业和战略管理：基于过程研究的视角》①中首次提出了"公司创业的战略过程模型"。他区分了"引致的战略行为"（induced strategic initiative）和"自主的战略行为"（autonomous strategic initiative）。前者是指组织的战略规划所拟定的战略举措，而后者是指不在既定战略举措之内、通常由员工发起而产生的新的资源组合。Burgelman 将"自主的战略行为"在概念上等同于公司创业，并强调借助追溯性的"合理化"思考过程（retroactive rationalization）②，成功的自主战略行为最终将会被整合到企业的战略概念当中，从而进一步影响企业未来的引致战略行为③。同时，Burgelman 指出公司创业活动进展顺利与否取决于基层操作人员利用创业机会的能力以及高层管理者在特定时间范围对于创业需求的感知（Burgelman，1983a）。总之，基层的创业主动性和高层的创业需求感知两者缺一不可。

同年，Burgelman（1983b）④以多元化的大公司为研究对象，运用扎根理论，对企业内部公司冒险的过程进行了探索。核心过程主要包括定义（Definition）、推动过程（Impetus）、战略情境确定（Strategic context determination）和结构情境确定（Structural context determination）。"定义"是指对新机会或新想法进行定义，使之具备可行性。"推动"过程包括创业和组织发展——当新项目被业务开发部门接手、获得了人员和经费等资源后，便具备了发展动力。"战略环境确定"是指将新业务、新事业整合到企业的战略中去。通过这个过程，中层管理者试图说服高层管理者改变原有的战略，以吸纳新业务或新事业。"结构环境确定"是指为匹配新战略而构建新的组织结构。

---

① Burgelman R. A. (1983a). Corporate entrepreneurship and strategic management-insights from a process study. Management Science, 29 (12), 1349–1364.

② 此处的合理化（rationalization）是指人们用看似合乎逻辑的理由和解释为涌现的战略举措辩护。

③ 具体解释参见第 1 章。

④ Burgelman R. A. (1983). A Process Model of Internal Corporate Venturing in the Diversified Major Firm. Administrative Science Quarterly, 28 (2), 223–244.

时隔一年，Burgelman 在深入阐述先前模型的基础之上，又为企业设计了九种可供选择的公司创业组织形式，包括直接整合（Direct Integration）、新产品/业务部门（New Product/Business Department）、特殊业务单元（Special Business Units）、微型新创业部（Micro New Ventures Department）、新风险事业部（New Venture Division）、独立业务单元（Independent Business Units）、培育加外包（Nurturing Plus Contracting）、外包（Contracting）以及完全分拆（Complete Spin Off），并强调企业要依据新业务与既有业务的经营关联度和战略重要性来选择合适的公司创业组织形式（Burgelman，1984a）。Burgelman 从基本维度出发，概述了公司创业组织形式的选择与实施，为当时追求多元化发展的企业提供了参考。

1985 年，Burgelman 就如何应对美国在位企业创新不足、适应能力弱、灵活性欠缺以及存在短视行为等问题，重申了公司创业的战略过程模型和九种公司创业组织形式（Burgelman，1985）。此外，他还指出虽然有关公司创业理论的轮廓还模糊不清，但坚信伴随着对组织学习演化过程的深入理解，基层创业个体和中层管理人员在公司创业中将发挥越来越重要的作用。

二、Hornsby 的公司创业互动过程模型

1993 年，Hornsby 等发现先前关于创业现象的研究主要集中于个体和环境之间的相互作用，因而将创业描述为个人与环境互动的过程（Bird，1988；Bygrave，1989；Gartner & William，1985）。基于前人取得的进展，Hornsby 等提出了"公司创业互动过程模型"，包括组织特征、员工特征和触发事件等八个模块（Hornsby，Naffziger，Kuratko & Montagno，1993），如图 6.2 所示。

第一，"组织特征"包括管理支持、工作自主权、奖励与强化机制、可用时间及组织边界。管理支持是指组织可在多大程度上提供创新支持，鼓励员工进行创新。反映到实际中则体现为企业能迅速采纳员工的想法、认可想法提出者、支持小型的创新实验和为新项目启动提供资金等。工作自主权是指员工可在一定程度上决定适合自身的高效工作方式。企业应允许员工对工作流程提出建议，并避免在员工创新失败时进行批评与指责。奖励和强化机制则增强了个人从事创新行为的驱动力，企业需根据个人的绩效表现提供奖励并制订具有挑战性的计划，对于好的创新想法与行为多加鼓励，形成创新文

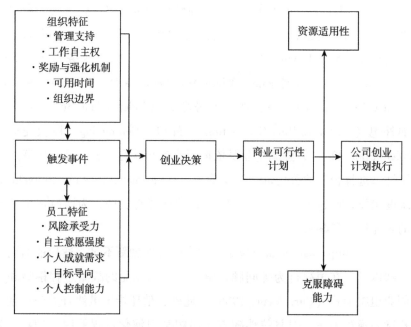

图 6.2　公司创业互动过程模型

资料来源：Hornsby, J. S., Naffziger, D. W., Kuratko, D. F. & Montagno, R. V. (1993). An interactive model of the corporate entrepreneurship process. Entrepreneurship Theory and Practice, 17 (2), 29–37.

化氛围。与此同时，企业应培养员工的创新思维，支持其孵化创新想法并进行实践。在创新孵化期间，企业应减轻员工的工作量，避免对员工工作的各个方面设置时间限制，并允许员工和他人进行合作，采取长期行动来解决问题。在组织边界上，组织应避免设置标准严格的工作程序，减少对于狭隘的工作描述及绩效标准的依赖性，使员工以更广阔的角度来看待组织，有效完成创新想法的落地。

　　第二，该模型强调了员工个体差异对于公司创业行为的影响，认为具有创业潜力的员工可视为重点目标进行培养。模型根据前述创业研究的结果，归纳总结出了风险承受力、自主意愿强度、个人成就需求、目标导向、个人控制能力这一组个人特征，并提出个人特征与组织特征交互影响公司创业的开展。

　　第三，当组织及个人特征利于公司创业的进行时，那么触发事件则成为了公司创业实践的有效推动力（Bird, 1988）。公司创业过程中的触发事件包括制定新的流程、企业管理方式的变化、收购或并购、竞争者市场份额增加、新技术开发、消费者及经济环境的变化等。企业决定启动公司创业是组织特征、个人特征和触发事件相互作用的结果。

第四，企业决定进行推进公司创业后，下一个主要步骤是制订一个有效的商业计划。此计划应包括公司创业的所有阶段，以便厘清和明确公司发展的新业务情况。Kuratko 等（1987）认为有效商业计划应包含的重要组成要素有行业背景、市场可行性分析、竞争分析、财务预测、运营开发、风险程度以及计划时间表（Kuratko, Sabatine & Montagno, 1987）。有效商业计划的制订可帮助企业规避风险。对于公司创业者来说，商业计划不仅仅是一种在财务上的帮助，它还代表了对新企业可行性的完整分析。

第五，Fry 等（1987）提出，资源适用性是实施公司创业的基本组织特征，组织是否有能力资助或以其他方式支持新企业的创建，对于商业计划实施至关重要。组织克服障碍的能力对于公司创业也具有重要影响，主要障碍包括组织长期规划的战略、组织管理模式、统一薪酬政策以及组织容错程度等（Fry, 1987）。

第六，公司创业计划的执行是上述所有模块相互作用产生的结果。在企业进行可行性分析，获取了创建新企业所需资源，克服了现有企业的组织障碍之后，企业员工可发起创新，并开展公司创业实践。

综上，根据"公司创业互动过程模型"，公司创业活动的开展过程可分为四个步骤：触发事件、创业决策、商业可行性计划、公司创业计划执行，见图 6.2。

三、Kuratko 的公司创业行为模型

在此之后，学者们也依据此框架提出了类似的过程模型。Block 和 Mac-Millan（1993）针对公司内部开创新事业的六个阶段，描述了扮演新业务"倡导"（champion）角色的高级管理层和作为新业务实践者的内创业者在各阶段的责任、行为和活动。他们的研究展现了倡导者和实践者这两种不同角色的配合和互动是公司创业成功的必备条件。两种角色的分工与协作贯穿构想新业务、选择新业务、启动新业务、监控新业务、推进新业务、总结提升新业务六个阶段的始终。Dougherty 和 Heller（1994）研究组织成员在公司创业不

同阶段需要解决的不同的认知问题以及应对策略。他们将公司创业过程划分为寻找新的市场机会、开发新产品、将新业务融入公司战略三个阶段,详细分析了每个阶段可能遇到的认知方面的挑战并提出了相应解决方法。这一工作能有效提醒管理实践者警惕创业行为与原有制度体系的冲突,并关注创业过程中组织成员在思维方式和行为模式上的转变,从而促使新业务更好地融入正规业务运作中去。

此外,影响力最广的是 Kuratko 和 Goldsby(2004)所提出的"公司创业行为模型",如图 6.3 所示。Kuratko 和 Goldsby(2004)对公司创业的过程模型做了进一步精练,提出了一个新的五阶段模型,分别是公司创业触发事件、公司创业战略决策、组织动因、个体创业行为、创业产出。其一,触发事件可以分为环境因素、组织因素和个体因素三个方面,主要源自风险和不确定性的增加(Keats & Hitt, 1988),以及新企业机会的环境感知(Zahra, 1986)。其二,战略决策过程主要涉及公司创业决策做出时的战略情境、开展形式(孵化器、企业联盟)以及决策过程。在经历过触发事件的影响后,组织希望降低风险和不确定性带来的危机,并期待新的机会能帮助企业获得更高的绩效。此时,组织会启动战略决策过程。其三,组织动因主要包括奖励、管理支持、资源、支持性组织结构和风险承担,组织动因在企业战略决策和具体创业行为之间起到承上启下的作用,组织动因是战略决策的具体展开,也是员工开展具体创业行为的驱动因素。其四,员工的创业行动主要包括高管、中层管理者以及普通员工参与到公司创业活动的行为。其五,创业产出主要包括个人层面感知到的决策产出和组织层面感知到的战略决策产出。创业产出又反过来作用于战略决策和员工的创业行为——当创业产出较大时,一方面,员工会感知到自己行为的有效性,从而增强创业的积极性;另一方面,组织会感知到其战略决策的有效性,从而强化组织对战略决策的信心。

这些典型的研究成果都很好地体现出公司创业行为的过程性特征,而且突显出各种因素在创业过程不同阶段的不同作用,使学者们能够更加细致地研究影响公司创业过程的内外部因素。

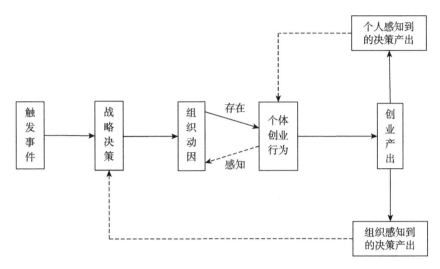

图 6.3 公司创业行为模型

资料来源：Kuratko, D. F. & Goldsby, M. G. (2004). Corporate entrepreneurs or rogue middle managers? A framework for ethical corporate entrepreneurship. Journal of Business Ethics, 55 (1), 13-30.

第二节 公司创业过程各要素分析

正如 Kuratko 和 Goldsby（2004）所提出的公司创业过程五阶段模型，公司创业是从触发事件开始，经历战略决策、组织动因、个体创业行为，最后产生创业产出的过程。因此，本部分依照 Kuratko 和 Goldsby（2004）的框架，对公司创业过程各要素的研究进行详细阐述。

一、公司创业触发事件

公司创业活动的起点是触发事件，共分为三个方面：环境因素、组织因素和个体因素。

首先，环境给企业带来了挑战，同时也带来了新的机会，进而触发了公司创业活动。企业通过公司创业活动在动态变化的市场中寻求与获取稳定的收益及可持续的发展。社会、政治、技术和经济等环境的变化可以有助于企业识别新的市场机会、丰富新产品开发的创意来源。其中，企业所处行业的活跃性为刺激公司寻求创新以及在创新发展中获益提供了机会。有活力的行业通过鼓励企业进入市场从而加剧了竞争状况，而当竞争加剧时，环境变得不稳定，从而增加了企业失败的风险（Keats & Hitt, 1988）。因此，为了应对这种波动，企业可能会将业务多元化，尝试进入新的领域，从而改变其业务观念。另外一些企业强调现有市场的内部开发，或者从事新的营销、生产或管理过程，以控制成本和提升自己应对环境挑战的能力（Haskins & Petit, 1988）。充满敌意的环境通过增加行业内的竞争或降低对企业产品的需求，从而威胁到企业的生存（Miller, 1982）。面对不利的环境条件，企业可能会选择通过改变市场营销模式和宣传方式来促进产品的销售，从而维持顾客忠诚度或增加现有细分市场的渗透。如果环境的敌意在企业所处的主要市场继续加剧，那么企业则会考虑新的商业想法，通过内部发展、外部合资或多样化来取代或补充既有核心业务。因此，环境敌意的上升会促使企业开展公司创业活动，从而应对此种不良状况（Keats & Hitt, 1988）。机会也来源于对环境的感知和理解（Zahra, 1991）。例如，两家企业在同一行业竞争，服务于相同的客户群体，但对环境的感知有所差异，一家认为环境是可预测并且能够管理的，另一家则认为环境复杂且无法控制，那么二者对于公司创业活动的需求也会随之产生差距——后者更倾向于进行组织创新，从容应对环境的复杂和不确定，帮助企业降低环境变化对营收与发展带来的影响。

其次，在组织因素方面，公司创业活动的触发事件包括战略导向、组织结构变化和管理模式改变等。首先，战略导向是公司创业活动组织方面的重要触发事件之一，多数学者强调公司创业活动和战略导向之间的契合是企业成功和改善企业业绩的先决条件（Burgelman, 2015）。当公司创业和企业战略导向一致时，公司创业活动开展的可能性会增加（Macmillan, Block & Narasimha, 1986），因为此时公司创业活动会被视作实现企业使命的一种手段。相反，如果公司创业活动不符合企业的战略导向，它就会被视作是有风险的，超出了企业的专业领域和战略规划，则采用的可能性就会降低。战略导向主要包括四种：内部增长、外部增长、稳定发展、紧缩发展（Hitt, Ireland & Stadter, 1982）。具体而言，增长战略会刺激公司创业活动的开展。内部增长要求广泛的内部创新和冒险，覆盖企业的每个职能领域，通过提供新颖的、改进产品的服务或降低成本来加强公司在现有市场中的地位。而外部增长战略要求企业通过模仿竞争对手的冒险活动或购买新技术、收购创业公司等来推进战略的执行。与增长型企业相比，遵循稳定战略的企业则不太倾向于追求公司创业。稳定战略通常只需要在业务范围内进行增量增长，并注重维持过去的财务绩效，而不需要对公司的竞争态势或资源配置模式做出重大改变。紧缩战略要求采取大幅措施，如减少企业资产、经营范围或劳动力，以恢复企业的竞争优势，因此对于不同状况，其对于公司创业活动的开展情况也会随之有所差异。

组织结构可以通过影响组织沟通和整合方式从而促进公司创业活动的开展，沟通的质量和数量对于公司创业的成功启动和实施至关重要（Peters，1982）。沟通有助于向公司介绍新想法，并使员工了解最新的行业趋势。沟通使员工和高管接触到新的想法，并将他们的注意力集中在外部环境中的机会和威胁上，从而为探索新的机会奠定了基础；沟通还促进了部门合作，这对公司创业活动的开展至关重要（Kanter，1985）。这些项目通常需要关注复杂的财务、技术和跨部门的行政问题：沟通将不同的单位聚集在一起，追求可行的公司创业活动（Kanter，1989）。公司还可以实施新的组织结构设计，以促进与新企业相关的部门之间的正式交流。随着正式交流的增加，对公司创业活动的追求将会加强。组织沟通可以是正式的，也可以是非正式的，两者对成功的公司创业都具有重要意义（Pinchot，1985），未来的研究应探索非正式沟通和公司创业之间的重要联系。

企业的管理模式是企业管理哲学和指导员工行为的正式规范，反映了企业的价值观，企业价值观可分为两个方面：以个人为中心和以竞争为中心。以个人为中心的价值观关注的是企业看待和对待员工的方式。企业所持的以个人为中心的价值观往往会促进个人的创造力并鼓励冒险。这些价值观的核心是创造一种内部氛围，促进员工与公司目标的融合，并强化员工对公司的承诺。这些因素鼓励员工探索可行的方法，以确保高组织绩效，因为员工将倾向于贡献新的想法或承担新的风险，以确保企业的成功（Macmillan，Block & Narasimha，1986）。竞争性价值观反映了企业的高管和员工在追求公司目标时应该遵循的适当方法，在那些鼓励把对环境变化采取敏捷和积极的反应作为工作方式的企业中，员工和高管将倾向于监控行业趋势，尝试新的想法，并发起新的企业投资，以利用市场中出现的机会，公司创业活动将会蓬勃发展。

最后，在个体因素方面，主要指企业内部人员的影响，分为管理层和员工层，管理层主要指高管层对于新企业机会的环境感知（Zahra，1986），以及对公司创业活动持有的态度等。员工的特征也可以起到触发公司创业的作用，包括风险承受力、自主意愿强度、个人成就需求、目标导向、个人控制能力等（Hornsby，Naffziger，Kuratko & Montagno，1993）。综上，公司创业触发事件总结如图 6.4 所示。

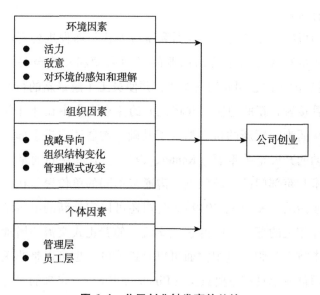

图 6.4　公司创业触发事件总结

资料来源：Zahra, S. A. (1991). Predictors and financial outcomes of corporate entrepreneurship：An exploratory study. Journal of Business Venturing, 6 (4), 259–285.

二、公司创业战略决策

公司创业决策方面的研究主要包括公司创业决策做出时的战略情境、开展形式（如孵化器、企业联盟等）、决策过程等方面。

1983 年，Burgelman 认为企业的自主战略行为可重新定义企业所处环境，从企业的角度来看，自主战略行为为战略更新提供了原材料，就其本身而言，自主战略行为在概念上等同于公司创业，即"将企业的生产能力进行新的组合"，为企业的根本性创新提供基础知识。因此，公司创业决策是企业自主战略行为发生的前提条件及基础，通过实施自主战略行为，企业可实现自身基础的扩展，建立新的企业环境。自主战略行为的实施受企业创业主动性与最高管理层感知的影响，如果企业拥有足够的创业主动性且最高管理层认可创业计划，那么公司创业则会顺利地进行；但如果最高管理层人员对于创业计划不感兴趣或是创业计划与其不匹配，则可能无法成功获取管理层的关注，最终阻碍公司创业活动的展开（Burgelman，1983）。基于此观点，后续学者将公司创业决策视为企业重要的战略决策，从而对公司创业活动的战略制定过程和新企业创建的战略决策过程进行深入分析和探讨。

公司创业活动的目的是降低由竞争和环境动荡带来的负面影响以及为企业追求未来发展提供不同途径。公司创业活动是一种抵御外部干扰的"保险栓"或"安全阀"，能保持企业稳定发展。基于此，理解公司创业过程开展时的战略决策逻辑至关重要。先前的创业文献中已涉及面对不确定性时所采用的不同决策方法，包括强调计划和控制的方法，以及强调灵活、适应和协作的决策方法。Reymen 等利用纵向过程研究，揭示了在公司创业过程中，面对不确定情境时进行决策的逻辑（Reymen et al.，2015）。研究表明，公司创业决策遵循"混合逻辑"，即同时使用效果逻辑和因果逻辑；主导逻辑随时间动态变化，从而决定公司创业的投资范围。Reymen 等（2015）提出的战略决策动态过程模型如图 6.5 所示。

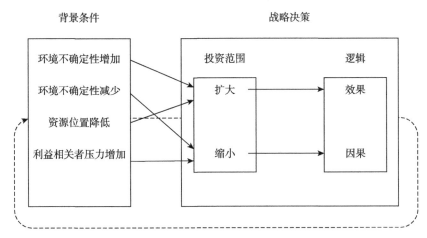

图 6.5 新企业创建战略决策动态过程模型

资料来源：Reymen, I. M. M. J., Andries, P., Berends, H., Mauer, R., Stephan, U. & Van Burg, E. (2015). Understanding dynamics of strategic decision making in venture creation: A process study of effectuation and causation. Strategic Entrepreneurship Journal, 9 (4), 351-379.

　　企业进行公司创业决策的另一项重要内容是公司创业开展的形式，前述研究界定了使用企业联盟的公司创业形式的前提条件及影响因素。不同公司创业形式的选择都需要不同的资源配置组合，企业可以选择"单干"，依靠公司自身的资产（有机增长），通过利用在其本身范围内积累的知识和探索外部市场的手段进行企业孵化；或者寻找其他公司来分担资产和风险。企业所处的市场环境受到三个主要因素影响：获取盈利的特定活动、消费者偏好和监管者规则（Nelson & Winter, 1975），而企业在市场上竞争时需要面临新竞争者的进入、竞争强度的变化、替代产品的威胁以及与供应商和客户讨价还价能力的变化。由于市场环境的变化往往先于企业内部创新选择的变化，因此，面对此种状况，企业纷纷转向公司创业，通过不同形式落地实施。企业孵化器是内部公司冒险的一种形式，其战略目标是探索和开发商业机会，以便随着时间的推移，成为公司的增长来源（Hill & Birkinshaw, 2008）。当企业具有丰富的资源以及在某一市场占据着技术领先地位时，企业可尝试使用企业孵化器形式进行公司创业，促使企业内部创新条件和外部环境变化保持一致。基于长期发展视角，企业孵化器可避免风险投资由于市场波动带来的风险，有效保障企业的资金稳定及增长能力，是成熟企业与创业热情的明智结合（Ford, Garnsey & Probert, 2010）。

　　由于当前市场的高度竞争和复杂性，企业需要大量的异质性资产和能力，这使得企业独善其身变得更加困难。因此，大多数企业倾向于与其他企业进行合作。此时，企业面临着多种合作方式的选择，为了明确公司创业活动开展形式，企业需要知晓合作企业的资产与企业自有的资产相似性或互补性（Gulati, Nohria & Zaheer, 2006；Wang & Zajac, 2007）。相似性是指企业间的产品、市场、技术或能力的相同程度高（Venkatraman & Koh, 1990），互补性是指企业间的产品、市场、技术或能力的差异程度高（Ireland, Hitt, Camp & Sexton, 2001）。研究表明，在国内环境中，由于具有资产相似性的企业间在知识和运营管理模式方面具有相似性，能够促进企业对于收购的偏好，有助于实现企业间更好的协同效应，进而提升了公司创业活动成功的可能。而在国际公司创业活动中，由于国际业务的跨度更大，更加复杂，需要更高层次的资产承诺和风险承担水平，因此在这种情况下，与合并和收购相比，联盟是一种更灵活、风险更小、成本更低的选择，且联盟企业间具有互补性，能帮助企业获取异质性资源，并帮助企业实现持续发展（Ortiz-De-Urbina-Cria-do，Romero-Martinez & Montoro-Sanchez，2011）。

三、公司创业的组织前因

公司创业的组织前因，具体包括奖励、管理支持、资源、支持性组织结构和风险承担。

首先，关于奖励，组织需要重新设计控制和激励系统，来支持公司创业活动的进行。以中层管理者为例，中层管理者是资源配置与协调的实施者，同时也是变革和组织范围内创新的先锋，可通过外在或内在的奖励，允许员工进行试验和探索新想法，同时也可以使用不同方法来降低组织结构对变革的阻力（Quinn，1986），因此，其对于公司创业的开展而言至关重要（Fulop，1991）。此外，企业可通过考虑组织文化、组织结构、资源协调、工作团队、职能设计、社会支持以及奖励措施等多个要素，结合企业自身实践，最大化激发其创造力，以便促进公司创业活动的开展（Williams & Scott，2001）。

其次，关于管理支持，是指组织结构可在多大程度上提供创新支持，鼓励员工进行创新。反映到实际中则体现为企业能够迅速采纳员工的想法、认可想法提出者、支持小型的创新实验、为新项目启动提供资金等。Kuratko 等（1990）发现，创业型管理更能促进公司创新能力的提升。Lumpkin 和 Dess（1996）发现，公司高层对创业活动的支持更有助于创意实施。与此同时，企业应培养员工的创新思维，支持其孵化创新想法并进行实践，在创新孵化期间，企业应减轻员工的工作量，避免对员工工作的各个方面设置时间限制，允许员工和他人进行合作，采取长期行动来解决问题。

再次，关于资源，组织可借鉴个体创业逻辑，掌握其关键特征，将资源配置的主要目的转变为机会寻求，并且使用投资组合推动公司创业活动的开展。例如，企业的冗余资源，能帮助企业管理者从事创新、风险投资和战略更新等公司创业活动（Keats & Hitt，1988）。另外，企业内有效的资源分配过程作为发展竞争优势的途径（Heavey & Simsek，2013），能帮助企业建立资源优势。其一，关于资源分配，以高层管理者为例，其应与中层管理人员交流需求，并能够在适当的时候为中层管理人员提供资源（Burgess & Cathy，2013）。并且，由于中层管理人员的职责和业务范围有限，具有较少的可自由支配的资源，那么在可用性范围内，中层管理人员必须较好地分配资源，支持公司创业活动的展开（Kuratko, Ireland, Covin & Hornsby, 2005）。其二，关于资源优势，Hayton（2005）提出了一个包括人力资本、知识产权和声誉资本在内的三维度智力资本框架。这项基于资源基础观的研究表明，这些资源会给高科技新企业带来独特的资源优势，并通过降低风险、提高创新和风险投资回报来促进公司创业活动的开展。Yiu 和 Lau（2008）以转型经济为背景考察了企业政治资本、社会资本和声誉资本等资源对公司创业的影响（Yiu & Lau, 2008）。这项以458家中国企业为样本的实证研究表明，在转型经济条件下，企业应重视社会关系，通过构筑政治资本、声誉资本和社会资本，为公司创业活动准备充分的资源。

又次，关于支持性组织结构，组织可以通过"启动和开发初始团队—开展团队活动—新产品设计总结"三阶段来开发跨职能团队，这样更利于新产品的设计及商业化，管理层应辅助提供必要的支持和管理组织环境，以提高新产品开发团队的效率，以便通过公司创业活动培养企业的长期竞争力（Hitt, Nixon, Hoskisson & Kochhar, 1999）。具体各阶段的时长及关键内容如表6.1所示。

表6.1 跨职能团队的培养

阶段	时间段	关键结论
第一阶段 启动和开发初始团队	0~6个月	培养团队成员积极、支持的氛围，建议在团队成员之间就重要的产品设计标准达成相当大的一致
第二阶段 开展团队活动	6~12个月	有效进行团队的协调和整合，促使团队进行有效的团队沟通，从而解决团队内部的问题
第三阶段 新产品设计总结	12~18个月	给予跨职能团队充分的交流环境、使得团队成员对于产品的理解达成一致，促使其对产品的有效性理解透彻，对开发、技术等方面给予充分的支持，高层管理人员也要注意跨职能团队的内部问题，防止团队中出现"社会分层现象"，阻碍产品开发进程

资料来源：Hitt, M. A., Nixon, R. D., Hoskisson, R. E. & Kochhar, R. (1999). Corporate entrepreneurship and cross-functional fertilization: Activation, process and disintegration of a new product design team. Entrepreneurship Theory and Practice, 23 (3), 145-168.

最后，关于风险承担，一方面，要提升组织以及员工的风险承担性。其一，提升现有企业风险承担能力及对环境变化的可接受程度，能增强公司冒险的意愿，从而触发公司创业活动（Miles, Munilla & Covin, 2002）。其二，培养员工的主动性和风险承担性，避免高层或中层管理者在进行公司创业时因创业环境支持较少所引发的难以有效应对挑战的局面（Kuratko & Goldsby, 2004）。另一方面，要加强对创业失败的容忍度。创业型企业需要具有容忍风险的能力，减少员工的后顾之忧，激发员工参与公司创业的意愿（Wang & Zajac, 2007）。

四、个体创业行为

公司创业活动的开展通常是由多人参与进行的复杂过程，且多数倾向于以团队组合的方式进行机会识别、资源协调与配置，最终达成公司创业计划并落地实施。因此，本章讨论了创业过程中的关键主体——高层管理者、中层管理者和一般员工在公司创业中所发挥的作用，所有过程中至少有两类主体参与公司创业活动的推进（Belousova & Gailly, 2013）。

首先，高层管理者，从受到触发事件影响、制定战略决策到执行创业计划、获得创业产出都需要高层管理者的参与，高层管理者把握公司的总体战略布局、方向以及未来发展趋势，指导着企业的整体运作模式、资源协调与配置、产品或服务的创新以及知识创造。在公司创业的过程中，高管主要扮演了决策者的角色，批准、识别与指导下属推进相关创业活动，促进组织积极变革，为公司创业提供"合法性"。

其次，中层管理者的作用是将管理层的期待与创业的需求联系起来。一方面，中层管理者在公司创业中会对创业机会进行识别和精练，评估并筛选一线人员的创业提议，并将其提交给高层管理者。如果新想法、新创意符合企业的战略布局，那么就可能得到高层管理者的支持。另一方面，中层管理者进一步指导基层管理者与一般员工，为其顺利推进创业项目保驾护航。开展公司创业过程中，指导下属是十分必要的，因为创业过程的曲折和循环往复会降低团队成员的动机，成员不得不面对计划的设计与再设计的问题（Belousova & Gailly, 2013）。同时，创业项目也随时面临新成员的加入事项，他们尤其需要学习与指导。

最后，一般员工需要具体实施创业决策。创业目标与创业计划随着等级指挥链层层下达，由一般员工执行，从而使公司创业真正落地。此外，个人层面的机会识别过程是公司创业的基本构建单元（Corbett，Covin，O'Connor & Tucci，2013）。不同类型的人力资本有助于完成不同的公司创业任务，大型成熟企业往往拥有大量异质的人力资本，使得员工能专注于创业过程的不同方面；不同定位的员工具有不同的网络，其中一些可以跨越企业边界，使得企业有可能获取外部知识，从而在创新环境中发挥杠杆作用（Laursen & Salter，2006）。在企业开展公司创业活动过程中，可以通过触发员工自动加入公司创业项目，从而提升新想法的新颖性和实用性（Rigtering，Weitzel & Muehlfeld，2019）。

五、创业产出

如果组织成员的公司创业战略是成功的，那么结果或奖励应该由组织和个人共同获得。个人成果或奖励将强化个人创业的决定，而组织成果将强化组织的创业活动战略。以下是对公司创业活动可能产生的个人和组织结果的描述。

个人结果可能是内在的或心理的，也可能是外在的或物质的。外部结果包括公司财务业绩带来的财务或其他有形回报。管理者经常提到的内在回报，是围绕着开发自己的想法、更好地控制自己的命运以及对项目想法的成功负有最终责任而产生的满足感。虽然很少有创业研究涉及具体的激励/更新计划，但 Block 和 MacMillan（1993）列举了四种可能的内部创业活动激励类型。这些激励措施包括股权和股权等价物、奖金、加薪和晋升以及认可系统和奖励。Block 和 Ornati（1987）研究了内部企业家激励的使用，发现超过 30% 的公司对风险经理的薪酬与其他经理不同；超过一半的受访者认为应使用基于投资回报率（ROI）的可变奖金。内部公平是没有激励计划的组织遇到的主要障碍。有激励计划的公司称，确定风险目标的难度是最大的障碍。所有成果都会对管理者产生一定程度的感知价值，每个管理者都会有自己的成果评估体系。

组织的绩效结果可能会通过提供反馈来影响变化，反馈表明当前活动是否有效（Lumpkin & Dess，2001）。或者，它可以提供有关公司改变新战略的意愿或能力的反馈（Ginsberg，1988）。内部创业活动的成功可以基于财务成果，如增加销售额、生产力、市场份额、减少浪费和劳动效率，也可以基于行为标准，如建议的想法数量、实施的想法数量、花费在新想法上的时间，以及在正常渠道之外追求一个想法所花费的时间（Hornsby, Kuratko & Montagno, 1999）。更传统的财务标准可能会受到与企业创业过程无关的因素的严重影响。经济、技术、供应商、竞争对手和政府监管等外部因素可能会"搞乱"创业活动和结果之间的关系。然而，行为标准可为创业活动的成功提供一个不那么令人困惑的评估，因为它们更直接地与组织控制联系在一起。

第三节　不同视角下公司创业过程研究

近年来，研究者从特定理论视角出发审视公司创业的过程，得到了诸多有洞察力的发现。这其中，既有聚焦于组织学习或知识吸收视角的研究，也有运用组织双元理论和合法性理论的公司创业过程探索。

一、组织学习或知识吸收视角下的公司创业过程

从组织学习或知识吸收视角来看，公司创业不仅仅是企业层面的创新，更是通过创新产生的知识共享和组织学习。组织学习包含四个层面：直觉、解释、整合和制度化。直觉是对个人经验中固有模式和可能性的意识识别；解释是对自己和他人解释的一种见解或观念；整合是个体之间形成共同理解并通过相互调整采取协调行动的过程；制度化则是行动发生的过程，定义了任务、指定了行动与组织机制，确保某些行动的发生，是一个将个人和群体的学习嵌入组织内的过程，包括系统、结构、程序和策略。公司创业中的战略更新过程就是组织学习中组织层面制度化的过程（Crossan & Berdrow, 2003）。

同样沿着这一脉络，Turner 等学者则认为公司创业过程是"分享知识—组织学习—创新"的过程，其研究指出，在企业层面发展公司创新创业活动并不能确保获得成功以及实现可持续发展的目的，必须跨越组织的障碍和差距，传播到企业所在的整个组织网络中（Turner & Pennington, 2015）。总体而言，知识生成是创新活动的重要功能，但企业不仅要善于生成知识，还要善于捕获、占用和利用在整个组织中开发的知识。因此，公司创业活动可通过知识的生成与共享推动学习和创新，从而进行持续的变革与提升。公司创业活动

往往发生在组织当中某个孤立的环境中——单个部门、业务单位、合资企业、战略伙伴等的内部。这就意味着最有吸引力的创业机会往往存在于企业的个体单元中，并且此个体单元发挥着机会的识别和捕获以及向整个组织及其分支机构网络传播新知识的作用。因此，在组织内部共享或转移知识对推动公司创业活动至关重要。在强化公司创业活动的过程中，企业所拥有的内部网络必须采用正式系统来控制、传播和利用新知识，其具体过程如图 6.6 所示。

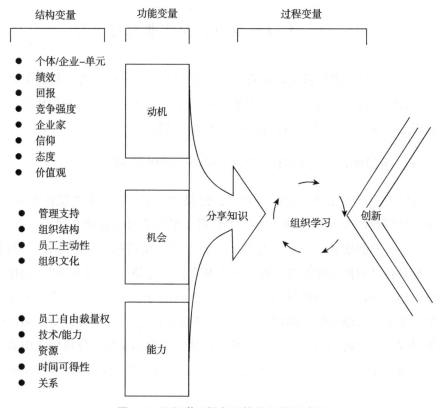

图 6.6 组织学习视角下的公司创业过程

资料来源：Turner, T. & Pennington, W. W. (2015). Organizational networks and the process of corporate entrepreneurship: How the motivation, opportunity and ability to act affect firm knowledge, learning, and innovation. Small Business Economics, 45 (2), 1–17.

此外，组织学习是一个动态的过程。组织学习会在吸收新知识（前馈）和利用已学的知识（反馈）之间产生。通过前馈过程，新的想法和行动从个人推进到群体再到组织层次。之后，已学到的东西会从组织反馈到群体和个人层面，影响人们的行为和思考。除了组织前馈能够影响个人和群体的组织学习过程，已经制度化的学习还会反馈并影响个人和群体的学习。这些交互的重要性可通过两个关系来阐述：解释—整合（前馈）和制度化—直觉（反馈），其过程如图 6.7 所示。

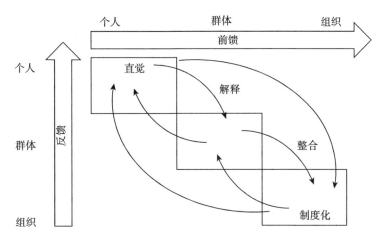

图 6.7　组织学习的动态过程

资料来源：Crossan, M. M. , Lane, H. W. & White, R. E. (1999). An organizational learning frame-work: From intuition to institution. Academy of Management Review, 24 (3), 522-537.

二、组织双元视角下的公司创业过程

从组织双元视角来看，公司创业必须有能力同时进行开发和探索，以确保其当前和未来的生存能力（Raisch & Birkinshaw, 2008）。开发指的是改进、效率、选择和实施，而探索与搜索、变异、实验和发现有关。片面地关注开发虽能提高短期绩效，但同时会导致"能力陷阱"，因为企业会失去应对变化的能力（Ahuja & Lampert, 2001）。相比之下，过多的探索虽然可能会增强企业更新知识库的能力，但亦会让企业陷入无休止的搜索和变革循环（Gupta, Smith & Shalley, 2006）。实证研究表明，平衡这些相互矛盾的过程才可获得卓越的长期绩效（Junni, Sarala, Taras & Tarba, 2013）。

在组织双元视角下，Raisch 和 Tushman（2016）将新业务在企业中从起步到落地的过程划分为探索、转型和开发三个阶段，并从新业务部门及其母公司两个主体出发，分别探讨了新业务部门层面、母公司层面以及两者之间互动的过程，如图 6.8 所示。

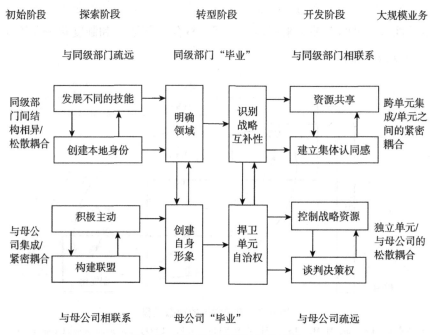

初始阶段　　　探索阶段　　　　转型阶段　　　　开发阶段　　　大规模业务

与同级部门疏远　　　　同级部门"毕业"　　　与同级部门相联系

与母公司相联系　　　　母公司"毕业"　　　　与母公司疏远

图 6.8　新项目向规模过渡的过程

资料来源：Sebastian Raisch & Michael L. Tushman（2016）. Growing new corporate businesses：from initiation to graduation, 26（5）, 1-21.

第一，在探索阶段，新业务部门要与母公司建立差异化。具体来说，新业务单元通过开发不同的技能和创造本地身份（local identities），将自己与母公司旗下其他业务单元区分开来。新业务单元从企业结构中分离并雇用具有不同技能的外部人员，这更加明确了新业务单元和既有核心业务之间的界限（O'Reilly & Tushman, 2008）。这种边界不仅保护新业务单元不受其他既有业务单元惯性力的影响（Carlile, 2004），而且还促成了本地身份的出现。反过来，本地身份有助于新业务单元发展不同的技能。此外，在这一阶段，新业务部门会采取积极主动的措施或与既有业务部门建立联盟，相对独立与相互合作并行不悖，共同助力新业务部门发展。

第二，在转型阶段，新业务部门以及公司均要放大差异化特点以达到"毕业"的要求。从新业务单元"毕业"要求来看，只有在预期净价值为正的情况下，资源提供商（已建立的同行单位）才会有动机将其资源投资于扩大新的商业机会（Li & Chi，2013；Mcgrath，1997）。从公司层面"毕业"要求来看，如果新部门的预期价值足以支付其开发和商业化成本，再加上承担风险的溢价，高层管理者可能会投入额外资源来扩大新业务（Li & Chi 2013；Sapienza & Gupta 1994）。新业务部门通过增加补充核心组织的新战略能力，为整个公司贡献了价值；反过来，母公司会授予其广泛决策权。

第三，在开发阶段，新业务部门以及公司均要从独立走向整合。从新业务单元的资源整合来看，这些资源共享活动始于联合使用运营资产以实现规模经济。例如，同级部门的交流有助于形成集体认同（Carlile，2004；Gilbert，2006；O'Reilly & Tushman，2008）。通过交流，部门间越来越多地承认，他们属于同一个总体公司，有着相似的目标。这进一步加强了他们的资源共享活动，如联合开发新产品等。如果没有现有单位的支持，新部门可能面临缺乏扩大规模的资源困境，将会被核心组织吸收。从公司层面的整合来看，新业务部门最初强烈依赖其母公司，因为它们缺乏独立行动所需的权力和资源（O'Reilly & Tushman，2008）。然而，新业务部门有影响力，可以用来获得公司支持和公司的资源（Bouquet & Birkinshaw，2008）。新业务部门主动提出新想法，评估市场机会，并提高公众意识。他们利用这些举措的成功案例在内部推广自己的部门。现有部门还发起了联盟建设，旨在确保母公司的持续支持和资源流动。

三、合法性视角下的公司创业过程

从合法性视角来看公司创业过程亦能得到诸多启示。战略管理和创业的研究强调了合法性与企业成长和成功之间的关系。合法性是持有资源的公众对组织的可接受性、可取性或适宜性的判断（Uberbacher，2014）。考虑到合法性是一种高阶的资源，一旦获得合法性，其他资源的获得就会变得相对容易，因而对于资源匮乏的新创企业来说，获得合法性至关重要。从合法性视角来看，公司创业的过程就是企业新组建的业务或新事业寻求企业内外部主体"认可"的过程。新组建的业务或事业通过哪些机制来获得这种认可呢？

Reihlen 等（2022）基于一个典型案例研究，得出结论认为，在位企业创办的新业务或新事业在获得合法性的道路上将经历三个发展阶段，即定义阶段（definition stage）、推动阶段（impetus stage）和环境重塑阶段（context reshaping stage）。而与每个阶段相对应的，主要有三种获得合法性的机制：①播种（seeding）；②注入活力（energizing）；③繁荣（prospering）。根据 Zimmerman 和 Zeitz（2002）的建议，新组建的业务或事业若能运用某种机制跨越特定的阈值或转折点，那么就会被判断为"合法"，进而获得更高水平的合法性，最终基于合法性获得相应的资本和其他资源。Reihlen 等（2022）以阿尔法集团（Alpha Group）创建 SUSTAIN 项目为例，解构了公司创业过程中新业务或事业获得合法性的过程，如图 6.9 所示。

第一阶段：定义阶段，为公司创业播种（seeding）。在这一阶段，可通过两种相互支持的合法化实践来"种下"新冒险的种子——重构（reframing）和组建核心团队（core team building）。一般来说，"重构"描述的是强大的参与者如何理解复杂的问题，并创建一个新的文化解释，从而使组织脱离过去的框架。重构是使诸如创建新业务或新事业等变革活动合法化的工具，因为它提供了一个不同的理论来引导未来变革的形态和内容。而核心团队通过让不同背景的管理者制订出战略计划的原型，进而创造出发展战略计划的能力。新业务或事业需要组建一个忠诚的核心团队，通过解决关键问题为重组战略增添"血肉"。

第二阶段：推动阶段，为公司创业注入能量（energizing）。在这一阶段，可通过三种相互关联的合法化行动——参与、证实和象征来建构合法性。参与合法化过程的行动者也从核心团队扩展到了更广泛的内部群体，形成了"内部执行委员会"。随着参与人员的增加，大量资源不断积聚，为新业务或事业注入能量。其中，参与（involving）指的是越来越多具有强大内部声誉和等级地位的人参与到团队中，这种做法意味着建立横向和纵向联盟，在不同的层级和职能层面上建立同盟。证实（substantiating）指参与者利用证据来提供构建新业务或新事业的依据，以便日后将其用作说服的手段，获得组织支持和认可。象征（symbolizing）是一种传达秩序解释的工具，可通过三种实践表现出来：将高管作为榜样、密集地沟通和"讲故事"以及激烈地内部辩论。通过这些方式都可以推进创意的形成与落地。

第三阶段：环境重塑阶段，使公司创业繁荣发展（prospering）。在这一阶段，企业对合法化过程的关注再次转移，开始接触更为广泛的受众，为新业务或新事业赢得更多支持，并促进其更广泛的传播。传播、链接、物化、标

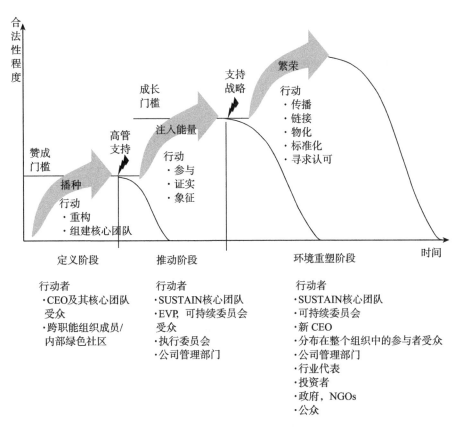

图 6.9　作为合法性创造的公司创业

资料来源：Reihlen, M., Schlapfner, J. F., Seeger, M., & Trittin-Ulbrich, H.（2022）. Strategic venturing as legitimacy creation：The case of sustainability. Journal of Management Studies, 59（2），417-459.

准化和寻求认可是这一阶段的主要工作，为持续的内部接受和传播建立了"一系列战略上有利的条件"。通过企业内外多种沟通渠道完成宣传便是传播（broadcasting）。传播工作通过多个渠道反复沟通，提高组织对公司创业工作的认识和支持。链接（hardwiring）是一种将计划转化为公司整体管理系统、流程和目标的实践，目的在于寻求公司管理系统、流程和结构的可持续性。通过这样做，链接能将组织的工作和管理方式系统化，并且随着时间的推移，这种方式可能会成为今后行动的模板。物化（materializing）是一个不可或缺的步骤，它通过更加具体化的手段来处理模糊性。进一步来说，物化通过创建有形的物件来帮助企业达到可视化的目的，进而寻求合法性。标准化（standardizing）为客户和业务合作伙伴建立了一个基准，并迫使竞争对手模仿这些标准，从而将公司创业所建立的新业务或事业的合法性提高到最高水平。最后，寻求认可（recognition seeking）实践会通过证书、排名和奖励的形式，寻求积极的评价，表彰杰出成就，通过终端消费者、零售客户和投资者的强烈信号效应，进一步提高新业务或事业的外部合法性。

第四节　一般过程未来研究展望

首先，公司创业的一般过程研究起步较早，早期研究中就涌现了广受赞誉的过程模型，但其中大多基于对现象的抽象与概括（Burgelman，1983；Hornsby et al.，2004）。后续，也有学者在前人的基础上，从特定的研究视角出发，进一步研究，如组织学习视角等。最近，有关公司创业一般过程的研究又活跃了起来，研究者基于组织双元和合法性等理论视角对其进行了重新的诠释，为理解公司创业的过程提供了新的洞见（Raisch & Tushman，2016；Reihlen，Schlapfner，Seeger & Trittin-Ulbrich，2022）。这一动向给予我们一个重要启示——未来研究可继续从新的视角出发审视公司创业过程，进而揭示新的发现。

其次，公司创业一般过程研究的情境化问题也值得引起未来研究者的重视。既有研究多出自西方发达市场经济情境，聚焦于一般过程的分析和刻画。那么，在一些"特殊"的情境中，特别是像我国这样的新兴市场，或者是在数字经济和家族企业等情境下，公司创业的过程是否有所不同？例如，政府较多地介入经济活动的管理过程是否影响了公司创业决策？如是，那么应当如何将政府这一重要的利益相关者所扮演的角色加入过程模型？这些问题亟须学者们探讨。

再次，Burgelman（1983a，1983b）提出的一般过程模型本质上刻画的是由基层员工发起到中层管理者支持再到高层管理者批准的"自下而上"公司创业模式，忽略了由中层管理者或高层管理者发起的"自上而下"的公司创业模式。而事实上，这种模式在权力距离较大的文化情境中较为多见。因此，学者们有必要重新审视诸如 Burgelman（1983a，1983b）等所做的一般过程研究，要拥抱过程研究范式，充分结合我国独特的文化情境，从而建构具有中国特色的公司创业一般过程模型。

最后，在研究方法上也可适当拓展。既有研究基本采用了案例法，包括单案例研究与多案例研究，除此之外，是否有其他方法可贡献于过程研究（如事件系统理论，event system theory)，是否可通过定量研究来证明过程模型的普适性，这些问题都值得未来研究者们进行探索。

第七章 公司创业前因与后果研究

本章沿着"前因—后果—展望"的主线，呈现公司创业前因与后果研究的基本框架，并建构未来研究议程。首先，从微观（基层、中层和高层管理者）、中观（组织、资源和能力）以及宏观（环境和制度）三个层面入手，来解构公司创业的影响因素，并剖析其中的核心理论视角。其次，解析公司创业的绩效后果以及其相应的权变因素，梳理了相关理论视角。最后，在评述既有研究进展的基础上，分别展望公司创业前因与后果未来研究。

本章的逻辑框架见图 7.1。

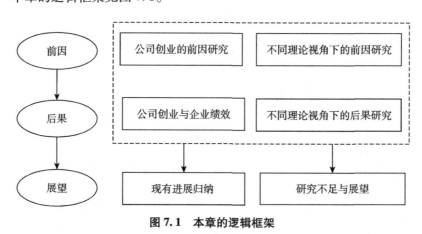

图 7.1 本章的逻辑框架

第一节 公司创业的前因研究

对于公司创业前因的划分，不同学者表达了不同的观点。例如，Zahra（1986）把影响公司创业的因素分为环境因素、战略因素和企业内部因素三大类（Zahra，1986）。Russell 等（1992）把公司创业的影响因素分为微观和宏观两大类（Russell，1992）。而 Antoncic 和 Hisrich（2001）则把影响公司创业的因素分为组织和环境两类（Antoncic & Hisrich，2001）。除了组织层面和环境层面的因素，Urbano 等（2022）认为员工人力资源因素、员工内在激励以及员工外在激励等个人层面的因素也能够作为公司创业活动的前因。基于此，本章主要从微观（基层、中层和高层管理者）、中观（组织、资源和能力）以及宏观（环境和制度）三个层面入手，来梳理公司创业的具体影响因素。

一、影响公司创业的因素研究

1. 微观层面

从微观层面来看，有关基层管理者（含员工）、中层管理者和高层管理者的因素对于推动公司创业活动具有重要影响。其中，有关基层管理者个人层面的因素主要涵盖性别、情感和认知因素；有关员工的因素主要涉及员工创业能力的自我评价，组织对员工的奖赏、奖励和认可以及员工的创业导向和创业动机等方面。

第一，在基层管理者个人层面，前述文献强调了基层管理者的性别、情感（Corbett & Hmieleski，2007；Biniari，2012）和创业认知（包括信念、态度和价值观）等因素在启动和维持公司创业活动中发挥了关键作用（Ireland et al.，2009；Turner & Pennington，2015）。例如，创业信念指个体对创业的基本思想；创业态度由创业信念演化而来，指个体对事情做出的评价或者判断；而长期的、根深蒂固的、指令性的或抑制性的创业态度代表了个体的创业价值观（Ireland et al.，2009）。Ireland 等（2009）认为创业认知能够帮助个体进行判断、决策或者评估机会，进而有助于公司创业战略愿景的出现，帮助企业形成支持创业的组织文化，提升个体识别、寻求和利用创业机会的概率。

第二，内部利益相关者（员工）能够极大地影响公司创业活动，并且在公司变革过程中发挥重要作用（Chebbi et al.，2020）。例如，员工创业能力的自我评价（Martiarena，2013）以及组织对员工的奖赏、奖励和认可在激励人们参与公司创业活动方面具有一定的影响（Burgers et al.，2009）。这些因素有助于组织文化的形成，增强员工的认同感和归属感，因此也被认为是公司创业的前因。

第三，在公司创业研究领域中，有一类主题探讨了自下而上的方法是促进大型组织进行创新和创业活动的最佳方式。研究表明个人的内创业导向是员工领导公司创业意愿的前因（Christoph，2022），个体成员能够反向作用于管理层，进而对公司创业活动产生影响。基于个人—组织匹配理论，个人创业导向是促进公司创业的关键，而不仅仅是组织驱动力（Niemann et al.，2022）。同样，家族企业背景下的公司创业活动不仅由自上而下的创业导向诱发，也可以由创业家族的个别成员或团队成员自下而上地发起。既有研究探究了六种能够驱动创业家族成员参与创业活动的独特动机——保持创业心态、维持家庭和谐、找到与家庭的契合点、让自我具备接班人资格、促进继承、从创业家族解放出来（Riar et al.，2022）。保持创业心态指在家族几代人之间保持创业思维。这一心态反映了创业家族成员对自己属于跨代企业家群体的认知，以及渴望增加创业家族经济和社会财富的责任感。维持家族和谐的创业心态主要是针对家族冲突的现象所提出的。此项研究表明家庭冲突的存在或出现是创业家族成员参与创业的重要驱动因素。找到与家庭的契合点这一创业心态涉及创业家族成员的个人发展和未来的职业规划，当成员寻找到自己在创业家族中的定位或者得到前辈的认可时，更有可能激励他们在未来创建新企业或者采取其他冒险行为。对于年轻的（20~30岁）创业家族成员来说，实施创业活动的强烈动机是希望成为创业家族的接班人，因此他们会努力让自己具备相应的资格。对于年长的（60~70岁）创业家族成员来说，参与创业活动的一个重要动机是希望在满足自身创业热情的同时，促进现有创业家族的代际传承。最后，"从创业家族解放出来"这一动机与创业家族成员希望在创业家族企业的活动范围之外成为优秀企业家的愿望有关（Riar et al.，2022）。

中层管理者作为组织的创新者、风险承担者和组织学习的促进者，能够有效联结基层管理者（含员工）和高层管理者，对于促进公司创业活动具有重要作用（Burgess，2013）。具体来说，中层管理者对于组织因素的感知、认知，创业机会的识别以及中层管理者的个人特征均能够对公司创业产生影响。

第一，中层管理者的感知、认知可能影响基层或者高层管理者的公司创业行为。例如，在组织资源可利用性高以及克服障碍的能力较强的条件下，当中层管理者能够感知到组织支持、时间可用性、奖励和工作自主权时，能够激发他们采取行动实施公司创业行为（Hornsby & Zahra，2002）。

第二，中层管理者能够通过影响机会识别进而作用于公司创业过程。例如，Covin 和 Miles（1999）认为中层管理人员能够识别和精炼公司创业机会，在评估和筛选一线人员的创业提议之后，将合适的建议反馈给高层管理者。Tarakci 等（2016）认为在组织或个人绩效低于或高于预期的不同情况下，中层管理者会寻找新的战略机会，争取新的机遇，继而对公司创业活动产生不同的作用。

第三，中层管理者的教育水平多样性、职能背景等个人特质也能够促进公司创业行为。例如，Schubert 和 Tavassoli（2019）的研究表明了中层管理者的教育水平多样性对公司创业活动有积极影响。中层管理者的个性、经历、社会关系、技能、能力或是职能背景的不同（Wang et al.，2021），均能导致中层管理者对战略的认识、感知和解释不同，进而使他们在制定战略时的意愿不同，并最终对公司创业活动产生影响。

回顾文献的结果显示，除了基层管理者（含员工）和中层管理者的因素，研究学者也考虑了高层管理者及高管团队对于公司创业活动的重要性。

第一，高层管理团队的个人特质，如年龄、教育、动机和自信等可能对公司创业战略决策质量和效率产生影响（Hambrick & Finkelstein，1987；Martínez-Román & Romero，2013）。组织的总体战略，包括其价值观、目标和创新活动，必须由最高管理层积极和持续地开发、沟通和促进（Kelley，2011）。例如，董事会成员多样性作为组织异质性的一种反映，对当今的公司创业活动产生了重要的影响。以往研究学者认为当董事会成员中女性的占比上升时，总体决策质量能够提升。但国际创业强度却会降低，原因可能在于性别多元化的董事会需要应对几种不同的行为模式和潜在的不同思维方式，这可能导致决策效率下降，不利于抓住国际创业机会（Wang et al.，2022）。除此之外，Chin 等（2021）阐述并实证检验了高管政治意识形态——社会保守主义和经济保守主义如何影响高层管理团队的战略决策过程并最终对公司创业行为产生影响。进一步来说，社会保守主义者往往更凭直觉做出决定，依赖于过去的做法或自己的经验，经济保守主义者倾向于将竞争视为实现积极结果的手段。他们认为社会保守的 CEO 可能会在高层管理团队的战略决策中提倡使用可靠的经验和简单的启发式方法，倾向于依靠直觉做出决策，并且依靠直觉的 CEO 更愿意去冒险，更容易抓住公司创业机会。经济保守的人重视个人成就，而不是共同的目标和激励（Feldman，2003）。经济保守主义的 CEO 会在高管团队中强调个人成就，而不利于高管团队合作，但高层管理团队合作战略决策利于企业获取全面准确的信息，从而使企业成功把握公司创业机会。

第二，既有研究认为高层管理者的感知、经历和价值观在提升公司创业水平方面具有特殊的作用，认为高层管理者的思想代表着组织价值观（Covin & Slevin，1989；Lumpkin & Dess，1996），并通过其行动反映出来。从这个角度来看，高层管理者能够在一定程度上促进或者阻碍企业对于风险项目的追求。例如，高层管理者可能因为资本组合策略而终止新项目的开发，但是高层管理者失败的经历能够降低这种可能性（Behrens & Patzelt，2016）。此外，另有学者证明了高管们对时间的主观看法能够影响他们管理高层管理团队的时间，进而影响公司创业活动（Chen & Nadkarni，2017）。

第三，高层管理者与组织内、外部利益相关者的合作关系能够反映他们的人力和关系资本，亦是一项重要的影响因素。一方面，高层管理者与外部利益相关者的关系能够促进公司创业活动的开展。研究显示，高层管理者对组织外部政治网络关系、行业外关系的关注都与公司创业活动积极相关，并且当高层管理者有更多的自由裁量权时，这种正向的关系能够得到进一步强化（Wei & Ling，2015）。另一方面，也有研究探索了高层管理者与组织内部利益相关者之间的关系。例如，以往研究表明 CEO 能够影响高层管理团队行为整合。高管团队行为整合指的是高管团队成员思想和行为上的互动、参与程度（Hanbrick，1994）。研究结果证明 CEO 自我监控能够通过高层管理团队行为整合的干预作用，可以正向影响企业对公司创业的追求。随着公司可自由支配资源的减少，这种正向关系会加强，因为冗余资源的减少会创造一个更有利于 CEO 自我监控和高层管理团队行为整合的组织环境（Chen et al.，2021）。

由于公司创业活动是一种自上而下和自下而上相结合的活动，因此企业需要在高层管理团队和制定内部创业战略的员工之间寻找和谐共处的平衡点，进而对公司创业产生积极的影响（Brown & Eisenhardt，1995；Hitts et al.，1999b；Hornsby et al.，2002）。

2. 中观层面

从中观层面来看，诸多学者探讨了组织文化、组织结构、组织沟通、组织灵活性、资源和能力等因素对公司创业实践的影响。

第一，公司创业活动对企业的组织文化和氛围非常敏感（Hornsby et al.，2002），因此有必要从组织文化的角度来考察公司创业的影响因素。既有研究表明组织文化能够营造一种有助于个人分享想法和扩展创造性思维的理想环境，进而促进组织中创新、创业活动的产生。例如，从高层管理者的角度来说，公司的核心价值观会影响领导行为、承担风险的意愿和整个企业文化（Kelley，2011）；从员工个体的角度来说，组织文化作为一种有价值的环境，能够促进和支持每个员工创业思维的发展（Kuratko et al.，2021）。因此，如果组织想要追求公司创业战略，就必须重视组织文化的建设（Kuratko et al，2021）。

第二，结构维度对于公司创业的作用主要体现在两方面，其一是组织结构，其二是组织的集权与分权对于员工工作自主性的影响。从组织结构角度来说，官僚的等级制度已不能满足公司创业的需求，在这种情况下，无障碍组织设计的优势开始凸显：任务和角色的灵活分配、扁平的层次结构和小型业务单元、分权决策、跨学科工作流程和开放沟通等特点使得组织的灵敏度和自我管理水平提高（Ireland et al.，2006，2009），而一些体现正规化程度的组织结构，如融资过程，开发和商业化创新，也为公司创业活动的高效运作提供了保障（Marvel et al.，2007）。从工作自主性角度来说，在规模小、权力高度集中的"简单"企业中，企业高管可以按照自己的意愿自由从事创业活动（Miller，1983）。因此，集权对"简单"企业的公司创业活动具有促进作用；而对于在顾客偏好变动频繁、产品和服务创新速度快、竞争手段多变的环境中运作的"有机"企业而言，权力分散才有助于最了解顾客的基层员工提出创新建议和开展创新创业活动，帮助企业适应环境（Ling et al.，2008）。因此，集权对"有机"企业的公司创业活动产生负面影响。除以上因素之外，也有研究表明当组织的社会分层程度低时，组织的团队政治因素会被影响，进而影响高层管理团队国籍多样性对公司创业的积极作用（Boone et al.，2019）。

第三，沟通的质量和数量对于公司创业的成功启动和实施至关重要。沟通有助于新想法的产生，并使公司员工了解最新的行业趋势。沟通使员工和高管接触到新的想法，并将他们的注意力集中在外部环境中的机会和威胁上，从而为探索新的业务提供基础；此外，沟通还促进了部门之间的合作，这对公司创业活动的开展至关重要（Rosabeth & Kanter, 1986）。公司创业活动通常需要处理复杂的财务、技术和跨部门的行政协调问题，而沟通能将不同的部门聚集在一起，追求可行的公司创业活动。特别地，以往有学者研究和揭示了家族企业背景下家族沟通模式对于公司创业活动的影响。例如，家族认同会导致家族沟通模式中的对话或从众导向，这两种导向分别能够在家族企业中营造一种"自由对话"和"成员态度、价值观和信仰被同质化"的氛围（Fitzpatrick, 2004），进而影响公司创业活动的优先次序（Prugl & Spitzley, 2021）。总之，高质量的沟通有助于企业管理者获得全面的、准确的信息，尽可能地扫除盲区，从而有利于抓住和利用创业机会。

第四，组织灵活性以及组织灵活性要素的融合对公司创业具有影响。例如，Gibson 和 Birkinshaw（2004）就对影响组织灵活性的四种要素——纪律性、伸展性、支持性和可靠性进行了研究，并验证了四种要素的融合对于公司创业活动具有积极影响。其中，纪律性能够促使成员自愿地努力满足他们的期望。伸展性是一种组织属性，它诱导成员建立共同的抱负，发展集体的认同，促使个人为组织的整体目标作出贡献。支持性旨在为他人提供帮助和鼓励。最后，可靠性是一种情境属性，能够使成员更加依赖于彼此。在 Gibson 和 Birkinshaw（2004）看来，纪律性、伸展性、支持性和可靠性这四个组织灵活性要素是相互依存的：纪律性和伸展性促使员工追求与组织目标一致的远大目标，而支持性和可靠性则给员工提供了追求远大目标的资源和自由。当具有更高灵活性的组织向员工发出信号时，他们能够提高对执行任务的控制力和机动性。纪律和伸展成分防止员工忽视组织目标和指标。因此，组织的灵活性融合了随意性和正式性（Garvin & Levesque, 2006; Goodale et al., 2011），并可能与公司整体较高的创业水平有关。在此基础上，以往研究的学者对更高水平的公司创业究竟是如何产生的这一基本问题进行了创造性的回答。一项研究基于 145 家中国私营企业的样本，验证了组织灵活性可以作为领导风格（变革型 CEO）和公司创业水平之间的核心中介机制，但是这一中介效应只有受到环境动态性、高管团队集体主义和结构分化的影响时才会显著（Pan et al.，2021）。

第五，从资源和能力角度来说，组织规模是一项影响公司创业活动的重要边界条件。例如，既有研究表明在规模较小的组织中，组织中的三种整合机制（共同愿景、高层管理团队的社会融合、跨职能整合）和组织结构差异化对公司创业水平的联合影响会大大减弱（Burgers & Covin，2016）。

除了组织规模的情境作用，一个组织能否开展公司创业活动，取决于其能否将组织的知识转化为相关的公司创业能力（Zahra，2015）。以往多项研究证明了知识共享对提升公司创业水平有积极影响（Mustafa et al.，2016；Khalil，2021）。Hayton（2005）认为知识共享是一个重要的机制，能够将组织中的隐性和显性知识转化为战略层面的公司创业意图。对于中小企业的公司创业活动来说，特定的内部（知识多样性和共享能力）和外部导向的知识相关能力（吸收能力的探索性、转换性和开发性学习过程）能够促进激进的产品创新，表明创新受到开发性学习和知识共享能力的积极影响（Maes & Sels，2014）。通过对既有文献的系统梳理，作者认为知识共享从以下六个方面对公司创业产生积极影响：①诱导企业有效地配置资源（Ireland et al.，2003；Kuratko et al.，2009；Kuratko & Audretsch，2013）；②将稀缺的知识资源转化为新的商业机会（Gnyawali & Park，2011）；③提高员工的积极性和创造性（Wiklund & Shepherd，2003）、分享知识的意愿和能力（Sussan & Acs，2017）；④鼓励新知识的获取，即组织或个人的技术学习（Zahra et al.，2000）；⑤知识共享能够分享来自高层管理者的战略方向，并支持来自基层员工和关键外部利益相关者的新想法（Mustafa et al.，2016）；⑥组织内部知识共享能够改善现有的产品和流程范围以促进公司创业战略的实施（Arfi & Hikkerova，2019；Arfi Ben，2021）。

3. 宏观层面

从宏观层面来看，环境和制度给企业带来了挑战，同时也带来了新的机会，进而触发了公司创业活动的开展。宏观环境也称一般环境，是指组织所面临的外部政治、经济和文化等环境因素。其中，制度环境是公司创业学者关注的主要政治环境因素。

首先，公司创业领域的部分学者将制度环境归纳为一般环境的一种，并且认为其对公司创业活动能产生重要的影响（Bruton et al.，2010；Jennings et al. , 2013)。例如, Baumol (1990) 将企业家活动分为生产性、非生产性以及破坏性活动, 并认为制度环境影响企业家在不同类型创业活动中的能力配置 (Baumol, 1990)。在此基础上, 以往研究学者将制度划分为正式制度和非正式制度。正式制度代表国家层面的意识形态导向, 对公司创业活动的开展起着至关重要的作用 (Hitt & Xu, 2019)。例如, 基于 Williamson 的 "制度等级" 框架, 有学者发现产权保护制度越薄弱、政府干预活动越多, 企业从事创业活动的意愿就越低 (Estrin et al. , 2013)。除了产权保护制度, 国家层面的反收购保护也能够为管理人员提供一种工作保障, 进而对其开展创新行为产生积极作用 (Cabral et al. , 2021)。非正式制度主要包含没有明文规定的, 但长久以来人们已习惯的传统和做法, 包括各种约定俗成的规则、规矩、习俗、传统、禁忌、文化以及中国特定情境下的 "关系" 等。相关文献表明, 政治联系 (Peng & Luo, 2000) 和公私合营伙伴关系 (Zhou, 2017) 作为正式制度的替代品能够影响私营企业的创业活动。

其次, 从文化环境因素来说, 现有研究主要考虑了国家文化和民族文化对公司创业水平的影响。例如, 在英国、美国上市的中国公司能够利用文化差异使其治理实践合法化进而促进公司资源获取 (Park & Zhang, 2020), 为公司创业活动提供资源保障。然而, 当公司受到其母国制度环境的制约时, 即组织拥有较长的当地商业历史并且与重要的当地资源提供者之间存在联系时, 公司采取全球战略框架的可能性就会降低。此外, 在特定的国家文化背景下, 企业内部因素 (机会识别和社会资本) 和外部因素 (环境) 对公司内创业举措具有直接的影响 (Turro et al. , 2016)。

最后, 既有研究也考虑了国家经济因素对于公司创业活动的影响。例如, 国家所有制能够强化董事会成员的性格多样性对国际创业强度的负向效应 (Wang, 2022)。内在机制在于国有企业的多重目标迫使它们在外部平衡经济责任和社会责任, 在内部关注就业平等, 因此国有企业的主导制度逻辑为 "平衡逻辑"。在国有企业中, 女性董事会被更多激励去参与战略制定活动, 从而导致国际创业强度的减少, 而非国有企业为 "专断逻辑", 会降低董事会成员性别多样性 (Wang, 2022)。并且, 国家所有制对于公司创业行为的影响在很大程度上取决于组织脱离国家的自主程度, 以及相关法律和市场环境增加组织活力、复杂性和敌对性的程度 (Gil-López, 2020)。除了国家所有制因素，涉及个人、企业和行业层的国家商业系统（Judge et al., 2015）也能够通过提升管理人员的工作安全感，进而影响跨国公司的技术创业积极性。

公司创业前因见表 7.1、图 7.2。

表 7.1 2015~2022 年公司创业前因梳理

作者	自变量	中介变量	因变量	调节变量	样本
Wei & Ling (2015)	CEO 特征（任命背景、工作经历、网络关系）	无	公司创业（CE）	公司规模、环境不确定性	198 家中国企业
Judge et al. (2015)	国家商业系统	无	企业技术创业（CTE）	无	位于 24 个不同国家的 211 家跨国公司
Burgers & Covin (2016)	结构分化和整合	无	公司创业（CE）	组织规模、环境动态性	荷兰 4000 家公司
Mustafa et al. (2016)	人力资源管理	中层管理者的知识共享行为	公司创业（CE）	无	12 家马来西亚高等教育服务机构的 163 名中层管理人员
Chen & Nadkarni (2017)	时间紧迫型 CEO、时间舒缓型 CEO	CEO 时间领导力	公司创业（CE）	无	中国广东和山东两省 3 个高科技工业园区的中小企业
Lyngsie & Foss (2017)	女性高层管理人员的比例	无	创业成果（entrepreneurial outcomes）	女性在公司劳动力中的总体比例	丹麦 3392 家拥有 40 名以上员工的所有私营企业
Dai et al. (2018)	新创企业对新产品开发联盟、行业协会知识的利用程度	无	战略灵活性	决策的分散化、制度支持	长三角地区并受政府资助的高科技工业区新创企业
Boone et al. (2019)	TMT 国籍多样性	无	公司创业（CE）	TMT 社会分层、跨国公司总部所在国家的权力距离	20 个国家的 165 家制造业跨国公司
Chebbi et al. (2020)	公司创业文化（组织机制、管理机制）	内部利益相关者参与创业过程	公司创业战略的实施	无	针对法国饼干制造商"Poult"的案例分析

续表

作者	自变量	中介变量	因变量	调节变量	样本
Gil-López et al. (2020)	国有企业的国有所有权和国有控制权、法律和规范、市场竞争能力	无	公司创业（CE）	无	针对西班牙邮政运营商 Correos 的案例分析
Chin et al. (2021)	CEO 社会保守主义、CEO 经济保守主义	TMT 直觉战略决策、TMT 合作战略决策	公司创业（CE）	无	伊朗 6 个地区的 566 家中小企业
Pan et al. (2021)	变革型 CEO	组织双元性	公司创业（CE）	环境动态性、TMT 集体主义、结构分化	中国大陆 7 个省份的 700 家民营企业
Chen et al. (2021)	CEO 自我监控	TMT 行为整合	公司创业（CE）	资源冗余	
Khalil et al. (2021)	知识共享	组织创新能力	公司创业（CE）	无	泰国 75 家服务业公司的 520 名参与者
Ben Arfi & Hikkerova (2021)	知识共享	无	公司创业（CE）、产品创新	无	针对突尼斯经营乳制品 3 家中小企业的案例研究
Weimann et al. (2021)	家族企业中社会关系	无	公司创业（CE）（创新、战略更新、公司冒险）	无	3714 家德国家族企业
Riar et al. (2022)	6 种创业家族成员参与创业活动的独特动机	无		无	39 个创业案例中的 63 个创业家族成员
Wang et al. (2022)	董事会成员多样性	无	国际创业机会	国家所有制	2009 年至 2018 年的中国上市公司

资料来源：作者整理。

二、不同理论视角下公司创业的前因研究

1. 基于制度理论的前因研究

制度理论被广泛应用于组织变革、战略管理、创新与创业管理等多个研究领域中。早期的制度理论强调制度环境的"同构"压力对组织行为的影响，

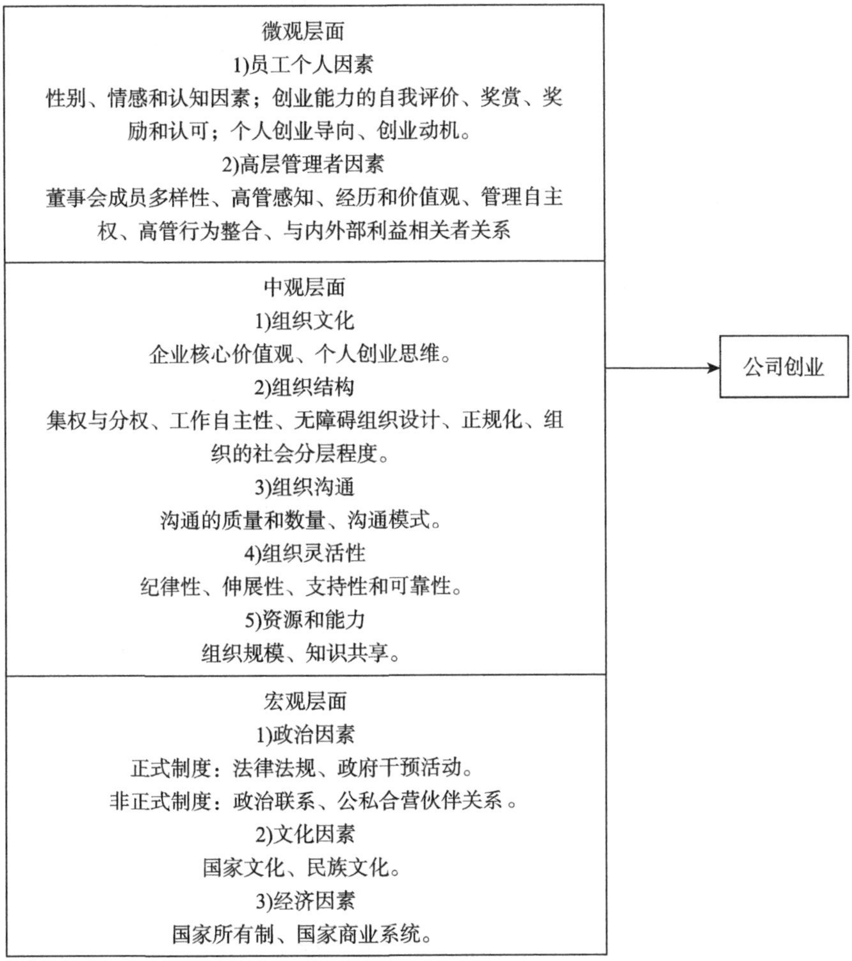

```
┌─────────────────────────────────────────────────┐
│                    微观层面                        │
│                 1)员工个人因素                      │
│    性别、情感和认知因素；创业能力的自我评价、奖赏、奖  │
│      励和认可；个人创业导向、创业动机。              │
│                 2)高层管理者因素                    │
│    董事会成员多样性、高管感知、经历和价值观、管理自主  │
│      权、高管行为整合、与内外部利益相关者关系         │
├─────────────────────────────────────────────────┤
│                    中观层面                        │
│                  1)组织文化                        │
│      企业核心价值观、个人创业思维。                  │
│                  2)组织结构                        │
│    集权与分权、工作自主性、无障碍组织设计、正规化、组  │
│      织的社会分层程度。                             │
│                  3)组织沟通                        │
│      沟通的质量和数量、沟通模式。                    │
│                  4)组织灵活性                       │
│      纪律性、伸展性、支持性和可靠性。                │
│                  5)资源和能力                       │
│      组织规模、知识共享。                           │
├─────────────────────────────────────────────────┤
│                    宏观层面                        │
│                  1)政治因素                        │
│    正式制度：法律法规、政府干预活动。                │
│    非正式制度：政治联系、公私合营伙伴关系。          │
│                  2)文化因素                        │
│      国家文化、民族文化。                           │
│                  3)经济因素                        │
│      国家所有制、国家商业系统。                      │
└─────────────────────────────────────────────────┘
```

```
┌──────────┐
│  公司创业  │
└──────────┘
```

图 7.2　公司创业的前因

资料来源：作者整理。

较好地解释了单一制度环境的制约对组织行为趋同性的作用。随着该领域内有关研究的不断发展，学者们发现单纯强调制度的同构作用无法解释为什么在相同的制度压力下，组织间的行为存在异质性，即在相同制度情境中的企业仍存在绩效差异。因此，从 20 世纪 90 年代开始，学者们开始越发关注组织的主动性行为以及组织对制度的反向作用。

制度环境的不确定性和风险给新兴经济体创业活动带来诸多利弊，这引发众多学者研究在新兴经济体中制度环境与公司创业之间的关系（Amaeshi et al.，2016；Mukherjee et al.，2018）。North（1990）认为制度作为社会中的"游戏规则"，会影响企业的投资和生产动机。这一领域的普遍共识是，完善的制度环境有利于创业活动的进行，而薄弱的制度环境会阻碍创业活动的开展（Estrin et al.，2013）。

基于制度理论的公司创业研究发现，无论是正式制度还是非正式制度都会对公司创业起到促进或抑制作用。研究结果进一步表明，正式与非正式制度不仅会对公司创业产生直接影响，而且会通过制度动态性和复杂性间接影响公司创业（He，2020），如图7.3所示。制度的动态性主要指制度变化的幅度、变化的速度和变化的平衡性，制度的复杂性主要指制度的冲突性和替代性等。

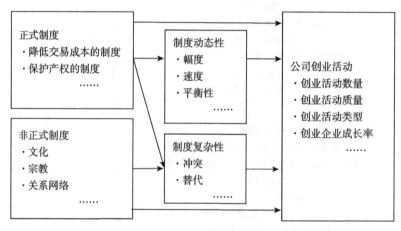

图7.3 制度对公司创业的影响

资料来源：He, J., Nazari, M., Zhang, Y. & Cai, N. (2020). Opportunity-based entrepreneurship and environmental quality of sustainable development：A resource and institutional perspective. Journal of Cleaner Production, 256, 120390.

2. 基于资源基础观的前因研究

资源基础观从一个静态的视角出发，探讨了有价值的、稀缺的、不可模仿和不可替代的资源对于企业获取持续竞争优势的影响（Barney，1991；Barney，2001）。从这个角度来说，时间可用性（Marvel et al.，2007）、知识能力（Maes & Sels，2014）、财政资源和研发投入（Sahaym et al.，2010）以及组织规模（Nason et al.，2015）等组织资源均是关于公司创业活动的重要先决条件。进一步来说，不同资源的可用性和正确的组合能够以创新的方式扩大公司当前的业务活动（Zahra et al.，2009），使得内部创业者能够灵活地追求最有前途的创意。因此，提高资源的可用性，并且将有限的资源有效分配到创新项目中是最重要的管理任务之一。

但是通过对以往研究系统的梳理发现，学界对于大型组织的资源使用能否有效促进公司创业活动这一问题产生了分歧。部分学者认为大型企业有更多的资源来开发和推出新产品（Ettlie & Rubenstein，1987），因此对于公司创业活动具有积极影响，并且能够克服创新项目的失败（Plambeck，2012）。相反，另一部分学者提出当企业拥有过剩的资源或公司的组织规模更大时，创业活动的发展可能会受到阻碍，因为员工往往会因为官僚主义而更加厌恶风险，而且组织流程往往更加复杂和僵化（Plambeck，2012）。目前，学界并没有对这两种分歧达成共识。在目前的形式下，基于资源基础观的公司创业前因研究还不完整，部分学者开始将资源基础观与其他理论相结合，试图丰富此领域的理论基础。例如，Freeman（2021）将利益相关者理论与资源基础观相结合，从规范性、可持续性、人和合作四个方面对此领域进行了探索。

3. 基于动态能力理论的前因研究

一方面，部分学者认为动态能力是组织惯例的集合（Amit & Zott，2001；Aragón-Correa & Sharma，2003）。在此基础之上，Eriksson（2014）认为动态能力能够通过生成或修改组织惯例的运行机制来对公司创业水平产生影响（Eriksson，2014）。另一方面，其他学者认为动态能力与公司创业的概念有关（Zahra et al.，2006；Wales et al.，2013）。动态能力不仅能够建立在组织常规之上，其也具有一定的生成性（Helfat & Peteraf，2009；Eisenhardt & Martin，2000），例如在市场活力水平较高的情况下，动态能力更加广泛地依赖于组织内部新知识的创造以及新学习路径的构建。综上，企业需要培养感知、捕获、重新配置其内外部资源的能力以获得持续的竞争优势（Eisenhardt & Martin，2000；Teece，2007；Teece et al.，1997；Zahra et al.，2006）。

20世纪90年代以来，竞争的加剧使得企业需要不断感知、捕获、重构资源基础，通过对内外部资源的整合，企业能够获得各种动态性能力，并最终促进企业绩效的增长，也就是说传统的静态资源难以满足动态环境的需要，企业需要动态能力来强化资源配置（McCarthy et al.，2010）。以往研究已经证实，具有动态能力的组织能够成功协调外部合资企业或战略联盟的强大能力，同时整合内部能力以提高公司业绩，并有利于组织形成持续学习的氛围，以更好地应对和分析环境的变化（Zott，2003；Ray et al.，2004）。对于发展中国家的企业来说，企业应当重视利用社会关系，构筑政治资本、声誉资本和社会资本来构建动态能力，以便为公司创业活动提供充分的资源（Yiu & Lau，2008）。此外，随着数字经济的不断发展，新的数字技术促使许多企业，包括家族企业，对其商业模式进行创新。例如，家族企业能够通过在组织中构建知识利用、风险管理和营销能力这三种动态能力促进家族企业的商业模式创新，但是在更加动态的环境中，家族企业构建动态能力的意向则被减弱（Soluk，2021）。

4. 基于高阶梯队理论的前因研究

基于高阶梯队理论的观点，高管人员会对其所面临的情境做出高度个性化的诠释，并以此为基础采取行动。换言之，高管人员在企业的行为和决策中倾注了大量自身所具有的经验、性格和价值观等。从某种程度上讲，这些行为至关重要，能决定战略的形成或影响他人的行动，组织因而成为高管人员的反映（Hambrick & Mason，1984；Hambrick，2007）。以归因理论在公司创业领域中的应用为例，当企业内的高层管理者对积极的绩效结果提出更多内部归因的时候，组织能够更加自由地利用冗余的资源进行公司创业（Jayamo-han et al.，2022）。

尽管大量研究支持高阶梯队理论的观点，但部分实证结果发现高管的特征与企业的行为和绩效结果之间不存在关联。为了调和这一冲突，Hambrick和Finkelstein（1987）提出了管理自主权这个调节变量。管理自主权，指在既定环境下决策者可自由决定的管理行为的范围，被认为决定了高管特征能在多大程度上影响企业战略决策（Hambrick & Finkelstein，1987）。例如，已有研究发现管理自主权能够作为一种边界条件，影响CEO特征和认知水平对于公司创业的效应。从CEO特征与公司创业的关系来说，当公司层面和环境条件允许CEO拥有更大的管理自由裁量权时，公开招聘具有国外经验的CEO与企业创业的关联度更高（Wei & Ling，2015）。从CEO的认知水平来说，管理自主权能够强化CEO的过度自信对于提高管理预测准确性的积极作用（Chen et al.，2015）。

5. 基于网络理论的前因研究

网络理论考察了组织、个人层面的网络结构如何影响一个人带来变化或产生绩效优势的能力（Burt，1992）。网络结构的组织属性能够影响个体和网络之间的知识流动，包括网络成员之间关系的数量和强度（Hoang & Antoncic，2003；Knoke，1994）。个人属性则强调社会关系，一个人能够通过与认识或不认识的人建立联系，寻找新颖想法和信息，以满足他们对于权力的渴望。但是有案例研究表明，对于以创新为目的的公司创业来说，当前的个人网络结构不如企业为新目标而形成的新网络重要（Kelley，2009）。除此之外，既有研究学者提出家族企业存在一个主要的特点——主导的家族联盟与企业之间有密切且不可分割的联系，因此家族企业的关系网络可能会影响公司创业行为。实证研究也证明了这一观点：家族企业的社会关系网络以及与企业内、外部密切和稳定的关系与公司创业下的两个子构念——创新和公司冒险有显著的正向关系（Weimann et al.，2021）。

第二节　公司创业的后果研究

公司创业和公司绩效之间的关系引起了学界广泛的关注。20世纪80年代末，各位学者开始研究公司绩效与参与公司创业活动之间的关系（Miller et al.，1988），在20世纪90年代，公司创业对公司绩效的积极作用变得更加明显（Zahra，1991）。本部分主要梳理各学者对于公司创业与公司绩效关系的研究以及不同视角下公司创业的后果研究两部分内容。

一、公司创业与企业绩效

通过对相关实证文献的回顾，本章发现以往的研究者主要选取了财务后果和非财务后果两大类后果变量作为公司创业活动的结果，财务后果是指达成企业的经济性目标，主要是指财务绩效，常用的指标如销售成长率、资产报酬率、资本报酬率以及获利率等。以往研究对于非财务后果研究较少，其衡量指标主要有创新绩效、战略目标，等等。本章将按照财务后果、非财务后果对公司创业后果研究进行梳理，表7.2展示了公司创业后果的主要研究。

1. 公司创业与财务后果

（1）公司创业对财务绩效的直接影响。

由于对组织生存、成长和绩效有重要的影响，公司创业被认为是成功组织必备的一个重要要素（Miles & Covin，2002；Peters & Waterman，1982；Pinchot，1985；Thornhill & Amit，2001）。以226家斯洛文尼亚中小企业为样本，Antoncic 和 Prodan（2008）的实证研究验证了公司创业对公司绩效的直接正向影响，公司绩效表现为绝对盈利能力（年平均销售利润率、平均资产回报率、年平均股本回报率）和相对盈利能力（公司业绩的相对于竞争对手的增长和盈利能力），所以制造企业可通过创业活动改进其技术而获益。公司创业活动能够直接导致平均资产回报率、年平均股本回报率、销售额、市场份额增加的情况同样也得到了证明（Garcia et al.，2014）。实证检验证实了在新兴市场中网络资源和资本对企业绩效之间的关系不是直接的而是间接的，从制度理论和资源基础观角度来看，公司创业作为一种内部的组织变革和资源配置机制，是决定企业能否实现不同网络资源资本所带来的利益的一个非常重要的中介因素（Yiu & Lau，2008），这挑战了新兴市场研究中过分强调制度或社会嵌入作用的传统观点，表明了新兴市场中公司创业对于老牌成熟企业的重要性。作为公司创业的一种重要形式，国际创业对于在位企业的绩效提升发挥了重大作用。Wang 等（2022）以2009~2018年中国上市公司作为样本，实证研究和检验了国际创业强度与绩效的正向效应，研究认为董事会性别多样性强化了这种正向效应，性别的多样性决定了董事会成员不同的思维方式并有助于更全面、多维度地看待问题，从而提升了国际创业中的决策质量和企业绩效，其中绩效表现为下一年净利润占总资产的比例。

（2）公司创业对财务绩效的间接影响。

公司创业不仅能够直接影响财务绩效，还会对财务绩效产生间接影响，公司创业后果是多样化的，这表明简单检验公司创业与财务绩效的直接效应难以理解现象的全貌，研究者有必要界定并分析影响公司创业与财务绩效关系的内在机制及情境因素。沿着这一思路，以往研究主要分析了知识资本、吸收能力、环境等因素对公司创业与公司绩效之间关系的影响。

首先，公司创业—财务绩效的关系受到知识资本的影响。公司创业通过增加、扩展和更新知识资本能提高公司绩效，其中公司绩效包括销售额增长、市场份额增长、股本回报率和总资产回报率等（Simsek & Heavey，2011）。研究通过借鉴知识基础观和动态能力文献的理论见解，以知识型资本作为公司创业与公司绩效的中介变量，分别证明了公司创业与知识资本（包括人力资本、社会资本、组织资本）正相关以及知识资本与企业绩效正相关（Simsek & Heavey，2011）。

其次，企业在获取内外部知识之后，还需要将其"内化"为企业的资源，因此，公司创业对财务绩效的影响受到组织学习能力和吸收能力的影响。通过公司创业活动，企业可以从国外和国内市场上获取新知识，而知识作为一种有价值的资源，可以提升企业的绩效。然而不同企业的吸收能力是不同的，进而知识转化为财务绩效的可能性多少也会存在差异。换句话说，公司创业对财务绩效的影响取决于企业的吸收能力。Zahra 和 Hayton（2008）以 217 家全球制造型企业为样本，根据组织学习理论（Dodgson，1993；Huber，1991），提出并验证了吸收能力能够强化国际公司创业与公司财务绩效关系的具体假设。

再次，公司创业—绩效的关系还受到环境水平因素的影响。Zahra 等（2000）用产品创新、流程创新、组织创新、国内风险投资和国外风险投资五个维度测量中型企业的国际公司创业，实证研究结果表明国际公司创业对资产收益率（ROA）和销售收益率（ROS）存在显著的正向效应，并且在较高的环境敌对水平下，国际公司创业对总资产收益率及销售收益率的影响更大。但是，环境敌对性对"公司创业—绩效"关系的调节作用不是线性的，而是非线性的。当环境敌对性慢慢上升时，公司创业与绩效的关系逐步增强；当环境敌对性达到一个临界点后，由于企业必须动用很多资源来应对市场的风险和挑战，运营的成本会上升，公司创业与绩效的正向关系又逐步减弱（Zahra & Covin，1995）。因此，公司虽然被认为应该积极参与国际创业活动，但也要衡量环境敌对性水平，把握好度。Covin 和 Slevin（1989）也证明了在敌对的环境中，较强的创业战略姿态能促进小企业的绩效，并以运营净利润、销售利润率、投资回报率和通过利润为业务增长提供资金的能力等来衡量其企业绩效。

综上所述，以往对公司创业与财务绩效的关系研究中，使用频率最高的三类指标分别是效率类指标、获利性指标和成长类指标。这一结果与 Murphy

等（1996）的结果基本一致。并且有研究表明，主观评估的财务绩效与客观的财务绩效具有较高的一致性（Powell，1992）。由于客观的财务数据较难获得，以往大部分研究者采用了被试主观评估的财务绩效作为公司创业活动的效标变量。这一分析结果为公司创业后果变量的选择奠定了基础。

2. 公司创业与非财务后果

（1）公司创业与创新绩效。

公司创业的后果研究范围不断扩大，内容日益丰富，这在很大程度上是产品市场和技术革新所带来的影响。公司创业的后果研究中，有一大部分学者关注创新绩效。因此，有必要梳理以往学者对公司创业和创新绩效关系的研究。

随着公司创业活动研究的发展，许多研究人员已经认识到组织内部因素对促进和支持创新绩效的重要性（Burgelman，1983；Guth & Ginsberg，1990；Covin & Slevin，1991；Antoncic & Hisrich，2001；Hornsby et al.，2002，2009）。通过整合高阶梯队理论关于创新和跨国企业的文献发现，组织是高管团队层级的反映，高管团队在识别和实施创新活动的协同效应方面发挥了重要的促进和推动作用。一项研究以来自 20 个国家的 165 家跨国企业为样本，发现在较低社会分层、较低的正式层次结构和较低权力距离水平的国家（Cho et al.，1994），高管团队更有可能促进自主性、合作和单位间的知识流动，进而更有可能使企业产生更多的进行公司创业的动力，并最终提升跨国企业的创新绩效——以专利引用加权计数（Boone et al.，2019）。在日益以知识为基础的全球经济中，新技术的开发通常是企业成功、经济增长和企业生产力提升的重要组成部分（Acs & Audretsch，2003；Shane & Venkataraman，2003），创新绩效的衡量不仅局限于对专利的考查。以新产品或服务的开发速度、新产品或服务投入市场的速度和数量、对市场或技术发展做出快速反应的能力和速度等为创新绩效的衡量指标，部分学者研究了经营控制变量——特别是风险控制——对公司创业前因和创新绩效的关系之间存在强烈的正向调节作用，但对时间可用性和创新绩效之间的关系有强烈的负向调节作用（Goodale et al.，2011）。创新绩效还可以用产品的创新与改进等来衡量。Ghura 和 Erkut（2022）将公司创业项目分为两个维度——创意主题（项目的设计是否考虑到特定主题）以及创意所有权（是否有专门的团队专注于开发新创意），研究了公司创业项目对产品线扩展、产品改进、新产品的影响效应。

（2）公司创业与战略目标。

从战略角度来看，参与公司创业的一些好处包括学习、提高响应能力和设置成功的标准（Narayanan et al.，2009）或获得新的技能或技术（Dush-nitsky & Lenox，2005）。公司创业使企业拥有在日益动荡的环境中生存、竞争和适应环境的能力，实现产品、市场和战略地位以及知识和智力资本的复兴（Zahra et al.，1999）。另外还有学者提出，公司创业促进产品、流程和服务创新（Lumpkin & Dess，1996；Walter et al.，2006）。这些能力使企业提高自身的竞争地位，并进入新的行业，追求盈利和增长（Clark et al.，2014；Zahra et al.，2000；Zahra，1996a）。随着时间的推移，快速变化的商业环境导致人们越来越依赖信息通信技术（ICT）来获得、保持竞争力和提高盈利能力，并在当今动态市场中取得成功（Shamsuzzoha et al.，2012；Stanimirovic，2015）。信息通信技术有助于关键资源的生成、整合、开发和增强。电子商务、新的生产方法、新的服务、新的商业模式，以及更好的供应链管理、客户关系管理和决策支持的有效方法，都是信息通信技术显示其动态能力特征的方式。基于动态能力观和创新转化理论，Yunis 等（2018）开发和测试了一个框架，描述和审查了在黎巴嫩市场中信息通信技术的采用或使用对公司创业—组织绩效之间关系的影响，研究表示如果通过创业战略和行为适当地利用信息通信技术及其带来的创新机会，它们将对生产率、运营效率等组织绩效产生积极的贡献。

二、不同理论视角下公司创业的后果研究

目前，公司创业后果的研究主要运用了资源基础观、知识基础观、制度嵌入理论、动态能力理论、组织学习理论、高阶梯队理论和代理理论等。本部分围绕几个使用较多的理论视角进行概括和阐述。

1. 基于资源基础观的后果研究

组织持续性竞争优势的建立源于组织控制着有价值、稀缺、不可替代和难以复制的资源和能力（Barney，1991）。资源基础观强调，独特的资源与能力是企业持久竞争优势的来源。企业进行公司创业活动需要配置组织内部的资源，同时也需要配置和协调好外部资源。

表 7.2 1986~2022 年公司创业的后果研究

作者	自变量	中介变量	调节变量	因变量		样本来源
				财务后果（效率、成长和获利性）	非财务后果（创新、战略目标，等等）	
Antoncic & Prodan (2008)	公司创业	无	无	绝对盈利能力（年平均销售利润率、平均资产回报率、年平均股本回报率、相对盈利能力（公司业绩的相对于竞争对手的增长和盈利能力）	无	226 份斯洛文尼亚制造企业样本
Garcia et al. (2014)	公司创业	无	无	平均资产回报率（ROA）、年平均股本回报率（ROE）、销售额、市场份额	无	160 家欧洲科技公司
Zahra et al. (2000)	国际创业	无	国际环境敌对性	资产收益率（ROA）、销售收益、国外盈利能力和国外增长	无	98 家美国公司
Yiu & Lau (2008)	公司创业	无	无	销售增长、市场份额、投资回报率、资产回报率和销售回报率	无	458 家中国公司
Simsek & Heavey (2011)	公司创业	人力资本、社会资本、组织资本（部分中介）	无	销售额增长、市场份额增长、股本回报率和总资产回报率等	无	125 家爱尔兰中小型公司
Zahra & Hayton (2008)	国际冒险	无	吸收能力	三年的平均净资产收益率、公司总收入的年平均变化	无	217 家全球制造业公司
Covin & Slevin (1989)	公司创业	无	无	运营净利润、销售利润率、投资回报率，以及通过利润为业务增长提供资金的能力	无	无

续表

作者	自变量	中介变量	调节变量	因变量		样本来源
				财务后果（效率、成长和获利性）	非财务后果（创新、战略目标、等等）	
Wang et al. (2022)	国际创业	无	董事会成员性别多样性	净利润占总资产的比例	无	2009 年至 2018 中国上市公司
Boone et al. (2019)	公司创业	无	高管团队社会分层和国家权力距离	无	专利引用加权计数（创新绩效）	20 个国家的 165 家制造业跨国公司
Goodale et al. (2011)	公司创业前因	无	运营控制	无	新产品或服务的开发速度、投入市场的速度和数量与对市场发展技术发展出快速反应的能力（创新绩效）	各行各业 177 家企业
Ghura & Erkut (2022)	公司创业项目	无	无	无	产品线扩展、产品改进、新产品	4 个从事企业创业活动的组织案例
Zahra et al. (1999)	公司创业	无	无	无	产品、市场和战略地位以及知识和智力资本的复兴	无
Yunis et al. (2018)	公司创业	无	无	无	生产率、运营效率、顾客满意度和雇员满意度	374 份黎巴嫩市场问卷

资料来源：作者整理。

企业能够把从内外部网络联系中获得的资源配置为企业或行业所需要的能力和资源，并使企业能够不断适应外部环境的变化，保持自身的战略优势和可持续性竞争优势，尤其在新兴市场中，启动和维持公司创业需要很多不同资源的投入，而公司创业活动可以被看作一个资源资本配置过程（Borch et al.，1999），在组织转型期间的公司还必须拥有一定的历史资源以形成公司绩效的基础（Uhlenbruck，Meyer & Hitt，2003）。因此公司创业是决定企业能否获取不同网络资源资本所带来的利益的一个非常重要的中介机制，只有通过公司创业，资源资本才可以转化为更好的公司绩效（Yiu & Lau，2008）。

2. 基于知识基础观的后果研究

知识基础观认为，企业是一个知识处理系统，企业核心能力的来源是企业内的隐性知识（也称缄默知识），企业内的知识以人为载体，通过各种手段如文本、技术系统、言传身教等来实现部分和完全共享，通过知识整合和创造，产生能带来经济价值的新知识。企业是对系统、人力资源和社会过程的承诺的集合体，所有这些都被企业特定知识覆盖（Alvarez & Busenitz，2001）。

从知识基础的角度，Leonard-Barton（1992）认为，知识主要嵌入员工（人力资本）和技术系统（组织资本）中，人、社会和组织资本对于知识的创造、发展和更新都是不可分割的。知识资本被定义为企业为获得竞争优势而利用的所有知识的总和（Nahapiet & Ghoshal，1998），是一种生成机制或渠道，组织通过公司创业活动获取知识资本，从而提升公司绩效。通过借鉴知识基础观和动态能力文献的理论见解，Simsek 和 Heavey（2011）证明了公司创业与知识资本正相关（知识资本包括人力资本、社会资本和组织资本），知识资本与绩效正相关。

3. 基于制度理论的后果研究

制度理论假定制度是环境中的一个关键组成部分。公司创业活动的开展要求企业关注其所处环境的法律法规约束、政策、合法性等，否则企业有可能脱离市场经济的发展。

首先，从制度嵌入理论视角来看，制度嵌入理论源于嵌入性理论，制度嵌入性是指行为（制度）受其之前纳入的制度因素的动态约束。根据制度嵌入理论，在新兴的市场中，企业在非正式制度中的嵌入程度允许企业从制度或商业网络或两者中获得非市场形式的资本，包括政治、社会和声誉资本

（Peng et al. , 2005）。例如，基于中国企业改革政策，大多数公司必须转变为更多的以市场为导向的运营模式。规模更小、效率更低的企业则要接受市场力量的考验，大公司可能会得到政府的支持来继续经营，但他们必须尽快找到维持企业生存的方法。

其次，从制度基础观的角度来看，资源对于企业来说是至关重要的，但越来越明显的是，文化、法律环境、传统和行业历史以及经济激励等问题都可以影响一个行业，进而影响一个企业的成功（Baumol et al. , 2009），制度基础理论提供了一个理论透视镜，通过它，研究人员可以识别和检查这些问题。制度通过游戏规则、监督和执行来指导行为（North, 1990）。这些管制部分主要来自政府立法、行业协议和标准。这些规则为新的创业型组织提供指导方针，并可促使组织遵守法律。

4. 基于动态能力理论的后果研究

正如 Penrose（1959）指出的，快速变化的环境可能会改变组织资源的重要性。Helfat 等（2007）提出，动态能力是"组织有目的地创建、扩展和调整其资源基础的能力"。动态能力观致力于寻找价值创造和实现的源泉——价值创造和价值实现通过改变以适应环境快速变化的能力，从而推动公司更好地配置资源，实现可持续的竞争优势（Eisenhardt & Martin, 2000; Teece et al. , 1997）。

人力资本、社会资本和组织资本是企业绩效差异的核心驱动因素，而公司创业作为一种动态能力通过重新配置、扩展和修改企业的知识基础资源来管理企业绩效，Simsek 和 Heavey（2011）通过将动态能力和知识基础观相结合，认为企业对公司创业的追求有助于这三种资本的更新和增强，公司创业对绩效的影响也是通过基于知识的机制传递的。另外，Wade 和 Hulland（2004）认为信息系统（information system）是一种与动态能力有类似特征的资源，这是因为信息和通信技术能在动态和快速变化的市场条件下为组织提供巨大的支持（Cepeda & Vera, 2007; Kindstrom, Kowalkowski & Sandberg, 2013; Rohrbeck, 2010; Tian, Wang, Chen & Johansson, 2010）。

5. 基于组织学习和吸收能力的后果研究

Argrys 和 Schon（1996）认为，组织学习是组织探究的产物，这意味着当预期结果与实际结果不一致时，个人（或团体）将进行调查，以了解并在必要时解决这种不一致。组织学习过程和结果会对组织绩效产生影响，并能够以此来促进组织的战略转型和战略多元化，改变组织的认知、知识基础和能力（Levinthal，1990）。在组织探究的过程中，个体将与组织中的其他成员进行互动，从而进行学习。通过公司创业活动，企业可以从国际和国内市场上获取新知识。知识作为一种有价值的资源，可以提升企业的绩效。然而，不同企业的吸收能力是不同的，知识转化为绩效的可能性也会存在差异。换句话说，公司创业对绩效的影响取决于企业的吸收能力。

从组织学习的视角，Zahra 和 Hayton（2008）提出企业参与国际风险活动，如收购、联盟和公司创业投资（CVC），以获得新的知识和能力，使他们能够成功地获得开发国外市场的新机会。吸收能力理论考察了企业如何识别新知识的价值，吸收并将其应用于组织目标实现这一过程（Cohen & Levinthal，1989，1990）。吸收能力是企业进口、理解和吸收从外部来源（如国外市场的供应商和客户）获得的知识的能力。这种能力使企业不仅能够引进外部创造的知识，同时也能够将其转化为创新产品，从而获得竞争优势（Zahra & George，2002）。

第三节　前因、后果研究进展与展望

一、现有前因研究的进展

在过去40年，学者们对公司创业前因的研究已取得一定的进展，本章梳理总结了公司创业的生成机制，按照微观、中观和宏观三个层次对前因的研究进行了分类，微观层次包括员工和高层管理者两方面；中观层次包含组织层面的因素，如组织结构、组织文化和资源能力等；宏观层面包括大环境下的政治、经济和文化因素。以往诸多学者强调了高层管理者对于公司创业的重要性，认为他们是公司创业重要的微观主体和推动者。例如，高管团队的支持（Alpkan et al.，2010）是重要的公司创业的决定性因素，因为它能够影响组织的战略等因素，进而对公司创业活动产生影响。相关实证研究也表明，持续的管理支持是从公司创业活动中获取价值的核心，因为它们能够促进企业的资源分配，提高企业的竞争地位，使企业有机会改变市场（Kuratko et al,

2009）。

基于对公司创业前因研究的梳理，本章从制度理论、高阶梯队理论、资源基础观、动态能力理论和网络理论等视角剖析了公司创业的生成机制。总之，现有文献已对公司创业的生成机制进行了较多的探索，为成熟企业扫除公司创业路上的障碍提供了指南。

二、前因研究的不足与未来研究方向

随着时代的不断变更、信息技术的日新月异和人才的不断涌现，公司创业也有了新的前因与生成机制，各种情境因素也发生了变化，如数字时代的到来对公司创业产生了重大影响。本部分对前因研究的不足进行总结，并为未来研究提供一些建议。

第一，从前因研究的内容出发，主要有三个方面的不足与展望。一是在研究宏观层面的制度对公司创业的影响时，对于正式制度的研究较多，对于非正式制度的研究相对较少，未来研究可以探究国家文化、民族文化等不同价值观和企业的非正式制度对于公司创业行为的影响。例如，在特定国家层面上研究国家文化因素对于公司创业行为的影响。二是未来的公司创业前因研究可以考虑个人的人口统计学和专业知识的多样性如何与其他层面的因素相互作用，进而促进或限制公司创业活动。例如，以往有研究研讨了高层管理团队中女性角色的增多能促使组织采取更多的创业行为（Lyngsie & Foss，2017），但对于男性和女性所具有的不同态度或在不同情景因素下认知差异的研究有限。三是公司创业研究的微观主体还存在深入拓展的空间。首先，在国际化浪潮下，世界越来越往一体化发展，越来越多的企业具有了全球视角，去世界各个角落寻求最适合的专业人才，因此高管团队成员的背景日益复杂，未来研究可以考虑 CEO 和员工的个人背景特征如种族和宗教多样性对公司创业的影响。其次，在梳理总结公司创业前因时，大部分前因都是针对 CEO 和高管团队等微观主体，而从宏观因素去考虑公司创业这个组织层面的行为的研究很少，未来研究可进行"宏观—公司创业"方面的研究，用微观的中介或者微观的调节来进行逻辑上的补充与阐述。

第二，从前因研究情境出发，公司创业的前因研究可放在最新的情境下——数字化时代。数字化时代引起了生活方式的颠覆，创造了多样化、综合性、个性化、互动化的需求，与此同时也创造了大量的创业机会。数据的永久性、及时性、可复制性和动态性等特征使得各公司创业主体的创业意愿大大提升，并大大减少了创业资源壁垒和阻碍。互联网、社会网络等网络结构也在数字化时代中发挥了巨大的作用，使得数字化背景下的公司创业研究发生了很大的不同，因此未来学者可探讨在数字化时代下公司创业的前因与生成机制。

第三，从前因研究理论视角出发，现有公司创业前因研究的理论视角大多从高阶梯队理论、资源基础观、制度基础观和动态能力等成熟理论出发，未来研究可将理论进一步深化，或可使用相对新颖的理论视角如最优区分理论或注意力基础观来研究，或将前因研究的成熟理论与其他领域理论创造性地融合，进行理论深化和繁衍，以更深入地探索公司创业的前因。

三、现有后果研究的进展

回顾 1983~2022 年发表的相关文献，本章发现多数研究较为具体地讨论了公司创业活动与企业成长、获利性和效率等财务后果维度的关系，也有少部分文献讨论了公司创业活动与创新绩效、战略目标等非财务后果的关系。相关实证研究得到了较为复杂多样的结论，这表明公司创业活动并不一定能给企业带来竞争优势，公司创业活动与绩效的正向关系需要某些情境因素或中介机制的支持。主要包括知识资本、吸收能力、环境因素等情境因素，主要的中介机制包括知识资本和信息通信技术等。对这些情境因素和中介机制的识别有助于学术界和实业界认识到公司创业活动转化为绩效的必要条件和重要机制，并为现实中的大中小企业提供了保持可持续竞争优势、促进可持续发展和延长企业寿命的建议。

在剖析公司创业活动作用于绩效的机理方面，现有研究也取得了一定的进展，相关理论视角已经浮现，包括资源基础观、知识基础观、制度理论、动态能力理论、组织学习和吸收能力理论等。总体而言，现有研究比较全面和详尽地分析了公司创业活动的结果、影响绩效的情境条件和内在机制，深化了人们对于公司创业活动影响效应的认识。

四、后果研究的不足与未来研究方向

本部分对近 50 年公司创业后果研究进行汇总分析的同时，也总结了公司创业后果研究的不足，以期为未来学者提供一些建议和启发。

第一，从公司创业后果的内容出发，一是以往的后果研究大多关注财务后果，而对非财务后果的关注较少。以往研究中财务绩效主要的指标有资产收益率、销售收益率、股本回报率、市场份额收益或现金收益，等等，未来对公司创业后果的研究可重点探索与社会、战略和创新等相关的非财务后果的关系。例如，公司创业与企业社会责任、组织层面的其他战略导向（如组织双元战略导向）、组织学习和知识创造等的关系。二是以往研究对导致项目失败和公司创业活动终止的驱动因素有了一定的探索（Behrens & Patzelt，2016；Shepherd & Kuratko，2009），未来学者可进一步开展关于公司创业活动失败的后果研究。

第二，从公司创业后果的理论视角出发，目前来看多数研究者仅分析了公司创业作用于绩效的内在机理，但研究视角及其理论角度分析有限，大多从制度基础观、制度理论和动态能力理论视角出发，这表明揭开公司创业活动与绩效之间黑箱的努力才刚刚开始。未来研究者有必要拓展理论视角，进一步深化学术界对于公司创业活动转化为竞争优势内在过程的认识，如可从最优区分理论、社会网络理论和注意力基础观等理论视角出发，或将成熟理论与其他领域如社会心理学、社会认知学等领域理论创造性地结合，进行理论深化与繁衍，来深入理解公司创业推动绩效或非绩效后果的内在过程。

第三，从公司创业后果的研究情境出发，主要有三方面内容：一是现有研究主要以发达国家成熟市场经济为情境，对转型经济或新兴经济体下的公司创业活动也有一定的分析，但总体上还相对较少，未来研究可关注这种转型经济体或新兴经济体情境下的公司创业后果。二是公司创业后果研究的新情境——数字化时代应被予以重点关注。数字化时代背景下，企业所嵌入的一般环境和任务环境都发生了变化，数字技术成为企业的一大生产力，同时新的公司创业组织形式浮现，新的创业机会与挑战出现，在此情境下的公司创业后果可能会有很大的变化，未来研究可探寻数字时代背景下公司创业的一系列后果，以拓展不同时代背景下的公司创业影响效应。三是以往研究的重点大多是以美国公司为背景来研究公司创业活动的财务结果，很少有研究关注欧洲（Bojica & Fuentes，2012；Walter，Auer & Ritter，2006）或其他国家地区的公司，未来研究可将美国和其他地区的国家进行公司创业相关后果的跨国比较（Antoncic & Hisrich，2001），或可将公司创业后果的研究情境拓展到其他发达或发展中国家地区，将情境因素结合到模型的建构中去，以增加其他的公司创业后果，从而得出更丰富的结论。

第八章　公司创业中的关键行动者

公司创业活动是一个多人参与的复杂过程，多数情况下以团队组合的形式进行机会识别、资源协调配置以及公司创业计划的落地实施等。考虑到行动者是公司创业活动的微观基础，有必要剖析公司创业过程中关键参与主体的角色、作用以及驱动因素。本章分别从关键行动者在公司创业中扮演的角色、关键行动者特征对公司创业的影响以及影响各关键行动者进行公司创业的因素三方面切入，系统梳理了既有公司创业研究中与企业高层、中层以及基层管理者（含员工）有关的成果，如图 8.1 所示。本章旨在充分解析公司创业的微观基础，并在此基础上提出未来研究建议。

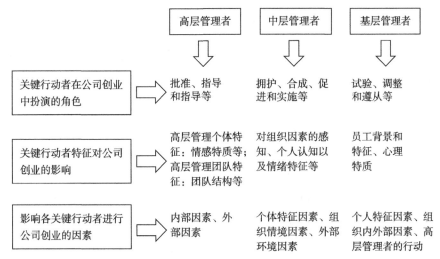

图 8.1　本章的逻辑框架

第一节　关键行动者在公司创业中扮演的角色

公司创业是应对外部环境快速变化，为企业注入新活力以获得利益及绩效增长的有效方式，其落地效果不仅受企业外部环境以及自身创业基础的影响（Shaker & Zahra，1995），更取决于企业内部"人"的因素。在组织中，企业高层、中层和基层之间不仅可以通过"自上而下"的方式进行创业活动，"自下而上"的方式也对组织进行创业活动有着重要的作用和意义。公司创业的领导者能够更好地估计、评定和管理企业的内部工作环境，以支持创业行为，这成为成功实施企业创新战略的基础。然而，所有组织层级的行动者都要发挥关键的战略作用，创业能力应该是每个人都拥有的一种能力，并应在组织的每个层次中通过创业行动表现出来，以确保组织的成功（Ireland，Hitt & Vaidyanath，2002）。

作为企业制度的制定者以及关键资源要素的支配者，高层管理者的参与主要是在战略和结构背景确定过程中进行的（Burgelman，1984），高层管理者把握企业的总体战略布局以及未来发展趋势，根据对某些新业务前景的评估，合理地将新业务纳入公司的投资组合或战略概念，指导企业的整体运作、资源协调与配置，极大地影响新产品、新服务或新市场的开发。中层管理者是大多数组织知识流动的枢纽（Floyd & Wooldridge，1992；King，Fowler & Zeithaml，2001），为了与基层管理者进行有效互动，中层管理者必须具备理解公司核心竞争力所需的技术能力；同时，中层管理者还必须了解公司的战略意图和目标，与高层管理人员进行有效互动。通过与高层和中层管理者的互动，那些在组织结构中处于中间位置的管理者会影响和塑造公司创业战略，因此其对于公司创业活动的影响是显而易见的（Floyd & Lane，2000；Hornsby et al.，2009）。此外，越来越多企业渴望采取多种形式去激励基层管理者（含员工）进行创新创业，即通过"自下而上"的方式使组织拥有创业活力进而获取可持续的竞争优势。因此，基层管理者（包括员工）在公司创业活动中的重要性也上升了。总之，在公司创业活动开展过程中，高层管理者、中层管理者、基层管理者（含员工）的作用均不容忽视。

Floyd 和 Lane（2000）系统分析了高层、中层和基层管理者在公司创业过程中的角色，如表 8.1 所示。高层管理者"批准、识别和指导"角色属于决策角色，负责战略和计划的制定，以及组织资源的配置部署；中层管理者"拥护、合成、促进和实施"角色主要是在基层管理者和高层管理之间起到信息沟通的作用；而基层管理者的"试验"角色主要是对来自要素和产品市场的信息做出反应，"调整"角色是指在组织中与中高层管理者共同应对挑战，"遵从"角色指需要对来自高层管理的信息做出反应，或者对中高层都做出反应。综合来看，高层、中层和基层管理者均有涉及与决策、沟通和反应相关的角色，这意味着管理者的角色往往有相当多的重叠。并且，有研究发现，随着管理者职业生涯的发展，管理者可能会扮演多种战略角色，通过对一系列战略角色的体验，管理者获得了有助于其职业发展的能力（Floyd & Wooldridge，1996）。

在表 8.1 的基础上，Floyd 和 Lane（2000）提出了一个管理者角色和信息交换系统，进一步描述了组织如何创造、转移和协调知识（Grant，1996；Nonaka，1994），如图 8.2 所示。正如 Nonaka（1994）所提到的，"尽管想法是在个人的头脑中形成的，但个人之间互动在发展这些想法时通常起着关键作用"，新的组织知识正是通过不同管理角色的联动才得以发展。高层、中层和基层管理者互动、交流与沟通使知识和信息能够在组织内上行或下行流通，这增加了组织对于创业机会的识别和利用，从而使组织协调一致地去开展创业活动（Floyd & Lane，2000）。

表 8.1　各类关键行动者的战略角色与行为

角色	行为	文献
高层管理者		
批准	清晰的战略意图	Jan & Susa（1987）
	监控	Burgelman（1983a）
	认可和支持	Hart（1992）
识别	识别战略潜能	Burgelman（1991）
	授权和赋能	Hart（1992）
	部署资源	Ansoff（1987）
指导	命令	Bourgeois & Brodwin（1984）

角色	行为	文献
中层管理		
拥护	培养和宣传	Bower（1970）
	捍卫	Burgelman（1984a，1984b；1991）
	向高层管理人员介绍替代方案	Wooldridge & Floyd（1990）
合成	问题分类	Dutton & Jackson（1987）
	向高管输出问题	Dutton & Ashford（1993）
	融合战略信息和实际操作信息	Nonaka（1988）
	合成路径（在不同的投入、情境需求和现有战略之间进行协调）	Floyd & Wooldridge（1992）
促进	培养适应性和保护活动	Bower（1970）
	分享信息	Mintzberg（1978）
	改编	Chakravarthy（1982）
实施	实施	Chakravarthy（1982）
	修订和调整	Nutt（1987）
	激励和指导	Hart（1992）
基层管理者		
试验	学习和提升	Argyris & Schön（1978）
	连接技术能力和需求	Burgelman（1984a，1984b）
	发起自主行动	Burgelman（1991）
	试验和调整	Hart（1992）
调整	应对挑战	Hart（1992）
遵从	做一个服从命令的员工	Bourgeois & Brodwin（1984）
	遵循制度	Hart（1992）

资料来源：Steven W. Floyd.，Peter J. Lane. Strategizing throughout the Organization：Managing Role Conflict in Strategic Renewal. The Academy of Management Review，2000. 25（1）：154—177.

一、高层管理者在公司创业中的角色

Floyd 和 Lane（2000）认为，高层管理者在公司创业活动中主要扮演着决策者的角色，包括批准、识别与指导等。批准主要是在清晰的战略意图下，监督员工并且提供一定的创业支持；识别主要是识别出企业未来的发展潜力、战略方向并且进行相关层面的赋能，使得公司创业能更好地推进；指导主要是制订公司

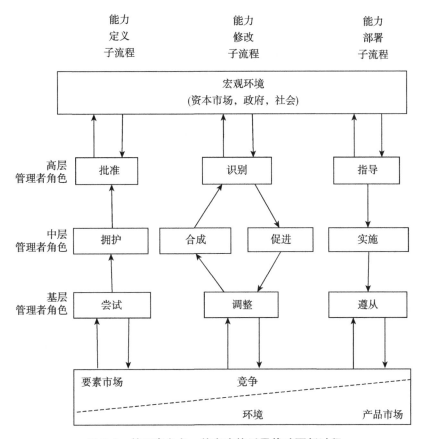

图 8.2　管理者角色、信息交换以及战略更新过程

资料来源：Steven W. Floyd. , Peter J. Lane. Strategizing throughout the Organization：Managing Role Conflict in Strategic Renewal. The Academy of Management Review, 2000, 25（1）：154-177.

创业计划、协调与配置有关资源以及下达一系列命令等（Floyd & Lane, 2000）。

　　既有研究对于高层管理者是否应参与公司创业中的"机会形成"过程存在争议。早期观点认为，在已建立的企业中，创业机会来自多元化的员工队伍中"自下而上"的主动性，高层管理者在创业过程中的主要作用是在多个"自下而上"产生的机会当中进行选择，应避免直接参与到这个过程中。受到企业当前业务线、操作程序和主导逻辑的约束，高层管理者通常对于机会形成过程中发生的具体情况没有足够详细的了解，因此进行直接干预的理由并不充分（Jensen & Meckling, 1996）。高层管理者直接参与机会形成过程或许会适得其反，特别是，当高层管理者采取"选择性干预"的形式时，即在创业过程的早期阶段使用授权直接影响资源分配时，其反作用更加强烈。这些观点在 2015 年后遭遇了重大挑战。尤其是 2018 年，有关高层管理者是否应参与机会形成过程的观点有了 180 度大转弯。Barney 等（2018）对高层管理者在机会形成过程中所扮演的角色提出了与前述研究截然相反的观点，他们认为高层管理者在"自下而上"的创业活动中的作用是积极的，并且认为高层管理者应介入这一过程。研究表明，"自下而上"的创业主动性、员工多样性与机会形成之间的正相关关系均能被"创业过程中的高层参与"正向调节，这是因为高层管理者能够解决跨部门之间的协调和协作问题，并决定资源的配置，从而更好地起到一个"选择"的作用（Barney, Foss & Lyngsie, 2018）。

二、中层管理者在公司创业中的角色

20 世纪 70 年代之前，管理理论较多地强调"自上而下"的过程，将战略决策与执行分离开来，并认为中层管理者并无多少"能动性"。但随着公司创业关键行动者研究的推进，既有研究对中层管理人员在其中的作用进行了较为充分的考察（Hornsby, Kuratko & Zahra, 2002）。具体而言，以往研究者主要基于两种视角展开研究，其一是"选择视角"，即战略制定是一个决策过程，核心问题围绕如何制定和实施高质量的战略决策。基于此视角，中层管理者在此过程中的主要作用是围绕战略决策具体落实公司创业活动的开展。其二是目标一致性视角，即中层管理者在创业的过程中的目标应与组织目标结构、利益保持一致。

从"选择视角"来说，作为环境的适应者，中层管理者在公司创业中的任务主要是对机会的识别和精炼，评估并筛选一线基层人员的创业提议，并将其提交给高层管理者。公司创业的本质依然是机会的识别和利用，包括资源的整合。如果这些新观点符合企业的战略布局，那么在高层管理者的支持下，再转而由中层管理人员加以实施（Covin & Miles, 1999）。通过对以往研究的梳理发现，中层管理者目标与企业战略目标是否一致、中层管理者对于创业机会的识别以及资源的利用等因素均会对中层管理者的战略执行过程产生影响。中层管理者对于促进创新和组织学习以适应不断变化的环境需求也具有重要作用。

Burgess（2013）在研究中层管理人员企业内部角色和公司创业的关系时提出，中层管理人员在公司创业活动中扮演三种组织角色：创新者、风险承担者和组织学习促进者，如表 8.2 和图 8.3 所示。作为创新者的中层管理者应该能够识别问题并产生想法，然后实施变革来发展和领导团队进行公司创业活动，鼓励积极主动行为，对于环境的不断变化做出积极反应。同时，在创新的过程中既要满足客户需求也要降低成本、寻求机会，找到长期的解决方案并采取适当的行动。从组织层面来说，高管人员必须建立并向中层管理人员提供一种合适的、扁平化的具有支持性的文化，允许各级之间进行沟通。作为组织风险承担者，中层管理人员领导的团队必须能够承担风险，不害怕失败后的结果。中层管理者在领导其团队时，应根据自己的专业知识识别风险，然后对未来的活动做出决定。作为组织学习的促进者，中层管理人员要与其团队进行沟通，确定哪些活动可以进行改进，然后采取行动，将传统的单向学习过程转换为在各个层次中的交流和分享。中层管理者还应使其团队成员意识到学习的必要性，并与高层管理者交流需求，使其能在适当的时候为中层管理者提供资源（Burgess，2013b）。

Kuratko 等（2005）提出了"中层管理者创业行为模型"，其中包含的中层管理者创业行为涵盖两方面内容：一是认可、改进和聚集创业机会；二是识别、获取和部署追求这些机会所需的资源。一方面，在对创业机会的认可方面，中层管理者经常会扮演评估角色，综合考虑高管人员与较低层次人员的创业意愿，并将其创造价值的潜力"出售"给主要实施者和高层管理者，从而决定是否提供创业支持。在对创业机会的改进及聚集方面，中层管理者扮演着细化角色，中层管理者根据企业的战略、资源和结构进行细化，塑造成对企业有用的机会，再将这些创业机会转化为合适的项目并加以实施。另一方面，在资源识别和利用方面，中层管理者在追求创业机会时需要确定将"创业"这一笼统的概念转化为商业实现所需的资源，了解创业机会的资源需求，并纳入发展的计划范围。相对高管人员来说，由于中层管理人员的职责和业务范围有限，其具有较少的可自由支配的资源，那么在其权责范围内，中层管理者作为变革推动者和创新推动者的工作是由他们在组织层级中的地位推动的，中层管理人员认可、完善和指导创业计划，并确定、获取和部署实施这些计划所需的资源，支持公司创业活动的开展（Kuratko, Ireland, Covin & Hornsby, 2005）。

从目标一致性角度来说，公司创业目标结构与中层管理人员的目标应达成一致。在组织实行公司创业过程中，企业自身的结构、功能会随着个体属性变化而进行相应调整，由于能力、价值观等个体差异的存在，对于探索性或开发性的公司创业的偏好程度也有所差异，进而影响企业在实行公司创业这一战略决策的态度（Hornsby，Kuratko & Zahra，2002）。研究表明，当中层管理者认为自己的利益受到损害时，他们不仅可以改变战略的方向、推迟战略的实施或降低战略实施的质量，甚至还可以完全破坏战略（Guth & Macmillan，1986）。所以，为促使公司创业活动更好地开展，一般管理者认为组织利益应与中层管理者的目标一致。当中层管理者对战略做出积极的承诺时，能激发中层管理者对公司创业活动的责任感，进而解决中层管理者在执行战略决策时会受自身利益影响的问题（Guth & Macmillan，1986）。

表 8.2　中层管理者在公司创业中的角色

中层管理者的组织角色	结构和系统	领导层	领导沟通
创新者	一个支持性的组织结构使酒店中层管理者能够领导他们的团队进行创新。允许团队所有成员提出想法，中层管理人员为自己团队营造可做出决策的环境。酒店的分散系统促进了团队的创新和决策。中央集权制度可以为创新提供自由和时间，它们可以规定限制管理者创新能力的标准做法。一个支持性的结构能够识别并适应当地的环境，因此系统适合于特定的用途。缺乏对创新的支持或资源可能会造成压力	高级酒店管理层的领导力和远见鼓励识别创新机会。团队领导为新的实践开发想法和长期计划。酒店中层管理人员解释、确定和实施高级管理层的行动。他们希望在寻找解决方案方面有所创新	允许在酒店组织的任何级别产生创新想法。将这些信息传达给高级管理层和团队的能力将促进发展。正式的沟通路线支持多层次的讨论。倾听、识别并适应当地环境，以获得最佳效果。酒店团队通力合作，相互学习，形成创新理念。调解和谈判促进了各个层面的创新想法。横向和纵向沟通产生想法。听取团队的意见并识别潜在的风险
风险承担者	酒店的支持性组织结构允许风险。正式制度可以抑制冒险行为。中央集权有助于本地风险承担，而分散则允许这样做。组织必须认识到失败是有效公司创业的关键特征。最后期限可以促进冒险，但也会抑制冒险。酒店中层管理者能够向高层管理者捍卫团队	领导者建立一种允许潜在失败的组织文化。领导者鼓励团队成员冒险，不因失败而受到惩罚。酒店中层管理人员能够从高级管理层征求意见支持。他们提供支持，以将压力降至最低，从而限制风险	酒店中层经理必须能够根据团队成员提供的信息做出决策。他们应该能够表达自己的冒险意愿，以及对其他冒险者的支持。向酒店和高级管理层传达对故障的支持

续表

中层管理者的组织角色	结构和系统	领导层	领导沟通
组织学习的促进者	对失败的恐惧能够造成焦虑。酒店公司的上/下学习文化有助于各个层面的学习,而缺乏学习文化则会阻碍发展。支持结构认识到技能可以存在于不同的层次。对学习的组织支持使各级受益。管理者和团队可以相互学习,以利于组织	领导者识别从经验中学习的机会。他们发现酒店团队活动中存在的问题,或需要改进的技能。领导者鼓励团队成员一起学习,为组织学习制订长期计划。他们可以确定自己的学习需求。高级管理层应认识到投资于学习的重要性	酒店中层管理人员必须能够与其他团队成员和高级管理人员交谈。他们听取实践和想法的反馈,然后确定改进的机会。他们鼓励团队成员相互学习并确定问题。酒店中层管理人员讨论技能需求,然后说服高级管理人员投资学习。他们识别并交流组织学习的机会

资料来源: Burgess, C. (2013). Factors influencing middle managers' ability to contribute to corporate entrepreneurship. International Journal of Hospitality Management, 32, 193-201.

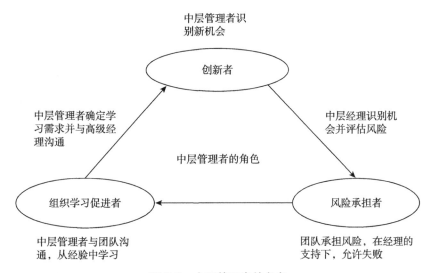

图 8.3 中层管理者的角色

资料来源: Burgess, C. (2013). Factors influencing middle managers' ability to contribute to corporate entrepreneurship. International Journal of Hospitality Management, 32, 193-201.

三、基层管理者在公司创业中的角色

战略实施的困难和环境的快速变化使既往学者开始注意到由基层管理者

或员工发起的公司创业活动对创新和企业成功的重要性（Burgelman，1983；Quinn，1986）。组织成员可以是战略执行过程中的"优秀士兵"，即执行高层管理者制订的计划（Guth & MacMillan，1986）；也可以是"创业者"，即成员在追求新举措的过程中能够自主行动（Burgelman，1983）。具体来说，Burgelman（1983）通过识别基层管理者合理性和自主性的战略行为，很好地把握了这个主题。合理性指的是当高层管理者故意使用结构和正式的控制系统来激励基层管理者以理想的方式行事时，基层管理者需要对此进行回应。而自主性则是在操作层面上鼓励个人的主动性，以利于提高生产力和创新性。因此，Burgelman（1983）认为基层管理者能够通过提出改进建议、构思新商业机会以及参与产品推广工作等来行使自主权（Bower，1970），进而影响战略的执行。

在 Burgelman（1983）的基础之上，Hart（1992）提出了一个整合的框架，探讨了在不同模式（命令模式、象征模式、理性模式、互动模式和生成模式）之下，基层管理者扮演的不同角色。其一，在命令模式中，基层管理者类似于"士兵"，他们需要服从高层管理者的命令；其二，在象征模式中，基层管理者扮演"玩家"的角色，他们需要积极应对挑战；其三，在理性模式中，基层管理者是"隶属者"，需要按照系统的指示采取行动；其四，在互动模式中，基层管理者是"参与者"，他们需要不断地学习和提升自己；其五，在生成模式中，他们是"创业者"，需要尝试并承担风险（Hart，1992）。

综上所述，基层管理角色的中心是对来自环境因素和产品市场的信息做出创造性的回应，顺应来自更高层次管理者的决策，或综合来自两者的信息并最终通过行动表现出来（Floyd & Lane，2000）。

第二节　关键行动者特征对公司创业的影响

一、高层管理者特征对公司创业的影响

1. 高层管理个体特征对公司创业的影响

既有研究主要探讨高管个体（主要是 CEO）的不同特征对于公司创业活动的影响，主要包括高管个体的情感特质、主观看法、意识形态、任期等因

素（表 8.3）。

第一，CEO 的情感特质塑造了他们如何感知和解读公司创业机会（Baron & Tang，2011），CEO 情感特质则为 CEO 控制情绪表达的倾向，以及控制这种倾向如何或者何时可能影响到公司创业，并且已有研究确立了 CEO 情感特质在追求公司创业过程中的重要作用（Baron & Tang，2011；Foo & Baron，2009）。自我监控代表了一种内部一致和时间稳定的个体特质差异，在不同背景下具有较高的信度（Snyder，1974；Snyder & Gangestad，1986）。CEO 自我监控要求高管对环境变化保持警惕并能协调好高管之间的冲突，研究表明，CEO 自我监控通过高管团队行为整合这个中间机制对公司创业有显著的间接影响。一个更普遍的含义可能是 CEO 的自我监控可能会显著影响其他战略行为和结果（Chen et al.，2021）。

第二，除了情感特质，既有研究表明 CEO 的一些主观看法也会对组织层面的创业行为产生影响。例如，Chen 和 Nadkarni（2017）根据 CEO 对时间处置方式的不同，将 CEO 分为时间紧迫型和时间舒缓型。时间紧迫型 CEO 是指 CEO 具有时间上的紧迫感，经常设定最后期限并催促自己和团队及时完成任务；而时间舒缓型 CEO 则指的是 CEO 偏向于"在任务的最后期限努力"。CEO 对时间主观看法的不同会产生不同的时间领导力，CEO 通过时间领导力对高层管理团队的活动进行合理安排，从而影响公司创业活动（Chen & Nadkarni，2017）。

第三，基于政治心理学和高阶梯队理论，有研究表明，在美国情境下，CEO 的政治意识形态（分为社会意识形态和经济意识形态）会影响高管团队的战略决策过程并最终对公司创业产生影响（Chin et al.，2021）。进一步来说，社会意识形态分为社会保守主义和社会自由主义。其中，社会保守主义者往往更依赖于过去的做法或自己的经验，并凭直觉做出决定。经济意识形态分为经济保守主义和经济自由主义。其中，经济保守主义者倾向于将竞争视为实现积极结果的手段。Chin 等（2021）的研究区分了社会保守主义和经济保守主义的 CEO 对于公司创业的影响。研究认为社会保守主义的 CEO 可能会在高层管理团队的战略决策中提倡使用可靠的经验和简单的启发式方法，倾向于依靠直觉做出决策。而直觉的战略决策会促使 CEO 及时做出决策，使他们更愿意去冒险，而更容易抓住公司创业的机会。经济保守主义的 CEO 则重视个人成就，而不是共同的目标。因此，经济保守主义的 CEO 不利于高层管理团队形成合作战略决策，企业难以成功把握创业机会。

第四，CEO 继任会导致创业导向水平的变化，并且这种变化随着时间的推移呈现倒"U"型（Gruhn et al.，2017）。在继任的早期，CEO 可能由于信息不足、缺乏权力基础、组织惰性等无法成功实行战略变革；在继任的中期，CEO 已经获得了足够的知识和组织权力来规划新的路线；从长远来看，成熟的 CEO 会安于现状，导致创业导向水平的下降。表 8.3 归纳和梳理了高层管理个体特征对公司创业的作用。

表 8.3　高层管理个体特征对公司创业的作用

特征维度	作者和年份	主要观点
情感特质	Chen et al.，2021	高自我监控能力的 CEO 要求其对环境变化保持警惕并能协调好高管之间的冲突，CEO 自我监控通过高管团队行为整合的中介作用对公司创业有显著的间接影响
主观看法	Chen & Nadkarni，2017	根据 CEO 对时间处置方式的不同，将 CEO 分为时间紧迫型和时间舒缓型。CEO 对时间主观看法的不同会产生不同的时间领导力，CEO 通过时间领导力对高层管理团队的活动进行合理安排，从而影响公司创业活动
意识形态	Chin et al.，2021	区分了社会保守主义和经济保守主义的 CEO 对于公司创业的不同影响。研究认为社会保守主义的 CEO 可能会在高层管理团队的战略决策中提倡使用可靠的经验和简单的启发式方法，倾向于依靠直觉做出决策，更愿意去冒险，更容易抓住公司创业的机会
任期	Gruhn et al.，2017	CEO 继任的早期、中期和长远未来中，创业导向水平会发生变化，这种变化随着时间的推移呈现倒"U"型

资料来源：作者整理。

2. 高层管理团队特征对公司创业的影响

无论在何种规模与类型的企业中，高层管理团队的有效领导是公司创业取得成功的关键。Hornsby（2002）认为，具有适当规模的现有企业之所以最有潜力占据创业主导地位，是因为它们早已具备管理能力，并建立和形成了相应的管理团队。高层管理团队所面临的具有挑战性的任务就是组织调动各方的资源和能力，创造组织条件，最终促进创业（Kuratko & Hornsby，1999）。并且，公司创业是企业所做出的重要战略变化与决策，在这个过程中高层管理团队肩负着感知与寻求公司创业机会的重任（Covin & Slevin，1989），因此，其影响是非常关键的。既有研究对高层管理团队特征及其组成对于公司创业的影响进行了探讨。

从高层管理团队的人口统计学及其他特征出发，在控制了先前企业绩效、企业规模、高管团队规模与产业结构这些变量后，研究表明，平均年龄较低、任期较高、教育水平较高、专业化程度较高的高管团队更易于接受战略变化。由此推断，拥有上述团队特征的高层管理团队会更倾向于进行公司创业活动（Wiersema & Bantel，1992）。与上述结论相似，Katrin 等认为高层管理团队在教育、职能、行业和组织背景方面的异质性对于企业进行创新有很强的正向影响，通过积极主动地关注新出现的客户需求和新技术，从而形成具有新市场、新技术特性的产品组合，达成提升企业绩效的目的，研究强调了高层管理团队的人口特征对于企业创新的重要性（Talke，Salomo & Kock，2011）。除上述内容外，学者还研究了高管团队中性别占比对于公司创业的作用。研究表明，在一定水平限制内，高管团队中女性占比正向影响公司创业，但超出此限制水平，则对公司创业产生负向影响。学者将此归因于女性高管对于员工的承诺水平，女性员工对于女性高管的支持在于认为其能够保持性别平等，但在实际活动中，如果女性高管的行动达不到先前的预期承诺，那么就会对公司创业产生负面影响（Lyngsie & Foss，2017）。Tang 等（2021）以社会角色理论为基础，以中国高科技中小企业为背景，探讨了高管团队性别多样性对于组织层面的战略至关重要。研究发现，高层管理团队的性别多样性通过高层管理团队的心理安全对企业双元战略导向（探索和开发的战略导向）产生正向影响，高管团队中的男女比例平衡时，女性的群体性与男性的代理性相互交织形成了团队成员的心理安全，使成员既能不过度寻求共识，也能不陷入恶意冲突与争端中，从而团队成员能够理性决策，去创造探索与开发之间的联系与桥梁，当组织冗余较少时，这种中介效应更强（Tang et al.，2021）。

而在特定情境中，例如，跨国公司的公司创业活动开展，情况则更加复杂且具有更大挑战性。为了充分利用企业的创新能力，公司总部负责提供必要的战略领导，以利用跨地区和部门的公司资源。尤其是总部的人员配备方式和高管团队成员的背景特征很可能对跨国公司的战略领导力、公司创业举措以及随后的创新绩效产生重要影响。为了应对全球化所带来的挑战，跨国公司更重视适应、学习和创新。由于信息技术管理人员在全球范围内指导和组织创新方面发挥着核心作用，跨国公司越来越多地在其信息技术管理人员中配备不同国籍的高管。高管团队的国籍多样性增强了公司创业的效果：通过以技术为基础的并购、技术联盟和企业冒险活动的方式，提供了全球性的知识、新兴技术和专门知识的途径，最终促进了跨国公司的创新（Boone, Lokshin, Guenter & Belderbos, 2019）。

从高层管理团队的结构特征来说，Heavey 和 Simsek（2013）认为企业间高层管理团队组成特征的差异不仅可以影响高层管理者发现和响应创业机会的方式，还可以塑造其协调内部和外部资源从而支持公司创业活动的能力。高层管理者从事公司创业的能力主要来自团队内部人力资本，除此之外，高层管理者参与企业管理的倾向和偏好也受到他们在社会网络中嵌入程度的影响，且在不确定条件下，对技术变化速度以及行业不可预测性的感知程度更高的高层管理者，更加具有实施公司创业活动的倾向（Heavey & Simsek, 2013）。此外，高层管理团队的组织结构能够影响机会实现，进而对公司创业活动产生影响。Massis 等（2021）通过对 237 家意大利公司的调查，确定了高层管理团队的三种组织结构：以 CEO 为中心的高层管理团队结构、集成的高层管理团队和基于激励的高层管理团队结构。结果表明，以 CEO 为中心的高层管理团队和基于激励的高层管理团队结构在总体上与机会实现——尤其是创新机会——的关联上是等同的，而集成的高层管理团队结构更有利于组织识别变革机会。此外，通过对家族企业与非家族企业的机会利用进行调查分析，发现家族企业的组织方式对于机会开发至关重要，采用以 CEO 为中心的高管团队配置，中介了家族企业地位和机会开发之间的负相关关系，因此，家族企业的高管团队组织方式与非家族企业有本质上的不同（Massis, Eddleston & Rovelli, 2021）。

除了人口特征、结构特征，高层管理团队的学习能力、对信息的处理能力、行为整合以及心理特征等因素也对公司创业活动产生了不同程度的影响。既有研究将变革型领导者与组织适应能力联系起来，将高层管理团队行为整合和战略决策综合性联系起来，开发并检验了一个链式中介模型。该模型表明，在小型创业型企业中，变革型领导促进了高层管理团队成员的行为整合和在决策过程中的综合性，从而增强企业的战略能力，尤其是提高了组织适应环境变化的能力和生存能力（Friedman，Carmeli & Tishler，2016）。基于代理理论和管家理论，部分学者研究了家庭和非家庭的高层管理团队成员在组织和工作中的心理所有权对公司创业的影响的区别和联系。研究表明，家庭成员和非家庭成员对工作和组织的心理所有权水平相似，两者都有代理和管理动机，并且他们所拥有的两种类型的心理所有权都会影响公司创业。另外，代表家族控制的两个结构——家庭参与和裙带关系——只对非家庭高管团队成员的组织心理所有权和公司创业之间的关系产生负面影响（Lee，Makri & Scandura，2019）。表 8.4 归纳和梳理了高层管理团队特征对公司创业的作用。

表 8.4 高层管理团队特征对公司创业的作用

特征维度	作者和年份	主要观点
人口统计学特征及其他特征	Wiersema & Bantel，1992	平均年龄较低、任期较高、教育水平较高、专业化程度较高的高管团队更易于接受战略变化。由此推断，拥有上述团队特征的高层管理团队更倾向于进行公司创业活动
	Talke，Salomo & Kock，2011	高层管理团队在教育、职能、行业和组织背景方面的异质性对于企业进行创新有很强的正向影响
	Lyngsie & Foss，2016	在一定水平限制内，高管团队中女性占比正向影响公司创业，但超出此限制水平，则对公司创业产生负向影响
	Tang et al.，2021	高层管理团队的性别多样性通过高层管理团队的心理安全对企业双元战略导向（探索和开发的战略导向）产生正向影响
高层管理团队结构特征	Ciaran & Zeki，2011，2013	企业间高层管理团队组成特征的差异不仅可以影响高层管理者发现和响应创业机会的方式，还可以塑造其协调内部和外部资源从而支持公司创业活动的能力
	Heavey & Simsek，2013	高层管理者参与企业管理的倾向和偏好也受到他们在社会网络中嵌入程度的影响，且在不确定条件下，对技术变化速度以及行业不可预测性的感知程度更高的高层管理者，更加具有实施公司创业活动的倾向
	Massis，Eddleston & Rovelli，2021	以 CEO 为中心的高层管理团队和基于激励的高层管理团队结构在总体上与机会实现——尤其是创新机会——的关联上是等同的，而集成的高层管理团队结构更有利于组织识别变革机会

续表

特征维度	作者和年份	主要观点
学习能力、对信息的处理能力、行为整合以及心理特征	Friedman, Carmeli & Tishler, 2016	小型创业型企业中，变革型领导促进了高层管理团队成员的行为整合和在决策过程中的综合性，从而增强企业的战略能力，尤其是提高了组织适应环境变化的能力和生存能力
	Lee, Makri & Scandura, 2019	家庭成员和非家庭成员对工作和组织的心理所有权水平相似，两者都有代理和管理动机，并且他们所拥有的两种类型的心理所有权都会影响公司创业。而家庭参与和裙带关系只对非家庭高管团队成员的组织心理所有权和公司创业之间的关系产生负面影响

资料来源：作者整理。

二、中层管理者特征对公司创业的影响

中层管理者在组织中处于承上启下的位置，发挥着联结高管与基层的重要纽带作用。已有研究主要聚焦于市场环境下的中层管理者对企业创新、公司创业等方面的影响（Chen，2018；Wu，2018；Pinho，2016）。

首先，中层管理者对组织因素的感知、个人认知以及情绪特征对组织创新和创业产生影响。在组织资源可利用性高以及克服障碍能力较强的条件下，当中层管理者能够感知到组织因素（例如，组织支持、时间可用性、奖励和工作自主权时）时，他们将采取行动实施战略创业行为（Hornsby & Zahra，2002）。Reitzig 和 Sorenson（2013）的研究则表明，在组织由下而上的创新选择中，中层管理者的偏见会影响到创新提议的评审结果。基于社会信息处理理论和社会认知理论，Liu 和 Xi（2021）进行了一项跨层次的研究，研究表明中层管理者的认知（对组织前景的信心或工作场所的焦虑）能够影响 CEO 创业导向和企业绩效之间的关系，并且当中层管理者的创业自我效能感较高时，能够增加中层管理者对组织前景的信心，进而使得 CEO 的创业导向对企业绩效的间接影响作用更强。Huy（2016）发现，中层管理者通过展现"情绪回应"和"情绪参与"来促进员工情感共鸣，以推进工作团队对变革的持续认同。

其次，中层管理者在组织中的不同角色和行为影响着对创业机会的识别。Covin 和 Miles（1999）认为中层管理人员内创业的角色任务主要是对公司创业机会的识别和把握，中层管理者评估并筛选一线人员的创业提议，并将其

提交给高层管理者，如果这些新观点符合企业的战略布局，那么在高层管理者的支持下，由中层管理人员负责实施，因此，中层管理者在企业内创业中扮演着重要的角色。Shi，Markoczy 和 Dess（2009）的研究探讨了中层管理人员的八种角色（例如，守门员、协调者、联络者等）和他们参与并实现不同战略目标之间的关系，研究结果为中层管理人员如何识别以及何时应用不同的角色提供了更多的依据。另外，在组织或个人绩效低于或高于预期期望的情况下，中层管理者会采取不同的行为去寻求和争取新的机遇，例如，寻找新的战略机会，研究展示了个人—组织层面的反馈对中层管理者行为的影响，继而对公司创业产生不同的作用（Tarakci et al.，2018）。

最后，中层管理者的个人特质在组织层面的创业中产生影响。通过控制影响社会分类的国籍多样性和性别多样性，Schubert 和 Tavassoli（2020）的研究表明，中层管理者的教育水平多样性对新到企业（new-to-firm）和新到市场（new-to-market）的产品创新有积极影响。中层管理者的双重角色——变革实施者和变革发起者——似乎是一个组织中完成变革的关键。中层管理者在个性、经历、社会关系、技能和能力等方面有所不同，这些差异将导致中层管理者对战略的认识、感知和解释不同，进而使他们在制定战略时的意愿不同，以及在行使这两种角色时的能力和风格存在差异（Wang et al.，2021）。表 8.5 归纳和梳理了中层管理者特征对公司创业的作用。

表 8.5 中层管理者特征对公司创业的作用

特征维度	作者和年份	主要观点
对组织因素的感知、个人认知以及情绪特征	Hornsby & Zahra, 2002	当中层管理者能够感知到组织因素（例如，组织支持、时间可用性、奖励和工作自主权）时，他们将采取行动实施战略创业行为
	Reitzig & Sorenson, 2013	研究表明，在组织由下而上的创新选择中，中层管理者的偏见会影响到创新提议的评审结果
	Christoph et al., 2019	在企业的知识库规模足够大且行业创新机会较多的条件下，有中层管理人员的初创公司明显比那些没有中层管理人员的初创公司更具创新性
	Liu & Xi, 2021	中层管理者的认知（对组织前景的信心或工作场所的焦虑）能够影响 CEO 创业导向和企业绩效之间的关系，并且当中层管理者的创业自我效能感较高时，能够增加中层管理者对组织前景的信心

特征维度	作者和年份	主要观点
在组织中的不同角色和行为	Covin & Miles, 1999	中层管理者评估并筛选一线人员的创业提议，并将其提交给高层管理者，如果这些新观点符合企业的战略布局，那么在高层管理者的支持下，由中层管理人员负责实施
	Shi, Markoczy & Dess, 2009	研究探讨了中层管理人员的八种角色和他们参与并实现不同战略目标之间的关系
	Tarakci et al., 2018	在组织或个人绩效低于或高于预期期望的不同情况下，中层管理者会采取不同的行为去寻求和争取新的机遇，展示了个人—组织层面的反馈对中层管理者行为的影响，继而对公司创业产生不同的作用
个人特质	Schubert & Tavassoli, 2020	中层管理者的教育水平多样性对新到企业（new-to-firm）和新到市场（new-to-market）的产品创新有积极影响
	Wang et al., 2021	中层管理者在个性、经历、社会关系、技能和能力等方面的差异将导致中层管理者对战略的认识、感知和解释不同，进而使他们在制定战略时的意愿不同，以及在行使这两种角色（变革实施者和变革发起者）时的能力和风格不同

资料来源：作者整理。

三、基层管理者特征对公司创业的影响

相较一般员工来说，高层和中层管理者的支持更能对公司创业活动的开展产生积极影响（Hornsby, Kuratko, Shepherd & Bott, 2009）。因此，以往研究侧重于分析高层及中层管理者的影响，而对于基层管理者或一般员工在公司创业活动中的作用关注较少。但是，无论公司想要实现什么，最佳价值创造都将始终取决于能否在员工中激发出一种以共同目标为导向的动机，从而激励组织成员根据共同目标选择行动，并为实现共同目标做出明智的努力（Lindenberg & Foss, 2011）。在人力资源管理（Rousseau & Wade-benzoni, 1994）和目标设定的文献（Locke & Latham, 2002）中，学者们指出了员工动机的战略重要性，主要关注于个人与组织之间的联系。

以往为数不多的研究表明，员工在教育、年龄、性别、任期和经验等方面具有异质性，进而在技术和商业问题上产生不同观点（Nickerson & Zenger, 2004），最终对机会的捕捉和识别产生重要影响。从这个因果链条来看，员工的背景和特征对其开展公司创业活动具有不可忽视的影响。例如，员工拥有

不同的社交网络，有些局限在企业内，而有些则跨越企业边界。而拥有跨界社交网络的员工更可能获取外部知识，从而识别和利用环境中的机会（Laursen & Salter，2006），最终启动公司创业活动。毕竟，个人层面的机会识别过程是公司创业的基本构建单元（Corbett et al.，2013）。Holger 等（2020）认为员工从事公司创业活动会对其心理活动产生深远影响。因而，员工在以往参与公司创业项目中的体验、习得的知识以及对知识的运用都会对其参与新的公司创业项目的表现产生影响。此外，如果员工在参与先前公司创业项目过程中曾遭遇"解散"等较为痛苦的过程，那么员工对新的公司创业项目的角色参与和情感承诺就会减少（Holger，Judith，Wolfe & Shepherd，2018），这对于公司创业活动的成功推进是不利的。再者，随着人口寿命的延长，工作场所存在"多代"人（Kooij et al.，2011；Bloom & Van，2010），企业需要在工作设计、工作满意度和激励方面采取合适的策略，并且每一代在创业技能和态度方面都表现出了一定的特殊性，而这反过来又影响了组织内公司创业活动的发展。

以往研究表明，企业创始人的心理特质是影响公司创业的重要先决条件（Leutner et al.，2014）。然而，关于心理特质和内部创业之间联系强度的后续研究却非常少。为了补充这一领域的空缺，部分学者深入探索了人格的哪些维度可以促进内部创业。在前人研究的基础上，Woo（2008）认为员工的外向性、开放性、责任心等人格特质能够提升员工在不确定性环境下适应职业挑战的能力，通过增加员工的职业适应性来对公司内创业活动产生积极影响。因为职业适应性代表了一种能力——员工能够利用资源来应对新的工作需求和多样化的环境（Savickas & Porfeli，2012）。而社会认知理论的观点认为职业适应性是一种社会心理资源，有利于在陌生环境中调节职业目标和行为，通过提升员工的自我效能感知来增强员工的创业意向。总之，在考虑人格特质因素的情况下，职业适应能力在不熟悉和不确定的职业路径如内创业活动中发挥着重要的正向桥梁作用。表 8.6 归纳和梳理了基层管理者对公司创业的作用。

表 8.6　基层管理者特征对公司创业的作用

特征维度	作者和年份	主要观点
员工背景和特征	Nickerson & Zenger, 2004	员工在教育、年龄、性别、任期和经验等方面具有异质性，在技术和商业问题上可能会有不同观点，对机会的捕捉和识别产生积极影响
	Laursen & Salter, 2006	不同类型的人力资本有助于完成不同的公司创业任务，大型成熟企业往往拥有大量异质的人力资本，使员工能够专注于创业过程的不同方面；不同定位的员工具有不同的网络，其中一些可以跨越企业边界，使企业有可能获取外部知识，从而在创新环境中发挥杠杆作用
	Holger et al., 2020	员工在之前的项目中学习和应用的新知识会影响新的公司创业项目的绩效。此外，先前项目的解散会减少员工对新的项目角色的情感承诺和参与
心理特质	Woo, 2008	员工的外向性、开放性、责任心等人格特质通过增加员工的职业适应性来对公司内创业活动产生积极影响

资料来源：作者整理。

第三节　影响各关键行动者进行公司创业的因素

考虑到各行动者在公司创业过程中扮演着不同的角色，且对这一过程具有重要影响，既有研究也进一步分析了影响各关键行动者在公司创业活动的影响因素，如图 8.4 所示。

一、影响高层管理者进行公司创业的因素

高层管理者是否开展创业活动受到组织内外部环境因素的影响。尤其是社会、经济、政治、科技和文化等外部环境因素。当前，全球进入数字经济时代，数据成为生产资料，信息化和互联网的发展让要素与资源以速度更快、成本更低的方式流动，这大大减少了创业的壁垒，也激发了企业家和高层管理者们从事创业活动的积极性。特别是对于新兴经济体中的企业高层管理者来说，当国家政策鼓励"大众创新、万众创业"或者营商环境较好时，积极响应政策启动创业是非常明智的举动，可以借此获取优惠政策、政府的关注以及民众的认可。除此之外，组织环境也会影响到高层管理者开展公司创业活动的意愿。Sebora 和 Theerapatvong（2010）探讨了企业竞争范围、产品类型、企业规模、创业氛围、创业支持等对于高管个体构思新想法、承担风险

以及提高主动性的影响。研究表明，高管个体的创意性受到产品类型、公司规模和公司创业支持的影响；风险承担性仅和企业规模与公司创业支持有关；而积极主动性则受到企业竞争范围、企业规模、公司创业环境及公司创业支持等一系列因素的影响（Sebora & Theerapatvong，2010）。

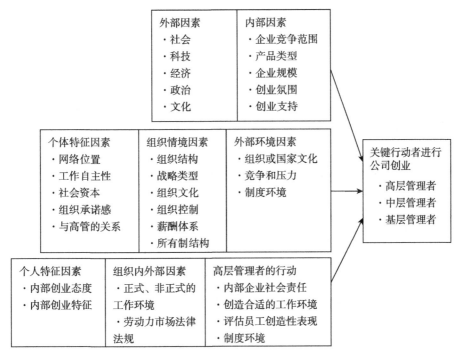

图 8.4　影响各关键行动者进行公司创业的因素
资料来源：作者整理。

二、影响中层管理者进行公司创业的因素

作为企业的中坚力量，中层管理者也通过议题营销（issue selling）等方式开展创业活动（Dutton et al.，1997）。影响中层管理者开展公司创业活动的因素主要有个体特征因素、组织情境因素等。其中，个体特征因素主要有网络位置（Floyd & Wooldridge，1997）、工作自主性（Ouakouak et al.，2014）、社会资本（Ahearne et al.，2014）以及与高管的关系（Kuratko et al.，2005）等；组织情境影响因素包括组织结构（Kuratko et al.，2005）、战略类型（Ren & Guo，2011）、组织文化（Kuratko et al.，2005）、组织控制和薪酬体系（Kuratko et al., 2005）等。研究表明，中层管理人员的创业行为受高管制定的战略决策以及包括管理支持、工作自由度/自主权、时间可用性、组织边界、奖励或强化以及组织边界等多项组织因素的影响（Kuratko et al., 2005）。中层管理人员在感知上述因素的基础上，综合考虑资源可用性以及创业的阻碍因素，多方衡量后从而决定是否开展公司创业活动；而一些外部环境因素如组织或国家文化、竞争和压力以及制度环境也会影响中层管理者开展公司创业活动。

三、影响基层管理者进行公司创业的因素

信息化、智能化快速发展的今天，越来越多的一线人员和基层管理者成为公司创业的主体。在此背景下，有不少学者探讨了影响基层管理者参与公司创业活动的因素。

首先，个人特征因素会影响基层管理者参与创业活动的意愿。Neessen 等（2019）对以往文献进行了综述，把内创业行为的前因划分为内部创业态度和内部创业特征两个方面。其中内部创业态度关注与组织的关系，常见的是组织承诺（Farruck et al., 2017）、满意度（Antoncic, 2011；Giannikis & Nikandrou, 2013）、动机（Urban & Wood, 2015）以及意图（Urbano et al., 2013）等；内部创业特征包括技术和能力（Abrell & Karjalainen, 2017）、自我效能感知（Rutherford & Holt, 2007）、个人知识以及过去的经验（Guerrero & Pena-Legazkue, 2013）等。

其次，组织内外部环境会影响基层管理者参与创业活动的意愿。一方面，正式环境中高水平的横向参与、纵向参与和可获得的资源，这些都有助于增加员工的工作自主权和对工作场所的控制权，促进了高水平的沟通和跨职能整合，知识共享和组织学习，增加了员工的创新想法和主动性，激励员工采取内部创业行为；另一方面，高水平的正规化这种正式的工作环境会增大员工自主采取行动的阻力，不利于促进员工内创业行为（Rigtering & Weitzel, 2013）。非正式环境指员工信任高管的情形，会减弱高度正规化的工作环境对员工采取内创业行为的负向影响。这是因为，即使是在高度正规化的环境下，高管的支持也会给员工更多的勇气和底气去进行个人冒险。除了正式和非正式的环境，既有研究的学者也分析了一些外部大环境因素的影响。例如，在劳动力市场法规方面，在遣散费较高以及通知期限较长的条件下，员工更有可能参与公司创业活动（Liebregts & Stam, 2019）。

最后，高层管理者的行动会影响基层管理者参与创业活动的意愿。高层管理者实行内部企业社会责任——企业将部分资金投资于自己的员工——是一种很好激励基层管理者参与公司创业活动的举措。创造合适的工作环境或评估员工创造性表现，有针对性地对员工进行培训，最大程度激发员工的创造力，都有助于推动员工参与公司创业活动（Williams，2001）。同时，管理沟通能够促进基层员工创新想法的产生，进而有效激励个体参与内部创业（Rigtering et al.，2019）。

第四节　围绕关键行动者的研究的总结与展望

正如 Felin、Foss 和 Ployhart（2015）所言，从因果关系的角度来说，对组织层面现象最直接的解释来自组织内部个体、流程和结构，以及它们之间的相互作用，而这些都是所谓"微观基础"的范畴。微观基础提醒人们注意不同层面之间的相互作用机制，并强调微观层面的解释性优先。因为与环境层面、行业层面以及其他组织层面因素的解释相比，微观基础能更为准确地解释和预测公司创业行为（Felin，Foss & Ployhart，2015），有助于克服目前占主导地位的宏观观点存在的缺陷（Foss，2009）。如何将微观因素与宏观因素联系起来的问题一直是战略、组织理论和组织行为学者争论和感兴趣的话题（Harper & Lewis，2012；Raub，Buskens & Van，2011；Felin et al.，2012）。例如，在战略管理中，Coff 和 Kryscynski（2011）呼吁识别竞争优势的微观基础；而在组织行为学文献中，Kozlowski 和 Chao（2012）呼吁增加对群体凝聚力和知识等集体层面构念的微观基础的研究。前文分析的高层、中层和基层（包括员工）管理者对公司创业的作用和影响，本质上就是对公司创业的微观基础的探讨。关键行动者在进行公司创业时会面临的三个问题（Morris，Allen，Schindehutte & Avila，2006）：企业正在寻求什么样的创新？如何有效地将运营控制与创业战略结合起来？如何对组织成员进行适当的个人培训和准备，以了解公司创业的战略到底是什么？各关键行动者应当有效认识和回应这些问题，并与那些没有取得成功的企业形成区别。

本章探讨的公司创业的关键行动者，在具体研究视角方面，尽管在创业研究中也曾掀起"创业认知"研究的热潮，即从创业者认知角度分析创业机

会的识别和利用问题，然而大多研究聚焦在个体创业议题上。Barney 和 Felin
(2013) 认为应进一步了解组织能力和异质性，以解决微观基础问题，例如，
如何建立能力，个人如何与组织匹配，特定行为者在建立能力方面的作用，
等等，应该从根本上分析如何将个人层面的因素汇总到集体层面。从公司创
业的理论视角来看，有学者从资源基础观、代理理论、动态竞争理论等视角
研究了战略目标与高层管理者启动创业的动机之间的关系（Wernerfelt, 1984；
Audia, Locke & Smith, 2000；Jensen & Meckling, 1976）。此外，也有不少学者
从高阶梯队理论出发，研究高管个体（主要是 CEO）、高管团队和董事会成员
的影响。然而，高阶梯队理论主要考察企业内部部分个体即高层管理者对战
略决策的影响，对中层管理者、基层员工的分析是无能为力的。

　　基于此，未来研究可将注意力基础观作为核心理论，逐步完善公司创业
的微观基础研究。这主要基于以下考虑：首先，注意力基础观可用于探索微
观基础；其次，注意力是机会识别和利用的手段（Eklund & Mannor, 2021），
是影响公司创业活动的关键要素；最后，注意力基础观能与其他理论整合，
为公司创业现象提供更有说服力的解释。进一步地，建议未来研究结合公司
创业具体情境，围绕微观基础研究的三个关键问题展开研究设计：①个体对
公司创业的影响；②个体间的交互对公司创业的影响；③低于组织层面的变
量（个体或团队变量）如何对组织层面之间的变量起到调节或中介作用。总
之，未来研究可从注意力基础观出发，围绕影响公司创业的四个关键主体，
结合微观基础的三个核心研究议题，形成一个"4×3"的分析框架，通过理
论建构和实证检验，较为全面地解析公司创业的微观基础，如表 8.7 所示。

表 8.7　未来研究方向

问题	高管个体（CEO 或创始人）	高管团队或董事会	中层管理者	基层管理者或员工
个体/团队层面因素如何影响公司创业？（注意力作为自变量/中介变量）	CEO 对新技术及受其影响的行业的注意力对公司创业的影响（Eggers & Kaplan, 2009）CEO 对客户、研发、竞争的注意力对公司创业的影响	高管团队或董事会对于未来的注意力与公司创业	嵌入的组织创业氛围、创业注意力与公司创业/内创业	过往经验、对机会的注意力与内创业（代表自下而上的公司创业）

问题	高管个体（CEO 或创始人）	高管团队或董事会	中层管理者	基层管理者或员工
个体/团队间的互动如何影响公司创业？（注意力作为中介变量）	CEO 担任外部董事通过影响 CEO 注意力配置进一步影响公司创业	竞争企业的创业行为通过影响对创业活动的注意力最终影响公司创业（Mccann & Bahl, 2017）	竞争部门的创业行为通过影响创业注意力最终影响公司创业（内创业）	跳槽员工创业通过影响对创业机会的注意力最终影响公司创业（内创业）
组织层面变量（自变量或因变量为公司创业）如何被个体/团队层面注意力因素中介或调节	组织资源与公司创业：CEO 或创始人对创业文化塑造与沟通的调节作用	组织资源与公司创业：高管团队与董事会创业专项沟通、与中层干部的创业专项沟通、与基层员工的创业专项沟通的中介作用	组织创业支持对公司创业的影响：中层经理与基层员工的创业沟通机制、与企业高层的沟通机制的调节作用	组织创业支持对公司创业的影响：以基层员工对客户需求的注意力为调节

资料来源：作者整理。

第四篇

情境嵌入

第九章 家族企业的公司创业研究

近年来，以家族企业为情境的公司创业研究受到越来越多国内外学者的关注（Minola et al.，2016）。一方面，家族企业在全球范围内占据重要地位。事实上，全球经济中绝大多数企业以家族制存在，家族企业贡献了 2/3 的 GDP 增长以及 65% 左右的就业（Aminadav & Papaioannou，2020）。这使得近年来以家族企业为情境的公司创业研究不断涌现。另一方面，家族企业具有独特的治理体系、家族和非家族的关系之中的社会情感财富①（socioemotional wealth）以及诸如"家族性"（Familiness）等特有的资源，进而其公司创业过程变得相当"独特"。同时，对于创业战略的制定与实施来说具有重要意义的代理问题，在家族企业和非家族企业中具有较大差异（Salvato et al.，2019）。因此，对家族企业公司创业的前因、战略以及后果的研究常得出有别于一般企业的发现。这无疑也是吸引公司创业研究者将家族企业作为研究情境的重要原因之一。

本章阐明了公司创业活动在家族企业情境下的特点、类型、动因及后果，分析了主要的理论基础，归纳了现有研究存在的缺陷，并在此基础上提出了未来研究议题。本章的逻辑框架见图 9.1。

第一节 家族企业与家族企业的公司创业

一、家族企业的内涵与类型

在理解家族企业开展创业活动的独特性之前，先要明确何谓"家族企

---

① 社会情感财富：满足家族情感需求的公司非财务方面追求，如身份认同、行使家族影响力的能力以及家族王朝的延续等。

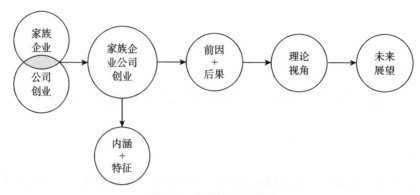

图 9.1　本章的逻辑框架

业",即要区分家族和非家族企业。学界通常以"涉入要素法"（components-of-involvement approach）判定特定企业是否为家族企业。具体而言,当特定企业的所有权由某个家族控制,同时该家族中的某个成员也参与企业的日常经营管理,那么这样的企业就被视为家族企业（Chirico et al.，2011；陈凌和王昊,2013；李新春等,2008）。

家族企业种类众多,以往研究对其进行了多维度的分类。第一,基于传统的所有权（控制权）和代际涉入的差异,Salvato（2004）将家族企业分为三类:①以创始人为核心的家族企业——在此类家族企业中,创始人依然占有绝大多数所有权;②后代维持的家族企业——在此类家族企业中,家族第二代、第三代甚至更多代占有大多数企业所有权;③公众家族企业——在此类家族企业中,家族已不控制企业绝对所有权（Salvato,2004）。Westhead 和 Howorth（2007）在此基础上进行了更加细致的划分,认为存在普通家族企业、后代家族企业、职业家族企业、职业与后代共有家族企业、过渡期的家族企业以及公众家族企业六种具体类型（Westhead & Howorth,2007）。

第二,基于战略视角,Perez-perez 等（2019）选择知识管理、战略灵活性和战略更新三个维度,对家族企业进行分类。三个维度均强调家族企业"求变"的意愿与行动。其中,知识管理是指一系列活动、倡议和战略,企业利用这些活动、倡议和战略在组织内部和组织之间产生、存储、转移和应用知识（Calvo-Mora et al.，2016；Hussinki et al.，2017；Jayasingam et al.，2013；Zack et al.，2009）；战略灵活性涉及组织活动性质的变化,可以理解为一个组织相对于其当前状况的改变意愿（Volberda et al.，2001）；战略更新是一个修改或替换组织当前的商业模式以应对新出现的机遇和风险并最终实现长期生存和繁荣目标的动态管理过程（Schmitt et al.，2018）。Perez-perez 等（2019）进一步采用"两步聚类"方法，基于上述三个维度将家族企业划分为三类：①主动型家族企业——此类家族企业在所有知识管理实践中都非常活跃并表现出更高的灵活性，从事更多的战略更新活动；②过渡型或适应型家族企业——此类家族企业在知识管理实践和战略灵活性方面处于中等水平，且对战略更新活动的重视程度较低；③刚性家族企业——此类家族企业不太重视知识管理活动的开展，且表现出最低的战略灵活性和战略更新价值（Perez-Perez et al.，2019）。

二、家族企业公司创业的内涵

目前，学者们运用了公司创业、外部公司冒险、创业导向、跨代创业（Transgenerational entrepreneurship）、数字创业等多个相关概念描述与刻画家族企业对于创业的态度，以及具体的创业活动，如表 9.1 所示。

既有研究普遍认为，家族企业的创业需要同时满足两个核心要素，其一是机会识别，其二是家族涉入（傅颖等，2021）。首先，创业机会在创业中处于核心位置，创业本质上就是在资源高度约束、不确定性强的情境下对机会的验证性、试错性、创新性的快速行动机制（Shane & Venkataraman，2000；Suddaby et al.，2015）。其次，家族涉入是家族企业和非家族企业在创业行为决策上最根本的差异所在。事实上，家族企业的全部决策行为都依赖于家族涉入（杨学儒和李新春，2009），因而其直接影响了家族企业实施创业活动的过程（Mckelvie et al.，2013）。

家族企业的外部公司冒险（External corporate venturing），是指家族企业发起的在外部建立新创企业或新业务的活动。Prugl 和 Spitzley（2021）在对案例的研究中发现家族企业参与外部冒险的形式有两种。一种是家族企业投资于由家族人员创建的新企业，另一种是家族企业投资于由非家族人员创建的新企业。在此基础上，Minola 等（2021）对公司冒险进行了更加进一步的划分，认为家族企业的外部公司冒险应分为两类：一类是家族公司冒险（Family corporate venturing），在此情形下企业参与家族公司冒险的动机来自让受过教育的新一代家庭成员参与新公司，因此对于家族企业来说风险是外部的，而对于家族来说风险是内部的；另一类是家族外部公司冒险（Family external corporate venturing），此时新企业完全独立于母公司，家庭成员也不在新企业任职，因此，不论是对家族企业还是对家族来说，风险都是外部的（Minola et al.，2021）。

关于家族企业的创业导向，学者们普遍认为其主要包含自主性、创新性、主动性和风险承担性四个维度（Zahra，2005）。Zellweger 和 Sieger（2012）针对家族企业的独特性，提出家族企业创业导向应包含更加细化的维度，按照创新是否属于企业内部，将自主性和创新性划分为外部自主权（External autonomy）、内部自主权（Internal autonomy）、外部创新性（External innovativeness）及内部创新性（Internal innovativeness）；按照风险来源将风险承担性划分为所有权风险（Ownership risk）、绩效失利风险（Performance hazard risk）及控制风险（Control risk），此外，在主动性的基础上又加入了竞争侵略性（Competitive aggressiveness）。

进入数字时代，研究数字时代家族企业的创新与创业精神，对于增强家族企业的竞争优势和抵御经济衰退具有重要意义，家族企业数字创业是公司创业的重要形式（Basly and Hammouda，2020）。Davidson 和 Vaast（2010）将数字创业定义为"基于数字媒体和其他信息和通信技术的机会追求"。欧盟委员会对此提供了一个更全面的定义，指出数字创业包括通过创造和使用新的数字技术来推动经济或社会价值创造的所有新企业和现有企业的创业。据此，在家族企业情境下，数字创业可被定义为家族企业通过数字化技术进行机会识别与利用，以维持家族企业可持续发展的过程。

家族企业跨代创业，强调家族的创业心态和创业能力的传承。Habbershon 等（2010）指出，跨代创业是指一个家庭利用和发展创业心态，增强因家庭而获得的资源和能力，以此来创造新的跨代创业、金融和社会价值流的过程（Gartner，2007；Habbershon et al.，2010）。

家族企业公司创业研究运用的相关概念见表 9.1。

表 9.1　家族企业公司创业研究运用的相关概念

相关概念	内涵	作者及年份
公司创业	家族企业的公司创业，需要同时满足两个核心要素，其一是机会识别，其二是家族涉入	傅颖等（2021）

续表

相关概念	内涵	作者及年份
创业导向	外部自主性、内部自主性、外部创新性、内部创新性、所有权风险、绩效失利风险、控制风险、主动性、竞争侵略性	Zellweger & Sieger（2012）
数字创业	家族企业基于数字媒体和其他信息和通信技术对机会的追求和开发	Davidson & Vaast（2010）
跨代创业	一个家庭利用和发展创业心态以及受家庭影响的能力，并创造新的跨代创业、金融和社会价值流的过程	Gartner（2007）；Habbershon et al.（2010）

资料来源：作者编制。

三、家族企业公司创业活动的特征

学者们分别从利用机会的程度、社会情感财富、代理问题等方面介绍了家族企业与非家族企业的差异，并分析了由于家族企业的独特性而引发的家族企业公司创业活动的特殊性。

第一，从创业机会识别和利用的程度上来看，学者们尚未得出一致的结论。一部分学者认为，家族企业往往难以利用创业机会，主要原因有两个。首先，家族企业通常具有高度的自我认同感，他们对自己所处环境的变动通常没有多少"感觉"。与此同时，家族企业通常对风险的厌恶水平较高，CEO控制权集中的组织设计导致家族企业机会识别相比于非家族企业更慢（De Massis et al.，2021）。其次，由于创业的不确定性较大，家族财富损失的可能性增加，而家族企业并不想因为任何一次的冒险而导致家族财富的损失（Goel & Jones，2016），因此家族企业不会轻易开展创业活动。相反地，另一部分学者则认为，家族企业在机会识别方面更具有优势（Patel & Fiet，2011），并且家族企业对创业的关注度更高（Nordqvist & Melin，2010），因而一旦其积极寻求并利用机会时，创业现象就会出现（Carmeil & Halevi，2009）。

第二，从社会情感财富来看，家族企业往往为了获得社会情感财富而增强其风险承担性进而增加企业的创业活动。依据社会情感财富要求，家族企业不仅在财务方面有要求，而且对其身份被认同以及其家族王朝得以延续也有不同程度的要求（Gomez-Mejia et al.，2011）。不仅如此，家族所有者可能会将其身份被认同以及其家族王朝得以延续视为他们管理公司的主要参考框架（Gomez-Mejia et al.，2007）。首先，从身份认同角度来看，家族企业中的家族管理者非常看重对企业的控制权，实际上他们一生都在追求这种地位（Casson，1999；Miller et al.，2011），因而会采取更多的创业活动。其次，从控制权转移方式来看，家族企业具有将企业控制权转移给下一代的强烈愿望（Zahra，2005）。因此，家族企业尤其关注创业，因为创业被视为一种维持企业长期留存和家族世代相传的方式（Nordqvist & Melin，2010）。综上两点，家族企业往往具有更高的风险承担性，从事更多的创业活动。

第三，从"家族性"的角度看家族企业往往采用全面战略决策①——整个企业的战略都由家族制定，这使得家族在整个创业过程中的话语权最大化。家族企业的具体行动往往是由家族成员在全面考虑了所有问题以后决定的（Talaulicar et al.，2005），这在战略的制定和实施中是重要的——亦是家族企业和非家族企业最大不同点（Eddleston et al.，2010），这也体现了家族在家族企业中的地位无可替代。因此，家族在战略决策方面往往保持绝对话语权，这也使家族企业的公司创业更加依赖家族的决定。

第二节　家族企业公司创业的前因与后果

一、家族企业公司创业的前因研究

家族企业的创业活动受多层面因素的驱动，本章沿用 Bettinelli 等（2014）和齐齐等（2017）的研究框架，主要从个体层面，家族层面和家族企业层面三方面展开系统分析（Bettinelli et al.，2014；齐齐等，2017），如表9.2所示。

（1）从个体层面来看，主要研究集中在家族成员的特点上，包括家族创业者的基本特征、创业意愿和能力等。从基本特征来看，Kellermanns 等（2008）探究了家族企业领导者的年龄、任期，以及参与业务的世代数量等特征对公司创业的影响。研究发现，家族企业领导者的年龄和任期与公司创业活动呈负相关，而多代人参与则有助于公司创业活动的发生（Kellermanns，Eddleston et al.，2008）。与之类似，李前兵（2011）基于人口统计学特征，

---

① 全面战略决策：一项决策在很大程度上是基于对问题的彻底分析。

全面考察了企业领导者的年龄、学历、职业背景和任期对家族企业进行公司创业的影响。企业领导者的学历和职业背景与家族创业行为呈正相关，而企业领导者的年龄和任期则与家族创业行为呈负相关（李前兵，2011）。陈文婷（2011）基于知识视角讨论创业学习对家族创业决策的影响。Fu 和 Si（2018）则是关注到家族企业中的第二代创业者。基于问卷调查结果，他们发现家族企业中拥有海外经历的第二代创业者会促进家族涉入与公司创业活动的开展，同时海外经历的时间越长，这种效应越强（Fu & Si，2018）。Fu 等（2024）还发现中国家族企业海归二代进行创业风险承担与其管理自主权有关，如果海归二代管理级别越高，其所在家族企业处于高发展行业，并且处于制度环境较差的地区，将促进家族企业的创业风险承担。除此之外，Kotlar 和 Sieger（2019）对比了家族企业内作为家族成员的管理者与非家族成员的管理者对公司创业活动的影响。相较于家族成员的管理者，非家族成员的管理者创业活动较少，而这种差距会在家族企业创始人离开公司后愈加明显。但是当家族企业内的监管较完善、分配机制较为公平以及自身居于要位时，非家族管理者的创业活动又会明显增加（Kotlar & Sieger，2019）。就创业意愿而言，Frederik 等（2021）基于案例研究发现，家族企业内的公司创业活动可由家族内的个体成员自下而上引发。创业家族的个体成员出于保持创业心态、维持家族和谐、确定家族中的地位、成为家族企业继任者、促进跨代交接和远离家族业务六种目的，积极参与到公司创业活动当中去（Frederik et al.，2021）。从能力来看，Samei 和 Feyzbakhsh（2015）发现成功的家族企业继任者要想推动家族企业进行公司创业，需要具备包括风险承担、机会识别、创造性思维等在内的 17 种个人能力（Samei & Feyzbakhsh，2015）。

（2）从家族层面来看，相关学者主要考察了家族亲缘关系和创业团队的影响。就家族亲缘关系而言，主要探讨家族成员之间的联系或者差异对于公司创业的影响。李前兵（2011）发现，家族成员间的共同愿景、信任和共同联系都会促进家族创业行为（李前兵，2011）。郭超（2013）则是研究了家族企业内两代领导者之间的差异对公司创业活动的影响。研究指出，家族接班者与父辈的年龄差异、知识差异和海外背景差异均会对企业的业务转型、产品市场转型和地域市场转型创业起到重要影响作用（郭超，2013）。Pruegl 和 Spitzley（2021）比较了家庭沟通模式对外部公司冒险的影响。研究指出，如果来自创业家族的下一代成员在家庭沟通模式中感受到高度的关系导向性①，则不太愿意进行外部公司冒险活动；反之，当下一代成员感知到高度的对话导向性②时，则会对外部公司冒险活动展现出更高的战略优先性（Pruegl & Spitzley，2021）。从创业团队的角度来看，Cruz 等（2013）探究家族创业团队如何，以及为什么形成，家族创业团队构成对家族内创业的影响（Cruz et al.，2013）。De Massis 等（2021）发现由于企业内高管团队设置的不同，家族企业和非家族企业在机会利用方面存在着显著差异。非家族企业倾向于采用以 CEO 为核心的高管团队配置，而家族企业则会选择参与式高管团队设置，实证结果显示前者在机会利用方面更胜一筹（De Massis et al.，2021）。

（3）从家族企业层面来看，制度、网络关系、文化、资源等企业层面因素作用较大。在制度方面，Cavus 和 Demir（2011）探究了家族所有权制度化对于公司创业的影响（Cavus & Demir，2011）。Soleimanof 等（2019）则进一步通过理论分析解释了家族企业的制度环境作用于微观主体进而影响公司创业的过程（Soleimanof et al.，2019）。在网络关系视角下，既有研究主要从内外两个方面进行考量。Toledano 等（2010）指出家族企业中的网络关系会影响一般员工与管理者之间的共同创业过程，进而作用于内部创新、衍生新企业等一系列公司创业活动（Toledano et al.，2010）。Weimann 等（2021）基于社会网络理论，考察了社会关系对家族企业公司创业的影响。具体而言，较强的社会关系会促进企业的创新、战略更新以及公司冒险，进而推动企业的公司创业活动（Weimann et al.，2021）。Du、Ma 和 Li（2022）发现非家族股东治理相关的股权结构和董事会参与可以通过弱化家族控制和增强继承意愿的方式来增强家族企业的创业风险承担。从组织文化方面来看，Eddleston 等（2012）基于管家理论，全面考察了组织文化在家族企业公司创业过程中的重要性。实证检验了全面战略决策、参与式治理、长期导向和人力资本这四个重要的组织文化决定因素与家族企业公司创业活动的正向关系（Eddleston et al.，2012）。Raitis 等（2021）聚焦家族企业在公司创业过程中的价值观差异问题。通过对一家全球化家族企业 45 年的历程进行纵向案例研究，发现家族

---

① 关系导向性：家庭在多大程度上创造了一种强调态度、价值观和信仰同质性的氛围。
② 对话导向性：家庭创造氛围以鼓励所有家庭成员自由参与广泛话题的交流的程度。

企业的领导者如果能灵活地援引并践行家族和企业的价值观将会有助于公司创业活动的长期持续开展和公司价值的稳定增长（Raitis et al.，2021）。

基于资源视角，社会情感财富、组织支持和创业遗产等重要影响因素均已有文献探讨。Saleem 等考察了家族企业中不同的社会情感财富对于公司创业的影响。具体而言，社会关系和通过继承形成的家族纽带对于公司创业具有正向影响，而家族控制和情感依赖对公司创业则是负向影响（Saleem et al.，2020）。Mustafa（2015）借助公司创业评估工具发现，相较自由时间、激励措施和工作裁量权，对生成新想法的管理支持和对风险承担的容忍这两类组织支持，对于马来西亚家族企业进行公司创业活动的促进作用更为明显，借此作者重申了组织环境对于公司创业的重要性（Mustafa，2015）。Jaskiewicz 等（2015）指出创业遗产（即对过往创业成就的记录）有助于激励家族企业现任者和继任者进行战略活动，从而促进家族企业的跨代创业（Jaskiewicz et al.，2015）。家族企业公司创业的前因研究见表9.2。

表9.2　家族企业公司创业的前因研究

研究层面	影响因素	作者和年份
个体层面	基本特征	Kellermanns 等（2008）；李前兵（2011）；Fu 和 Si（2018）；Kotlar 和 Sieger（2019）；Fu 等（2024）
	创业意愿和能力	Frederik 等（2021）；Samei 和 Feyzbakhsh（2015）；陈文婷（2011）
家族层面	家族亲缘关系	李前兵（2011）；郭超（2013）；Pruegl 和 Spitzley（2021）
	创业团队	Cruz 等（2013）；De Massis 等（2021）
家族企业层面	制度	Cavus 和 Demir（2011）；Soleimanof 等（2019）
	网络关系	Toledano 等（2010）；Weimann 等（2021）；Du 等（2022）
	组织文化	Eddleston 等（2012）；Raitis 等（2021）
	资源	Saleem 等（2020）；Mustafa（2015）；Jaskiewicz 等（2015）

资料来源：作者整理。

二、家族企业公司创业的后果研究

相较前因研究，家族企业创业后果方面的研究相对较少。本章主要从个体和家族企业两个层面展开分析。

从个体层面来看，包括了对家族管理者和继任者的影响。Wiedeler 和 Kammerlander（2021）通过理论阐释，指出从事内部公司冒险活动能提升未来家族管理者的决策制定和商业判断等一系列创业能力。他们同时考察了未来家族管理者倾向、家族支持、内部新创企业与家族企业之间的关系（venture-family firm relationship）等情境因素对上述关系的作用（Wiedeler & Kammerlander, 2021）。Marchisio 等（2010）基于案例研究考察了公司创业活动中的公司冒险所带来的影响。研究指出，如果企业存在继任程序，公司冒险能帮助在任领导者选择下一代家族成员，同时为其积攒人力资本。但是公司冒险也会降低下一代家族成员对企业核心业务的情感承诺（Marchisio et al., 2010）。

从家族企业层面来看，主要包括了对企业绩效、战略管理和创业精神的影响。研究最为广泛的结果当属企业绩效。Kellermanns 等（2008）指出家族企业的创业行为能够促进企业增长（Kellermanns et al., 2008）。值得注意的是，多位学者研究了家族企业的创业导向和绩效之间的关系（Hernandez-Perlines et al., 2017; Martinez et al., 2016; Naldi et al., 2007; Schepers et al., 2014），并对其内在机理和情境因素进行了深入探索。何轩（2010）在结合中国中小型家族企业特色的基础上，考察了家族企业战略创业对于战略绩效的影响。研究发现，家族内部交往网络、创新和家族企业独特治理结构会提升家族企业的战略决策质量（何轩，2010）。李新春等（2008）基于案例研究，发现家族企业通过治理结构变革、产业创新、家族企业资源的动态管理、内外部网络构建、国际化发展等一系列战略创业行为，不断突破现有约束，从而实现家族企业创业精神传承与跨代际持续发展（李新春等，2008）。Calabrò 等（2023）以 21 个国家的 1344 家家族企业为样本，通过模糊集定性比较发现资源配置和创业导向的不同组态可以提高家族企业绩效水平。

家族企业公司创业的后果研究见表 9.3。

表 9.3　家族企业公司创业的后果研究

研究层面	影响因素	作者和年份
个体层面	家族管理者	Wiedele 和 Kammerlander（2021）
	继任者	Marchisio et al.（2010）

续表

研究层面	影响因素	作者和年份
家族企业 层面	企业绩效	Kellermanns et al.（2008）；Naldi et al.（2007）；Schepers et al.（2014）；Martinez et al.（2016）；Hernandez-Perlines et al.（2017）；Calabrò et al.（2023）
	战略管理	何轩（2010）
	创业精神	李新春等（2008）

资料来源：作者编制。

第三节　家族企业公司创业研究的理论视角

现有研究借助了丰富的理论视角来探索家族企业情境下的公司创业现象。概括而言，资源基础观、实物期权理论、动态能力观、高阶梯队理论、组织学习理论等传统成熟理论在近几年的使用频率缓慢减少，而诸如社会情感财富理论、管家理论等家族企业特有的或与家族企业契合度较高的理论视角得到了越来越多的运用。除此之外，由成熟理论进一步发展而来的理论视角也备受学者们青睐，如嵌入理论、代理理论、资源拼凑理论、行为代理理论等。借鉴齐齐等（2017）的研究，本章围绕六个使用较多的理论视角进行阐述。

一、资源基础观

资源基础观（Resource-based View）在家族创业研究中运用较多。资源基础观的提出者 Barney（1991）认为，造成各企业竞争优势不同的根源在于企业所特有的资源。资源基础观关注企业所拥有的资源禀赋，以及这些资源如何发展企业的竞争优势。Habbershon 和 Williams（1999）首次将资源基础观运用于家族创业的研究中，提出了新概念——"家族性"（Familiness），即由家族、企业和家族成员之间互动而生成于家族企业内部的独特资源和能力束，是家族企业特有的创业资源。他们认为"家族性"来源于系统协同作用，并将家族性分为"独特的家族性"与"束缚的家族性"，这种独特的资源与能力及其作用日益受到家族创业学者的关注（谢雅萍等，2016）。金融和人力资本构成了家庭的一般资源，促进了其独立于环境的创业，然而家庭资源禀赋的数量和质量可能存在差异。创业者通过关系嵌入调用这些资源，可能对他们的创业活动和创业能力是至关重要的（谢雅萍等，2016；Bird & Wennberg，2016）。家族领导人的特性也会影响其对这些资源的积累和利用，进而对家族创业行为产生影响（李前兵，2011）。资源基础观为理解创业家族如何管理代际变革提供了基础视角（Jones et al.，2013）。创业家族的社会资本、风险资本以及家族性资本为创业家族企业成长提供了重要的资源（Dyer et al.，2014；庞仙君等，2015）。社会资本解释了家庭创业团队（Family entrepreneurial team）的形成和构成。具体而言，对家族资产进行创业管理的共同承诺支持了家庭创业团队的形成（Cruz et al.，2013）。此外，金融资本及家族性资本能促进家族企业的投资组合创业，家庭天使投资资本可维持创新并促进家族企业的继承（Au et al.，2013）。

二、嵌入理论

Granovetter（1985）首次提出社会嵌入理论（Embeddedness Theory），之后先后被引入管理、创业和家族创业研究中。根据社会嵌入的观念，创业者的经济行为和决策受到具体的、持续的个人关系的影响（Granovetter，1985）。这些嵌入式关系是创造机会还是约束，取决于创业者在其社交网络中的位置（Bird & Wennberg，2016）。Bird 和 Wennberg（2016）认为移民创业者在家族中的关系嵌入对他们成功开办和经营新企业至关重要。家族嵌入性可以提高对关键资源的获取，进而提高效率，并最终会影响创业者对退出或持续创业的决策。

嵌入理论视角表明，企业和家族是紧密相连的，家族在企业决策过程及其结果中发挥着重要作用（Steier，2007）。学者可通过提供一个细微的理论来解释家庭关系的具体情境中的嵌入性，并通过对三种不同类型的网络探索家庭关系对家族创业增长的影响：创业者建议、家族性资源和情感支持（Arregle et al.，2015）。家庭的支持，是女性创业者取得卓越家族绩效的重要因素（Welsh et al.，2014）。此外，创业者被嵌入关系的程度可能导致他们依赖冗余信息，无视外部知识，从而限制他们适应环境变化的能力（Arregle et al.，2015），这些约束可能导致新企业的负面结果（即企业家过度嵌入他们的网络中）（Toledano et al.，2010）。

除了家族与企业的嵌入，还包括家族成员身份的嵌入。在家族企业任职的家族人员既具有企业身份又具有家族身份。不同身份想要实现的目标不一样，企业身份考虑经济目标，而家族身份还伴有家族非经济目标的考虑。研究发现，家族企业中家族成员的创业活动有些是为了保护家族的"老字号"和创始人的遗产。例如，出于对家族身份的强烈认同使意大利的一家钢铁家族企业愿意坚持不懈地战略更新（Salvato 等，2010）。但也可能是对家族身份的认同造成家族成员在创业机会评估上出现分歧，进而抑制公司创业（Shepherd 和 Haynie，2009）。

三、代理理论

代理理论（Agency Theory）最早由 Jensen 和 Meckling（1976）提出。他们认为，代理成本增长的原因是偏好个体利益的决策（Madanoglu et al.，2016）。代理理论认为，如果家族企业所有权变得更加复杂并存在于多代之中，那么潜在的不和与利益竞争会呈指数级上升，而且个人关系强度将会削弱。因此，家族企业中参与管理的家庭成员越多，所有权和管理的重叠就越大，委托人和代理人的利益也将重叠，进而带来卓越的创业产出（Kellermanns et al.，2008；Madanoglu et al.，2016；Uhlaner et al.，2012；古志辉和王伟杰，2014）。一些学者基于代理理论认为，家族创业企业代表一个理想的组织形式，其中所有者的目标与企业的目标一致。这种紧密的一致性能促进更有效的决策，有助于推动企业持续的创业行为（古志辉和王伟杰，2014）。另外一些学者基于代理理论还主张，所有者采取长期和有远见的方法来做决策，因为创始人想要创造成功的遗产，或者因为他们希望最大化家庭的财富。所有者必须通过追求创业机会和支持创新来证明对企业成功的承诺（Madanoglu et al.，2016；Zahra，2005）。从代理理论出发，Zahra（2005）指出较高的家族所有权水平所形成的家族目标利益一致性，有利于家族企业发掘国内外新市场，进而促进创业行为；但 Block（2012）则发现家族所有权占比越高，只有在家族独立股东（lone founder）控股情况下，家族目标利益一致性才会实现，否则家族多股东间的冲突会抑制公司创业。此外，研究还显示，家族企业中社会情感目标所形成的利他主义，易造成企业主的"懒政"而无法及时把握市场创新创业机会（Chang et al.，2010）。

四、社会情感财富理论

社会情感财富已成为家族企业最具差异性的方面，并已成为家族企业决策的焦点问题（Saleem et al.，2020）。社会情感财富理论（Social Emotional Wealth Theory）由 Gomez-Mejia 等（2007）提出，认为家族企业在拥有经济财富以外还拥有非物质财富，即社会情感财富。社会情感财富是家族企业本质上区别于其他企业组织形式的最重要特征。这一理论挑战了家族企业比公有企业更厌恶风险的普遍观点，事实上家族企业可能同时具有风险意愿和风险规避能力。对于家族企业而言，主要的参考点是社会情感财富的损失。为了避免这些损失，家族企业愿意接受对其绩效有重要影响的风险。社会情感财富包含五个维度：家庭控制和影响、家族成员对企业的认同、紧密的社会纽带、情感依恋和传承意愿（Berrone et al.，2012）。研究表明，社会情感财富会对家族企业的创业导向（Schepers et al.，2014）、战略创业（Saleem et al.，2020）、数字创业（Basly & Hammouda，2020）等产生重要影响。有学者通过解构社会情感财富，发现其不同的组成部分对公司创业有不同的作用。由于创业活动需要各方面的支持，社会纽带有助于创业成功（Saleem et al.，2020），而传承意愿会使家族成员趋于以自我为中心（Hauswald & Hack，2013），忽视了与利益相关者之间的互动，因而有损于创业。

五、制度基础观

制度基础观（Institution-based View）下，制度是由规范系统注入意义的模式化行为，由基于共同认知的社会交流而延续，并由监管系统强制执行（Soleimanof et al.，2019），其被视为理所当然的"游戏规则"，由规范、规制和认知三要素构成（Scott，1995）。因此，制度可在社会背景下促进或约束不同类型的行为，包括创业行为（Baumol，1990）。在家族企业内，家族制度通过家族成员的互动形成，包括家族价值观、意识形态、规范、传统、角色和目的，对家族成员心态和态度的形成有重要影响，是家族结构（Olson，2000）、关系（Baumrind，1971）和期望（Silverstein et al.，1997）的基础。相对商业制度，家族制度对家族企业内个体创业行为影响的显著性是由家族嵌入和专业化程度决定的，家族企业嵌入程度越高，家族制度的影响力越强，而家族企业专业化则强化了制度对个体创业行为的影响（Soleimanof et al.，2019）。

家族制度影响家族企业内个体创业行为的途径有两个：一是通过塑造家族成员的认知和能力，二是通过影响家族企业成员之间的互动和关系。一方面，家族制度在塑造家族成员认知和能力方面至关重要，因为家族是个人开始和度过社会生活的第一个也是最持久的社会环境（Martinez & Aldrich，2014），可帮助或阻碍家族成员创业态度和心态的发展。例如，在极端刻板或被束缚的家族中长大的成员往往会形成不懂得适应、改变和权力下放的心态，而这些都是创业所必需的。相比之下，适度灵活的家族更易培养出具有创业精神的家族 CEO，他们乐于接受民主领导，乐于接受授权，并支持合作的企业文化（Jaskiewicz et al.，2017）。另一方面，家族制度也会影响企业内部的关系和互动。这一形式的家族制度效应是由于家族企业及其管理者在家族企业内部的嵌入而产生的，家族制度延续到家族企业中，从而影响成员之间的关系和互动（Le Breton-Miller & Miller，2009）。例如，创业行为所需要的支持和知识共享，可由家族和沟通模式塑造（Patel & Fiet，2011）。当家族沟通模式延续到企业中时，一个具有高对话模式和低等至中等整合模式的控制家族，会促进家族企业成员的建设性沟通，这有利于知识共享；家族企业成员之间频繁而透明的互动也促进了信任和企业内部的积极影响，这增加了成员参与公司创业的目标和动机（Shepherd，2016）。

六、家庭发展理论

家庭发展理论（Family Development Theory）预测，随着时间的推移，家庭角色期望的变化是家庭成员个人发展需要和直接社会期望变化的函数（Chaulk et al.，2003）。该理论以规范期望为基础，主张家庭成员的动机和行为随着家庭结构和家庭相关需求的变化而变化（Minola et al.，2016）。根据这一理论，家庭发展被概念化为一个过程，其中重大事件的时间和顺序会影响家庭如何运作和跨越各个阶段（Minola et al.，2016）。

根据重大事件划分，家庭发展可分为年轻商业家庭阶段（Young business family stage）、进入商业阶段（Entering the business stage）、合作阶段（Working together stage），以及交接指挥棒阶段（Passing the baton stage）（Minola et al.，2016）。年轻商业家庭阶段是一个初始阶段，企业所有者迎来第一个孩子是这一阶段的重要事件，考虑到孩子未来的成长，保持收入是极为重要的。因此，在这一阶段，家族企业更偏向于保留现有资源，而不是从事高风险的创业活动。随着孩子的发展，父母所承担的经济责任逐渐减少，家庭逐渐转变为第二个阶段——进入商业阶段。父母会从提供者转变为导师，主要任务是培训、发展和战略性地教育子女，而公司创业可作为开发子女人力资本的一种方式，能提高他们的技能、自信和领导力（Jaskiewicz et al.，2015）。因此，在这一阶段，家族企业更有创业的动力。随着孩子逐渐成熟，他们很有可能在家族企业中获得一个自主的活动范围。父母与子女的关系进一步融洽，父母想培养下一代为家族企业接班人，子女也希望提升自身的管理能力。在这种情况下，企业内部会萌生出"创业桥梁"——并肩工作一段时间，老一辈管理业务，并给年轻一代检验其教育成果的机会，将公司创业作为战略学习的一种形式（Jaskiewicz et al.，2015）。因此，在合作阶段，"创业桥梁"会激发出多种公司创业行为。最后，老一辈的职业生涯即将结束，年轻一代开始承担起管理企业的重任，家庭发展进入了交接指挥棒阶段。此时，家庭发展也有其特点。第一，老年人通常比年轻人更保守，创业能力也更低，他们大部分的注意力都集中在企业成功过渡到下一代这一过程，而不是创业（Minola et al.，2016）。第二，年轻一代管理者自己的小家也处于初始阶段，他们也谋求下一代的发展。第三，企业交接时，可能会对企业目标产生分歧，家族成员之间不再具有一致性（Kotlar & De Massis，2013）。因此，家族企业从事创业活动的动力相对减少了。

第四节　家族企业公司创业未来研究构想

学者们从不同角度研究了家族企业的创业活动，并取得了令人欣喜的成果。通过对公司创业和家族企业这两个领域的探索可发现，现有的研究成果依然存在一定的局限和不足。第一，在研究家族企业和创业家族中的创业行为时，学者们使用了大量不同的术语，包括"家族创业""跨代创业""投资组合创业""持续性创业""习惯性创业"和"家庭创业"等，部分术语在内涵上重叠，但部分则是全然不同。第二，家族企业和公司创业这两个领域并没有以"相互促进"的方式融合。虽然研究家族企业的学者已将公司创业作为一个领域或是视角，但至今学者似乎并没有通过对特定要素的关注把家族企业当作一种概括性的背景。与其他新兴领域相似，有学者呼吁更加严格地开展家族企业的公司创业研究，通过增加清晰度、确定方法范式以及增加研究结果的可比性等方式，来推进这一领域的研究（Minola et al.，2021）。第三，目前还鲜有跨层面创业行为因果关系研究，尤其是在前因和结果研究中，引发创业活动的各个层面的前因变量还未探究清楚，鲜有关于创业前因变量的多层次研究，缺乏家族层面的相关因素研究。第四，家族创业研究领域的研究方法较为单一，多数以实证研究为主，难以阐明家族创业及其相关结果变量之间的复杂关系，更无法展现家族创业自身的动态演化及其影响效应。数据的收集多数局限于单一的国家内部，且以截面数据为主，缺乏纵向分析数据的收集。

　　基于此，本章从多个方面提出未来研究方向的建议，如图 9.2 所示。

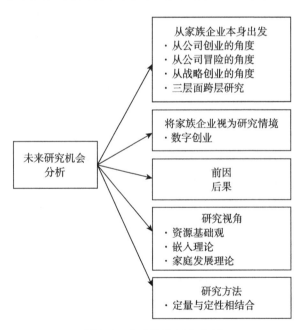

图 9.2　未来研究机会分析

资料来源：作者绘制。

　　首先，从家族企业本身出发，有许多有趣的问题值得探讨。从公司创业的角度来看，家族企业经济和非经济目标的权衡如何影响不同类型的公司创业？通过家族核心成员推动的公司创业与非核心成员推动的公司创业有何不同？从公司冒险的角度来看，家族公司冒险值得更深入地挖掘。鉴于家族公司冒险的特殊性，家族情境下的公司冒险与其他情境下的公司冒险相比，很有可能具有不同的前因和结果，家族企业在家族公司冒险和其他公司冒险形式中如何选择？其前因为何？从战略创业的角度来看，家族企业在多大程度上参与了"开放系统"的治理？对商业模式创新的相应影响是什么？家族企业在公司治理实践中的"互补性"是否会转化为商业模式创新和企业重组？此外，家族创业的研究层面可分为家族企业层面、家族层面和个体层面，现有研究多从单一层面出发，然而三层面实为存在双向甚至多个方向相互影响的关系，因而未来研究可从多个层面出发，探讨其相互作用和相互影响。例如，家族的轨迹可能影响个人的创业行为，个人的创业行为可能影响家族的轨迹；个体轨迹可能影响家族创业行为，家族创业行为可能反过来影响个体轨迹等。未来的研究中需要更加注重跨层面之间的创业行为的相互作用及其反向因果关系，并考察在不同的创业情境中跨层面交互关系有何差异。

其次，若将家族企业视为公司创业的特殊情境，可构思出一些具有发展前景的议题。随着时间的推移，家族创业的能力和对其态度如何演变和相互作用？这些模式与家族企业系统的复杂性有何关联？心理所有权如何以及何时出现并应用到公司创业中？实际上，情绪、心理所有权和组织行为已被认为是有发展前途的研究方法（Kuratko, 2017；Shepherd & Haynie, 2009）。公司创业如何创造价值以及在家族企业与非家族企业中评估的标准是否不同？家族企业如何参与公司创业以支持家族的成长？家族企业如何在公司创业中构思、管理和配置资源？哪些资源特别有价值？从公司冒险的角度来看，家族如何决定在危机时期或业务绩效下滑期间是否开展公司冒险？家族和组织文化的哪些组成部分在促进和管理公司冒险方面发挥作用？从战略创业的角度来看，作为一种特定类型的战略管理过程，战略驱动因素如何在战略创业中发挥作用？在多大程度上和在什么情况下，战略更新会影响家族企业的声誉？对声誉的关注如何影响家族企业的领域重定义？

学术研究应关注家族企业数字创业的过程，同时结合不同层面的分析（行业、组织和个人）。个人、家族和组织之间的联系和互动对于理解家族企业数字创业的行为至关重要，同时也是家族企业相对非家族企业的独特性所在。在研究数字创业时，还需要考虑家族企业所处的产业和地域，因为这些企业的运营和成长环境对其创业产生了重大影响。进一步的研究还应侧重于数字技术在家族企业国际化背景下的作用。尽管家族企业在向全球市场开放方面相对谨慎，但未来研究应探讨数字工具的使用是否有助于其推进国际化和全球化。此外，还需要进一步研究评估数字化对家族企业治理的影响以及数字工具（如专业社交网络或专用平台）对家族内部沟通的影响，最终对家族企业内知识共享和家族成员对企业承诺的影响产生新的见解。

再次，家族创业的前因与后果有待进一步丰富。一方面，目前仍需要在个体、家族和家族企业层面对家族创业的前因进行探索，这将有助于研究是什么引起了家族创业活动。大多数家族创业关于前因变量的研究采取静态的角度，鲜有关注制度变革和企业生命周期不同阶段的变化，以及这些动态变化是如何影响家族创业的。考虑到经济和创业生态环境不断变化，实践中也迫切需要填补这方面的知识空白。在个体层面，学者可以探究在家族创业主体中女性创业者对家族创业绩效的影响，还可以挖掘配偶身份以及配偶关系对家族创业过程及路径选择的影响。在家族层面，学者可以研究创业家族应对突发意外状况时的创造性和创新性如何，还可以探析创业家族的非商业活动是如何影响和增强企业组织和流程的。在家族企业层面，现有的研究还没有将双元（双元创新、双元学习以及双元机会识别等）纳入家族创业的研究框架，未来的研究需要更加注重组织双元对家族创业战略选择的影响研究。此外，考虑到家族创业实践涉及个体、家族、企业三个层面，未来家族创业研究需要开展跨层次前因变量研究（Bettinelli et al.，2014）。这对于研究不同层面上前因变量如何相互作用也会起到重要的作用。另一方面，家族创业的后果研究多聚焦于企业绩效，如成长绩效与财务绩效（Kellermanns，2008），对其他的创业产出存在多项空白。未来可聚焦于创业生态、转型升级、家族企业后代的创业路径与选择、企业的创新能力等方面进行探究。

从次，从各研究视角来看，仍有许多值得挖掘的地方。第一，从资源基础观出发，尽管学者已经注意到"家族性"的重要性，但单纯地从家族企业去探讨创业企业绩效具有局限性（李新春等，2016）。同时，针对家族创业者个人独特的资源和相应创业行为的差异性的研究是比较有限的。未来的研究可以加强对此问题的研究。此外，现有的研究大多聚焦于对家族企业人力资本、金融资本的研究，而关于创业家族的风险资本、社会资本以及心理资本的研究仍存在知识缺口。第二，从嵌入理论来看，创业者关系嵌入性与创业家族绩效是线性关系还是曲线关系？对于这一关系还需要更多的实证和案例研究进行证实和验证。关系网络的嵌入性视角，是嵌入理论发展的又一重要突破点。特别是在中国社会文化下，特别强调关系且注重关系网络的重要性，所以在创业家族的运营过程中，有待深入探析关系网络嵌入密度、深度和速度以及关系嵌入结构对家族创业竞争优势及其创业持续性的影响。第三，从家庭发展理论来看，在家族企业中，家族制度与企业制度并存，既可以促进也可以阻碍创业行为。未来的研究可以考察家族制度和企业制度的配置程度，以及家族嵌入程度、专业化程度对家族企业成员从事创业活动的影响。此外，也可以考察不同的社会制度（如宗教、价值观和国家法律）对其创业活动的影响（Soleimanof et al.，2019）。总体上，现有文献中使用单一理论的研究占主导地位，也有部分文献将不同理论视角综合起来研究。未来，学者们可考虑进一步地整合相关理论，以更好地研究家族企业公司创业这一复杂现象，探索出更多的边界与情境。

最后，从研究方法来看，现有的研究中多采用实证或案例的方法来进行研究，鲜有研究将定量与定性方法相结合。因此，在未来的研究中应提升两种方法相结合的比重。在定性研究中不仅仅局限于案例研究，学者们也可以探索其他的定性研究方法，这为产生独特的见解也提供了巨大的潜力，综合采用定性和定量的方法可以提供互补性的见解。

家族企业公司创业研究是家族企业和公司创业两个领域交叉而成的新兴研究领域，既包括了家族企业的研究，又囊括了公司创业的思想。Zahra（2005）认为有必要更好地理解家族企业中的创业活动，相关研究应成为公司创业文献不可或缺的组成部分。在全新的时代背景下，家族企业的公司创业迸发出旺盛的生命力，亟待学者们进一步探索。

第十章　数字经济时代的公司创业

当今时代，以人工智能、物联网、大数据、区块链等为代表的新一代信息技术迅猛发展，并与经济社会各领域深度融合，新产业、新业态、新模式不断涌现，数字化创新转型步伐加快。数字经济成为发展最快、创新最活跃、辐射最广泛的经济活动，日益成为经济发展的新动能。

数字技术重塑了企业一般环境当中的技术环境，影响着企业的行为方式和业务模式（蔡莉等，2019）。公司创业作为企业的重要举措，深受其影响。一方面，数字技术作为数字时代的核心驱动力，通过数字组件、数字平台和数字基础设施等要素，为公司创业创造了新的环境并提供了新的机会。同时，数字技术的三大特性——开放性（openness）、可供性（affordances）和生成性（generativity）——对公司创业的影响也十分显著。另一方面，在企业的任务环境中，由于数字技术的扩展、融合与驱动，数字创业生态系统逐渐形成。在企业在创业过程中，能与多主体围绕机会集开发，并形成共生发展关系（朱秀梅等，2020）。在上述一般环境和任务环境的共同作用下，公司创业的要素（机会、资源和主体）、组织形式、过程和结果都有了新的变化。图10.1 展示了数字时代公司创业的逻辑框架。

数字时代的公司创业主要呈现以下六个特征：①可资利用的机会增加；②机会的识别和利用更为便捷；③创业资源整合更为快速；④创业团队的运作更为高效；⑤创业过程和结果的边界弱化；⑥新的组织形式浮现。数字时代的公司创业也正在发挥它的核心价值——促进企业数字化转型。通过帮助企业获得数字化转型所需技术、能力，营造数字化转型氛围，增强数字化转型的制度建设……可以说，公司创业直接推动了企业的数字化转型。

在既有研究中，学者们一方面延伸拓展诸如动态能力理论、资源基础观、制度理论、网络理论等相对较为成熟的理论，另一方面也在不断发展包括机

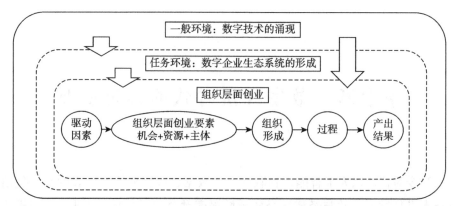

图 10.1 数字时代公司创业的逻辑框架

会创造理论、数字基础设施理论等新的理论视角。通过运用多种理论视角，既有研究基本厘清数字时代公司创业现象的本质。基于以往相关研究的梳理，本章从研究议题、研究情境、研究视角和研究方法四个方面提出未来研究的构想。

第一节 数字时代公司创业的外部环境分析

数字时代，创业活动所嵌入的一般（宏观）环境和任务（微观）环境方面都发生了前所未有的变化。作为数字时代的核心驱动力，数字技术引发了技术变革，颠覆了已有的公司创业技术环境。与此同时，数字创业生态系统的出现，使得企业在推进创业过程中可与多方主体共同开发和利用机会。

一、一般环境：数字技术的涌现

1. 数字技术三要素

数字技术改变了传统创业的模式，为公司创业带来了广阔的发展空间。从要素组成来看，数字技术包括数字组件、数字平台和数字基础设施。

（1）数字组件是指嵌入新产品或服务中的，为终端用户提供特定功能或价值的应用程序或媒体内容（Ekbia，2009；Kallinikos et al.，2013；Nambisan，2017），如手机 App、电子芯片等。这些数字组件可以是物理设备上独立的软件/硬件组件，也可以是数字平台上运行的产品生态系统的一部分。

（2）数字平台是指一组共享的、公共的服务和体系结构，用于承载附加产品（Tiwana et al.，2010）。数字平台以技术为中介，支持用户组之间的交互，并允许这些用户组完成特定的事项（Berger et al.，2021）。较为典型的数字平台是苹果的 iOS 平台和谷歌的安卓平台。

（3）数字基础设施则被定义为提供沟通、协作和计算，以支持创新创业的数字技术工具和系统（Aldrich，2014），如云计算、数据分析、在线社区、社交媒体、3D 打印和数字创客空间等。

2. 数字技术的特征

数字技术所展现的可编辑性、可扩展性、可寻址性、可追溯性、可记忆性、可沟通性、可联想性、可感知性、可生成性与可供应性（Huang et al.，2017；Nambisan，2017；Sussan & Acs，2017；Yoo et al.，2010；蔡莉等，2019；谢卫红等，2020；朱秀梅等，2020）无疑会影响企业的创业行为与方式。在众多特征当中，开放性（openness）、可供性（affordance）和生成性（generativity）对于公司创业的影响较为突出，引发了众多学者的关注（谢卫红等，2020）。

（1）开放性是指数字技术允许其他主体参与和共享的程度（蔡莉等，2019）。数字技术以多种方式促进开放（Kallinikos et al.，2013），例如，数字资源在使用过程中可被其他对象访问和修改。同样，基于数字资源建立的数字平台，允许平台外部的实体建立与补充，从而获取共同利益。进一步地，数字生态系统也具有开放性，它能够使集体（个人或组织）合作追求创新创业，并联合决策和治理。数字技术所引发的开放性，不仅有助于企业在创业过程中与多方主体进行深入交流，降低市场信息的不对称（Nambisan et al.，2018；Smith et al.，2017），同时还能为多方主体的机会开发提供支持，实现价值的共创（Nambisan et al.，2018）。

（2）可供性是指数字技术对特定用户或特定情境所提供的行动潜力或可能性（Nambisan et al.，2019）。同样的数字技术被不同企业和不同主体应用可以达到不同的目的，产生不同的效果，释放出不同的潜能，创造不同的价值。例如，企业对用户在手机上使用社交媒体产生的大数据进行分析，可实现实时定价、个性化定制等不同目的。数字技术为企业提供了产生新能力、开发新机会或重塑新模式的可能性（Autio et al.，2018）。

（3）生成性是指数字技术受大量没有协调关系的受众驱动而自发产生变

化的能力（Cennamo & Santalo，2019）。例如，企业在数字平台或数字生态系统中开展创业活动时，外部用户会自发在平台系统中持续生产和创新，产出衍生产品，而无须平台方再投入资源。再如，通过不同数字组件间的重新连接、组合、扩展和分配，创造出更多的创业机会或重构产品和服务的边界（余江等，2018；朱秀梅等，2020）。生成性让企业不再局限于协调既存需求。企业还可以借助外部用户的创新，将自己发展成为一个开放系统。

二、任务环境：数字创业生态系统的出现

数字时代，产业之间的边界日益模糊。作为由跨产业的主体构成的系统，生态系统日益成为企业任务环境的分析单元。数字创业生态系统是数字生态系统与创业生态系统整合的产物（Du & Mao，2018；Song，2019；Sussan & Acs，2017）。数字生态系统出现于21世纪初，指一个由异构数字实体及其相互关系组成的自组织、可扩展和可持续的系统，聚焦于实体之间的交互，以提高系统效率、获取利益，促进信息共享、内部合作和系统创新（Morgan-Thomas et al.，2020）。创业生态系统被定义为在一个区域内由一组相互依存的主体及环境通过相互协作进而促进创业活动发生的有机整体（Wurth et al.，2021）。区别于产业集聚理论、创新生态系统理论和商业生态系统等理论，创业生态系统更加关注创业活动。不仅把创业活动看作生态系统的产物，而且把创业者作为该系统的核心主体，把政府、金融机构等其他主体作为系统内的"养料"提供者。在此基础上，Sussan 和 Acs（2017）将两者整合，提出数字创业生态系统的概念，并将其定义为"创造性地使用数字生态系统治理和商业生态系统管理，在数字空间中匹配数字客户，通过降低交易成本，创造价值和社会效用的系统"（Sussan & Acs，2017）。此外，Du 和 Mao（2018）认为数字创业生态系统是一个地区内的社会、政治、经济和文化元素的结合，支持追求数字技术带来的新机会的创新型初创企业的发展和增长（Du & Mao，2018）。

从各种定义中不难看出，数字创业生态系统作为一个交叉研究领域，既包含了数字创业生态系统的核心要素（数字基础设施和用户），也包含了创业生态系统的核心构成内容（制度和相关主体），因此引出产生数字创业生态系统的四个概念：数字基础设施治理、数字用户公民身份、数字创业和数字市

场（Sussan & Acs，2017）。值得一提的是，也有学者提出了数字创业生态系统中"社会合作伙伴"的概念。社会合作伙伴在生态系统中发挥了关键作用，包括政府、商业协会和工会，均为代表整个社会利益的关键参与者（Mas & Gomez，2021）。在数字经济的背景下，创业环境的不确定性加剧，社会合作伙伴也应当提高数字知识和能力，以面对数字经济带来的挑战，例如，关于数字技术的集成及其在新商业模式中的应用（Bouncken & Kraus，2022）。

数字创业生态系统的组成部分包括数字创业企业、高校及科研机构、政府机构、技术及平台支撑企业、金融机构、消费者和竞争企业等。而数字创业生态系统的相关环境因素主要有数字基础设施、正式制度、非正式制度、融资环境、人才环境等要素（刘志铭和邹文，2020）。置身于数字创业生态系统当中，多主体围绕机会集开发，产生共生关系变化，遵循"多主体—机会集开发—共生关系"的循环路径动态演进，并以政府政策推动、企业数字技术驱动和用户数字需求拉动为主要动力（朱秀梅等，2020）。此外，数字创业生态系统还存在动态演进过程，从孕育到发展，直至成熟，依次呈现出"较少的多主体—发现型机会集开发—机会松散共生和价值寄生与偏利共生""丰富的多主体—均衡的发现型与创造型机会集开发—机会溢出共生和价值非对称互惠共生"和"多元的多主体—创造型机会集开发—机会网络共生和价值对称互惠共生"这三条路径（朱秀梅等，2020）。

第二节　数字时代公司创业活动的特征分析

数字技术的涌现和数字创业生态系统的形成使得公司创业在创业要素（机会、资源和主体）、组织形式、过程和结果方面都有了新的变化。概括而言，数字时代的公司创业呈现出以下六个特征：①可资利用的机会增加；②机会的识别和利用更为便捷；③公司创业资源整合更为快速；④创业团队的运作更为高效；⑤公司创业过程和结果的边界弱化；⑥新的组织形式浮现。表10.1揭示了数字技术的三要素和三个关键特征对于数字时代公司创业六个特征形成的影响。

表 10.1　数字技术的要素组成和特征对公司创业的影响

数字技术 公司创业特征	数字技术三要素			数字技术三个关键特征		
	数字组件	数字平台	数字基础设施	开放性	可供性	生成性
新的机会	√		√	√		√
机会的识别、利用	√	√	√	√		
资源的整合		√		√		
创业的主体		√	√	√	√	
过程和结果	√				√	√
组织形式		√	√			√

资料来源：作者绘制。

一、可资利用的机会增加

数字技术为公司创业提供了新的机会空间（Kreuzer et al.，2022；Oberlaender et al.，2021）。数字技术带来的变革引发了技术环境的变化，从而导致供求关系发生变革（Shane & Venkataraman，2000），新的创业机会在这种供求关系变动中产生（李扬等，2021）。数字经济时代公司创业机会的来源更为广泛，包括了数字技术赋能的新产品、服务重构创造的新市场、用户参与导致的创新以及基于物联网、云计算、大数据等数字基础设施的新场景应用等（Nambisan，2017；Oberlaender et al.，2021；Sousa & Rocha，2019）。数字技术实现了物理产品的数字化功能（Yoo et al.，2010），从而为客户和企业之间的交流互动提供了新方式（Lokuge et al.，2019），最终孕育了创业机会。例如，通过在汽车中嵌入数字分析组件，汽车保险公司能瞄准客户需求，推出定制化的保险产品。新的场景，如数字创业生态系统，通过强调数字技术的融合，开发数字产品或服务，自发地进行横向知识溢出并向外部扩散创业机会（Soderblom et al.，2015）。此外，数字技术的可供性也在一定程度上提供了开发新机会或重塑新模式的可能性（Autio et al.，2018），最终使得公司创业可资利用的机会增多。

二、创业机会的识别和利用更为便捷

公司创业过程离不开企业在机会识别、机会评估和机会利用等方面付出的努力。在数字经济时代下，这些方面都有了新的变化。从机会识别来看，基于数字技术的层状模块化体系结构，使企业始终处于数字技术的环境中，日渐形成数字化侵袭感（digital invasiveness）（Baskerville et al.，2020）。而这种数字化侵袭感有助于企业参与到机会识别当中（Kreuzer et al.，2022）。此外，借助云计算、大数据分析等数字基础设施，企业能更加精确地寻找创业机会。同时，还能降低测试创业想法的成本与时间，从而提高准确识别机会的可能性（Amit & Han，2017）。

数字技术的开放性也推动了多元主体的互动交流，从而更好地帮助企业识别客户的碎片化需求和个性化需求（Gregoire & Shepherd，2012），最终提升机会识别能力。从机会评估来看，大数据技术为企业高效收集、整合和分析数据提供了可能，有助于企业评估创业机会的可行性，并筛选出有潜力的创业机会（Guenther et al.，2017）。数字平台则为创业机会的快速验证提供了便利（Gones & Brem，2017）。从机会利用来看，数字技术的开放性能够降低企业进入的技术壁垒和相关的市场风险，加快企业对机会的利用（Nambisan et al.，2018）。此外，数字技术可编辑（可被控制行为之外的对象访问和修改的能力）、可扩展（以低成本、高速度的方式增强性能）的计算特征通过扩展机制提高了企业嵌入式、多功能的计算能力，使非数字组件变得更具可塑性（郭海和杨主恩，2021）。例如，通过嵌入数字组件，实现产品或服务的数字化功能，不断了解和满足客户需求，从而保持创业的可持续性（Nambisan，2017；Von Briel et al.，2018）。

三、公司创业资源整合更为快速

公司创业资源的整合包括对资源的识别、获取和配用。数字技术的开放性能帮助企业识别资源需求以及确定资源的潜在来源、拓宽企业可以获取资源的范围，同时提高资源配用的效率。首先，开放性能够使诸多数据可视化并且提升不同企业之间创业信息的透明程度（Smith et al.，2017），企业可根据互联网内部的信任机制来选择拥有企业所需资源的合作伙伴（蔡莉等，2019）。其次，开放性使企业能与多样化的参与主体实现有效的沟通，推动合作的建立，有利于资金、知识等资源的获取（Sussan & Acs，2017）。例如，借助数字化众筹平台，企业能够与投资人直接对话，从而加速资金筹措。最后，开放性还能降低协调企业内部不同活动的成本，促使企业内部常规流程的改进和模块化业务流程的建立（Del Giudice & Straub，2011）最终达到高效配置资源的目的。

四、创业团队的运作更为高效

数字技术极大地改变了传统的创业主体，数字创业者和数字创业团队成为数字时代公司创业的能动主体。所谓数字创业者是指利用数字技术开展创业活动且主要负责企业数字战略决策和持续运作的个体。而数字创业团队则是由多个数字创业者组成的团队（贾建锋和刘梦含，2021）。数字创业者和数字创业团队凭借强大的数字创业思维和数字创业能力，对创业机会保持高度敏感性，能够快速识别数字需求，有效整合数字创业资源，从而开发创业机会（朱秀梅等，2020）。数字技术对于数字创业团队的影响主要体现在团队构成、团队认知、团队决策、管理手段以及运作方式五方面。以数字网络为依托（朱秀梅等，2020），文化差异性、时间和地理空间限制等因素已不是组建团队的最大障碍，团队构成也更加开放化。数字技术改变了创业团队惯有的思维方式，使其与数字环境持续交互，从而使数字创业团队认知更加能动化。通过模拟具体情境并对比前期事件提供多种备选方案，数字技术能有效减弱有限理性和信息不对称的约束，从而优化数字创业团队的决策环境，促使团队决策向"最优决策"迈进。通过运用人工智能、3D 打印等数字基础设施，使团队管理更加智能化。借助数字技术，数字创业团队获取和处理数据资源的速度变快，成本大大降低，使团队运作连通化。

五、公司创业过程和结果的边界弱化

数字组件、数字平台和数字基础设施这三个数字技术要素弱化了公司创业过程和结果的边界性，从离散的、不渗透的、稳定的边界向流动的边界转变（Arvidsson & Monsted，2018；Nambisan，2017）。从公司创业结果上来看，通过嵌入数字组件，即使产品已经完成交付，其特点和价值仍能不断演化，产品的稳定边界得以打破。此外，这些数字组件的价值和效用往往还依赖于"与其他组件的功能关系相联系的移动网络"（Kallinikos et al.，2013），这在一定程度上重塑了创业者形成和利用新机会的结构边界。就数字平台而言，由于其自身的生成性，允许平台内的要素重组、功能组装、扩展和重新分配（Yoo et al.，2010），也在一定程度上导致公司创业结果的不可预测。从公司创业过程上来看，新的数字基础设施使产品理念和商业模式在循环往复的生命周期中能够快速形成、实施、修改和再实施（Ries，2011），致使企业难以确定在哪一阶段开始或结束创业。与此同时，由于云计算和移动网络等新兴数字基础设施的可扩展性和可供性，能帮助企业以较低成本、迅速地增强能力并释放出多种潜能，实现价值多元化，也使公司创业活动更为活跃。

六、新的创业组织形式浮现

数字时代，公司创业的组织形式也有了新的发展，其中以数字平台和数字创业生态系统备受关注。所谓数字平台是指一组共享的、通用的服务和体系结构（Nambisan，2017；Tiwana et al.，2010）。现有研究发现，数字平台的开放性和自生长性降低了创业的学习成本和资源获取门槛（余江等，2018），同时也增加了创业环境的不确定性。Srinivasan 和 Venkatraman（2018）引入了一种以网络为中心的新视角，研究在数字平台这种独特的环境中，占据第三方开发者角色的创业者对关系网络的依赖（Srinivasan & Venkatraman，2018）。此外，他们从动态视角出发，提出数字平台竞争具有两个关键阶段：初始推出和扩大规模。该研究为探索关系网络提供了理论支持，同时也有助于认识到创业企业的内在动力，以及需要调整网络关系以反映创业成长的不同阶段（Srinivasan & Venkatraman，2018）。进一步地，数字平台还能通过知识共享、构建合法性以及协调多方参与者，为产品创新提供动力（Ben Arfi & Hikkerova，2021）。企业也可以充分发挥自身的能动性，通过创业过程构建一个邻近平台（adjacent platform）嵌入数字平台中去，从而打破已有平台生态的主导架构（Khanagha et al.，2022）。

在数字化背景下，更多的企业会依赖数字创业生态系统进行创业。首先数字创业生态系统能汇集更多的资源，连接大量的投资机构和投资人，从而产生更多的创业机会，使企业能在生态系统中快速获取资源（Zahra & Nambisan，2011）。其次，每一个数字创业生态系统都有健全的保障机制，一方面会影响生态系统的创新性，另一方面也会保障系统中的企业更具潜力和成长性。再次，数字创业生态系统本身所具有的用户基础能帮助中小企业更加容易获取核心用户，并培养用户价值。最后，数字创业生态系统中稳定的环境，成熟的体制机制可以保障创业企业顺利度过很多危机。

第三节 数字时代公司创业活动的独特价值

数字技术的发展赋予公司创业新的时代特征，为公司创业带来新的机遇与挑战。与此同时，公司创业也在企业的数字化过程中发挥了较大的作用。其中，最显著的莫过于推动企业的数字化转型，具体表现在以下四个方面。

第一，公司创业帮助企业获得数字化转型所需的技术。企业可以借助公司创业投资（corporate venture capital）、并购和合资等具体形式，大范围地搜索技术，资助或收购拥有破坏性技术的企业，构建有助于推动数字化转型的技术组合（Ferrary，2003）。值得注意的是，在位企业越来越多地通过"公司创业投资"这一具体形式，锁定有技术潜力的新创企业，创建多种技术选择的投资组合，这在新创企业蓬勃发展的区域尤为明显（Rossi et al.，2020）。

第二，公司创业强化企业数字化转型所需的能力。一方面，公司创业实践优化了企业的社会网络，发展了企业的社会资本，且通过公司创业实践，企业的平台利用能力和业务开发能力也得到提升，进而可用于支撑企业的数字化转型（Li et al.，2017）。另一方面，企业在公司创业过程中实施的数字化战略有助于数字化信息技术能力和员工的数字能力的形成（Proksch et al.，2021）。前者体现在对客户反馈信息的收集，并将客户意愿整合到产品和服务中（Long et al.，2018；Von Briel et al.，2018），后者则反映了团队成员利用数字技术的能力。

第三，数字化背景下公司创业能促进企业数字化转型文化的形成。公司创业会对企业的数字化文化产生重要影响，有助于形成与发展灵活工作风格、数字优先思维、对数据的关注等与数字化密切相关的组织文化（Proksch et al.，2021）。一旦企业内部数字化转型文化形成，员工将会致力于此，从而促进企业数字化转型的成功实施。

第四，数字化背景下公司创业的制度建设，补充了企业的数字化转型制度，增强企业数字化转型制度的完整性。Hinings 等（2018）从制度视角来考量，企业在创业的过程中，通过数字化使能①（digitally-enable）的制度安排，包括数字化组织形式（digital organizational forms）、数字化体制基础设施（digital institutional infrastructures）和数字化制度模块（digital institutional building blocks），与原有的制度进行整合，从而促进数字化转型（Hinings et al.，2018）。公司创业加强了数字使能制度与原有制度的融合，增强了企业数字化转型的制度建设，从而使企业有一套完整的制度安排来迎接数字化转型机遇并应对数字化转型的挑战。

第四节　研究数字时代公司创业的主要视角

目前，数字化背景下公司创业研究主要运用动态能力理论、资源基础理论、机会创造理论和数字基础设施理论等，制度理论、网络理论也有所涉及。表 10.2 对相关理论视角进行了归纳整理。

表 10.2　理论归纳

所用理论	代表作者和年份	关注焦点
动态能力理论	Agrawal et al.（2015）；Sambamurthy et al.（2003）；Warner & Wager（2019）；Dong et al.（2018）	公司创业过程
资源基础理论	余江等（2018）；Barua et al.（2004）	公司创业过程
机会创造理论	蔡莉等（2019）；余江等（2018）；朱秀梅等（2020）；Lumpkin & Lichtenstein（2005）	数字机会的特点
	Gregoire et al.（2010）；Nambisan（2017）	公司创业的前因
数字基础设施理论	Nambisan（2017）；Aldrich（2014）	公司创业的前因
制度理论	Hansen et al.（2019）	公司创业的前因
	Hiningsa et al.（2018）	公司创业的制度安排
网络理论	Srinivasan & Venkatraman（2018）	公司创业的过程

资料来源：作者整理。

---

①　数字化使能是使能企业提供数字化技术和知识，让被使能企业更好地服务于其用户，增强了被使能企业的竞争优势。

一、动态能力理论

动态能力理论考察企业如何通过整合、构建、重新配置内外部资源和能力生成一种新的能力，从而适应快速变化的环境（Teece et al.，1997）。企业运用其感知能力来识别机会。一旦机会被识别，企业就会投资这些机会以提高其组织能力。随后，企业将其组织能力重新组合或重新配置成更能适应其环境的新能力（Teece，2007）。该理论假设，相比低动态能力的企业，高动态能力的企业具备更多优势。该理论的目的是阐释企业在回应和创造环境过程中，如何采用动态能力来创造和维持相对于其他企业的竞争优势（Teece，2007）。

基于这一理论视角，学者们主要关注公司创业的过程研究。首先，就数字时代创业机会感知能力来说，企业扫描外部环境以发现意外趋势的感知能力增强。这是因为，基于计算速度、数据存储、数据检索、传感器和算法等方面的进步，机器学习的预测成本显著降低。企业能够利用人工智能预测新的趋势，扩展认知极限（Agrawal et al.，2015）。这就使公司创业不再仅仅依靠人类认知极限，而是扩展到人工智能预测的更深层次的认知，最终拓展了公司创业的边界。其次，就数字时代创业机会捕捉能力而言，Sambamurthy 等（2003）提出，数字化鼓励创业企业利用信息技术基础设施等进行商业模式创新，以此把握创业机会（Sambamurthy et al.，2003）。Warner 和 Wager（2019）通过定性研究发现，传统行业的在位企业在进行商业模式的更新过程中可以利用快速成型技术、投资组合、战略敏捷性建立数字化创业机会捕获能力（Warner & Wager，2019）。最后，Dong 等（2018）强调就数字时代创业机会利用而言，企业通过快速的数字化适应以及大量的用户积累，使创业从单一的需求驱动转变为利用数字平台以满足市场需求的模式，最终较好地利用了颠覆性创业机会（Dong et al.，2018）。

二、资源基础理论

资源基础理论关注企业的异质性资源基础，即组织基于自身资源及能力获得竞争优势，并与其他组织竞争，且资源异质性往往造成绩效差异（Peteraf & Barney，2003）。

基于该理论，与数字时代背景下公司创业相关的一系列异质性资源得到广泛关注。其中，特别值得强调的是，数字技术作为企业的一种异质性资源①，在公司创业过程中发挥着越来越重要的作用。首先，企业利用大数据赋能，构建了越来越完善的信息共享平台，帮助员工学习更加多元化的知识，推动员工进行内部创业。其次，数字技术扩大了企业的知识体系，帮助企业识别公司创业机会（Elia et al.，2020），加速并优化创业计划制订和实施过程，并有效规避公司创业过程中的风险（余江等，2018）。最后，数字化大大减少了企业在创业过程中的信息不对称性以及与合作伙伴之间的摩擦，提高了合作双方的透明度，极大增加了资源交换和整合的效率（Barua et al.，2004），加速了产品及服务创新成果的生成（余江等，2018）。

三、机会创造理论

机会创造理论关注不同社会环境对企业发展机会的影响、企业如何利用社会环境创造机会以及多种环境的整合及其争议如何产生机会（Mainela et al.，2014）。余江等（2018）认为，数字机会是数字技术与产品、服务重构导致的创新以及新场景下出现的新的创业机会，呈现出碎片化和动态性特征（余江等，2018）。

基于该理论，学者们主要关注数字机会与传统创业机会来源的差异以及数字时代背景下数字机会的创造过程。首先，数字机会与传统创业机会有很大的差异。从机会主体看，传统创业机会多是创业者个人发现并创造的，而数字机会多是由创业者、利益相关者、外部环境等因素交互创造的产物（蔡莉等，2019）。从机会来源看，传统创业机会来源于个体经验、新技术与新市场，而数字机会来源于数字技术与产品、服务重构创造的市场、用户参与导致的创新以及新场景下出现的新应用机会（余江等，2018）。从机会特征看，传统创业机会呈现偶然性、时效性、不确定性和差异性等特征，而数字机会则呈现出了不同于传统创业机会的碎片化和动态性特征（朱秀梅等，2020）。从获取途径看，传统的创业机会产生于环境、市场需求、市场结构组织内外部的改变或创业者的创造行为，创业者获取创业机会多依靠自身的警觉性和

---

① 不同企业对于数字技术的掌握和运用存在差别。

社会网络关系等（Lumpkin，2005），而数字技术的应用融合了大量的不对称信息，创造了大量的数字机会，数字技术的开放性也使创业者可通过互联网平台、数字生态系统、大数据分析等形式发现和创造更多的机会。

其次，数字时代背景下数字机会应运而生，能够推动公司创业。一开始，学者们强调数字技术本身对数字机会的推动作用，Gregoired 等（2010）指出数字机会创造就是利用数字技术的规模化和灵活性来创造新的机会（Gregoire et al.，2010）。后来，学者们更加关注数字技术导致的知识和资源共享对数字机会的引导作用，Nambisan（2017）指出，数字机会创造是基于数字平台的开放性而导致的知识和资源共享的结果，创业多主体间互动、调整和更新过程的本质在于以更广泛的、更易被接受的方式创造数字机会以创造价值并解决问题（Nambisan，2017）。

四、数字基础设施理论

数字基础设施理论讲述了数字基础设施在支持企业创新和创业过程中的作用。Nambisan（2017）提出，与数字平台相比，数字基础设施被定义为数字技术工具和系统，例如，云计算、数据分析、在线社区、社交媒体、3D 打印、数字创客空间等，它们提供通信、协作和/或计算能力以支持创新和创业（Nambisan，2017）。

基于该理论，数字基础设施对企业创新和创业的支持作用，主要体现在两个方面。

第一，这种数字基础设施导致了创业的民主化（Aldrich，2014），即更多和更多样化的人参与到创业过程的各个阶段——从机会探索到概念测试再到风险投资和启动。例如，众包和众筹系统允许创业者与潜在客户和投资者接触，在全球范围内获得各种资源。同样，云计算、数字创客空间和数据分析也使新企业有可能以低成本构建和测试涉及更多潜在客户的新概念。事实上，新的数字基础设施已显示出支持端到端创业活动的能力。

第二，在结果和过程方面，数字技术日益成为创业机会的内在组成部分。具体来说，借鉴 Berger 等（2021）的创业机会框架，数字平台作为新的创业结果的一部分，而数字基础设施则作为外部推动因素支持了整个创业过程（Berger et al.，2021）。

五、其他相关理论

除了动态能力理论、资源基础理论、机会创造理论和数字基础设施理论，学者们还利用制度理论、网络理论等对数字时代背景下的公司创业展开探索。基于制度理论，首先，公司创业必须建立在政府制度支持之上。在数字时代，政府的数字化举措有助于创业的兴起，并为企业的后续经济行动提供更多的机会（Hansen，2019）。其次，公司创业同样需要企业制度的加持，Hinings 等（2018）认为企业可以借助数字组织形式、数字机构基础设施和数字制度模块这三种新的制度安排进行创业，从而帮助企业推动变革（Hinings et al.，2018）。基于网络理论，数字时代背景下，平台的发展促进了资源网络和模块网络的发展，从而帮助企业获得更多资源，最终推动公司创业活动的开展（Srinivasan & Venkatraman，2018）。

第五节　研究数字时代公司创业的若干思考

本章通过回顾数字技术的发展态势，归纳基于不同理论视角的数字化情境下公司创业的相关研究，探讨数字技术与公司创业的相互关系，发现既有研究已取得一定的研究成果。在上述研究的基础上，后续从研究议题、研究情境、研究视角和研究方法四方面提出未来研究展望。

一、研究议题

第一，未来，学者可多维度多层次剖析数字技术作为前因变量对公司创业的影响。首先，拓展数字时代相关概念的维度。学者们可进一步关注数字技术（Nambisan，2017）、信息系统（Steininger，2019）、数字平台（Srinivasan & Venkatraman，2018）和数字生态系统（Sussan & Acs，2017）等相关概念，探究数字技术多个维度对公司创业的影响。其次，充分考虑公司创业的微观基础，如果考虑数字基础设施对创业者（在个人和集体层面）在结构调整方面的认知努力所带来的负担或限制，那么在理解不同创业者（或不同集体）对同一刺激的不同处理方面的解释就会是有价值的（McMullen & Shepherd，2006）。再次，从单一层次的分析转向跨层次的组合效应分析。现有研究主要关注宏观层次的社会数字化背景（Du & Mao，2018）或中观层次的行业数字化转型背景（Srinivasan & Venkatraman，2018）对公司创业的影响，而数字技术往往有多个层级，且不同层级之间相互作用，从而对公司创业活动产生重要影响（朱秀梅等，2020）。因此，未来，学者可以将个人、组织、行业、生态系统和社会等多个层次放到同一研究架构中，分析和探讨跨层次数字时代背景对公司创业的组合效应。最后，从数字技术的静态分析转向考察数字技术的演化和动态效应。数字技术是随时间推移而不断变化的过程，相应地，其对公司创业活动的影响也是不断演化和动态发展的（Vassilakopoulou & Grisot，2020），因此未来研究应更多地从数字技术环境的动态视角考察其对创业活动的影响。

第二，未来学者可拓展数字技术影响公司创业的中介和调节机制，全面打开作用机制的"黑箱"。一方面，学者们应进一步关注数字技术如何影响公司创业活动。现有研究大多从资源和机会的识别、配置和转化视角探讨数字技术对公司创业的直接影响（Rossi et al.，2020），但对企业家的角色（Firk et al.，2021）、知识分享（Ben Arfi & Hikkerova，2021）在其中所起的传导作用的研究还不充分。未来，学者可进一步关注数字技术通过哪些途径提高了企业应对不确定性的敏捷性。另一方面，未来，学者应进一步关注对数字技术与公司创业之间关系产生权变影响的调节变量。现有研究表明，数字技术对公司创业的影响是机遇与挑战并存的，数字技术在增加企业所处环境的不确定性和危机感的同时（Berger et al.，2021），也为企业带来了更多的创业机会。因此，企业应对机遇与挑战的动态能力（Warner & Wager，2019）、员工的数字能力（Proksch et al.，2021）等因素对数字技术与公司创业之间的关系有着重要影响，上述调节机制也是未来学者的重要研究话题。

第三，未来，学者在关注数字技术对公司创业影响的同时，应该进一步反向思考公司创业对数字技术的影响，揭示数字技术与公司创业之间互动的共生演化过程。现有研究发现，数字技术在影响公司创业的同时，公司创业也会反向影响数字技术（Proksch et al.，2021）。一方面，未来，可以进一步关注公司创业如何推动企业的数字化转型（Proksch et al.，2021）、行业的数字生态系统建设（Proksch et al.，2021）乃至整个社会、国家和国际环境的数字技术发展（Rossi et al.，2020）。另一方面，未来，可进一步将数字技术研究与公司创业研究相结合，深化数字创业研究、数字创业生态系统等方面的研究（Sussan & Acs，2017），全面揭示数字技术与公司创业之间的互动过程，探讨上述两者之间的双向关系。

第四，未来，学者应不断探索数字平台以及生态系统背景下的公司创业现象。首先，应加强创业生态系统多主体价值共创机制研究。数字时代背景下，企业之间的竞争正在升级为生态系统之间的竞争，需要积极寻求资源能力互补的外部合作方实现集团作战和价值共创，在生态系统竞争层面重新探讨价值创造和价值分配机制（Adner & Kapoor，2016），未来，可以进一步探索焦点企业与直接参与主体和非直接参与主体之间价值共创机制的异同。其次，应加强创业生态系统多主体价值共毁研究。生态系统多主体间价值共毁的研究源于生态系统多主体间价值共创，在价值形成过程中，生态内部资源整合出现问题，或生态外部的致命冲击，可能会导致走向价值共创的对立面——价值共毁。生态系统多主体间会形成复杂的价值网络，价值网络中的任一元素或环境发生变化都会造成整个网络的变化。未来研究可探究生态系统内多主体价值共毁的诱发机制和形成机理，从而有效地避免生态系统多主体之间价值共毁或价值失衡的产生；同时，在对比同类情境中的价值共创和价值共毁现象的基础上。未来，可进一步探究价值共创和价值共毁的临界条件和行为，指导实践中企业的战略选择和实施。再次，以往关于创业生态系统治理的研究更多停留在静态和横向层面，未来，应更加强调随着生态系统的演化进行动态和纵向治理。最后，应该加深对数字创业生态系统的核心主体研究。未来，研究可以进一步探索不同类型数字平台特征，如工业互联网平台和消费互联网平台的架构、核心和边界资源有何异同，同时可以从平台视角出发探究平台型数字创业企业与非平台型数字创业企业与用户之间的价值共创和平台治理机制。

第五，未来，学者应加强对数字化情境下公司创业价值的研究。数字创业也能改变传统资源动员的模式和资源的属性，进而影响企业的竞争优势（Gregory et al.，2022）。首先，未来，研究应结合中国的独特国家制度展开更加深入的分析探讨。其次，未来研究中仍需从数字技术、数字创业能力、数字创业机会、资源和数字创业商业模式等数字创业要素出发，探索不同的产业和组织环境下，这些要素的复杂动态运行过程，并明确这些要素组合对于数字创业价值创造的重要影响。

二、研究情境

第一，未来，学者应将数字技术与公司创业的研究情境扩展到国际化的背景。数字技术的发展缩小了不同国家之间文化、经济、社会等多方面信息交流的距离，是促进创业企业国际化的重要推动因素（Leceta & Konnola，2020；Shaheer & Li，2020）。随着数字技术对企业国际化创业发挥越来越重要的作用，将数字技术与公司创业的研究置于国际化背景下进行深入研究是未来研究发展的一大趋势。

第二，未来，学者可植入中国的情境因素，开展数字时代背景下公司创业的本土化和情境化研究。现有研究大多基于国外发达经济背景和国外数字化创业企业的实践（Vaska et al.，2021），鉴于中国的特殊国情和特征以及中国在国际数字技术发展中占据越来越重要的地位（朱秀梅等，2020），未来，学者应更加重视数字技术与公司创业的本土化和情境化研究。如中国特殊的监管环境、制度空洞等对数字化背景下的公司创业的影响（McAdam et al.，2019），中国不同地区的数字技术发展水平差异对公司创业的影响，等等。未来，学者应进一步通过典型案例分析和实证研究总结并提炼数字时代背景下中国公司创业的独特发展规律，促进中国本土理论的构建和发展。

第三，未来，学者应拓展数字时代背景下不同类型的行业或企业的公司创业研究。例如，以电商企业、制造业、服务业等行业为特殊的研究情境，或者，以家族企业、国有企业等为研究情境，并探索不同情境下数字技术与公司创业的相互作用。

三、研究视角

未来，学者可基于多重理论视角拓展数字时代背景下公司创业研究的理论基础。首先，可深化现有的资源基础观、知识基础观、动态能力理论等视角的应用，探究数字时代背景对现有理论造成的冲击与挑战。如数字时代背景下，数据的共享性特征对资源基础理论中资源难以模仿性属性的冲击（蔡莉等，2019）。学者们在强化理论应用的同时，应进一步推动理论的发展。

其次，采用多理论视角，将现有理论与其他理论结合起来探究数字技术与公司创业之间的关系。比如，在知识基础观的基础上，结合知识创造理论展开研究（Ben Arfi & Hikkerova, 2021），在动态能力理论的基础上，结合网络理论展开研究（Vaska et al., 2021），等等。

再次，未来可整合跨学科的理论，将数字时代背景下的公司创业放到政治学、心理学、经济学、市场营销和信息系统等其他学科进行审视（Sahut et al., 2021），丰富现有研究视角。比如，综合信息系统和创业的理论视角，并运用创业心理学、社会学和经济学开展数字化情境下公司创业的研究（Von Briel et al., 2018）。

最后，未来，学者不仅应整合现有理论，还应明确传统理论的适用性，并构建能用于数字技术与公司创业这一研究主题的理论模型。一方面，数字技术使创业的过程、结果以及创业主体发生了重大改变，传统的公司创业研究理论是否仍适用于解释数字创业研究，以及哪些理论适用于研究利用数字技术来进行创业等问题都值得详细探究。在这个过程中，我们需要将数字技术作为一种情境与已有研究和新兴实践对话中发展新问题，建立新的理论模型。另一方面，在构建新的理论模型过程中，需要关注在新的情景下，传统理论的边界拓展以及理论情境化，从而提高研究的理论价值。

四、研究方法

未来，学者可采用多样化研究方法创新基于数字时代背景的公司创业研究。目前该领域的研究大多采用案例研究方法，方法相对比较单一（刘莎莎等，2020）。因此，在未来的研究中，第一，可进一步开发数字时代背景下公司创业的词汇表（Shi et al., 2021），利用数字技术的新工具，弥补新情境下公司创业研究方法单一的不足。第二，可运用比较研究法，探索传统经济和数字经济背景的差异对公司创业产生哪些不同的影响（余江等，2018），发达国家和发展中国家数字技术发展差异引发的公司创业的差异，揭示数字时代背景对公司创业的影响。第三，响应学者们对数字时代背景下公司创业实证研究的呼吁（Ben Arfi & Hikkerova, 2021），运用云计算、大数据等数字技术收集创业企业纵向的多样化数据（Autio, 2017），对二手材料进行分析（Hoornaert et al., 2017），开展更多实证研究探究数字技术与公司创业的相互关系。

第四，未来，学者们也可进一步利用动态研究方法，在实证研究中分阶段采集数据，探索企业在不同的发展阶段，数字技术对公司创业的影响。第五，未来学者们可综合使用经济学或管理学领域的研究方法，例如建模优化、案例归纳、计量实证等，多维度探索数字技术与公司创业的关系。

第十一章　新兴经济情境下的公司创业

　　自 21 世纪伊始，新兴经济体，包括转型经济国家，在全球经济舞台上的地位日益显著。特别是金砖国家，已成为推动全球经济增长的关键动力。在此背景下，公司创业领域的学者们已经逐渐转移了他们的研究焦点，从传统的发达经济体转向新兴经济体，将其视作公司创业研究的一个重要情境。在厘清新兴经济与转型经济的关系之后，本章首先探讨了将新兴经济纳入研究框架对公司创业研究的深远意义。接着，以前因和后果为分析框架，对既有基于新兴经济情境的公司创业研究成果进行了归纳。再接着，本章概括了六个关键理论——制度理论、战略选择理论、注意力基础观、资源基础观、动态能力理论和组织学习理论——在新兴经济情境下公司创业研究中的应用，并对现有相关文献进行了系统梳理。最后，基于上述分析，本章构建了一个针对这一独特情境的公司创业研究框架，为未来的学术探索提供了方向。

　　本章分析框架见图 11.1。

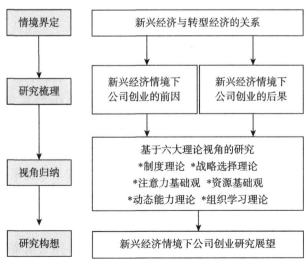

图 11.1　本章分析框架

第一节 研究新兴经济公司创业现象的特殊意义

一、新兴与转型经济的内涵与关系

当前，世界经济正经历着前所未有的快速转变，欧美等发达国家长期以来在全球经济中的主导地位正面临新兴力量的挑战（Bruton et al.，2013）。新兴经济体既包括亚洲、拉丁美洲、非洲和中东快速增长的发展中国家，也包括东亚、中东欧和苏联新独立的转型经济体国家（Hoskisson et al.，2000）。据世界银行首席经济学家预测，到 2025 年六个新兴经济体（巴西、中国、印度、印度尼西亚、韩国和俄罗斯）的经济增长将占世界经济增长的一半（Lin，2011）。同时，随着新兴经济体在全球经济中的地位日益提升，它们已成为学术界和政策制定者密切关注的焦点。

学术界对"新兴经济体"的认识是不断演进和深化的。20 世纪 80 年代，世界银行经济学家安托万·范·阿格特迈尔（Antoine van Agtmael）首次提出"新兴经济体"这一术语，作为对传统"欠发达国家"称谓的替代。这一时期的学者认为，不发达的市场支持制度是新兴经济体的典型特征，具体表现为不健全的法律和执行能力低下的正式法律制度，他们将这一特征称为"制度空洞"（Khanna & Palepu，2000）。同时，学者们也认识到要将新兴经济体与贫困国家经济体进行区分，有必要将自由市场体系——经济发展的快速步伐和政府有利于经济自由化的政策——纳入新兴经济体的定义（Arnold & Quelch，1998）。Hoskisson 等（2000）结合以上观点，将新兴经济体定义为低收入、快速增长的国家，这些国家将经济自由化作为其主要增长引擎（Hoskisson et al.，2000）。之后的研究大多基于 Hoskisson 等（2000）的定义进行补充，将自然资源等要素禀赋作为定义新兴经济体的重要方面。例如，Wan 和 Hoskisson（2003）认为用于生产商品或服务的禀赋要素会影响企业获取所创造价值的能力，因此对定义新兴经济体至关重要（Wan & Hoskisson，2003）。再次，学者们（Bruton et al.，2010；Hermelo & Vassolo，2010；Wright et al.，2010）强调制度和要素禀赋都是影响新兴经济体的重要因素。虽然学者们的观点不尽相同，但达成了一个普遍共识，即国家的环境配置是影响其是否为新兴经济体的重要因素。

转型经济体是隶属于新兴经济体的一类特殊群体。Hoskisson 等（2000）认为，转型经济体是新兴经济体中的一个特殊群体，具体是指 13 个由中央计划经济转向市场经济的国家（Hoskisson et al.，2000）。转型经济不同于制度稳定透明、市场规范健全的成熟经济，具有规则变化频繁、政府角色强势、市场环境脆弱等特点，转型经济中市场活动的参与主体、行为特征、活动导向和绩效目标等方面都与成熟经济存在巨大的差异。尽管如此，转型经济国家经济蓬勃发展，成为新兴的经济实体。据预测，到 2060 年，巴西、俄罗斯、印度和中国（"金砖四国"经济体）的经济规模将超过美国、日本、德国、英国、法国和意大利（G6）。就中国而言，转型经济是在计划经济向市场经济进行制度转型的过程中出现的一种特殊经济形态。2011 年，是"十二五"开局之年，也是中国经济战略性调整的转型"元年"，首次提出我国要进行经济结构转型。在此政策引领之下，我国正在从传统制造业向高端制造业，从投资/制造业向消费/服务业，从国内发展走向全球的道路上坚定前行，由此带来的企业的发展模式、发展要素、发展路径等方面都发生了巨大的转变。

综上所述，新兴经济体具有不同于发达经济体的特殊特征，本章在追溯新兴经济内涵与定义发展的基础上，阐述了研究转型经济中公司创业现象的特殊意义，回顾和归纳了该领域的研究现状，梳理和提炼了不同理论视角下新兴经济中公司创业研究的研究主题，并展望了该领域的未来研究方向，对于深化新兴经济情境下公司创业研究和完善公司创业知识体系具有重要意义。

二、新兴经济情境的特征与研究价值

尽管新兴经济体对世界经济发展至关重要，但学术界往往没有认识到其对基于成熟经济体的理论形成了挑战（Bruton et al.，2010）。特别是对于公司创业研究而言，比起新兴经济体中的企业，创业学者更倾向于关注欧美成熟经济体中的企业，新兴经济体依旧不是创业学者的关注焦点（Xu et al.，2013）。然而，从现有的关于新兴经济体战略和创业活动的研究中了解到，新兴经济体的企业具有独特性（Ahlstrom & Bruton，2006），现有基于发达经济体的理论和观点不适合解释新兴经济中的公司创业现象（Zahra & Wright，2011）。因此，学者们开展新兴经济中的公司创业现象研究具有特殊意义。

一方面，与发达经济体相比，交易成本高、经济波动以及腐败和政治不稳定是许多新兴经济体的显著特征。首先，这些特征意味着在新兴经济体中经营的公司和潜在的创业公司可能面临不同程度的制度挑战。其次，新兴经济中的其他独特特征，诸如，缺乏有形基础设施（例如道路、电信、卫生和电力）以及成熟劳动力供应不足都可能成为新兴市场中公司创业的主要障碍（Kiss et al.，2012）。最后，缺乏可靠的法律制度框架和可用的金融资本，以及缺乏密切的社会网络和个性化交流机会，会使"局外人"难以从事创业活动（Meyer & Peng，2005）。因此，此类制度挑战表明新兴经济体中的公司创业仍然是一个高度复杂、不确定和充满风险的过程（Zahra，1993），需要展开更全面、具体和深入的过程研究。同时，正如 Meyer 和 Peng（2016）所指出的，不仅不同经济体之间存在差异，发达经济体和新兴经济体之间可能存在相当大的差异，新兴经济体之间也可能存在相当大的组内差异（Meyer & Peng，2016）。这表明研究者不应将新兴经济体视为一个同质的群体，学者们有必要研究不同新兴经济体中的公司创业现象以及其背后的影响机制。

另一方面，在认识到制度的不确定性和挑战对于新兴经济体的许多创业活动构成诸多障碍的同时，我们也发现以上情况可以为创业者和新创企业创造重要的机会（Tracey et al.，2011）。例如，在新兴经济体中，创业者可以利用特定资源和策略来创建或操纵自身所嵌入制度的结构和弱点，为企业的创业实践创造有利的制度环境（Dorado，2005）。因此，综合考虑新兴经济体所具有的独特特征，以及新兴经济体的公司创业可能涉及与发达经济体创业不同的其他诸多技能需求（Tracey et al.，2011），学者们有必要探究新兴经济中公司创业的新特征和新要求。

综上所述，以往对于发达经济体的理论及研究成果可能并不适用于新兴经济体的实际情境，新兴经济和创业活动之间不同的制度安排及其特殊性要求更好地理解在这种情况下创业实践的驱动因素，以及这些活动在个人、组织和社会层面的重要影响。因此，本章将回顾和梳理基于新兴经济情境的公司创业研究文献，系统呈现已有的研究成果，并对未来研究主题进行展望，为后续学者了解新兴经济公司创业研究的进展提供便利，新兴经济体中公司创业研究框架见图 11.2。

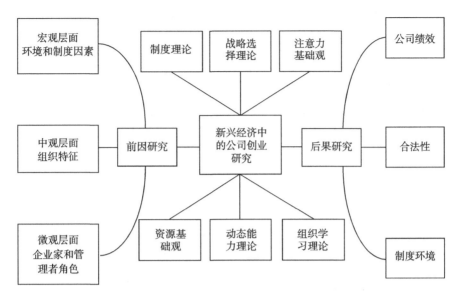

图 11.2　新兴经济中公司创业研究框架

资料来源：作者根据研究内容绘制。

第二节　基于新兴经济情境的公司创业研究进展

在新兴经济的特定情境下，学者们对公司创业活动的决定因素（宏观—中观—微观层面），以及其在各个层面（如公司绩效、合法性、制度环境等）的结果进行了丰富的研究（Ireland et al.，2009）。

一、新兴经济中公司创业的前因研究

新兴经济背景下的公司创业活动受多层次因素的驱动作用，本章从宏观、中观和微观三个层次对其进行梳理。

（1）从宏观层次来看，环境和制度因素是影响公司创业策略、行动和水平的重要因素。特别需要强调的是，制度是指规范国家内部社会和经济交流的正式和非正式规则、价值观和认知结构（North，1990；Scott，2008），既包括正式因素（规章、法律和规则），也包括非正式因素（文化、规范和价值观）。Gómez-Haro 等（2011）研究区域制度环境的不同维度对于公司创业水平的差异化影响。戴维奇和林巧（2013）探究转型经济背景下公司创业的动力机制。研究表明，本地与超本地制度网络有利于推进集群企业的公司创业，即集群企业的公司创业行为受到其嵌入的网络关系的影响，尤其是受到转型经济背景下具有特殊意义的一类网络——制度网络的影响。Yiu 等（2014）探究了制度逻辑对中国企业集团战略创业的影响。研究发现，无论是从原始制度逻辑——国家控制和所有权，还是从新制度逻辑——商业集团的非正式和正式组织控制分析，制度因素都是影响企业进行战略创业的重要因素。高辉等（2016）从制度嵌入性角度探索企业的创新和创业活动时得出相似的结论。研究指出，制度环境影响企业的创新绩效水平，并且通过公司创业作用于创新绩效。其中，规制维度影响创业过程与行为，规范和认知维度影响创业战略愿景。在制度嵌入的框架中，制度环境的规制、规范和认知三个维度对公司创业和创新绩效产生正向影响，公司创业在制度环境与创新绩效之间起中介作用（高辉等，2016）。Holmes 等（2016）学者则是探索了技术政策的两个维度，即国家研究资助和知识产权保护的相互作用对于公司创业活动开展的影响，研究发现，获得不同技术政策类型的电商行业企业，需要采取特定的公司创业策略。戴维奇等（2016）发现，在制度发展水平较高地区，企业家政治连带在资源提供方面的效能降低，进而负向调节企业家"体制内"经历与"赚快钱"关系之间的正相关关系。Ma 等（2017）发现制度变迁会导致非生产性活动和生产性活动的比例变化，在制度变迁速度较慢的地区，生产性活动增加，非生产性活动减少，制度环境趋于稳定，企业从事公司创业的可能性降低。而在制度变迁较快的地区，企业为了谋求稳定良好发展，会减少自身的生产性活动，从而提升其进行公司创业活动的可能。Guo 等（2017）学者开发了一个阶段模型来解释政府在不同时期如何扮演不同的角色，从而促进企业的公司创业活动。Shu 等（2019）的研究表明，良好的制度环境或行政环境，会明显促进企业通过公司创业活动进行战略更新，从而提升企业的财务业绩和声誉，为企业带来良好的财务和非财务结果。Harraf 等（2020）的研究发现，控制腐败对于正式制度与公司创业活动之间的关系起到调节作用，较低的腐败水平正向调节国家创业教育和培训活动对创业活动率的影响，同时负向调节企业技术吸收对创业活动率的影响。还有学者发现，资本流动、法律制度、教育制度等国家层面的因素会对公司创业活动产生影响。Bruton 等（2010）发现，政府和市场利益相关者对于企业创新具有协同效应。市场的发展包括法律环境的改善、资本市场的完善、国家创新体系的完善和提供教育支持都会影响公司创业活动。Cheng 和 Yiu（2016）认为，非正式制度发展、知识产权规范性保护和教育改革有助于中国企业在创新驱动的全球经济中成功竞争。同时，外部环境的动态、需求增长和竞争强度等因素也会影响公司创业活动。例如，张映红（2007）研究转型经济环境下，中国企业采取冒险性创业战略决策的内外部激励。就外部激励而言，渐进式增量改革路径①、强劲的经济增长和巨大的市场潜力，为企业提供了诸多创造财富的创业机会；同时，由于经济转型过程中市场体系不完善、法治不健全、信用机制缺失、观念落后等因素的存在，企业会面临高度不确定性的环境，并对其形成较强的外部激励。

（2）从中观层次来看，组织特征是影响公司创业的重要因素。学者们不仅关注新兴经济背景下宏观环境和制度因素对公司创业的驱动作用，也有诸多学者将研究视角转向组织特征对公司创业实践的影响。在新兴经济下，企业为了适应由正式与非正式制度所造成的约束，会迅速抓住制度变革过程中出现的机会，不断调整其创业行为和创业战略，进而影响企业绩效，帮助其获取及维持竞争优势和能力。Luo 等（2005）的实证结果表明，企业规模和年龄以及市场导向都会影响企业的创业实践。Yiu 和 Lau（2008）则发现企业网络的资源资本，如政治资本、社会资本和声誉资本，对于新兴市场中的企业进行公司创业至关重要。Verbeke 和 Yuan（2013）区分了两个关键资源维度——相对资源优势（能力）和资源冗余——对推动跨国子公司公司创业的关键作用。Dai 和 Liu（2015）发现公司创业在制度网络嵌入性与企业绩效的关系中起中介作用。江旭等（2017）探讨了转型经济背景下技术能力、战略柔性两种企业内部因素的交互作用对技术商业化的影响，尤其关注了以创新、冒险和战略革新为主要特征的公司创业活动在这一过程中所发挥的重要作用。

（3）从微观层次来看，企业家和管理者角色对推动公司创业具有重要意义。学者们研究企业家的政策关注、CEO 和管理者的特征、女性企业家对公司创业的影响、高管团队的人员构成及流动等方面因素对公司创业的影响。

---

① 渐进式增量改革路径：在工业化和社会主义制度的基础上进行的市场化改革，强调利用已有的组织资源推进改革，在基本不触动既得利益格局的前提下，实行增量改革。

首先，在企业家对于政府政策关注方面，研究发现在中国背景下，企业家对于政府的政策关注有助于公司创业活动的开展，从而提高绩效（Dai et al.，2020）。此外，企业家过去在政府的工作经验会促使企业家倾向于关注政府政策以及其带来的机会，提升其利用此种机会开展公司创业活动的可能性（Dai et al.，2020）。也有学者认为，企业家对于政府政策的认知与其所在的制度环境相互作用，从而塑造了公司创业活动等企业行为。

其次，在 CEO 和管理者的特征方面，CEO 的工作经验和网络关系对于公司创业水平具有重要影响，研究表明，公开招聘拥有海外经历的 CEO 与公司创业活动的关联更大。此外，在企业层面允许 CEO 有更大的管理自由时，其更有可能开展公司创业活动（Wei & Ling，2015）。戴维奇等（2016）基于烙印理论（imprinting theory），讨论公司创业框架内民营企业"不务正业"的动因。研究发现，第一，民营企业家的"体制内"经历（即曾在国有、集体企业或机关事业单位工作的经历）通过发展能力烙印与认知烙印，促进其企业在成长过程中介入房地产等业务来"赚快钱"；第二，民营企业家后续刻意建立的政治连带可以发挥"资源通道"的作用，推动政策性机会由识别阶段向利用阶段的转化，进而强化"体制内"经历与"赚快钱"之间的关系。Mda等（2021）将企业家领导力、人力资本和创新联系起来，发现员工的智力敏捷性对微型和小型企业的创新性产生积极影响，且这种影响受企业家领导力的调节作用。Silva 等（2021）发现管理者组织商业模式创新部署和利用的动态能力，对实现公司创业创造社会和经济价值具有重要影响。在企业家的性别特征方面，随着市场经济和现代社会转型的深入，女性企业家的数量逐渐增加，研究显示，女性企业家开展公司创业活动主要取决于其社会资本的数量，由于关系到企业的生存和发展，且长期以来女性获得社会资本的机会相较于男性而言极其有限，因此极大地影响了其创业战略决策的选择（Xie & Lv，2018）。

最后，在充满敌意且迅速变化的制度环境中，企业的优先事项和行动主要集中在控制现金流以及重新定义业务上，此时企业高管团队的人员流动率更高，企业开展公司创业活动的可能性降低。与此同时，对于高管团队的人员组成方面，研究结果各不相同，有学者认为，多样化的人员构成会有更多的文化和思想碰撞，易于产生新的创意，促使企业进行创新创业活动，但也有学者认为，多样化的管理人员构成会使得高管团队的战略目标不统一，难以实现一致，从而降低了开展公司创业活动的可能性（Dai & Liu, 2015）。

表 11.1 是对新兴经济背景下公司创业活动前因研究的汇总。

表 11.1　新兴经济背景下公司创业活动前因研究

层面	作者和年份	前置变量	结果变量
宏观—环境和制度因素	Gómez-Haro et al. (2011)	区域制度环境的不同维度	公司创业水平
	戴维奇和林巧（2013）	本地与超本地制度网络	集群企业的公司创业
	Yiu et al. (2014)	原始制度逻辑——国家控制和所有权；新制度逻辑——非正式和正式组织	中国企业集团战略创业
	Dai & Liu (2015)	制度网络嵌入性	公司创业
	高辉等（2016）	制度环境——规制、规范和认知维度	创业过程、行为、战略愿景
	Holmes et al. (2016)	技术政策——国家研究资助，知识产权保护	公司创业战略
	戴维奇等（2016）	地区制度发展水平	介入房地产等业务"赚快钱"
	Ma et al. (2017)	制度变迁	公司创业
	Guo et al. (2017)	政府角色	公司创业活动
	Shu et al. (2019)	制度或行政环境	战略更新
	Harraf et al. (2020)	正式制度、腐败	公司创业活动
	Cheng & Yiu (2016)	非正式制度发展、知识产权规范性保护和教育改革	创新驱动的全球经济竞争
	张映红（2007）	渐进式增量改革路径、强劲的经济增长和巨大的市场潜力；不确定环境	冒险性创业战略决策
中观—组织特征	Luo et al. (2005)	企业规模、年龄和市场导向	公司创业实践
	Yiu & Lau (2008)	企业网络的资源资本，如政治资本、社会资本和声誉资本	公司创业
	Verbeke & Yuan (2013)	关键资源的两个维度——相对资源优势（能力）和资源冗余	跨国子公司公司创业
	江旭等（2017）	技术能力、战略柔性	以创新、冒险和战略革新为主要特征的公司创业活动

续表

层面	作者和年份	前置变量	结果变量
微观—企业家和管理者角色	Dai et al.（2020）	企业家对政府的政策关注	公司创业活动
	Dai et al.（2019）	企业家政府工作经验、关注政府政策	公司创业活动
	Dai & Si（2018）	政策认知有效性，政府关系	公司创业活动
	Wei & Ling（2015）	CEO 的海外经历、管理自由	公司创业活动
	戴维奇等（2016）	民营企业家的"体制内"经历、政治连带	介入房地产等业务"赚快钱"
	Mda et al.（2021）	员工的智力敏捷性、企业家领导力	微型和小型企业的创新性
	Silva et al.（2021）	管理者组织商业模式创新部署和利用的动态能力	实现公司创业创造社会和经济价值
	Xie & Lv（2018）	女性企业家的数量	创业战略决策
	Dai & Liu（2015）	高管团队的人员流动率、人员组成	创新创业活动

资料来源：作者整理。

二、基于新兴经济情境的公司创业后果研究

新兴经济下，企业的公司创业实践会产生多方面的后果，主要表现在公司绩效、合法性和制度环境三方面。

首先，新兴经济中的公司创业会对公司绩效产生显著影响。Park 和 Kim（1997）的研究指出，企业通过合资等创业行为建立起企业间联系的网络，通过扩大企业环境扫描的范围以及加强与其他企业的互补资产联系，来扩大信息和资源的获取，以此提高企业的市场价值。Luo（2005）探究中国新兴经济体中的公司创业行为，研究发现公司创业会对企业的销售增长和市场份额表现出积极影响。Yiu 和 Lau（2008）发现企业通过公司创业（如产品和组织创新以及公司创业投资），不断更新企业能力从而与不断变化的环境保持一致，进而对公司绩效具有积极影响。Martin 和 Javalgi（2016）探究了企业的创业导向和相应的营销能力对提高新创企业国际化绩效的重要意义。Xu 等（2018）则发现公司创业过程中组织间关系（外部）和创业导向（内部）对于提高企业的创新绩效具有重要意义。Pati 等（2018）发现商业模式设计（即新颖性

和效率）对公司绩效具有重要影响，且公司年龄和外部环境对上述关系具有调节作用。

其次，公司创业有利于企业获取合法性。在新兴经济条件下，经济结构的转型和重构会产生制度空白和制度断裂的现象。相对于成熟经济而言，转型经济更可能出现"制度空洞"（Khanna & Palepu, 2000）。而在其中，蕴藏着丰富的可识别与利用的创业机会，影响着企业家的选择，进而影响企业的战略和绩效。然而，上述"制度空洞"的存在也会造成制度不确定与复杂的情形，会阻碍企业进行公司创业活动合法性的获取。因此，为了消解政治合法性的获取难度，积极响应国家发展政策，企业在进行公司创业活动时的行业选择就会同时考虑到经济与社会责任，倾向于选择对环境友好的行业进入，进行可持续创业或绿色创业，进而提升其获取政治合法性的可能（Ge et al., 2016）。王志玮等（2018）采用单案例纵向研究的方法，考察了 MX 公司 24 年破坏性技术创业过程及其不同成长阶段的合法性要求以及获取途径，并构建了破坏性技术创业合法化的理论模型，推动了以动态视角分析中国情境下破坏性技术创业的合法性研究。

最后，公司创业活动对于制度环境具有反馈作用。例如，Doh 和 Pearce（2004）认为企业可以通过公司创业活动来应对政府政策的变化。Dai 等（2020）则发现，公司创业活动水平的提升，会使社会增加或减少福利，进而影响其所在社会的制度框架，在转型经济体的制度变革和经济发展中发挥着关键作用。就现实案例而言，联想在中关村的成立、发展和后续的公司创业行为源于中国科学院响应政府从事计算机行业的倡议，其后续的公司创业行为不仅很好地执行了国家发展政策，而且促进了国家科技体系的改革（Sergio, 2013；Wang, 2002）。

表 11.2 是对新兴经济背景下公司创业后果研究的汇总。

表 11.2　新兴经济背景下公司创业后果研究

影响方面	作者和年份	公司创业表现形式	结果变量
公司绩效	Park & Kim (1997)	合资等创业行为	市场价值
	Luo et al. (2005)	公司创业行为	销售增长和市场份额表现

续表

影响方面	作者和年份	公司创业表现形式	结果变量
公司绩效	Yiu & Lau（2008）	公司创业（如产品和组织创新、公司创业投资）	公司绩效
	Martin & Javalgi（2016）	创业导向和营销能力	国际化绩效
	Xu et al.（2018）	公司创业过程中外部组织间关系和内部创业导向	创新绩效
	Pati et al.（2018）	商业模式（BM）设计（即新颖性和效率）	公司绩效
合法性	Ge et al.（2016）	可持续创业或绿色创业	政治合法性
	王志玮等（2018）	破坏性技术创业	合法化
制度环境	Doh & Pearce（2004）	公司创业活动	政府政策的变化
	Wang（2002）；Sergio（2013）	公司创业行为	国家发展政策，国家科技体系改革
	Dai et al.（2020）	公司创业活动水平	制度变革

资料来源：作者整理。

第三节　研究新兴经济背景下公司创业的主要视角

学者们基于制度理论、战略选择理论、注意力基础观、资源基础观、动态能力理论、组织学习理论六个视角展开新兴经济中的公司创业研究。本章归纳和提炼了主要研究主题和未来研究方向。

一、基于制度理论视角的研究

制度理论回答了这样一个中心问题：为什么同一领域的所有组织常常看起来和行动起来都一样（DiMaggio & Powell，1983）？在组织生命周期的初期，组织形态会存在很大差异，但随着时间的推移，组织的结构和实践会表现出惊人的同质性。制度理论假定制度是环境中的一个关键组成部分。制度是"为社会行为提供稳定性和意义的规制性、规范性和认知性结构和活动"（Scott，2008），包括法律、规定、习俗、文化、伦理、社会和职业规范等。制度会对组织施加约束性的影响（这称为"同构"），迫使位于同一制度域、受到相同的外部制度因素影响的组织趋于一致。

在新兴经济背景下，国家可能存在政府职能越位（政府干预过度）和市场机制失灵的问题，这些问题导致制度环境的规制性和规范性表现出较强的不确定性和复杂性。一方面，政府法规和政策的经常性改变，会使得不同职能部门在执行和解释政策方面存在"冲突"，使得企业进行公司创业活动时无法适从，难以做出明智的决策。另一方面，企业进行公司创业活动时，如果缺乏正规的法律约束与监督，常常会忽视市场经济和创业活动发展的客观要求，仅凭主观意愿随意决策。与此同时，研究表明，较强的制度环境不利于企业进行公司创业活动的宽松氛围，但随着转型经济市场化进程的不断深入，社会也会日益重视创业活动及创业者，对于公司创业活动的包容性逐步提高，制度环境对于公司创业活动的敌对性趋于下降。

首先，从制度支持角度而言，在制度环境或行政环境呈现支持和友好的情形下，会明显促进企业通过公司创业活动进行战略更新，从而提升企业的财务业绩和声誉，为企业带来良好的财务和非财务结果（Shu et al.，2019）。其次，制度变迁会对企业所处社会环境中活动的结构和比例产生影响，如非生产性活动和生产性活动的比例变化。在制度变迁速度较慢的地区，生产性活动增加，非生产性活动减少，制度环境趋于稳定，企业从事公司创业的可能性降低。而在制度变迁较快的地区，企业为了谋求稳定良好发展，会减少自身的生产性活动，从而提升其进行公司创业活动的可能。其中，企业规模对于上述关系起调节作用，大型企业的构成更加多元，会逆转制度变迁对于生产性活动的影响，进而影响了公司创业活动的开展状态（Ma et al.，2017）。再次，从政府腐败角度而言，研究表明，控制腐败对于正式制度与公司创业活动之间的关系起到调节作用，腐败水平会弱化国家创业教育和培训活动对创业活动率的影响，但会强化企业水平的技术吸收对创业活动率的影响（Harraf et al.，2020）。最后，公司创业活动对于制度环境具有反馈作用，公司创业活动水平的提升，不仅会影响企业合法性的获取（Dess et al.，2003），也会使得社会增加或减少福利，进而影响其所在社会的制度框架，在转型经济体的制度变革和经济发展中发挥着关键作用（Dai et al.，2020）。

综上可发现，制度理论视角下新兴经济的公司创业研究探索了制度对组织施加的各种同构压力（包括强制性、模拟性和规范性压力）（DiMaggio & Powell，1983），以及当组织在运营过程中服从制度压力并遵循社会规范时，其能获得更高的合法性、更多的资源和更强的生存能力，从而拓展了制度理论的研究领域。

二、基于战略选择理论视角的研究

战略选择理论涉及组织运行环境、经济制约和组织结构设计，该理论认为组织的经营战略受外部动态环境的影响，主要关注代理人与选择的性质、环境的性质、代理人与环境的关系及战略与环境的关系的性质三大核心问题（Child，1972）。企业发展不仅要关注外部经济环境、制度政策、文化环境、法律法规等社会环境因素，还要关注行业发展态势、技术革新现状等产业环境因素。与此同时，企业内部的高管团队也发挥着重要作用。

在新兴经济下，企业为了适应由正式与非正式制度所造成的约束，会迅速抓住制度变革过程中出现的机会，不断调整其创业行为和创业战略，进而影响企业绩效，帮助其获取及维持竞争优势和能力。此外，由于新兴经济具有经济基础薄弱、市场机制不完善、政府强势、关系网络等非市场因素作用巨大等特点，因而孕育出了明显带有这些特点烙印的公司创业者群体。而且随着转型深入，上述创业者的特质和决策风格也会改变。

首先，由于新兴经济背景下存在制度不确定等复杂情形，阻碍企业进行公司创业活动合法性的获取，因此为了消解政治合法性的获取难度，积极响应国家发展政策，企业在进行公司创业活动时的行业选择就会同时考虑到经济与社会责任，此时，相对于一般行业而言，企业会倾向于选择对环境友好的行业进入，即可持续创业或绿色创业，以提升其获取政治合法性的可能（Ge et al.，2016）。其次，研究发现制度质量的高低会影响环境不确定性，进而对企业家的战略选择及其社交网络的使用产生重大影响（Bastian & Zali，2016）。最后，公司创业者的战略选择重点也会随着时间改变。在转型初期，公司创业者的动机主要是帮助企业解决生存问题，因此往往倾向于选择能迅速收回投资的保护策略，当企业能够在制度环境下稳定生存，公司创业者才开始着眼于长期或未来的发展计划，适应开放、灵活、多变的市场环境，实现可持续发展。

综上可发现，战略选择理论视角下新兴经济的公司创业研究强调企业受外部社会环境和行业环境影响的同时，企业内部高管团队在战略选择决策上的关键作用，弥补了公司创业研究忽略微观层面企业家及主观认知的局限，有利于推动公司创业研究发展。

三、基于注意力基础观视角的研究

在有限理性和管理认知相关研究基础上发展起来的注意力基础观，为解密高管团队特征作用于企业战略决策的机制提供了新的视角。该理论提出，管理者背景特征影响其注意力分配模式，而管理者所做的战略决策取决于他们的注意力焦点（Ocasio，1997）。也就是说，注意力基础观把人口统计学特征看作高层管理者注意力的前因变量，高管团队特征会影响其注意力焦点，而后者进一步影响企业的战略决策。

在新兴经济背景下，企业家在公司创业过程中会对政府政策有更多的关注。首先，研究发现，企业家对于政府政策的注意力焦点有助于公司创业活动的开展，并对其绩效产生重要影响。同时，研究发现，地方政府干预会对上述关系产生消极影响（Dai et al.，2020）。其次，企业家过去的工作经验是影响其注意力焦点的重要因素。研究发现，企业家过去在政府的工作经验会促使企业家倾向于关注政府政策以及其带来的机会，提升其利用此种机会开展公司创业活动的可能（Dai et al.，2019）。最后，也有学者认为，企业家对于政府政策的认知与其所在的制度环境相互作用，塑造了公司创业活动等企业行为，具体而言，企业家越认为政策有效，越有可能利用这些政策来从事公司创业活动，但这种认知有效性受企业所在的政治环境水平以及政治网络关系影响，对于有政府关系的企业，这种认知有效性与公司创业之间的关系会减弱。

综上可发现，注意力基础观视角下新兴经济的公司创业研究强调注意力在公司创业决策制定中的突出作用以及社会制度结构对塑造决策者注意力的影响。

四、基于资源基础观视角的研究

资源基础观认为企业是各种资源的集合，企业的竞争优势来自企业的资源，每个企业独特的稀有资源构成了企业能力进而成为企业存在并不断发展的基础（Barney et al.，2001）。企业的资源是指在组织中能展现组织核心竞争力的任何事物，既可以有形资产的形式存在，又可以无形资产的形式存在（Caves，1980），其具有独特性和难以模仿性，前者决定了企业具有区别于其他企业的专有能力进而构成了独特的竞争优势，后者使企业所拥有的由这些资源所形成独特竞争优势得以长期存在（Hitt et al.，2016）。该理论假设一个组织可以通过控制有价值、稀缺、不可替代和难以复制的资源来实现可持续的竞争优势，其核心要义是组织基于自身资源和能力与其他组织竞争（Wernerfelt，1984）。

由于新兴经济的特殊情境，企业进行公司创业活动不仅受到内部资源的影响，还受外部资源配置的影响。一方面，研究发现，资源要素的两个关键维度——相对资源优势（能力）和资源冗余，对推动企业进行公司创业具有关键作用（Verbeke & Yuan，2013）。Khan 等（2019）的研究证明了组织无形资产会对公司创业的绩效产生显著影响。Luo 等（2005）则研究全球化背景下，新兴经济体企业的营销资源与公司创业绩效之间的关系。Martin 和 Javalgi（2016）从资源基础观（RBV）视角出发，探究了企业的创业导向和相应的营销能力对提高新创企业国际化绩效的重要意义。另一方面，在经济转型背景下，资源配置在一定程度上还掌握在各级政府手中，如土地、项目准入和金融支持等，这些都是创业活动的关键资源要素，对于企业开展公司创业活动有直接的影响。制度网络嵌入会影响资源配置与公司创业之间的关系，制度网络嵌入的形成有助于企业获得政府部门手中的关键资源与信息，有利于提升声誉与合法性，从而有助于整合外部资源以及实现公司创业（Dai & Liu，2015）。

综上可发现，资源基础理论视角下新兴经济的公司创业研究将企业可持续性竞争优势建立的来源归于企业控制的有价值、稀缺、不可替代和难以复制的资源和能力。

五、基于动态能力理论视角的研究

动态能力理论考察企业如何通过整合、构建、重新配置内外部资源和能力生成一种新能力，这种能力不同于有效开发现有资源的组织能力，而是有效开发和实施新机遇的动态能力（Winter，2003），从而使企业适应快速变化的环境（Teece et al.，2009）。该理论假设相比低动态能力的企业，高动态能力的企业具备更多优势，阐释了企业在回应和创造环境过程中，如何采用动态能力创造和维持相对于其他企业的竞争优势（Helfat，1997）。

在新兴经济背景下，企业的动态能力对于企业获取竞争优势和可持续发展具有重要意义。例如，Yiu 和 Lau（2008）基于动态能力相关知识，发现企业通过公司创业（如产品和组织创新以及公司创业投资）不断更新企业能力，从而与不断变化的环境保持一致，以此有效利用企业网络的资源资本，如政治资本、社会资本和声誉资本，对于新兴市场中的企业进行公司创业至关重要。江旭等（2017）基于动态能力理论，探讨了转型经济背景下技术能力、战略柔性两种企业内部因素的交互作用对技术商业化的影响，尤其关注了以创新、冒险和战略革新为主要特征的公司创业活动在这一过程中所发挥的重要作用。研究发现，技术能力与战略柔性的交互作用通过公司创业的中介机制最终促进了企业技术商业化成功。Silva 等（2021）发现管理者组织商业模式创新部署和利用的动态能力，对实现公司创业创造社会和经济价值具有重要影响。

综上可发现，动态能力理论视角下新兴经济的公司创业研究强调，企业在公司创业过程中塑造动态能力，并将其能力与不断变化的环境需求相匹配的重要性。

六、基于组织学习理论视角的研究

组织学习理论认为组织学习是随时间的推移而展开的过程（March，1991），既包括学习过程，也包括学习结果（Huber，1991），具有连续性、阶段性和动态化三个显著特征。社会维度，特别是权力和政治等因素在组织学习中的重要作用不断凸显（Dodgson，1993），学者们意识到缺乏对社会因素的关注可能会削弱组织学习的意义和价值（Ruggles，1998）。再者，组织学习对组织绩效存在影响和作用机制，能够以此促进组织的战略转型和战略多元化，改变组织的认知、知识基础和能力（Levinthal，1990）。

在新兴经济背景下，组织学习是企业获取创业经验，进而影响创业绩效的重要因素。例如，Dess 等（2003）强调学习是战略更新过程的核心，公司创业在激发和培养组织学习方面具有重要作用，同时公司创业也是获取发展组织能力的新知识的关键来源。Tajeddini 和 Trueman（2016）认为成功的创新战略依赖于从理解、预测和管理复杂的全球商业环境中获得的经验，企业的创新和学习方法会影响组织的创业绩效。

综上可发现，组织学习理论视角下新兴经济的公司创业研究强调，企业不仅可以从组织学习中获取公司创业的新知识和成功经验，从而提高公司绩效，也可以通过公司创业获得更多学习的机会，从而影响组织学习的过程和结果。

第四节　未来新兴经济背景下公司创业研究构想

20世纪70年代以来，新兴经济国家在世界经济中异军突起，此种特殊情境下的公司创业活动逐渐成为研究者聚焦的话题。学者们对新兴经济下公司创业的前因后果以及不同理论视角下新兴经济的公司创业研究进行了探讨，现已取得一定的研究成果。随着新兴经济的动态发展，新的研究机会不断涌现，为未来研究创造了诸多机会。本章在前述研究的基础上，提出了未来新兴经济背景下公司创业研究的若干可行研究方向。

第一，进一步关注新兴经济背景下公司创业过程中的关键主体（如政府、创业者、管理者等）所扮演的角色，发挥社会关系网络构建和管理者领导力的重要作用。相较于发达经济体，新兴经济体中的企业进行公司创业时受政府、管理者等主体的影响更大。如政府可能采用政策、国家战略规划、融资或其他规定来促进企业的公司创业行为，例如创新计划、税收优惠、信息和技术资源以及其他法律保护手段的应用（Hoskisson et al.，2000；Sun & Liu，2014），关注政府在新兴经济公司创业过程中的关键作用具有重要意义。与此同时，由于新兴经济背景下企业的公司创业活动在组织内部可能面临更复杂的资源桎梏和突破旧管理制度的挑战，管理者的动态能力、智力资本等发挥着重要的作用（Teece et al.，2009）。因此，未来，学者可进一步研究新兴经济背景下，企业对外构建社会关系网络，对内发挥管理者领导力对公司创业过程的重要作用。

第二，进一步丰富新兴经济下公司创业的多元化后果研究，强调组织学习和知识创造等非财务指标作为结果变量在公司创业研究中的重要性。现有新兴经济下公司创业研究大多关注公司创业对公司经营或财务绩效的影响，关于其对非财务绩效的关注相对不足（Dess et al.，2003）。而知识资源作为21世纪组织获取竞争优势至关重要的无形资源（Ireland et al.，2003），可以通过有效的公司创业被创造。因此，未来研究可以进一步关注新兴经济下公司创业对组织间学习的内容、速度和深度以及知识创造的影响，丰富新兴经济背景下公司创业的多元化后果研究。

第三，应重视在国际化背景下研究新兴经济体国家公司创业的相关问题。在全球化市场经济背景下，公司创业研究既涉及"引进来"，也涉及"走出去"问题。一方面，新兴经济体中的企业不仅要注重发达经济体企业入境对其可能造成的威胁，同时也要把握不同经济体企业竞争所带来的新的创业机遇。另一方面，新兴经济体中的企业在国际化过程中，不能再简单地通过直接将国内业务输出到国外市场的方式，以期从国际化中获得高额收益。相反，为了提高新兴经济体的企业在国际市场的成功率和竞争力，企业更应思考何时、何处以及如何在国际扩张过程中进行公司创业规划与具体实施策略。因此，将新兴经济体的公司创业与国际化情境相结合，是未来学者完善公司创业研究框架的重要方向。

第四，可深入研究新兴经济中特定类型企业如家族企业、私营企业和中小型企业等的公司创业行为。在新兴经济体中，除了较为成熟的老牌企业，家族企业、私营企业和中小型企业也是公司创业的主力军，而这些企业具有与老牌企业不同的特征，从而催生新的研究话题。例如，Saleem 等（2020）研究家族企业社会情感财富（socioemotional wealth，SEW）在发展公司创业过程中的不同维度，以及哪些维度能够吸引利益相关者；Ramirez-Pasillas 等（2021）将家族企业外部创业投资实践划分为"模仿家族企业""拆分家族企业"和"超越家族企业"三条对外创业路线，都是对新兴经济体中特定类型企业公司创业活动的重要研究。因此，未来学者可以进一步深入研究上述类型企业的公司创业行为的前因后果。

第五，进一步深化和拓宽新兴经济背景下公司创业的研究视角。首先，现有研究大多应用制度理论、注意力基础观、资源基础观、战略选择理论、动态能力理论和组织学习理论展开研究，未来学者可以进一步加深对现有理论的运用。例如，进一步研究公司创业过程中的同构性压力以及合法性所带来的益处如何随时间的推移而改变；探究组织公司创业的决策者如何发起和维持不同同构压力和环境下的制度改革；探索组织如何将自身与竞争对手进行区分又将差异保持在"可接受范围"（Deephouse，1999）。未来研究可进一步探究除企业家注意力之外存在的其他影响公司创业的认知变量，以及创业认知影响公司创业的具体机制；检验公司创业过程中的资源特性（动态和静态，有形和无形，主动和非主动，企业专有和非专有，有地域边界和无地域边界）对企业能力和组织绩效的影响；探究企业选择和吸收新资源纳入现有资源的具体过程等问题。此外，未来研究可进一步整合任务环境的特征（如复杂性和动态性等）与一般环境的特征（如制度环境），以环境—认知—组织战略的逻辑关系，拓展企业所处环境的范畴，进而对公司创业和战略选择理论的未来发展提供新的思路；可进一步探讨企业在公司创业过程中塑造短期和长期动态能力的边界条件，寻求权衡企业动态能力和运营能力之间的最优解决方案；可进一步探究公司创业过程中组织学习的内容、要求等随时间变化而表现出的连续性、阶段性和动态性特征，研究社会网络关系等因素对组织学习和获取新知识的影响。最后，未来，可进一步强化现有理论视角下公司创业研究的深度，推动不同理论视角下公司创业研究的创新发展，同时可以进一步应用社会网络理论和实物期权理论等拓展人们对于新兴经济背景下公司创业的认知。

第五篇
未来蓝图

第十二章　公司创业研究之关键进路

　　本书前述章节均表明，经过 50 余载的发展和沉淀，公司创业已成为一个内容丰富的研究领域。本章旨在通过比较国内外公司创业研究明确两者的差异，并在此基础上绘制未来公司创业研究之蓝图。首先，我们采用文献计量学的方法，对国外与国内的相关学术文献进行全面回顾。通过这一过程，我们旨在梳理公司创业研究的发展历程，总结不同阶段的研究焦点和主题，进而实现对国际与国内研究的横向对比。其次，在深入分析国内外研究差异的基础上，我们将从公司创业的内涵与外延、研究主题、理论视角以及研究的情境化等四个维度，探讨并提出公司创业研究的未来议程。本章的逻辑框架见图 12.1。

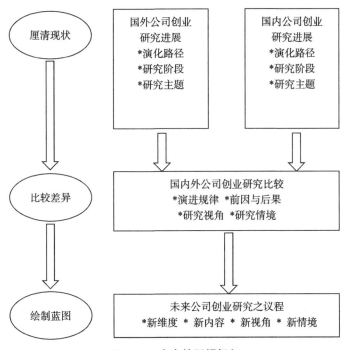

图 12.1　本章的逻辑框架

第一节　国外公司创业研究的发展现状分析

一、研究数据来源

为保证数据的权威性、相关性和可信度，以 Web of Science（即 WOS）作为文献检索数据库，并选取其"核心合集数据库"进行检索。具体检索方法是以"Corporate Entrepreneurship""Strategic Entrepreneurship""Entrepreneurial Orientation""Intrapreneurship""Corporate Venturing"为主题，选择商业、管理和经济领域的论文和综述进行检索，并将期刊锁定在金融时报 50 本管理期刊（FT50）范围内。检索时间跨度设为 1969 年 1 月 1 日至 2021 年 9 月 30 日。为获得准确的结果，筛选出与研究主题高度相关的文献，通过一一阅读确认，最终构建了包含 298 篇外文文献的数据库。前 10 位来源出版物如表 12.1 所示。

表 12.1　外文文献来源出版物

排序	来源出版物	记录数量（篇）	占比（%）
1	Entrepreneurship Theory and Practice	74	24.83
2	Journal of Business Venturing	61	20.47
3	Strategic Entrepreneurship Journal	46	15.44
4	Strategic Management Journal	25	8.39
5	Journal of Management Studies	24	8.05
6	Journal of Management	15	5.03
7	Journal of Business Ethics	10	3.36
8	Organization Science	8	2.68
9	Research Policy	8	2.68
10	Academy of Management Review	7	2.35

资料来源：作者整理。

本章使用文献计量方法，并结合文献回顾加以分析。文献计量是一种客观的和经验化的方法，使研究人员能揭示科学领域理论基础的结构和发展（Guth & Ginsberg, 1990; Zupic & Cater, 2015），并进一步识别科学领域的作者群体和研究主题（Nerur et al.，2008）。具体地，本章采用 CiteSpace V 可视化软件进行复杂网络分析得到知识图谱。后者以节点代表分析对象，节点越大表示出现频次或被引频次越多。节点间的连线表示共现或共被引关系——连线越粗表示关系强度越大（White & Griffith，1981）。运行 CiteSpace V 软件，将"Time Slicing"数据的切分年代设置为"1969~2021"，时间切片为 1 年，"Term Source"聚类词来源同时选择标题、摘要和关键词三项，在阈值选择标准中将 g-index 设置为 25，Top N 设置为 50，Top N% 设置为 10%，可视化模式选择"Cluster View-Static"和"Show Merged Network"，"Nodetype"节点类型根据各阶段要求调整，并由不同网络节点设置相关阈值，进行计算分析。

二、演化路径分析

利用 CiteSpace V 软件能生成基于共被引文献的演化路径知识图谱，学者们可据此了解某领域研究的关键成果和整体发展进程（Tsai & Wu，2010）。以"keywords"为网络节点，得到关键词的时区图谱（图 12.2），并进一步结合文献内容分析，归纳了 1969~1999 年、2000~2006 年、2007~2012 年、2013 年至今四个阶段的主要研究内容。1983 年前后，学者们开始对"革新"现象进行研究，但该项研究仅持续到 1997 年；到 1990 年前后，学者们开始对

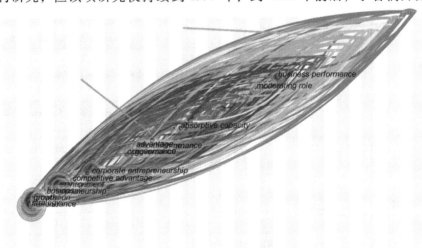

1990 1991 1992 1993 1994 1995 1996 1997 1998 1999 2000 2001 2002 2003 2004 2005 2006 2007 2008 2009 2010 2011 2012 2013 2014 2015 2016 2017 2018 2019 2020 2021

图 12.2 基于关键词的时区图谱

"创造性破坏""合作创业"等公司创业形式进行探索，且探索持续时间较长；1995 年前后，学者们对促进公司创业的动力进行分析，例如"员工发展"，关于此类研究延续到 2006 年；从 2001 年开始，学者们从微观和宏观层面对公司创业的前因后果进行更加深入的探索，比如"组织支持感""吸收能力""全要素生产率""公司成长"等，关于此类研究仅仅持续到 2012 年前后；2007 年开始，学者们对公司创业的研究热情空前高涨，"公司绩效""可持续性权衡""家族企业""代际参与"等研究成为研究热点；2013 年开始，"家族商业"和"商业集团"等研究逐渐兴起（表 12.2）。

表 12.2　各阶段公司创业研究简况

时间段	阶段名称	研究内容	代表作者
1969~1999 年	初始萌芽（概念界定、绩效后果）	公司创业的概念	Burgelman, 1983; Miller, 1983; Pinchot, 1985; Covin & Slevin, 1986, 1989; Guth & Ginsberg, 1990; Zahra, 1991, 1996; Sharma & Chrisman, 1999
		对企业绩效的影响	Zahra & Shaker, 1993; Zahra, 1991
		内外部环境对公司创业的影响	Covin & Slevin, 1988; Zahra, 1991, 1996; Zahra & Shaker, 1993
		国际化	Birkinshaw, 1997; Zahra & Garvis, 2000
2000~2006 年	发展阶段（内部运作过程）	公司创业的定义、维度	Zahra, Dennis & Garvis, 2000; Thornberry, 2001; Smith & Gregorio, 2002; Srivastava & Lee, 2005; Mcmullen & Shepherd, 2006
		高管团队在公司创业过程中扮演的角色	Drucker, 2002; Hayton, 2006
		一般员工对公司创业的影响	Nickerson & Zenger, 2004; Laursen & Salter, 2006
2007~2012 年	快速发展阶段（公司创业的前因）	公司创业的生成机制	Simsek, Veiga & Lubatkin, 2007; Teng, 2007; Vrande, 2009
		社会交换理论	Clercq, Dimov & Thongpapanl, 2010; Zhang & Jia, 2010
		资源基础观	Teng, 2007; Ketchen, Ireland & Snow, 2007
		跨国企业的公司创业投资	Williams & Lee, 2009

续表

时间段	阶段名称	研究内容	代表作者
2013 年至今	稳步推进阶段（公司创业的前因）	高管特征对公司创业的影响	Wales & Patel, 2013；Engelen & Neumann, 2015, 2016；Wincent & Thorgren, 2014；Courpasson et al., 2016；Stenholm & Acs, 2013
		资源冗余对公司创业投资的影响	Verbeke & Yuan, 2013；Zhao et al., 2020
		吸收能力对公司创业投资的影响	Engelen & Kube, 2014；Patel & Kohtamaki, 2015
		国家控制对公司创业的影响；家族企业特征对公司创业的影响	Sciasciaet et al., 2013；Jaskiewicz, 2015；Minola, 2016；Minola et al., 2016；Raitis & Sasaki, 2021
		中小企业实施公司创业对其自身的影响	Nakos et al., 2014；Brouthers & Nakos, 2015；Bartz & Winkler, 2016

三、国外研究主题梳理

1. 初始萌芽阶段（1969~1999 年）

1969~1999 年，公司创业领域尚处于萌芽阶段，聚焦于基础理论的构建。1969 年，Westfall 在《美国管理学会学报》（*Academy of Management Journal*）上发表论文后，公司创业研究的序幕正式拉开。Westfall（1969）指出创业可以并应该被视为一种公司职能，并提出促进和阻碍创业行为的因素（Westfall, 1969）。此后，尽管学者们对公司创业的兴趣日益浓厚，但对于什么是公司创业，似乎并未达成共识（Guth & Ginsberg, 1990）。

20 世纪 70 年代，学者们一直将创业的概念限制在个体层面即个人创建和发展企业的定义中。直至 1971 年，Peterson 和 Berger（1971）两位学者发表了题为《组织中创业：来自流行音乐产业的证据》的论文，才推动了创业这一概念走向组织或企业层面（Peterson & Berger, 1971）。两位作者在文中试图确定创业出现的条件，并且依据 Schumpeter（1934）的创业概念，将个人的主动性与组织层面的创业活动联系起来，此种联系成为早期公司创业研究的关键基础，正式开启了探索公司创业现象的旅程。

1983 年，Miller 的开创性论文《三种企业中创业的相关性》引发了学术界对公司创业研究的极大兴趣。Miller（1983）在文中提出了一个革命性的观点：企业能够像个体创业者一样进行创业活动。他强调创新、风险承担和先动性这三个关键维度，作为衡量企业创业导向的有效指标，并提供了相应的测量方法。这些贡献不仅为实证研究提供了新的工具，也显著加快了该领域研究的进程（Miller，1983）。1986～1989 年，Covin 和 Slevin 对于 Miller 提出的方法进行验证、扩展和改进，进一步激发了与创业导向相关的实证研究的热潮，同时文章所用的问卷调查法也盛极一时，成为早期创业导向研究的主流方法（Covin & Slevin，1986，1989）。

20 世纪 80 年代，Burgelman 对于内部公司冒险的研究成为公司创业研究史上另一关键事件。Burgelman 的文章提出了两种典型的战略行为，包括自主性战略行为和引导性战略行为（Burgelman，1983，1984）。引导性战略行为适用于现有的组织结构和环境，目的是保持战略行为与企业战略方向的一致性，可推动渐进式创新。而自主性战略行为超越了当时组织战略的范围，在概念上等同于公司创业活动，能在企业中产生新的生产资源组合。通过实施"自主性战略"，中层管理者可以质疑当前的战略概念，并向高层管理者反馈新的机会，从而突破企业传统，创建新业务。此项研究揭示了公司创业与战略管理的关系，解释了企业战略的演化动力。

自主性战略行为与当时 Pinchot（1985）提出的"内创业"（intrapreneurship）概念是对应的。内创业主要侧重于定义与公司创业密切相关的个人行为，强调能催生公司创业的"非正式活动"。"内创业者"（entrepreneur）以开展创业活动的方式来应对由组织规模、官僚主义或战略短视而造成的组织惰性。Pinchot（1985）强调了个人主动性在公司创业活动中的重要作用，认为内创业能鼓励员工和中层管理者突破组织现有的规则，实现变革和创新。

与此同时，Kanter 与其哈佛的研究团队利用多案例的方法也对公司创业现象展开了深入分析（Kanter et al.，1991，1992）。通过对八家从事战略更新的企业的观察，他们发现企业支持和培育创业活动的模式主要有四种：①纯风险投资模式，即母体企业对外投资；②创业孵化器模式，新企业在母体企业内部或外部以独立的实体进行运营；③创意创造和传递中心，即创建新的创意或业务，然后将此活动传递至已建立的企业中加以开发；④员工项目模式，创业型员工参与公司创业的计划及落地，此类活动的重点是管理"主流"与"新潮"之间的业务及人员关系。

MacMillan 与其他学者也合作研究了企业的风险投资活动，重点是探索成功的风险投资活动的标准。研究发现，当合资企业在资源和管理方面拥有丰富的积累，或是将以往失败经验运用到新项目中时，风险投资活动成功的可能性增加。此外，传统的预测工具在此时已不能胜任，需要开发新的预测方法来适应不断变化和冒险的环境，从而衡量风险投资活动成功的概率。Mac-Millan 后续还与 Day 等探索了市场进入的模式，提出了"经验效应"概念，即企业在从事风险投资活动中通过实践来学习的现象（MacMillan & Day，1987）。MacMillan 及其同事从不同方面探索了企业的风险投资活动（Siegel et al.，1988），为后续分析管理者与风险投资者之间的相互作用以及此种联系对于公司创业活动的影响提供了重要的理论基础，也为开展不同视角的公司创业研究奠定了根基。

综上，1970~1990 年，学者们主要提出了公司创业、创业导向以及内创业等关键概念，界定了创业导向的维度，探讨了公司创业与个体层面创业的关系。考虑到这一阶段处于公司创业研究的早期阶段，因而不难理解多数研究是概念性或定性的研究。

到了 20 世纪 90 年代，Guth 和 Ginsberg 通过对以往研究成果的回顾发现，学界对于"公司创业"这一构念的定义缺乏共识。为此，两位学者在回顾以往研究的基础上提出公司创业的两个维度：①与现有公司内新业务发展相关的公司创业或创新活动；②战略更新，包括通过新的资源组合来创造新的财富。例如，重新聚焦业务、改变营销或分销方式、重新定义开发或运营流程等（Guth & Ginsberg，1990）。此定义为后续公司创业研究提供了一个清晰明确的分析框架（Zahra，1991，1996a；Zahra & Garvis，2000）。到了 20 世纪 90年代末，Sharma 和 Chrisman 认为尽管学界对于公司创业活动有了一定的了解，但用于描述公司创业现象的术语未能统一，因此两位学者回顾了以往相关研究成果，提出了一个新的三维度的公司创业概念，包括创新、战略更新和公司冒险（Sharma & Chrisman，1999）。其中，战略更新导致组织的业务或公司层面战略或结构的重大变化，这些变化改变了组织内外部原有的关系，在多数情况下会涉及某种创新行为。公司冒险是通过创业活动最终在公司内创建新的商业组织，可能会进行新市场的开拓或新产品的开发，有时会导致新的组织单位的形成。三维度公司创业概念的提出，为 21 世纪公司创业研究提供了指南，后续学者多数以此概念为基础开展研究。

此后，公司创业研究的步伐开始加快，公司创业对企业绩效的影响、公司创业的前因、国际化公司创业三大研究主题主导了这一领域的研究。与此同时，研究方法逐渐由定性向定量转变，数据收集方式依然是以问卷调查为主，调查对象还是集中在规模较大的美国上市公司。

首先，在公司创业对于企业绩效的影响方面，研究主要集中探讨公司创业活动带来的财务回报，特别是对企业盈利能力和增长能力的影响。总体而言，公司创业活动能为企业带来积极的财务结果，但此种结果在不同条件下有所不同。例如，企业的行业类型、外部环境条件，等等。由于企业盈利能力和增长能力是两个概念，且受到不同种类变量的影响，因此还未有研究探索公司创业活动何时以及如何能对上述内容产生不同的影响（Zahra, 1991, 1993）。Zahra 对公司创业活动以及企业绩效表现的关系进行了深入探索，研究表明，不同的公司创业计划对于企业的盈利能力和增长能力的影响不同，公司创业对于企业绩效的影响是非线性的，且具有一定的滞后性，此种滞后性可能因行业的差别而有所差异。正式的与非正式的公司创业活动均可能积极作用于企业的财务表现。除公司创业影响企业的财务结果，其还可能带来非财务结果的改变，例如，组织学习、知识共享与创造、企业的能力升级以及企业发展等（Zahra et al. , 1999）。此类研究多数采用定性方法，很少有实证研究通过数据验证上述结论。总体而言，这一阶段的研究逐渐将公司创业与企业绩效以及其竞争优势联系起来。

其次，在公司创业的前因方面，学者探讨了企业外部环境条件，例如，产业条件（Zahra, 1991, 1993, 1996a, 1996b）对于公司创业活动的影响，以及公司内部因素对于公司创业活动的影响，例如，组织结构（Covin & Slevin, 1988）、组织文化（Zahra, 1991）、激励（Zahra, 1991）、管理系统（Zahra, 1991）等方面的作用。后续还将企业所有权与企业战略与公司创业联系起来（Zahra, 1996a, 1996b），通过调查特定变量，例如员工认知、态度、行为等相关内容，探索了其对于公司创业活动的影响作用。总体而言，这一阶段缺乏对于公司创业测量的专门研究，鲜有纵向观察公司创业活动进而阐明公司创业活动如何随时间变化而变化的研究，因而最终也无法很好地为企业战略相关问题提供解决方案。

最后，作为企业跨国发展的有效方式，国际化公司创业随着世界经济的全球化日益频繁，相关研究也随之出现。1997 年，Birkinshaw 研究了跨国公司以及其子公司的公司创业活动，揭示了有关组织的战略、结构、系统、奖励以及总部与子公司之间的关系，强调了公司创业在创建新业务方面的重要作用。Birkinshaw 等的关键贡献在于发现了组织的主动性（initiative）——一种谨慎的、主动的承诺，为公司提供了一种新的方式来使用或扩张其资源——影响了不同单位参与公司创业的程度。成功的公司创业还可以影响企业内部的权利分配，最终影响对未来战略计划的承诺和投资（Birkinshaw，1997）。2000 年 Zahra 和 Garvis 通过实证研究方法，探讨了国际环境下公司创业与企业绩效的关系，研究发现，环境特征显著调节了公司创业与企业绩效之间的关系（Zahra & Garvis，2000）。在此期间，尽管学者们对于国际化公司创业产生了浓厚的兴趣，但基于国际环境条件下的相关研究成果仍然不多，一个可能原因是国际化公司创业研究后续成为一个独立的学术研究领域（国际创业，international entrepreneurship）；另一个可能原因是国际化条件的复杂性和测量困难程度。此阶段的研究虽已确认了国际化公司创业的重要性，但却未能系统考虑国家和企业的特定变量在解释企业国际运营中的影响差异，企业开展国际化公司创业的有效方式也被忽略了。除此之外，随着中小企业在国际市场上逐渐活跃，不同规模的企业尤其是中小企业的国际化公司创业问题也开始受到关注。

2. 发展阶段（2000~2006 年）

2000~2006 年，公司创业研究引起了学者们的极大关注。进入 21 世纪，关于公司创业的定义、维度，相关学者仍在作进一步的阐释；影响公司创业的内部因素成为研究的重点，中高层管理者、基层和一般员工在公司创业过程中的作用成为研究焦点。

一方面，学术界对于公司创业的维度进行了更为深入的细分，对其定义提出新的见解。Zahra（2000）在进行企业国际化公司创业的技术知识、技能和资源的重要性研究中，对创新及风险投资两个维度进一步细化，其中创新分解为产品创新、流程创新和组织创新三个子维度，风险投资分为国内风险投资和国际风险投资两个子维度，从而形成了一个五维度的公司创业构念（Zahra & Garvis，2000）。Thornberry（2001）则认为，通过建立关注机会的组织以应对快速变化的环境，强调对公司创业活动的探索，并据此提出四维度的公司创业构念，包括企业冒险、内创业、组织变革和破坏行业规则（Thornberry，2001）。随后，不同学者基于不同视角对公司创业这一构念提出了差异化的理解。Smith 和 Gregorio 以及 McMullen 和 Shepherd 在探讨创业活动的文章中认为，公司创业是"个人在不确定情况下做出判断进而产生的一系列的创业行为。通过这些创业行为，公司可寻求到竞争对手没有注意或利用的创业机会。此类创业行为由新市场、新客户、新资源组合方式构成"（Mcmullen & Shepherd，2006；Smith & Gregorio，2002）。

另一方面，学者们将注意力再次转移到个人层面和组织战略相关联的微观基础上。Drucker（2002）认为具有适当规模的在位企业之所以最有潜力占据创业主导地位，是因为它们早已具备管理能力且建立和形成了相应的管理团队，从而使创新程度高或市场竞争风险大的新事业得以建立并取得成功（Drucker，2002）。Hayton 和 Kelley（2006）以 237 家在 1994~1998 年完成 IPO 的美国高科技企业为研究样本，发现企业高管团队的人力资本多样性和组织声誉对公司创业产生显著的正面影响（Hayton & Kelley，2006）。此外，Srivastava 和 Lee（2005）探究了高管团队特征对公司创业的影响，指出高管团队任期和教育背景异质性都会对新产品进入的顺序和时间产生影响（Srivastava & Lee，2005）。学者们继续深入探索管理者创业角色的各类影响因素。企业在对管理人员进行培训时，可通过恰当使用奖励、获取高管人员的支持、资源可用性、支持的组织结构、风险承担和容忍失败的程度等五个方面有针对性地展开，从而培育企业的创业环境，促进员工从事内创业活动的意愿，并制定能激励和维持公司创业开展的战略（Hornsby et al.，2002）。同时，在组织中设置管理控制系统，提升管理人员的创业精神，为管理者开展公司创业活动营造氛围（Marginson，2002）。有关一般员工的背景及技术特征、员工创业文化的培育对公司创业带来的影响也有所发掘。Nickerson 和 Zenger（2004）认为，员工在教育、年龄、性别、任期和经验等方面具有异质性，这会使其在技术和商业问题上产生不同观点（Nickerson & Zenger，2004），最终对机会的抓取和识别产生积极影响。不同定位的员工具有不同的网络，其中一些可以跨越企业边界，使得企业有可能获取外部知识，进而在创新环境中发挥杠杆作用（Laursen & Salter, 2006）。

3. 快速发展阶段（2007~2012 年）

2007~2012 年是公司创业研究数量快速增长的阶段。学者们主要研究公司创业的生成机制，推进新理论视角的运用以及基于新情境的研究。首先，在公司创业的生成机制方面，学者们将目光聚焦到外部环境上，其中企业的任务环境得到了充分关注。Simsek 等（2007）以 495 家中小型企业为研究样本，考察了管理者的环境感知与公司创业的关系。研究结果表明，管理者感知到的环境宽裕性与公司创业之间呈正相关，两者之间的关系受到自由裁量权的中介作用。这一研究结果揭示了企业的外部竞争环境是通过作用在管理者的环境感知上，进而影响公司创业活动（Simsek et al., 2007）。同年，Teng（2007）指出战略联盟作为重要的外部网络有助于公司创业，并就如何选择不同形式的联盟（如联合投资、技术联盟和学习联盟）以促进公司创业活动给出了答案（Teng, 2007）。Vrande 等（2009）则是研究了外部不确定性和关系不确定性对公司创业的影响，探究了环境动荡性、技术新颖性、技术距离和先前合作对组织内部技术来源选择的影响（Vrande et al., 2009）。

其次，相关理论视角得到不断运用。第一，社会交换理论的深入挖掘。Clercq 等（2010）基于社会交换理论研究创业导向与企业绩效之间的关系，通过分析 232 家加拿大企业，发现当程序正义、信任和组织承诺的水平较高时，创业导向与绩效之间的正向关系更强（Clercq et al., 2010）。Zhang 和 Jia（2010）则是利用社会交换理论，关注了高绩效人力资源实践与公司创业之间的潜在机制，识别出了员工的感知组织支持这一关键的中介变量（Zhang & Jia, 2010）。第二，资源基础观的灵活运用。Teng（2007）基于资源基础观研究了不同类型的联盟（如合资企业、研发联盟和学习联盟）如何为企业提供必要的资源以促进公司创业过程（Teng, 2007）。

最后，新的研究情境得到了学者的充分关注。一方面，部分公司创业学者将目光转向中国等新兴市场国家。Tang 等（2008）聚焦中国企业，探究创业导向在提升企业绩效中的作用，发现了创业导向与企业绩效之间的倒 "U" 形关系（Tang et al., 2008）。Yiu 和 Lau（2008）基于对中国在位企业的研究，发现借助公司创业，企业能将其拥有的政治资本、社会资本和声誉资本等非市场资本转化为企业的竞争优势（Yiu & Lau，2008）。Runyan 等（2012）利用来自美国和中国的中小企业的样本，重新评估了创业导向的维度、量表项目的最佳数量以及跨文化构念的测量等值性（Runyan et al.，2012）。另一方面，跨国企业的公司创业过程也是学者关注的话题。Williams 和 Lee（2009）聚焦跨国公司的创业导向，从企业本身和高管团队特征两个方面展开，发现跨国公司的规模越大，存续时间越长，国际化程度越高，越有可能采取较低的创业导向。高管团队越年轻，拥有产权的程度越高，企业则越有可能采取较高的创业导向（Williams & Lee，2009）。

4. 稳步推进阶段（2013 年至今）

2013 年至今，公司创业研究稳步推进，新的研究情境、特殊的组织形式使得公司创业研究保持旺盛的生命力。

学者们分别从高阶梯队理论、制度理论、资源基础观、吸收能力、双元性理论等视角研究公司创业和创业导向（表 12.3）。第一，在对高阶梯队理论的推进中，对高管自身的特征如自恋、傲慢等的研究更加深入。Wales 和 Patel（2013）发现，自恋的 CEO 领导的公司表现出更高水平的创业导向（Wales et al.，2013）。Engelen 和 Neumann（2015）在对 CEO 的研究中发现，CEO 过度自信对创业导向的影响受到市场活力的调节作用（Engelen et al.，2015）。Haynes 等（2015）在对创业领导者的研究中发现，创业领导者的傲慢阻碍了创业成功的可能（Haynes et al.，2015）。Engelen 等（2016）发现，CEO 自恋会削弱创业导向与企业绩效之间的正向关系（Engelen，et al.，2016）。另外，对高管的能力和网络研究也更加复杂化，Wincent 和 Thorgren（2014）发现，董事会成员之间的内部/外部的职能多样性促进了网络层面的创业导向，并且董事会任期弱化了多样性与创业导向之间的正向关系，而董事会的功能多样性强化了多样性与创业导向之间的正向关系（Wincent et al.，2014）。Courpasson 等（2016）将管理层的抵制（resistance）和组织层面的创业研究联系起来，表明积极的反抗（active resistance）——反对一些管理控制方式和手段——实际上可以促进组织层面的创业过程。这种积极的反抗有助于组织内部创造力、组织内部的团结以及新的工作方式的产生（Courpasson et al.，2016）。

第二，在对制度理论的推进中，Stenholm 和 Acs（2013）发现对于形成创新、高增长的新企业，监管环境无关紧要；对于高影响力创业而言，知识溢出带来的新机会和高影响力创业所需的资本是最重要的制度环境（Stenholm et al.，2013）。Dai 等（2015）的研究则关注国家内部制度对推动组织绩效的重要作用。研究发现，金融制度市场化水平与企业参与公司冒险之间存在显著的正相关关系，组织冗余和政治关系对上述关系具有调节效应（Dai et al.，2015）。Dai 和 Liao（2019）还进一步考察了企业家关注放松管制（国家层面的正式制度）与中国私营企业再投资之间的积极关系。而企业家的政治联系（非正式制度）和区域制度发展（区域层面的正式制度）对上述关系具有重要调节作用（Dai & Liao，2019）。此外，学者们将制度理论与其他理论结合进行系列研究。Dai 和 Si（2018）将制度理论与战略选择理论相结合，考察了中央政府颁布的经济政策如何塑造中国民营企业的创业导向。研究发现企业家对新政的感知与周边制度环境相互作用，从而对公司创业活动具有重要影响。具体来说，企业家越是认可新政的有效性，他们的企业就越有可能利用这些政策来开展创业活动，同时上述关系受制度发展水平和企业政治联系的权变影响（Dai & Si，2018）。Dai 等（2020，2021）将制度理论与注意力基础观相结合，发现企业对政府政策的关注促进其参与公司冒险活动，并最终提高其组织绩效。此外，上述关系受到地方政府干预的制约（Dai et al.，2020，2021）。

第三，在对资源基础观的推进中，Verbeke 和 Yuan（2013）发现在动态、良性的行业环境下，更高的公司创业要求公司具备较强的人力资源冗余和下游能力（Verbeke & Yuan，2013）。Dai 和 Kittilaksanawong（2014）则探究了不同组织资源冗余对公司成长的影响。研究发现，对于以中国为代表的转型经济体国家而言，并非所有的闲置资源都像大多数先前研究所论证的那样，很容易就转化为公司增长。实际上，只有具有主动性的人力资源冗余能直接影响公司成长，而财务资源冗余通过人力资源冗余推动公司增长（Dai & Kitti-laksanawong，2014）。接着，Dai 等（2015）以中国酒店企业为样本，探究了企业层面的创业活动（服务创新、公司冒险和战略更新）对社会资本与财务绩效关系的调节作用。结果表明，外部社会资本与内部社会资本的相互作用对财务绩效有积极影响。此外，创新和公司冒险也加强了上述关系（Dai et al.，2015）。Zhao 等（2020）发现，随着市场的发展，资源对战略创业的两个方面即机会寻求和优势寻求的影响力持续存在（Zhao et al.，2020）。

第四，在对吸收能力的推进中，Engelen 和 Kube（2014）发现企业的吸收能力能强化创业导向与创业绩效之间的正向关系（Engelen et al.，2014）。Patel 和 Kohtamaki（2015）将吸收能力划分为潜在吸收能力[①]和实际吸收能力[②]两个维度，并发现潜在吸收能力增强了创业导向对创新成果可变性的影响，而实际吸收能力有助于转化和利用创新成果的可变性来提高公司绩效（Patel et al.，2015）。

第五，在对双元性理论的推进中，Titus 和 House（2017）发现在基于股权的外部公司冒险（ECV）投资组合中，探索性程度与收购方式相对使用频率之间存在正相关关系，且行业研发强度水平越高，前述正相关关系越弱（Titus et al.，2017）。Baert 和 Meuleman（2016）发现，通过将 8 个资源编配子流程分组为 3 个聚合资源编配流程，这些流程允许跨企业投资组合探索和开发一组资源和能力，企业家可在其公司内共享、改造和协调资源和能力，使他们不断同时探索和开发市场机会，最终促进其业务的可持续发展（Baert et al.，2016）。

表 12.3　2013 年至今公司创业研究运用的主要理论视角

理论视角	研究内容	代表作者及年份
高阶梯队理论	高管特征（例如：CEO 自恋、CEO 任期）对公司创业导向、创业过程以及创业结果的影响	Wales & Patel（2013）；Engelen & Neumann（2015，2016）；Wincent & Thorgren（2014）；Courpasson 等（2016）；Stenholm & Acs（2013）
资源基础观	资源冗余对公司创业以及战略创业的必要性	Verbeke & Yuan（2013）；Zhao 等（2020）
吸收能力	吸收能力可以划分为潜在吸收能力和实际吸收能力；吸收能力强化了创业导向和创业结果之间的关系	Engelen & Kube（2014）；Patel & Kohtamaki（2015）
双元性理论	企业应当依靠探索式公司创业和开发式公司创业，保持现有业务优势，同时发掘新的市场机会，促进其业务的可持续性	Titus & House（2017）；Baert & Meuleman（2016）

资料来源：作者整理。

---

①　潜在吸收能力：通过外部知识与内部知识的连接和整合，创造出意想不到的、不可预见的知识组合，为管理者提供新的资源和能力组合模式。
②　实际吸收能力：提供管理可变性所需的选择和保留程序。

　　以往研究大多基于西方发达国家情境背景，对新兴经济情境下的公司创业实践研究相对不足。而在这一时期，有关中国、印度尼西亚等新兴经济体的实践进入了学者的视野。Hsu 等（2014）基于东南亚五个新兴国家汽车设备制造商的调查数据，发现公司创业会影响到企业的核心运营能力，从而进一步影响企业创新，阐明了新兴经济情境下公司创业的一条作用机制（Hsu et al.，2014）。Saeed 等（2014）在对不同文化情境下的公司创业进行研究时发现，国家文化和宏观经济驱动因素均会影响企业的创业导向和企业绩效之间的正向关系（Saeed et al.，2014）。Watson 等（2019）发现，不同国家的文化会对企业的创业导向产生完全不同的影响（Watson et al.，2019）。Yiu 等（2014）聚焦中国情境下的公司创业活动，研究发现，国家控制权以及所有权的原始制度逻辑是支持战略创业的一个有力因素，且支持战略创业的新制度逻辑是通过商业集团的非正式和正式组织控制引发的（Yiu et al.，2014）。Dai 和 Liu（2015）以中国转型经济为背景，提出将公司创业（CE）（即创新和公司冒险）视为一种动态能力，帮助企业将制度网络产生的制度资本与其他内部和外部组织资源整合起来创造新的资源和能力，以此应对不断变化的环境机遇和挑战，从而促进绩效成果（Dai & Liu，2015）。Dai 等（2018）依托烙印理论和注意力基础观考察中国企业家的社会烙印如何引导他们追求政府放松管制、改革和某些行业激励政策带来的有利可图的机会（Dai et al.，2018）。Mthanti 和 Ojah（2017）发现，在不同国家，企业的创业导向均会促进经济发展（Mthanti & Ojah，2017）（表 12.4）。

表 12.4　2013 年至今公司创业的研究情境

研究情境	研究内容	代表作者及年份
东南亚 5 个新兴经济体	公司创业影响企业的核心运用能力，进一步影响企业创新	Hsu 等（2014）
美洲、亚洲国家	不同的国家文化对企业创业导向、公司创业、创业结果的影响，最终给经济发展带来不同的结果	Saeed 等（2014）；Mthanti & Ojah（2017）
亚洲国家	原来由国家控制或拥有所有权的企业更加注重战略创业	Yiu 等（2014）

资料来源：作者整理。

从研究对象看，对中小企业以及家族企业的公司创业研究正在逐渐兴起。在对中小企业的研究中，Nakos 等（2014）发现，英国、美国中小企业和非竞争对手的联盟与其国际化经营绩效呈正相关关系；而与竞争对手的联盟则与其国际化经营绩效呈负相关关系。并且，在与非竞争对手的联盟中，创业导向有助于提高中小企业的国际化经营绩效（Nakos et al.，2014）。Brouthers 和 Nakos（2015）的研究中发现，公司层面的创业导向与更高的国际化经营绩效直接相关，也与参与国外市场的营销联盟共同影响国际化经营绩效（Brouthers et al.，2015）。Kammerlander 等（2015）在对中小企业 CEO 二元性创新的研究中发现，CEO 的晋升关注度对公司在探索创新和开发创新中的参与度都有积极影响；CEO 的预防关注度与公司的探索创新呈负相关，但与公司的开发性不显著相关（Kammerlander et al.，2015）。Bartz 和 Winkler（2016）发现，无论是在稳定时期还是在危机时期，小型企业都表现出相对于大型企业的增长优势，并将其解释为小型企业的灵活性优势（Bartz & Winkler，2016）。同样是对 CEO 特征的研究，Chen 和 Nadkarni（2017）发现，CEO 的时间紧迫感与他们的时间领导力正相关，而时间领导力又与公司创业正相关（Chen & Nadkarni，2017）。

此外，家族企业作为特殊组织形式受到了研究人员的关注。Sciascia 等（2013）通过实证研究发现，家族企业中适度的代际参与会缓解企业创业导向的建设性冲突，但是随着代际参与水平的提高，亲属距离的增加，这种冲突有增无减（Sciascia et al.，2013）。Jaskiewicz 等（2015）研究发现，创业遗产激励现任和下一代所有者参与促进跨代创业的战略活动（Jaskiewicz et al.，2015）。Minola 等（2016）对家族企业的生命周期进行了分析，发现随着创业家族从年轻的商业家族阶段过渡到商业阶段，其进行公司创业的动机增加；随着创业家族从商业阶段过渡到合作阶段，其进行公司创业的动机增加；随着创业家庭从合作阶段过渡到代际传承阶段，其进行公司创业的动机减弱（Minola et al.，2016）。Arzubiaga 等（2018）在对西班牙中小型家族企业的研究中发现，创业导向将增强家族企业的创业灵活性。对家族企业的研究也涉及微观层面（Arzubiaga et al.，2018），Boling 等（2016）认为，相较于非家族企业，家族企业中的 CEO 任期和创业导向水平呈现倒 "U" 形关系（Boling et al.，2016）。Kotlar 和 Sieger（2019）在对比家族企业与非家族企业的高管特征时发现，家族管理者发起创业行为的概率高于非家族管理者，特别是在创始人离开公司后（Kotlar & Sieger，2019）。De Massis 等（2021）发现，家族企业比非家族企业利用的创业机会要少得多，并且这一结果受其高管团队组织的完全中介作用（De Massis et al.，2021）。Douglas 等（2021）在对个人特征进行研究时发现，如果个人拥有家族企业背景，那么，即使他们在一个或多个管理子域中缺乏创业自我效能感，也会形成创业意向（Douglas et al.，2021）。Fang 等（2021）发现，家族企业比非家族企业更有可能在做出有关公司创业的多项决策后分散风险（Fang et al.，2021）。此外，Prugl 和 Spitzley（2021）研究发现，家族沟通模式会通过身份相关因素影响外部公司创业战略的优先级（Pruegl & Spitzley，2021）。更为重要的一点是，Raitis 和 Sasaki（2021）发现高管的价值观在长期维持家族企业公司创业方面发挥着重要作用（Raitis et al.，2021）（表 12.5）。

表 12.5　2013 年至今公司创业的研究对象

研究对象	研究内容	代表作者及年份
中小企业	中小企业创业导向对其联盟选择、国际化等的影响； 中小企业高管特征对企业的创业精神、创业导向、探索性公司创业和开发性公司创业等的影响	Nakos 等（2014）；Brouthers & Nakos（2015）；Kammerlander 等（2015）；Bartz & Winkler（2016）；Chen & Nadkarni（2017）
家族企业	家族企业特征（例如：代际参与、CEO 任期）对创业导向的影响； 创业导向对家族企业的创业灵活性的影响； 家族企业在不同的生命周期阶段的创业意向	Sciascia 等（2013）；Jaskiewicz 等（2015）；Minola 等（2016）；Raitis & Sasaki（2021）

资料来源：作者整理。

第二节　国内公司创业研究的发展现状分析

一、研究数据来源

为保证数据的权威性、相关性和有效性，本节将文献搜索范围设置为中文社会科学引文索引（CSSCI）刊发的所有论文，以篇名＝公司创业 or 篇名＝

创业导向 or 篇名＝内部创业的方式进行搜索，得到 451 条数据。为获得更为准确的结果，进一步手动审核每篇文章的标题、摘要和关键字，进行去重处理，最终构建了包含 437 篇中文文献的数据库，检索结果的时间跨度为 1998 年 1 月 1 日至 2021 年 9 月 30 日。中文文献来源出版物如表 12.6 所示。

表 12.6　中文文献来源出版物

排序	来源出版物	记录数量（篇）	占比（%）
1	科学进步与对策	51	11.67
2	科学学与科学技术管理	39	8.92
3	科学学研究	28	6.41
4	科研管理	26	5.95
5	外国经济与管理	24	5.49
6	研究与发展管理	20	4.58
7	管理学报	17	3.89
8	软科学	14	3.20
9	科技管理研究	12	2.75
10	管理评论	11	2.52
11	经济管理	11	2.52
12	管理世界	9	2.06
13	其他	175	40.05

资料来源：作者整理。

二、演化路径分析

从文献发表量分析（见图 12.3），1998～2021 年公司创业领域文献发表量呈波动增长趋势。以 2005 年、2011 年和 2016 年为三个分界点，国内的公司创业研究可划分为四个阶段：①1998～2004 年是初步探索阶段，公司创业文献发表数量少且存在发表年份断层的现象，平均年发表文献数量仅 2 篇；②2005～2010 年是研究持续发展阶段，文献发表数量基本呈逐年增长趋势；③2011～2015 年是研究的第一个空前高涨阶段，文献发表数量呈波动增长趋势，第一个高峰期出现在 2012 年（37 篇）；④2016～2021 年是研究的第二个高涨阶段，高峰期出现在 2018 年（37 篇）。

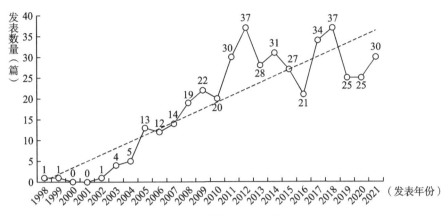

图 12.3　各年份文献量统计（1998~2021 年）

数据来源：根据 CSSCI 数据库中数据整理。

　　综上可发现，国内学者对公司创业领域的研究于 20 世纪 90 年代末延续至今，相较于国外虽起步稍晚，但发展迅速。经过 20 多年的积淀，现已积累丰富而有价值的研究。

　　借助 Citespace V 软件进行文献的关键词共现分析（见图 12.4 和表 12.7），由此识别 1998~2021 年国内公司创业领域研究的热点研究主题。第一，"创业导向""公司创业""公司创业投资""绿色创业导向""内部创业"和"内创业"是公司创业研究的重要构念。第二，共现频次超过 10 次的"企业绩效""创业绩效""组织绩效"和"创新绩效"表明，探究公司创业的绩效结果是国内研究的关键话题。第三，共现关键词"环境动态性""组织学习""制度环境"和"高管团队"揭示了公司创业领域的重要影响因素。第四，从研究对象上来看，"家族企业""新创企业"和"新企业"已然成为公司创业研究的重要主体。第五，2008 年出现 Burst 值①的"中介效应"以及 2007 年的共现关键词"调节效应"表明，依托实证研究方法揭示公司创业研究的内在机制是学者们的重要研究范式。

---

　　①　Burst 值：突现值可以探测在某一时段引用量有较大变化的情况。用以发现某一个主题词、关键词衰落或者兴起的情况。

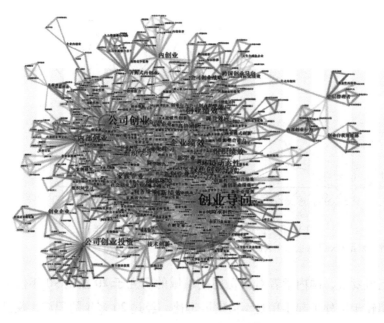

图 12.4　关键词共现图谱

资料来源：根据 Citespace V 分析结果导出。

表 12.7　关键词共现统计

序号	频次	Burst	关键词	年份
1	243		创业导向	2003
2	66	3.53	公司创业	2002
3	33		企业绩效	2006
4	24		公司创业投资	2006
5	20		创业绩效	2010
6	18		环境动态性	2007
7	18		组织绩效	2005
8	17		绿色创业导向	2012
9	17		内部创业	2002
10	14		家族企业	2009
11	13		组织学习	2007
12	13		创新绩效	2010
13	13	3.57	中介效应	2008
14	12		企业成长	2009

续表

序号	频次	Burst	关键词	年份
15	12		制度环境	2011
16	11		内创业	2006
17	11		新创企业	2010
18	10		新企业	2009
19	8		调节效应	2007
20	7		高管团队	2006

数据来源：根据 Citespace V 分析数据整理。

三、国内研究主题梳理

根据关键词共现 Time Zone 图谱（见图 12.5），识别高频关键词出现的年份及其之间的关系，并结合图 12.4 和表 12.7，可以清晰地分析国内公司创业领域的研究脉络（见图 12.6）。在此基础上，进一步通过文献回顾对 1998~2021 年的整个研究脉络进行具体分析。

1. 初步探索阶段（1998~2004 年）

初步探索阶段，学者们主要以案例研究或者文献综述的形式对公司创业和内部创业的现象进行探索，并对上述构念、模式和理论基础进行研究分析。

首先，现象探索方面，郭向红和张茂义（1998）最先探究国内传统企业——浙江健盛袜业的公司创业现象（郭向红和张茂义，1998）。黄建国和苏竣（2004）则将研究对象转移到国外，试图从日本企业技术创新的变化趋势、雇佣制度的变化以及大企业内部资源的利用三个角度分析日本企业内部创业制度形成的背景、组织和运营模式，由此为中国大企业技术创新和内部改革提供建设性意见（黄建国和苏竣，2004）。

其次，公司创业的构念和模式方面，郭鲁伟和张健（2002）对公司创业的概念进行了阐释，认为公司创业是由内创业家（或创业团队）自发地或受公司战略引导而在公司内部进行新业务的开拓活动。公司创业既可以在公司现有部门内开展新业务，也可以成立一个独立的新组织，并在此基础上讨论了公司创业的四种模式，即项目小组、内部创业、创业孵化器和公司风险投资（郭鲁伟和张健，2002）。戚振江和赵映振（2003）在总结以往相关研究的基础上，阐述了公司创业要素、形式、战略制定、组织设计和绩效等概念，并提出了公司创业未来研究趋势（戚振江和赵映振，2003）。

再次，学者们通过对国外最新研究文献的回顾和整理，分析了公司创业的产生背景及主要内容，探讨了公司创业的衡量标准，并从大公司创业导向定位的角度探讨了公司创业与企业绩效的关系（薛红志和张玉利，2003）。

最后，学者们论述了公司创业的理论发展前沿，认为公司创业研究的理论基础既包括指导创业研究的主要理论依据，如决策理论、生产要素启动、信息处理和网络理论、创业动态概念等，也包括战略管理研究中以核心能力为基础的理论和学习理论（吕源和徐二明，2004）。

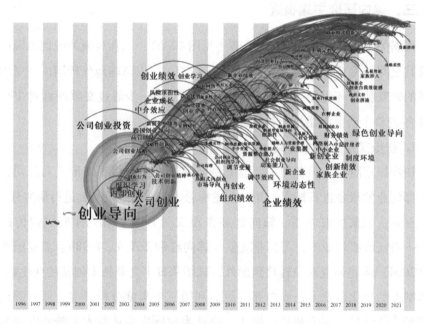

图 12.5　关键词共现 Time Zone 图谱

资料来源：根据 Citespace V 分析结果导出。

1998~2004年 初步探索阶段	2005~2010年 发展阶段	2011~2015年 快速发展阶段	2016年至今 纵深发展阶段

图 12.6　国内公司创业研究的发展阶段

资料来源：作者绘制。

2. 发展阶段（2005~2010 年）

发展阶段，学者们主要在新情境下对公司创业的理论进行深入研究，强调公司创业与绩效结果之间的关系，并以多样化的理论视角探讨公司创业领域的研究话题，新创企业、集群企业和家族企业开始成为重要研究对象，且实证研究逐渐超越理论研究成为研究的主要方法（表 12.8）。

首先，学者们在经济全球化、国际化、产业升级和中国转型经济新情境下开展公司创业的理论研究。例如，葛宝山等（2005）基于一汽集团三次内部创业的案例，探究全球经济背景下国有企业利用内部创业实现企业持续成长的内在机制（葛宝山等，2005）。颜士梅和王重鸣（2005）则在经济全球化背景下构建了并购式内创业中人力资源整合水平选择模型（颜士梅和王重鸣，2005）。姜彦福等（2005）在国际化背景下，对中国和加拿大的公司创业案例进行比较研究，探究跨文化研究中公司创业战略的有效性和可靠性问题（姜彦福等，2005）。后一年，姜彦福等（2006）进一步提出国际化公司创业是公司创业研究的重要方向，并由此构建了公司创业过程、公司创业强度和国际化公司创业三维度公司创业理论架构（姜彦福等，2006）。张映红（2006）则分析了在国际化和强调创新的新竞争环境中，公司创业的研究范畴、定义、研究内容、研究范式等，总结了公司创业理论的发展脉络与最新研究现状，以期有助于我国公司创业理论的研究。杜群阳等（2010）基于二维分析框架对国际化企业创业导向进行理论与实证研究（杜群阳等，2010）。戴维奇等（2009）基于产业升级的战略背景，在回顾和梳理国外相关实证研究文献的基础上，归纳总结了公司创业活动的影响因素及其作用机理（戴维奇等，2009）。戴维奇和魏江（2010）进一步依托中国集群企业升级的背景，对咨询网络的结构特征和公司创业之间的内在机制进行了理论分析（戴维奇 & 魏江，2010b）。陈伟等（2010）对处于转型经济时期的中国高科技企业的创业导向和绩效之间的关系进行了研究（陈伟等，2010）。

其次，自 2005 年起，公司创业与绩效之间的关系成为学者们的研究热点。学者们从理论和实证上剖析上述关系的内在机制。表 12.8 是对 2005~2010 年相关研究的汇总。学者们首先从理论出发，在系统梳理国外公司创业相关理论与实证研究文献的基础上，对公司创业与绩效测度体系进行了比较与评价，试图为我国公司创业理论的研究与实践搭建一个新的平台（李乾文，

2005）。随后，学者们倾向于使用实证方法验证公司创业与绩效之间的关系。其中，薛红志（2005）率先利用实证研究方法探究竞争战略对创业导向与绩效关系的影响。张玉利和李乾文（2005）则将研究对象转向了中国私营企业，发现公司创业活动与组织绩效之间存在明显的正相关关系（张玉利和李乾文，2005）。李华晶和张玉利（2006）分析公司治理与公司创业的契合对企业绩效的影响（李华晶和张玉利，2006）。进一步地，李华晶（2008）基于我国大中型企业科技活动，探讨了创业环境、公司创业战略和组织绩效三者之间的关系，研究发现创业环境与公司创业战略、公司创业战略与组织绩效之间都存在正相关关系，而且公司创业战略对创业环境与组织绩效关系有中介作用。李璟琰和焦豪（2008）的研究则证明了组织学习在创业导向与组织绩效之间的中介效应（李璟琰和焦豪，2008）。张映红（2008）发现了公司创业战略与绩效关系之间的重要的调节变量——动态环境。朱秀梅（2008）则从资源的角度，拓展了创业导向与绩效关系的经典模型，构建了资源可获得性、创业导向、环境动态性、资源整合能力与新创企业绩效之间的关系模型。李乾文和张玉利（2009）在上述研究的基础上，论证了内部创业环境在创业导向转化为组织绩效中所起的中介作用（李乾文和张玉利，2009）。魏江等（2009b）则以组织创新为中介变量，探究了管理者社会连带影响企业绩效的机理（魏江等，2009b）。马鸿佳等（2009）学者关注小企业导向问题，基于创业导向和小企业导向的构建维度，研究了创业导向（EO）和小企业导向（SBO）与企业绩效之间的关系以及企业所有者拥有本企业的年限对它们之间关系的作用机理（马鸿佳等，2009）。宋典等（2009）的研究发现，企业战略人力资源管理实践对公司创业战略的设计和执行有着显著的促进作用，公司创业对组织绩效也有着积极的影响（宋典等，2009）。陈伟等（2010）对处于转型经济时期的中国高科技企业的创业导向和绩效之间的关系，以及企业的资源禀赋对该关系的影响作用进行了重要研究（陈伟等，2010）。戴维奇和魏江（2010a）的研究则发现，集群企业的创业行为对提升其财务绩效具有重要意义，并探究了任务环境对"公司创业—财务绩效"关系的权变影响（戴维奇 & 魏江，2010a）。李卫宁和赵尚科（2010）的研究提出，国外市场知识是国际创业导向与国际化绩效的中介变量（李卫宁和赵尚科，2010）。李雪灵等（2010）探究创业导向作用于新企业绩效的中间路径，运用"战略构念—市场行为—企业绩效"的理论范式，提出并验证了新企业积极型市场导向的市场行为在创业导向作用于创新绩效过程中的中介作用（李雪灵等，2010）。

表 12.8　2005~2010 年国内公司创业与绩效之间关系研究汇总

作者和年份	研究内容	影响因素	研究对象	研究情境
李乾文（2005）	公司创业与绩效测度体系		国外公司创业研究	
薛红志（2005）	创业导向与绩效关系	竞争战略		
张玉利和李乾文（2005）	公司创业活动与组织绩效关系		中国私营企业	
李华晶和张玉利（2006）	公司治理与公司创业的契合对企业绩效的影响	公司治理		
李华晶（2008）	创业环境、公司创业战略和组织绩效三者之间的关系	创业环境	中国大中型企业科技活动	
李璟琰和焦豪（2008）	创业导向与组织绩效关系	组织学习		
张映红（2008）	公司创业战略与绩效关系	动态环境		
朱秀梅（2008）	创业导向与绩效关系	资源可获得性；环境动态性；资源整合能力	新创企业	
李乾文和张玉利（2009）	创业导向转化为组织绩效	内部创业环境		
魏江等（2009b）	管理者社会连带影响企业绩效	组织创新		
马鸿佳等（2009）	创业导向和小企业导向与企业绩效之间的关系	企业所有者拥有本企业的年限	小企业	
宋典等（2009）	公司创业对组织绩效的影响	企业战略人力资源管理实践		
陈伟等（2010）	创业导向和绩效之间的关系	企业的资源禀赋	中国高科技企业	中国转型经济时期
戴维奇和魏江（2010a）	创业行为对提升其财务绩效具有重要意义	任务环境	集群企业	
李卫宁和赵尚科（2010）	国际创业导向与国际化绩效关系	国外市场知识		国际化
李雪灵等（2010）	创业导向作用于新企业绩效	市场行为	新企业	

资料来源：作者整理。

最后，学者们基于高阶梯队理论、环境动态性概念、组织学习理论与动态能力、资源基础观等研究视角对公司创业进行理论和实证分析（图 12.7）。第一，高阶梯队理论以及高管团队视角成为研究公司创业与绩效之间关系的重要理论基础。如，李华晶和张玉利（2006）基于高管团队视角分析公司治理与公司创业的契合对企业绩效和成长的影响（李华晶和张玉利，2006）。薛红志（2006）则探讨了内部创业倡导者的行为模式对企业新事业开发的影响。李华晶和邢晓东（2007）基于高阶理论和代理理论探讨了高管团队与公司创业战略之间的重要关系（李华晶 和邢晓东，2007）。苗青（2008）则关注了企业高管面对机会采纳/替代两种常见的模式选择时，决策的速度和认同度对后续公司创业的影响。

第二，环境动态性的重要调节效应被越来越多的学者关注。如，焦豪等（2007）关注环境动态性对创业导向与组织绩效关系的重要调节作用（焦豪等，2007）。张映红（2008）的研究发现，动态环境对公司创业战略—绩效关系存在重要的调节效应。

第三，资源基础观成为研究公司创业研究的重要理论基础。如，蔡莉等（2008）基于资源开发过程探讨了新创企业创业导向与资源利用之间的关系（蔡莉等，2008）。姚先国等（2008）对企业集群环境下的公司创业进行研究，对网络资源、创业导向与集群企业绩效的关系进行探索性研究，研究表明，创业导向、网络资源均与企业绩效呈正相关性，网络资源显著提高了创业导向对企业绩效的贡献（姚先国等，2008）。朱秀梅（2008）从资源的角度拓展了创业导向与绩效关系的经典模型，构建了资源可获得性、创业导向、环境动态性、资源整合能力与新创企业绩效之间的关系模型。无独有偶，易朝辉（2010）的研究也实证检验了资源整合能力、创业导向以及创业绩效三者之间的关系，研究发现，资源整合能力与创业绩效呈正相关，创业导向在资源整合能力和创业绩效之间起中介作用。

第四，学者们也将研究视角转向组织学习理论与企业动态能力上。如焦豪等（2008）以组织学习为中介变量，构建并验证了创业导向与动态能力之间的关系，进而总结分析出企业动态能力的构建与提升路径（焦豪等，2008）。李璨琰和焦豪（2008）的研究则以组织学习为中介变量，验证了其在创业导向与组织绩效之间的中介效应（李璨琰和焦豪，2008）。魏江和焦豪（2008）进一步探讨创业导向、组织学习与动态能力三者之间的关系，阐明了企业在强化创业导向的基础上提升组织学习能力，从而构筑和发展适应环境变化的动态能力的内在逻辑（魏江和焦豪，2008）。胡望斌等（2009）将研究对象转向新创企业，研究发现，新创企业创业导向受新企业属性等因素影响，前者对企业的成长水平具有贡献作用，而动态能力在其中具有中介作用（胡望斌等，2009）。刘亚军与和金生（2009）的研究发现，企业的创业导向对组织学习有显著的促进作用，组织的学习可以提升组织的核心能力，核心能力的提升能显著改善组织绩效（刘亚军和和金生，2009）。

2005~2010 年国内公司创业研究的主要理论视角见图 12.7。

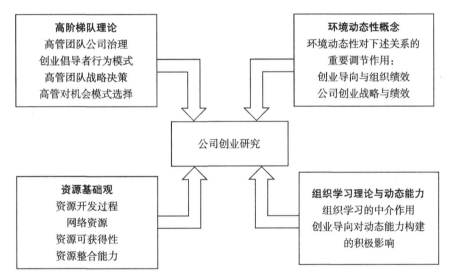

图 12.7　2005~2010 年国内公司创业研究的主要理论视角
资料来源：作者绘制。

3. 快速发展阶段（2011~2015 年）

快速发展阶段，学者们主要运用实证研究方法对公司创业的内外部影响因素进行系统研究，网络视角、制度理论和合法性视角、员工或管理者角色的知识成为该阶段的重要理论基础，对集群企业和新创企业的公司创业研究空前高涨（戴维奇等，2012），表 12.9 是对 2011~2015 年不同理论视角下国内公司创业研究的汇总。

首先，学者们依托网络嵌入、网络关系、网络能力创业网络、制度网络等相关研究视角探究网络要素在公司创业研究中的重要作用。一方面，网络嵌入、网络能力、创业网络、制度网络、网络关系是促进企业进行公司创业的重要驱动力。例如，戴维奇等（2011）的研究发现集群企业内外网络嵌入对公司创业具有重要影响（戴维奇等，2011）。孙玉青和赵艳萍（2011）研究发现集群内创业网络的构建，有助于新创企业在网络中获取创业资源，提高公司创业的发生率（孙玉青和赵艳萍，2011）。王世权和王丹（2011）对公司创业网络的本质进行了解构，阐释公司创业网络对公司创业的作用机理（王世权和王丹，2011）。戴维奇等（2012）还探究了高管政治网络对过往绩效与公司创业投资之间关系的调节效应（戴维奇等，2012）。赵艳萍等（2013）进一步深入研究，发现产业集群内创业网络对中小企业创业过程有显著影响，但各网络层次对中小企业创业资源、创业机会和创业团队的影响程度各不相同（赵艳萍等，2013）。戴维奇和林巧（2013）的研究发现本地与超本地制度网络均有利于推进集群企业的公司创业（戴维奇和林巧，2013）。杜群阳和郑小碧（2015）强调了网络关系对企业跨国创业导向的正向影响（杜群阳和郑小碧，2015）。另一方面，网络能力、网络资源、网络嵌入也是影响公司创业结果的重要因素。如，王国顺和杨帆（2011）的研究发现，网络能力不仅是影响国际化绩效的一个重要因素，与其正相关，同时，其对创业导向与国际化绩效之间的关系具有调节效应（王国顺和杨帆，2011）。李宇和张雁鸣（2012）从在孵企业的视角出发，集中研究了孵化器掌握的网络资源对不同创业导向在孵企业绩效的影响差异性（李宇和张雁鸣，2012）。李先江（2013）的研究则表明网络资源对公司创业导向与企业绩效之间的关系起着正向调节作用。吴旭云等（2013）则发现企业创业导向正向调节企业家纵向网络规模与创业型企业成长绩效之间的关系。易朝辉（2012）发现网络的关系性嵌入、结构性嵌入和认知性嵌入都有利于改进新创企业绩效，但其作用程度依次降低；创业导向与创业绩效正相关，并在结构性网络嵌入、关系性网络嵌入与绩效之间起着中介作用。戴维奇等（2013）研究发现本地和超本地业务网络通过影响公司创业过程中吸收能力进而影响集群企业升级（戴维奇等，2013）。

其次，学者们结合中国特殊的制度环境与合法性要求，依托制度理论和合法性视角探究公司创业的前因和后果。前因研究方面，郭海和薛佳奇（2011）基于制度理论，发现领导权变更与企业的创业导向存在倒"U"形关系（郭海和薛佳奇，2011）。刘伟等（2014）以新创企业为研究对象，将制度环境分为政府干预水平、地区投资者保护水平和金融发展水平三个维度，探讨制度环境对我国新创企业创业导向战略并购决策的影响（刘伟等，2014）。后果研究方面，李雪灵等（2011）关注新创企业创业导向实施与合法性获取之间的平衡问题，提出主动获取的战略合法性行为和客观表现的自洽合法性状态是新企业解决合法性障碍的两种方式，揭示了合法性在创业导向与成长绩效间的作用机制（李雪灵等，2011）。苏晓华和王平（2011）的研究发现，随着产业生命周期的变化，新创企业在公司创业过程中追求合法性的行为对其绩效作用存在倒"U"形的变化规律（苏晓华和王平，2011）。

最后，学者们关注公司创业的微观基础，探究企业员工特质、管理者等角色在公司创业中的重要作用。企业的人力资源具有较高的"黏性"和"能动性"，能调动其他资源并实现资源组合，因而对推动公司创业具有战略意义（戴维奇，2012）。从员工层面来看，宋典等（2011）探究了微观层面的雇员心理授权与创新行为在创业导向转换为组织绩效过程中所起的中间机制（宋典等，2011）。梁巧转等（2012）的研究揭示了创业团队成员人格特质与工作价值观，通过创业导向影响创业绩效的作用路径（梁巧转等，2012）。胡望斌等（2014）探究了创业团队成员的异质性与创业绩效之间的关系，以及创业导向不同维度对上述关系的调节作用（胡望斌等，2014）。从管理者层面来看，王国颖（2011）强调了中层管理者在公司内创业活动中的重要性。吴建祖和李英博（2015）的研究也发现，中层管理者的内部创业行为对公司内部创业战略的成败至关重要（吴建祖和李英博，2015）。贾建锋等（2013）的研究发现企业高管胜任特征在创业导向与企业绩效的关系之间起到部分中介作用（贾建锋等，2013）。

值得注意的是，在实证研究蓬勃发展的同时，学者们对中国情境下的公司创业构念有了更全面而深刻的研究。戴维奇和魏江（2015）基于 Hirsch 和 Levin（1999）大伞构念四阶段演进模型，研判了公司创业研究中战略创业和公司创业两个关键"大伞"构念的发展阶段（Hirsch & Levin，1999），并从内涵、生成机制、存续关系等七个维度细致勾勒作为后来者的战略创业之于公司创业的差异，以及战略创业这一新构念对公司创业研究的"附加价值"。在此基础上，进一步依据 Tsui（2006）提出的"研究情境化"号召，指出未来中国背景下战略创业研究的三个基本方向。同年，戴维奇和魏江（2015）进一步从战略创业的定义出发，提出既有业务优势确立和新兴业务进入是其两个基本维度，然后通过一家中国民营企业（万达集团）的纵向案例研究，建构起战略创业的过程模型。研究发现，新兴经济背景下，战略创业是企业家在特定环境约束下的一种战略选择行为。在"自上而下"的战略创业过程中，企业家的创业心智是战略创业的源动力。企业通过产品创新和资源先占等隔绝机制，确保新业务领域的先动优势，并推动业务组合演化。优势搜寻与机会搜寻呈现出"前后相继、此伏彼起"的形态，这使得企业有能力平衡两者对资源的需求（戴维奇和魏江，2015）。这些研究都是中国情境下对公司创业领域的构念和维度的重要解读和拓展。

表 12.9　2011~2015 年不同理论视角下国内公司创业研究的汇总

理论视角	研究维度	作者和年份	研究因素	研究情境
网络视角	前因研究	戴维奇等（2011）	企业内外网络嵌入	集群企业
		孙玉青和赵艳萍（2011）	创业网络	集群内的新创企业
		王世权和王丹（2011）	公司创业网络	
		戴维奇等（2012）	高管政治网络	
		赵艳萍等（2013）	创业网络层次	产业集群内的中小企业
		戴维奇和林巧（2013）	本地与超本地制度网络	集群企业
		杜群阳和郑小碧（2015）	网络关系	跨国创业
	后果研究	王国顺和杨帆（2011）	网络能力	国际化
		李宇和张雁鸣（2012）	网络资源	在孵企业
		李先江（2013）		
		吴旭云等（2013）	纵向网络规模	创业型企业
		易朝辉（2012）	网络的关系性嵌入、结构性嵌入和认知性嵌入	新创企业
		戴维奇等（2013）	本地和超本地业务网络	集群企业
制度理论和合法性视角	前因研究	郭海和薛佳奇（2011）	领导权变更	
		刘伟等（2014）	制度环境的三个维度：政府干预水平、地区投资者保护水平、金融发展水平	新创企业
	后果研究	李雪灵等（2011）	合法性获取	新创企业
		苏晓华和王平（2011）	追求合法性的行为	

续表

理论视角	研究维度	作者和年份	研究因素	研究情境
员工或管理者角色的相关知识	员工层面	宋典等（2011）	雇员心理授权与创新行为	
		梁巧转等（2012）	创业团队成员人格特质与工作价值观	
		胡望斌等（2014）	创业团队成员的异质性	
	管理者层面	王国颖（2011）	中层管理者	
		吴建祖和李英博（2015）		
		贾建锋等（2013）	企业高管胜任特征	

资料来源：作者整理。

4. 纵深发展阶段（2016 年至今）

纵深发展阶段，学者们的研究主要可以分成两条路径：一条路径是基于新情境或新理论视角，运用案例研究或文献综述形式对公司创业的现象和内在机制进行新的解读；另一条路径是依托实证研究方法对公司创业的前因后果进行深度研究，具体表现为对"公司创业投资"的研究高涨，展开新理论或多个理论视角的融合研究、多个中介或调节效应的综合分析，以及对家族企业进行主题研究。图 12.8 是对 2016 年至今国内公司创业研究框架的简单汇总。

其中，路径一可以细分为新情境下的理论分析和新理论视角下纵深研究两部分。

一方面，学者们基于新情境进行研究。例如，张萌萌等（2016）在我国"大众创业，万众创新"的背景下，探究高技术企业公司创业影响因素，构建中国情境的高技术企业公司创业研究框架（张萌萌等，2016）。朱秀梅和肖雪（2016）基于我国转型经济背景，构建了转型经济环境特征、高管团队构成和薪酬方式、企业创业导向之间关系的理论模型（朱秀梅和肖雪，2016）。王凤霞等（2018）基于互联网时代的背景，运用腾讯公司的探索性案例，展开中基层员工主导型公司创业过程研究（王凤霞等，2018）。黄昊等（2019）基于经济全球化的背景，探究中国企业如何结合企业自身特点进行商业模式创新以提升追赶绩效，从而对标业内领先企业进行快速追赶，成为后发追赶企业（黄昊等，2019）。刘莎莎等（2020）基于数字化情境，探究互联网独角兽的公司创业路径（刘莎莎等，2020）。随着物联网、大数据、云计算和人工智能等新技术的快速发展，第四次工业革命持续推进。戴维奇和杨俊（2020）在VUCA（动荡、不确定、复杂和模糊）环境下，提出战略创业作为一种新的获取竞争优势的思路应运而生。实践表明，战略创业是企业适应突变环境的有效策略（戴维奇和杨俊，2020）。

·新情境下的公司创业研究
大众创业 万众创新
中国转型经济背景
互联网时代
经济全球化
数字化情境
VUCA时代环境
(动荡、不确定、复杂和模糊性)

·理论研究：
案例研究
文献综述

·新理论视角下的公司创业研究
动态能力视角
动态视角生命周期理论
相互依赖关系视角
组织情境视角
精益创业视角
资源编排和动态迭代的视角

2016年至今
国内公司创业
研究

·公司创业投资研究

新理论视角：创业/资源拼凑理论
多理论视角：公司创业与烙印理论
资源配置与高阶梯队
高阶梯队与群体断裂带理论
信号理论与资源基础理论
管理认知与社会资本理论
社会身份与角色身份理论

·实证研究：
前因后果的
纵深研究

·基于复杂实证模型的公司创业研究

·以家族企业为研究对象的研究

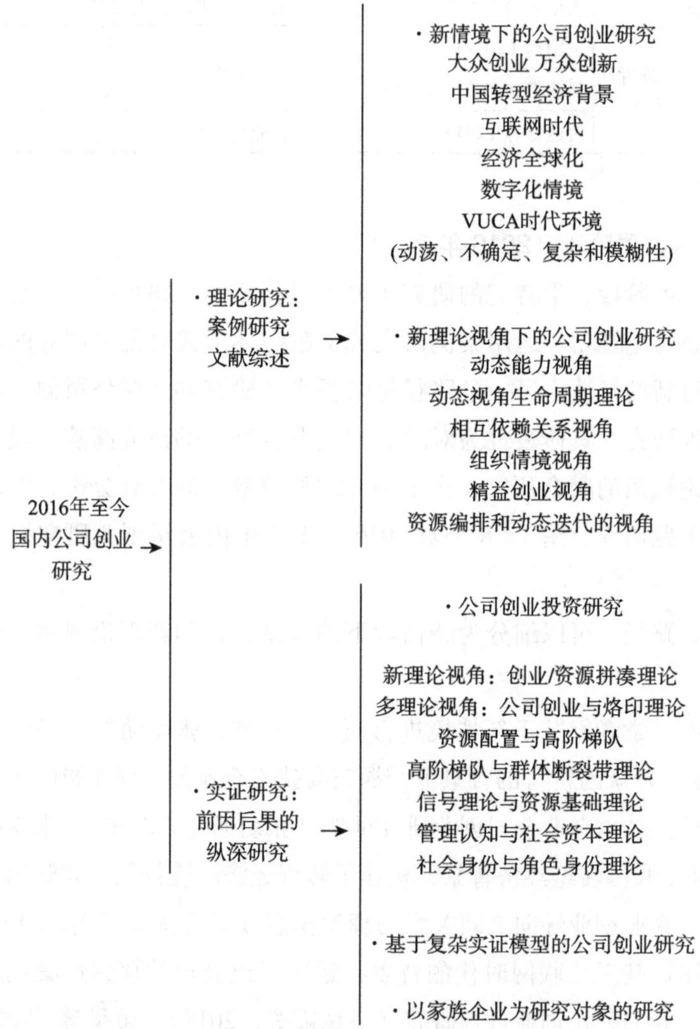

图 12.8　2016 年至今国内公司创业研究框架

资料来源：作者绘制。

另一方面，学者们采用新的理论视角进行理论分析。如戴维奇（2016）将企业社会责任与创业领域的知识相结合，探究"公司社会创业"的构念，提出前者是指大企业通过商业化或市场化手段创造社会价值，解决社会问题，内部孵化社会企业或社会项目的创业活动，并对此构念进行了系统的定位，从前因、过程和后果三方面对国内外已有文献进行全面的回顾，进一步梳理出未来若干重要的研究方向（戴维奇，2016）。葛宝山等（2017）基于亚泰集团的案例研究，从动态能力视角构建了一个并购式内创业中新业务转变为主营业务的路径模型，深入探讨并购式内创业中高层管理支持、政策与环境、新业务自主程度等因素对并购式内创业过程的影响（葛宝山等，2017）。王国红等（2018）从动态视角出发，基于生命周期理论探讨新企业创业导向通过创业拼凑转化为成长绩效的内在机理（王国红等，2018）。葛法权等（2017）从相互依赖关系视角分析海尔的公司创业活动，发现采取高模块化、低集中性、高开放性的相互依赖模式和高严密性、高即时性的相互依赖规则能促进公司创业能力的培育和提升（葛法权等，2017）。姜忠辉和罗均梅（2017）从组织情境的角度探索企业内部创业模式的类型（姜忠辉和罗均梅，2017）。王圣慧等（2017）基于精益创业视角，运用扎根理论分析和归纳了内部创业的动机和过程，构建了"公司内新创事业"和"公司外衍生创业"双路径下的内部创业动态过程模型（王圣慧等，2017）。李宇和马征远（2020）基于资源编排和动态迭代的视角，聚焦于海尔和思科的双案例研究，从理论层面提出了内部创业的"内外双驱"模型，刻画了大企业内部创业"裂生式"与"创生式"战略路径（李宇和马征远，2020）。

路径二可以细分为公司创业投资研究、新的理论或多个理论视角下的公司创业研究、基于复杂实证模型的公司创业研究和以家族企业为研究对象的研究四部分。

第一，公司创业投资成为学者们的热点研究话题。例如，刘伟和黄江林（2016）基于创业板制造业，分析企业资源对新创上市公司创业投资决策的影响（刘伟和黄江林，2016）。王雷（2016）基于不完全契约理论，从控制权收益和企业家人力资本的视角，研究公司创业投资支持企业的控制权配置问题。康永博等（2017）基于组织间学习的视角进行了公司创业投资对企业技术创新的影响研究（康永博等，2017）。乔明哲等（2017）探究了公司创业投资与新创企业 IPO 抑价或技术创新绩效之间的关系（乔明哲等，2017；乔明哲等，2017）。康永博等（2019）探究风险投资对公司创业投资（CVC）信息披露制度作用发挥的影响（康永博等，2019）。戴维奇和姜浩然（2020）基于高阶梯队理论，探究 CEO 自恋对公司创业投资的正向影响，并探究企业内部监管（制衡股东持股比例、独立董事）和外部监管（政府监管）对上述关系的调节作用（戴维奇和姜浩然，2020）。加里·杜什尼茨基等（2021）对公司创业投资研究进行文献述评与研究展望（加里·杜什尼茨基等，2021）。

第二，学者们运用新的理论或结合多个理论视角进行公司创业研究。其中，创业拼凑理论是现阶段公司创业研究的重要理论基础。例如，刘人怀和王娅男（2017）研究了创业拼凑对创业学习的直接影响，并探索了创业导向的三个维度——创新性、风险承担性和超前行动性在两者关系中所发挥的调节作用（刘人怀和王娅男，2017）。赵兴庐等（2017）认为创造性的资源拼凑是沉寂的组织冗余转化为公司创业的中介路径过程（赵兴庐等，2017）。张秀娥和张坤（2018）的研究揭示了资源拼凑在创业导向与新创社会企业绩效关系之间的中介作用（张秀娥和张坤，2018）。

同时，学者们融合多个理论进行公司创业研究。例如，戴维奇等（2016）将公司创业的知识与烙印理论相结合，探究民营企业利用"政策性机会"把资金投入房地产、民间借贷和股市等领域实现新进入、快速获得丰厚回报这一"赚快钱"行为的动因。研究发现，民营企业家的"体制内"经历（即曾在国有、集体企业或机关事业单位工作的经历）通过发展能力烙印与认知烙印促进其企业在成长过程中"赚快钱"，而民营企业家后续刻意建立的政治连带以及企业所处地区制度发展水平对上述关系具有重要调节作用（戴维奇等，2016）。杨林等（2016）结合资源配置视角和高阶梯队理论，探究了企业创业战略导向与企业成长绩效之间的关系，以及高管团队垂直的差异对上述关系的重要调节作用（杨林等，2016）。戴维奇等（2018）以高阶梯队理论和群体断裂带理论为基础，探索董事会断裂带与创业导向之间的关系，以及影响两者关系的两种重要行为整合机制——董事会成员交叉任期和董事长职能背景广泛性（戴维奇等，2018）。李颖等（2018）基于信号理论和资源基础理论，探讨创业导向与知识资源获取之间的关系，并关注创业者社会网络（个人网络/商业网络）对二者关系的调节效应（李颖等，2018）。刘宇璟等（2019）基于管理认知观和社会资本理论，探讨环境动态性与企业绩效之间的多元关系，创业导向的中介效应，以及商业关系和政治关系的调节效应（刘宇璟等，

2019）。戴维奇等（2020）整合社会身份和角色身份理论，探究企业创业导向的提升路径，分析私营企业家的身份体系对创业导向的影响机制（戴维奇等，2020）。

第三，学者们越来越倾向于构建具有多个调节变量或中介变量或既有调节又有中介变量的复杂实证模型来探究公司创业的内在作用机制。例如，孙秀丽等（2016）学者以制度支持为切入点，探索了公司创业能否在政府和企业竞争优势之间起到中介作用，提出了一个有调节变量的中介模型，检验了不正当竞争和技术能力在整个过程中的调节作用（孙秀丽等，2016）。戴维奇和李强（2016）基于正式、非正式搜索的视角，研究外部知识搜索对产品创新绩效的影响机制，并在此基础上探究知识缄默性和技术复杂性对上述关系的权变影响（戴维奇和李强，2016）。陈文沛（2017）探究了创业导向的先动性和风险性导向以及创新性导向三个维度在政治网络战略与创业绩效之间的多重中介效应。韩晨和高山行（2018）通过引入两种不同层面和不同类型的创新，即宏观公司层面非技术形式的竞争战略创新和微观产品层面技术形式的原始性产品创新，并将企业绩效区分为财务绩效和创新绩效，构建了创业导向、创新模式和双维企业绩效之间的研究框架（韩晨和高山行，2018）。孙秀丽等（2018）首次提出"制度支持—高管团队冒险倾向—公司创业"的路径作用过程，检验了行业增长这一重要行业特征在整个作用机制过程中所起到的调节作用（孙秀丽等，2018）。张秀娥和张坤（2018）在探究创业导向对新创社会企业绩效的影响的同时，揭示了资源拼凑的中介作用与规制的调节作用（张秀娥和张坤，2018）。孙秀丽和赵曙明（2019）构建了一个被调节的中介模型，探究 CEO 冒险倾向对公司创业的影响，风险氛围的部分中介作用，以及 CEO 创立者身份和环境不确定性的调节效应（孙秀丽和赵曙明，2019）。戴维奇和赵慢（2020）的研究发现，企业家对新政的积极感知增进企业的创业导向，地区制度环境强化了两者关系，而政治联系弱化了两者的关系（戴维奇和赵慢，2020）。

第四，家族企业成为公司创业研究的重要情境。例如，刘小元等（2017）学者探究了创业导向和新创家族企业成长的关系，并运用社会情感财富理论，构建了家族涉入影响新创家族企业创业导向作用效果的理论逻辑（刘小元等，2017）。周立新（2018）研究家族企业创业导向对企业成长的影响，并探讨社会情感财富和制度环境在二者之间的调节作用。同年，周立新和杨良明（2018）进一步研究家族涉入对家族企业创业导向的影响，以及环境与经营困境的调节作用（周立新和杨良明，2018）。杜善重和汤莉（2019）根据资源基础观和社会情感财富理论探讨了家族企业中的 CEO 亲缘关系对创业导向的影响，并分析了期望差距和制度环境对亲缘关系与创业导向之间关系的调节效应（杜善重和汤莉，2019）。傅颖等（2021）探究了海归继承人对家族企业公司创业的影响效应（傅颖等，2021）。周立新（2021）在将家族企业社会情感财富划分为家族控制、家族代际传承意愿、家族认同和家族社会资本 4 个维度的基础上，研究不同维度社会情感财富间关系及其对家族企业创业导向的影响与作用机制。

第三节 国内外公司创业研究演进的比较

经过上述分析，我们发现国外公司创业研究经历了初始萌芽阶段（1969~1999 年）、发展阶段（2000~2006 年）、快速发展阶段（2007~2012 年）和稳步推进阶段（2013 年至今），而国内公司创业研究虽相较于国外起步稍晚，但同样经历了初步探索阶段（1998~2004 年）、发展阶段（2005~2010 年）、快速发展阶段（2011~2015 年）和纵深发展阶段（2016 年至今）。总体而言，公司创业研究的演进规律遵循"构念的基础研究（划分边界、定义、维度、测量、理论基础)→构念的前因后果研究（内部及外部条件影响，带来的财务及非财务结果)→构念本身深化研究（主体与实践性)/构念整体转换研究（新理论视角与情境化研究）"这一研究进程，如图 12.9 所示。

从公司创业的内涵和维度看，国内学者总体上跟踪了国外学者的研究，把握公司创业、内部创业和创业导向的内涵和维度（Miller，1983；郭鲁伟和张健，2002）。这也导致了国内研究与国外研究存在一定的"时滞性"。比如，早在 20 世纪 80 年代末，国外学者就对公司创业投资的内涵进行了讨论（MacMillan & Day，1987），但国内公司创业投资研究始于 21 世纪初，直到近五年才成为学者们的热点研究主题（加里·杜什尼茨基等，2021；康永博等，2017；王雷，2016）。

从公司创业的后果研究来看，国内外学者主要关注公司创业对企业绩效的影响，并对上述关系进行了系统而全面的研究。从 20 世纪 90 年代开始，国外学者首先关注公司创业对企业财务绩效的影响，如公司创业对企业盈利能力的影响（Zahra & Covin，1995）。随后，学者们关注公司创业对企业非财务绩效的影响，包括组织学习（Yi et al.，2009）、知识共享与创造（Dush-nitsky，2004）、企业发展（Zahra et al.，1999）等。国内学者对公司创业与企业绩效之间关系的研究主要集中于 21 世纪的前十年，学者们系统研究了公司创业的不同维度对组织绩效的影响，并探究了竞争战略（薛红志，2005）、动态环境（张映红，2008）等因素对上述关系的调节作用，以及组织学习（李璟琰和焦豪，2008）、内部创业环境（李乾文和张玉利，2009）等因素对上述关系的中介作用。

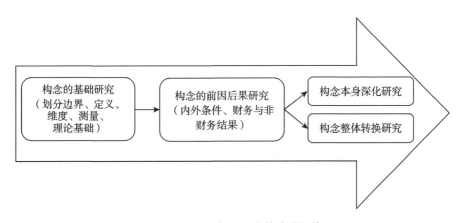

图 12.9 公司创业研究的演进规律

资料来源：作者绘制。

从前因来看，国内外学者主要关注企业内部因素和外部环境条件对公司创业的生成机制。国外学者一方面关注驱动公司创业的微观基础，探索中高层、基层和一般员工对公司创业活动的影响（Hornsby et al.，2002；Nickerson & Zenger，2004；Srivastava & Lee，2005）；另一方面，探究企业的任务环境，如环境的宽裕性、外部网络、环境的动荡性等对企业实施公司创业战略的重要影响。从国内研究来看，学者们主要基于不同理论视角探究公司创业的前因。如基于高阶梯队理论探究高管团队特征对公司创业决策的影响（李华晶和邢晓东，2007）；依托资源基础观探究资源可获得性和资源整合能力等因素对公司创业的促进作用（朱秀梅，2008）；采用网络嵌入理论探究企业内外部网络嵌入对公司创业的影响效应（戴维奇等，2011）。

从理论视角来看，国内外学者依托的理论视角一致性较高。国外学者主要依托代理理论（Audretsch et al.，2009）、社会交换理论（Clercq et al.，2010）和资源基础观（Verbeke & Yuan，2013）、高阶梯队理论（Wales & Patel，2013）、制度理论（Stenholm et al.，2013）、吸收能力理论（Patel & Kohtamaki，2015）和双元性理论（Titus & House，2017）等视角。国内学者则依托高阶梯队理论（李华晶和张玉利，2006）、员工或管理者角色的相关知识（吴建祖和李英博，2015）、环境动态性相关知识（焦豪等，2007）、组织学习和动态能力相关知识（刘亚军和和金生，2009）、资源基础观（姚先国等，2008）、网络视角（戴维奇和林巧，2013）、制度理论和合法性视角（刘伟等，2014）等对公司创业的前因后果进行系统研究。

从研究情境来看，国内外学者的关注焦点既有相同之处，也存在不少差异。一方面，经济全球化背景下的国际化或跨国公司创业（Mthanti & Ojah，2017；颜士梅和王重鸣，2005）和新兴经济体背景（Yiu et al.，2014；陈伟等，2010）是国内外学者都关注的重要研究情境；另一方面，基于中国的特殊国情，"大众创业、万众创新"（张萌萌等，2016）、中国转型经济（朱秀梅和肖雪，2016）、互联网时代（黄昊等，2019）和数字化发展背景（刘莎莎等，2020）成为国内学者进行公司创业研究的重要研究情境。特别地，基于上述情境的新创企业、集群企业和家族企业的公司创业研究蓬勃发展。

第四节　国内外公司创业研究的若干进路

在前述研究基础上，本节将深入探讨公司创业研究的未来蓝图，从四个关键维度进行展望：内涵和维度、研究主题、理论视角以及情境化。这四个方面不仅构成了公司创业研究的核心框架，也为未来的学术探索提供了清晰的进路。

一、公司创业的内涵和维度

在公司创业领域五个核心构念中，公司创业构念最具有因应现象动态变化而变化的能力。未来研究可重点对其内涵与维度进行拓展。

1. 公司保育

多年来，公司创业构念的维度一直随现象的变迁而变化，经历了"一维度——二维度——三维度——三维度以上"的发展路径（魏江等，2009a）。2013年，Kuratko 和 Audretsch（2013）指出，公司创业包括公司冒险（Corporate Venturing）和战略创业（Strategic Entrepreneurship）两个维度（Kuratko & Audretsch，2013）。最近，公司创业领域著名学者 Shepherd 等（2018）指出，大企业通过建立孵化器/加速器等带动新创企业以及自身发展是一种新型的公司创业形式，应成为公司创业构念的第三个维度（Shepherd & Shankar，2018）。Shepherd 和 Shankar（2018）将其称为"公司保育"（Corporate Nurturing）。尽管公司保育这一概念在文献中出现得比较早（Roberts & Berry，1985），然而并未得到经常性的运用，直接研究公司保育现象的研究并不多见。迄今，我们对公司培育这一维度知之甚少，与实践的快速发展形成了鲜明的反差。因此，学者们应将公司保育视为公司创业这一更大概念的组成维度（Roberts & Berry，1985；Shepherd & Shankar，2018），并对其内涵与本质进行更广泛的研究。

2. 结合知识和能力

21世纪是一个"知识爆炸"的时代，更是以能力取胜的时代。通过知识的创造、吸收、分享和利用，企业能够建立和收获组织成员的集体智慧来发展新的战略行动的能力，此时公司创业作为企业定义机会、探索和创造新颖及多样性，并开发新能力的重要途径，与企业的知识和能力动态交互，由此引发出新的公司创业的含义或实现方式。Castriotta 等（2021）学者通过对于公司创业这一概念的共引及聚类分析，将其重新划分为五个维度，包括持续更新（Sustained Regeneration）、组织复兴（Organizational Rejuvenation）、竞争优势（Competitive Advantage）、领域重新定义（Domain Redefinition）和外部创业（External Entrepreneurship）（Castriotta et al.，2021）。Castriotta 等（2021）关注企业知识吸收和动态能力，更加全面地阐述了公司创业的概念。因此，在知识时代，我们应从知识和能力的视角重新观察公司创业活动，深入探讨公司创业能够创造的知识，以及知识转化出的一系列能力，包括营销、运营、管理、认知和组织的能力。随着这些能力在企业中的发展与动态变化，探究公司创业活动会在不同层级中发生怎样的变化。具体而言，未来可进一步审视以下问题：公司创业活动所需的知识类型有哪些？知识的来源有哪些？如何整合企业自身以及外部的知识和能力以便更好地开展公司创业活动？整合知识与能力会对公司创业活动有何影响？如何将通过公司创业获取或创造的知识转化为后续企业能力？未来研究者可在解答上述问题的基础上对公司创业的内涵和维度进行新的定义。

二、公司创业研究的重要主题

1. 公司创业的过程研究

早期阶段的研究极为重视公司创业的一般过程分析，涌向了诸如Burgelman的卓越学者。对一般过程进行深入描述、归纳和理论抽象，对于把握现象的形成以及本质极为重要，同时也有助于将公司创业现象与更大范畴的研究领域如战略管理建立关联，对于推进研究领域的合法性意义重大。然而，Burgelman之后，公司创业的过程研究逐渐式微。多数研究采用因素研究范式，在特定时间"切片"上寻找不同企业创业异质性的来源以及影响，长期的、纵向的研究较为少见。大多数研究抽掉了时间轴，对公司创业现象的形成过程缺乏深入的剖析和呈现。即使是纵向案例研究，也多采用Eisenhardt（1989）的实证主义范式和Gioia等（2013）的扎根理论研究范式，对于Langely（1999，2007）的过程研究范式运用不足（王凤彬等，2022），缺乏对于现象背后形成机制的"涌现式"分析。

当前，重拾过程研究极为必要。一是公司创业范畴下，代表新现象的构念与维度不断涌现，如公司创业投资、公司孵化器和公司加速器等，极有必要通过过程研究揭示其形成的过程、为何形成以及绩效效应等，从而洞察其本质并为因素研究奠定基础。二是在诸如我国这样的制度文化与西方迥异的国家，公司创业现象与宏观制度因素、文化因素、中观的行业竞争因素以及微观的个体因素交织，呈现出独特性（刘伟等，2014）。因而，不能简单地套用西方企业的过程研究结果理解中国企业的公司创业实践。未来研究极有必要采纳过程本体论，以本土企业为对象，通过揭示过程背后的逻辑，给出更多有关本土企业创业行为的洞见。

2. 公司创业的微观基础研究

微观基础是指创造和影响宏观结构，如公司、组织、市场和网络以及其他社会经济活动的个人认知、态度、信念、动机和行为，对于公司创业的微观基础研究可以进一步解释公司创业活动开展的目的、方式，是帮助厘清公司创业研究领域的重要议题。既有研究已从不同层级的关键主体探究其对于公司创业活动的影响，并积累了一定的成果，但对于为什么某些个体行为会影响群体行为，以及群体行为如何影响公司创业活动还缺乏深入分析。

（1）高管团队。已有研究证明高管对于公司创业的参与和机会识别能影响公司创业的效率及效果，但对此还可进一步深化。首先，高管人员的参与程度通常由其正式决策的权力等级来衡量（Covin & Slevin，2002），但现实情况并非如此，高管人员还可通过非正式支持，例如，给予鼓励等方式参与公司创业活动，因此未来研究可进一步分析高管人员非正式支持对公司创业的影响作用。其次，从高管团队角度看，以往研究分析了高管团队的多样性对于公司创业活动的影响（Hayton & Kelley，2006），但其他变量如高管团队的工作关系、团队人员的地位差异以及民族文化等对于公司创业的影响还不明朗，后续研究可以进一步深入。最后，现有研究聚焦于高管团队对公司创业的影响（Drucker，2002），但公司创业活动对于高管团队的构成以及流动有何影响却被忽视。这一方向存在较大的探索空间。

（2）中层管理者和一般员工。尽管已有研究关注到中层管理者和一般员工在公司创业活动中所扮演的角色，但总体上研究成果不够丰富。这可能是由于学界对于中层管理人员在企业中的角色缺乏一致性的认知，也可能是因为研究难度较大进而无法准确捕捉中层管理人员的战略角色。据此，未来研究需将中层管理人员有效嵌入企业的战略活动实施过程中，选取恰当的理论来分析中层管理人员以及一般员工在公司创业活动中扮演的角色，以及其起到的作用。如可回归至 Barnett 和 Burgelman 早先提出的组织内进化理论（Barnett & Burgelman，1996），重新定位中层管理者概念及其角色，捕捉中层管理者在公司创业活动中的参与程度以及其前因后果。此外，在研究内容方面，既有研究主要从中层管理人员如何传播以及交流现有知识的角度探究其在公司创业活动中的作用（Hornsby et al.，2002），但对其新创意及想法的形成方面还未有充分探索。特别是，研究者缺乏相应理论与方法来捕捉与识别中层管理者和员工的新创意及想法，更无法进一步分析创意及想法如何发展成公司创业的行为。未来可依此探索适用的理论，打开中层管理人员的"思想黑箱"。与此同时，未来还应扩大中层管理者及一般员工行为心理基础的研究，进一步阐述中层管理者以及一般员工的情绪与公司创业活动之间的联系，例如，积极的组织承诺或消极的外界评估是否会造成其对于内部组织条件的认知偏差，进而影响其信息共享和决策过程，最终影响公司创业活动。

（3）不同层级主体。不同层级的关键主体对于公司创业活动的影响不仅局限于个体的参与，还应关注群体之间的互动所带来的影响。未来研究要分析个体的行为如何进一步与群体以及组织的活动相联系。例如，多个团队参与公司创业活动时，如何在跨团队的情况下实现战略思维和行为的整合与平衡？如何在不消除发散思维的情况下保证多团队对于公司创业活动目标及过程的共享理解？这些共享的思维模式如何随着时间的推移而保持？如何利用不同团队的认知互补性，解决认知冲突来保证公司创业活动的顺利开展？未来研究要加强纵向研究设计，阐明群体的影响作用以及随时间演变的关键模式，为推动公司创业微观基础研究贡献力量。

3. 公司创业的非财务绩效研究

未来学者要进一步丰富公司创业的多元化后果研究，强调组织学习、知识创造、动态能力等非财务指标作为结果变量在公司创业研究中的重要性。现有研究大多关注公司创业对公司经营或财务绩效的影响，关于其对非财务绩效的关注相对不足（Dess et al.，2003）。而知识资源作为21世纪组织获取竞争优势至关重要的无形资源（Ireland et al.，2003），可以通过有效的公司创业被创造（Kuratko et al.，2005）。同时，在VUCA时代，企业获取可持续竞争优势和构建长期发展能力遇到了挑战，公司创业作为企业把握新机遇和保持竞争优势的一种方式，对企业动态能力的构建具有重要意义（Titus et al.，2017）。因此，未来研究可进一步关注公司创业对组织间学习的内容、速度和深度以及知识创造的影响，探究公司创业对企业动态能力构建的影响，丰富公司创业的多元化后果研究。

三、公司创业研究理论视角

现阶段学者们主要从高阶梯队理论、资源基础观、制度理论、组织学习理论等视角出发探究公司创业现象，理论视角较为集中，但并不深入。因而，深化现有理论视角、采用新的理论视角或整合多理论视角开展研究将是未来的趋势。未来可基于上述路径，探究公司创业的内涵、过程、前因后果，拓展公司创业研究的广度和深度。

首先，可深化对于高阶梯队理论、资源基础观和制度理论等视角的应用，探究公司创业研究随着时代的发展对现有理论造成的冲击与挑战。如当今时代背景下，数据的共享性特征对资源基础观当中"资源难以模仿"这一属性的冲击。学者们在推进理论应用的同时，应进一步推动理论的发展。

其次，可依托新的理论视角探究新情境下的公司创业主题。如依托创业拼凑理论探究公司创业的驱动因素、中间机制和绩效结果（刘人怀和王娅男，2017；张秀娥和张坤，2018）。依托最优区分理论去探究公司创业过程中，一方面，需要通过趋同于制度规范以获得合法性，另一方面，需要通过寻求独特的战略定位并开发与之相匹配的独特资源与能力以赢得竞争优势的"求同还是存异"（to be different, or to be the same）或"最优区分"（optimal distinctiveness）问题（Zhao et al., 2017；郭海等，2020）。

最后，可采用多理论视角，将现有理论与其他理论结合起来探索公司创业现象。比如，结合资源配置视角和高阶梯队理论，探究企业创业战略导向与企业成长绩效之间的关系，以及高管团队"垂直对"差异对上述关系的重要调节作用（杨林等，2016）；基于管理认知观和社会资本理论，探讨环境动态性与企业绩效之间的多元关系、创业导向的中介效应以及商业关系和政治关系的调节效应（刘宇璟等，2019）。

四、公司创业的情境化研究

1. 数字经济情境下的公司创业研究

未来研究应着眼于数字经济时代给公司创业带来的新变化。数字经济时代以信息和通信技术的快速增长为特征，利用数字技术来重塑自身能力的企业，能成功在变化的环境中生存和繁荣。具体而言，随着产品变得更小、性能更快、功能更多，组织也将发生一系列革新和变化。此时，在不断变换的环境中开展公司创业活动，利用创新性的流程和系统来进行产品开发及运营对于企业而言至关重要（Nambisan, 2017；Arvidsson & Monsted, 2018）。基于此，以互联网技术快速传播为特征的数字经济时代给公司创业活动造成了怎样的影响？是促进还是抑制？传统的公司创业活动类型及流程是否仍然适用？

如不适用会有怎样的变化？企业通过公司创业活动创造或获取的知识有怎样的变化？此外，数字经济时代衍生出了"数字平台"这一独特的创业环境。在这一环境中，企业的创业活动成功开展与企业选择支持的平台以及在模块网络中的位置、动向都有着错综复杂的联系。例如，在生物技术行业中，企业依赖于与规模较大的现有企业联盟或合作开展创业活动。因此，未来公司创业研究不应局限于分析企业在一种网络内关系的影响作用，还应探讨其同时参与多个网络时的互补或冲突为公司创业带来的变化，给予企业实践者理论指引。

2. 商业生态系统情境下的公司创业研究

当今社会，尽管不同企业具有差异类型的运作模式，但企业间常常保持着密切联系并构建网络结构和生态系统，商业生态系统概念也由此产生，并由此引发了商业生态系统背景下的公司创业研究（Zahra & Nambisan，2012）。Zahra 和 Nambisan（2011）探索了不同类型商业生态系统中公司创业与战略思维的动态交互作用，并进一步以企业创新性质以及后续的治理策略确定了四种生态系统类型，为后续开展公司创业相关研究提供了一个新的视角（Zahra & Nambisan，2011）。未来可以进一步探究：公司创业活动如何促进企业适应不同种类的商业系统？公司创业活动会对不同类型的商业生态系统产生何种影响？如何从公司创业活动的视角重新定义行业的生态系统以及其中企业的关系？

3. 新兴/转型经济体情境下的公司创业研究

现有公司创业研究大多以美国或欧洲的上市公司为样本，探讨公司创业的本质及类型。但自 21 世纪以来，许多新兴经济体中的企业也开始纷纷开展公司创业活动，为研究提供了丰富的机会。首先，对于公司创业的内涵而言，既有研究仅提供了发达经济体的整体视角的定义，缺乏涵盖新兴/转型经济体特征的公司创业内涵（Zahra et al.，2000），此外，现有研究主要集中在中国、印度、南非和土耳其等国家，更多的新兴经济体应成为研究情境（Meyer & Peng，2016）。后续研究可在新兴经济背景下，重新审视公司创业的内涵、维度、测量以及前因后果，此方面研究具有巨大的潜力。其次，公司创业有关研究结论能否适用于新兴/转型经济情境仍是未知（Zahra & Wright，2011）。未来需要将研究领域从应用先前的理论转向开发和测试适用于新兴/转型经济体的公司创业理论，以便能够全面理解新兴/转型经济市场的演化发展、制度变革以及经典理论中揭示的独特资源和能力带来的影响。学者需要在现有理论基础上进行创新，产生新的适用理论，而不是简单地在不同跨国公司样本之间进行比较，由此才能扩大与加深对于新兴/转型经济体公司创业研究的理解。特别地，在我国的特殊的制度与文化背景下，未来学者可以进一步探究政府可能用于促进企业的公司创业行为的各项政策、国家战略规划、融资支持或其他规定，如创新计划、税收优惠、信息和技术资源以及其他法律保护手段等（Hoskisson et al., 2000），关注政府在公司创业过程中的关键作用。

4. 经济全球化背景下的公司创业研究

未来学者可继续深入探索经济全球化背景下的国际化公司创业研究。自20世纪90年代以来，经济全球化背景下的合作共赢成为企业追随的主题。学界认识到国际扩张可以是公司创业的一种形式（Zahra & Garvis, 2000），由此也催生出国际化背景下的公司创业研究（Birkinshaw, 1997）。学者们开始利用国际商务理论来研究公司创业活动（Williams & Lee, 2009）。然而，2008年后国际金融危机使得单边主义、贸易保护主义、逆全球化思潮不断涌现，极大地阻碍了经济全球化的进程。特别是，美国经常性地挥舞贸易保护主义大棒、疫情的肆虐以及地区局部冲突的出现，使得"逆全球化"之风盛行。产业链供应链区域化发展的趋势日趋明朗。在此情景下，国际化的公司创业受到了什么样的冲击？会面临哪些具体挑战？应当建构或运用什么样的理论加以解决？这些都是当下和未来亟须解决的、兼具理论和实践意义的研究议题。

5. 家族企业的公司创业研究

家族企业日益成为公司创业研究的重要情境。首先，学者们可探究家族企业的特征对公司创业的影响。如探究创业遗产对家族企业开展公司创业活动的驱动作用（Zahra & Nambisan, 2012），家族涉入对家族企业创业导向的影响（周立新和杨良明，2018）等。其次，学者们可进一步考察家族企业公司创业的后果。如研究家族企业的创业导向对企业成长和创业灵活性的影响（Arzubiaga et al., 2018）。最后，未来学者们可进一步揭示影响家族企业创业的内在机制。如探讨家族企业的社会情感财富和制度环境对公司创业与企业成长之间关系的权变影响，依托社会身份认同理论探究家族企业背景对企业家自我效能感与创业意向之间关系的调节作用等（Douglas et al., 2021）。

参考文献

[1] Abell P, Nisar T M. Performance effects of venture capital firm networks [J]. Management Decision, 2007, 45 (5): 923-936.

[2] Abetti P A. The birth and growth of Toshiba's laptop and notebook computers: A case study in Japanese corporate venturing [J]. Journal of Business Venturing, 1997, 12 (6): 507-529.

[3] Abetti P A. Government-supported incubators in the Helsinki region, Finland: Infrastructure, results, and best practices [J]. Journal of Technology Transfer, 2004, 29 (1): 19-40.

[4] Abrell T, Karjalainen T M. The early stage of internal corporate venturing: Entrepreneurial activities in a large manufacturing company [J]. Journal of Enterprising Culture, 2017, 25 (1): 1-30.

[5] Acemoglu D, Johnson S. Unbundling institutions [J]. Journal of Political Economy, 2005, 113 (5): 949-995.

[6] Acemoglu D, Johnson S, Robinson J A. Institutions as a fundamental cause of long-run growth [J]. Handbook of Economic Growth, 2005, 1 (5): 385-472.

[7] Acs Z J, Audretsch D B. Innovation and technological change [J]. Springer US, 2003, 1 (4): 55-79.

[8] Adler P S, Kwon S W. Social capital: Prospects for a new concept [J]. Academy of Management Review, 2002, 27 (1): 17-40.

[9] Adner R, Helfat C E. Corporate effects and dynamic managerial capabilities [J]. Strategic Management Journal, 2003, 24 (10): 1011-1025.

[10] Adner R, Kapoor R. Innovation ecosystems and the pace of substitution:

Re-examining technology S-curves [J]. Strategic Management Journal, 2016, 37 (4): 625-648.

[11] Aeeni Z, Motavaseli M, Sakhdari K, Dehkordi A M. Baumol's theory of entrepreneurial allocation: A systematic review and research agenda [J]. European Research on Management and Business Economics, 2019, 25 (1): 30-37.

[12] Aernoudt R. Incubators: Tool for entrepreneurship? [J]. Small Business Economics, 2004, 23 (2): 127-135.

[13] Aerts K, Matthyssens P, Vandenbempt K. Critical role and screening practices of European business incubators [J]. Technovation, 2007, 27 (5): 254-267.

[14] Agrawal J, Agrawal S, Singhai A, Sharma S. SET-PSO-based approach for mining positive and negative association rules [J]. Knowledge and Information Systems, 2015, 45 (2): 453-471.

[15] Ahearne M, Lam S K, Kraus F. Performance impact of middle managers' adaptive strategy implementation: The role of social capital [J]. Strategic Management Journal, 2014, 35 (1): 68-87.

[16] Ahlstrom D, Bruton G D. Venture capital in emerging economies: Networks and institutional change [J]. Entrepreneurship Theory and Practice, 2006, 30 (2): 299-320.

[17] Ahuja G, Lampert C M. Entrepreneurship in the large corporation: A longitudinal study of how established firms create breakthrough inventions [J]. Strategic Management Journal, 2001, 22 (6-7): 521-543.

[18] Alange S, Steiber A. Three operational models for ambidexterity in large corporations [J]. Triple Helix, 2018, 5 (1): 1-25.

[19] Aldrich M. The great sidetrack war: In which downtown merchants and the philadelphia north american defeat the pennsylvania railroad, 1903-1904 [J]. Journal of the Gilded Age and Progressive Era, 2014, 13 (4): 500-531.

[20] Allen D N, Mccluskey R. Structure, policy, services, and performance in the business incubator industry [J]. Entrepreneurship Theory and Practice, 1990, 15 (2): 61-77.

[21] Allen S A, Hevert K T. Venture capital investing by information technology companies: Did it pay? [J]. Journal of Business Venturing, 2007, 22 (2): 262–282.

[22] Alvarez S A, Busenitz L W. The entrepreneurship of resource-based theory [J]. Journal of Management, 2001, 27 (6): 755–775.

[23] Alvarez-Garrido E, Dushnitsky G. Are entrepreneurial venture's innovation rates sensitive to investor complementary assets? Comparing biotech ventures backed by corporate and independent VCs [J]. Strategic Management Journal, 2016, 37 (5): 819–834.

[24] Amaeshi K, Adegbite E, Rajwani T. Corporate social responsibility in challenging and non-enabling institutional contexts: Do institutional voids matter? [J]. Journal of Business Ethics, 2016, 134 (1): 135–153.

[25] Amit R, Han X. Value creation through novel resource configurations in a digitally enabled world [J]. Strategic Entrepreneurship Journal, 2017, 11 (3): 228–242.

[26] Amit R, Zott C. Value creation in e-business [J]. Strategic Management Journal, 2001, 22 (6–7): 493–520.

[27] Amo B W. Corporate entrepreneurship and intrapreneurship related to innovation behaviour among employees [J]. International Journal of Entrepreneurial Venturing, 2010, 2 (2): 144–158.

[28] Amo B W, Kolvereid L. Organizational strategy, individual personality and innovation behavior [J]. Journal of Enterprising Culture, 2005, 13 (01): 7–19.

[29] Anderson B S, Covin J G, Slevin D P. Understanding the relationship between entrepreneurial orientation and strategic learning capability: An empirical investigation [J]. Strategic Entrepreneurship Journal, 2009, 3 (3): 218–240.

[30] Anderson B S, Kreiser P M, Kuratko D F, Hornsby J S, Eshima Y. Reconceptualizing entrepreneurial orientation [J]. Strategic Management Journal, 2015, 36 (10): 1579–1596.

[31] Anderson B S, Schueler J, Baum M, Wales W J, Gupta V K. The

chicken or the egg? Causal inference in entrepreneurial orientation-performance research [J]. Entrepreneurship Theory and Practice, 2020, 46 (6): 1569-1596.

[32] Anokhin S, Peck S, Wincent J. Corporate venture capital: The role of governance factors [J]. Journal of Business Research, 2016, 69 (11): 4744-4749.

[33] Anokhin S, Wincent J, Parida V, Chistyakova N, Oghazi P. Industrial clusters, flagship enterprises and regional innovation [J]. Entrepreneurship and Regional Development, 2019, 31 (1-2): 104-118.

[34] Ansoff H L. The emerging paradigm of strategic behavior [J]. Strategic Management Journal, 1987, 8 (6): 501-515.

[35] Antoncic B, Hisrich R D. Intrapreneurship: Construct refinement and cross-cultural validation [J]. Journal of Business Venturing, 2001, 16 (5): 495-527.

[36] Antoncic B, Prodan I. Alliances, corporate technological entrepreneurship and firm performance: Testing a model on manufacturing firms [J]. Technovation, 2008, 28 (5): 257-265.

[37] Aragón-Correa J A, Sharma S. A contingent resource-based view of proactive corporate environmental strategy [J]. Academy of Management Review, 2003, 28 (1): 71-88.

[38] Arikan A M, Capron L. Do newly public acquirers benefit or suffer from their pre-IPO affiliations with underwriters and VCs? [J]. Strategic Management Journal, 2010, 31 (12): 1257-1289.

[39] Arino A, Reuer J J. Designing and renegotiating strategic alliance contracts [J]. Academy of Management Executive, 2004, 18 (3): 37-48.

[40] Arnold D J, Quelch J A. New strategies in emerging markets [J]. MIT Sloan Management Review, 1998, 40 (1): 7-20.

[41] Arregle J L, Batjargal B, Hitt M A, Webb J W, Miller T, Tsui A S. Family ties in entrepreneurs' social networks and new venture growth [J]. Entrepreneurship Theory and Practice, 2015, 39 (2): 313-344.

[42] Arreola F, Favre-Bonte V, Tran S. The corporate accelerator: A new kind of strategic factor market to access strategic resources [J]. Management, 2021,

24（3）：56-71.

［43］Arvidsson V, Monsted T. Generating innovation potential: How digital entrepreneurs conceal, sequence, anchor, and propagate new technology ［J］. Journal of Strategic Information Systems, 2018, 27（4）：369-383.

［44］Arzubiaga U, Kotlar J, De Massis A, Maseda A, Iturralde T. Entrepreneurial orientation and innovation in family SMEs: Unveiling the（actual）impact of the Board of Directors ［J］. Journal of Business Venturing, 2018, 33（4）：455-469.

［45］Au E W M, Qin X, Zhang Z X. Beyond personal control: When and how executives' beliefs in negotiable fate foster entrepreneurial orientation and firm performance ［J］. Organizational Behavior and Human Decision Processes, 2017, 143（11）：69-84.

［46］Au K, Chiang F F T, Birtch T A, Ding Z J. Incubating the next generation to venture: The case of a family business in Hong Kong ［J］. Asia Pacific Journal of Management, 2013, 30（3）：749-767.

［47］Audia P G, Locke E A, Smith K G. The paradox of success: An archival and a laboratory study of strategic persistence following radical environmental change ［J］. Academy of Management Journal, 2000, 43（5）：837-853.

［48］Audretsch D B, Lehmann E E, Plummer L A. Agency and governance in strategic entrepreneurship ［J］. Entrepreneurship Theory and Practice, 2009, 33（1）：149-166.

［49］Auer Antoncic J, Antoncic B. Employee satisfaction, intrapreneurship and firm growth: A model ［J］. Industrial Management & Data Systems, 2011, 111（4）：589-607.

［50］Autio E. Strategic entrepreneurial internationalization: A normative framework ［J］. Strategic Entrepreneurship Journal, 2017, 11（3）：211-227.

［51］Autio E, Nambisan S, Thomas L D W, Wright M. Digital affordances, spatial affordances, and the genesis of entrepreneurial ecosystems ［J］. Strategic Entrepreneurship Journal, 2018, 12（1）：72-95.

［52］Autio E, Sapienza H J, Almeida J G. Effects of age at entry, knowledge intensity, and imitability on international growth [J]. Academy of Management Journal, 2000, 43 (5): 909-924.

[53] Avlonitis G J, Salavou H E. Entrepreneurial orientation of SMEs, product innovativeness, and performance [J]. Journal of Business Research, 2007, 60 (5): 566-575.

[54] Badguerahanian L, Abetti P A. The rise and fall of the Merlin-Gerin Foundry Business: A case study in French corporate entrepreneurship [J]. Journal of Business Venturing, 1995, 10 (6): 477-493.

[55] Baert C, Meuleman M, Debruyne M, Wright M. Potfolio entrepreneurship and resource orchestration [J]. Strategic Entrepreneurship Journal, 2016, 10 (4): 346-370.

[56] Balaji S C. Adaptation: A promising metaphor for strategic management [J]. Academy of Management Review, 1982, 7 (1): 35-44.

[57] Banc C, Messeghem K. Discovering the entrepreneurial micro-ecosystem: The case of a corporate accelerator [J]. Thunderbird International Business Review, 2020, 62 (5): 593-605.

[58] Barbero J L. Revisiting incubation performance. How incubator typology affects results [J]. Technological Forecasting and Social Change, 2012, 79 (5): 888-902.

[59] Barbero J L, Casillas J C, Wright M, Garcia A R. Do different types of incubators produce different types of innovations? [J]. Journal of Technology Transfer, 2014, 39 (2): 151-168.

[60] Barnett W P, Burgelman R A. Evolutionary perspectives on strategy [J]. Strategic Management Journal, 1996, 17 (SI): 5-19.

[61] Barney J. Firm resources and sustained competitive advantage [J]. Journal of Management, 1991, 17 (1): 99-120.

[62] Barney J, Felin T. What are microfoundations? [J]. Academy of Management Perspectives, 2013, 27 (2): 138-155.

[63] Barney J, Wright M, Ketchen D J. The resource-based view of the firm: Ten years after 1991 [J]. Journal of Management, 2001, 27 (6): 625-641.

［64］ Barney J B. Is the resource-based "view" a useful perspective for strate-gic management research? Yes ［J］. Academy of Management Review, 2001, 26 (1): 41-56.

［65］ Barney J B. Resource-based theories of competitive advantage: A ten-year retrospective on the resource-based view ［J］. Journal of Management, 2001, 27 (6): 643-650.

［66］ Barney J B, Foss N J, Lyngsie J. The role of senior management in op-portunity formation: Direct involvement or reactive selection? ［J］. Strategic Manage-ment Journal, 2018, 39 (5): 1325-1349.

［67］ Baron R A, Tang J. The role of entrepreneurs in firm-level innovation: Joint effects of positive affect, creativity, and environmental dynamism ［J］. Journal of Business Venturing, 2011, 26 (1): 49-60.

［68］ Bartz W, Winkler A. Flexible or fragile? The growth performance of small and young businesses during the global financial crisis-evidence from Germany ［J］. Journal of Business Venturing, 2016, 31 (2): 196-215.

［69］ Barua A, Konana P, Whinston A B, Yin F. An empirical investigation of net-enabled business value ［J］. MIS Quarterly, 2004, 28 (4): 585-620.

［70］ Baskerville R L, Myers M D, Yoo Y. Digital first: The ontological rever-sal and new challenges for information systems research ［J］. MIS Quarterly, 2020, 44 (2): 509-523.

［71］ Basly S, Hammouda A. Family businesses and digital entrepreneurship adoption: A conceptual model ［J］. Journal of Entrepreneurship, 2020, 29 (2): 326-364.

［72］ Bastian B, Zali M R. The impact of institutional quality on social net-works and performance of entrepreneurs ［J］. Small Enterprise Research, 2016, 23 (2): 151-171.

［73］ Basu S, Phelps C, Kotha S. Towards understanding who makes corporate venture capital investments and why ［J］. Journal of Business Venturing, 2011, 26 (2): 153-171.

［74］ Battisti E, Nirino N, Leonidou E, Thrassou A. Corporate venture capital and CSR performance: An extended resource based view's perspective [J]. Journal of Business Research, 2022, 139 (2): 1058-1066.

[75] Baumann J, Kritikos A S. The link between R&D, innovation and productivity: Are micro firms different? [J]. Research Policy, 2016, 45 (6): 1263-1274.

[76] Baumol W J. Entrepreneurship-productive, unproductive, and destructive [J]. Journal of Political Economy, 1990, 98 (5): 893-921.

[77] Baumol W J. Entrepreneurship: Productive, unproductive, and destructive [J]. Journal of Business Venturing, 1996, 11 (1): 3-22.

[78] Baumrind D. Current patterns of parental authority [J]. Developmental Psychology, 1971, 4 (1): 1-103.

[79] Becker B, Gassmann O. Corporate incubators: Industrial R&D and what universities can learn from them [J]. Journal of Technology Transfer, 2006, 31 (4): 469-483.

[80] Becker B, Gassmann O. Gaining leverage effects from knowledge modes within corporate incubators [J]. R & D Management, 2006, 36 (1): 1-16.

[81] Behrens J, Patzelt H. Corporate entrepreneurship managers' project terminations: Integrating portfolio-level, individual-level, and firm-level effects [J]. Entrepreneurship Theory and Practice, 2016, 40 (4): 815-842.

[82] Belderbos R, Jacob J, Lokshin B. Corporate venture capital (CVC) investments and technological performance: Geographic diversity and the interplay with technology alliances [J]. Journal of Business Venturing, 2018, 33 (1): 20-34.

[83] Belderbos R, Lokshin B, Boone C, Jacob J. Top management team international diversity and the performance of international R&D [J]. Global Strategy Journal, 2022, 12 (1): 108-133.

[84] Bell J, Mcnaughton R, Young S. "Born-again global" firms: An extension to the "born global" phenomenon [J]. Journal of International Management, 2001, 7 (3): 173-189.

[85] Belousova O, Gailly B. Corporate entrepreneurship in a dispersed setting: actors, behaviors, and process [J]. International Entrepreneurship and Management

Journal, 2013, 9 (3): 361-377.

[86] Ben Arfi W, Hikkerova L. Corporate entrepreneurship, product innovation, and knowledge conversion: The role of digital platforms [J]. Small Business Economics, 2021, 56 (3): 1191-1204.

[87] Ben Mahmoud-Jouini S, Duvert C, Esquirol M. Key factors in building a corporate accelerator capability [J]. Research-Technology Management, 2018, 61 (4): 26-34.

[88] Benson D, Ziedonis R H. Corporate venture capital as a window on new technologies: Implications for the performance of corporate investors when acquiring startups [J]. Organization Science, 2009, 20 (2): 329-351.

[89] Benson D, Ziedonis R H. Corporate venture capital and the returns to acquiring portfolio companies [J]. Journal of Financial Economics, 2010, 98 (3): 478-499.

[90] Bergek A, Norrman C. Incubator best practice: A framework [J]. Technovation, 2008, 28 (1-2): 20-28.

[91] Berger E S C, Von Briel F, Davidsson P, Kuckertz A. Digital or not-The future of entrepreneurship and innovation Introduction to the special issue [J]. Journal of Business Research, 2021, 125 (3): 436-442.

[92] Bergman B J, Mcmullen J S. Helping entrepreneurs help themselves: A review and relational research agenda on entrepreneurial support organizations [J]. Entrepreneurship Theory and Practice, 2021, 46 (3): 688-728.

[93] Berrone P, Cruz C, Gomez-Mejia L R. Socioemotional wealth in family firms: Theoretical dimensions, assessment approaches, and agenda for future research [J]. Family Business Review, 2012, 25 (3): 258-279.

[94] Bertoni F, Colombo M G, Grilli L. Venture capital investor type and the growth mode of new technology-based firms [J]. Small Business Economics, 2013, 40 (3): 527-552.

[95] Bettinelli C, Fayolle A, Randerson K. Family entrepreneurship: A developing field [J]. Foundations and Trends in Entrepreneurship, 2014, 10 (3): 161-236.

[96] Bierly P E, Damanpour F, Santoro M D. The application of external knowledge: Organizational conditions for exploration and exploitation [J]. Journal of Management Studies, 2009, 46 (3): 481-509.

[97] Biniari M G. The emotional embeddedness of corporate entrepreneurship: The case of envy [J]. Entrepreneurship Theory and Practice, 2012, 36 (1): 141-170.

[98] Bird B. Implementing entrepreneurial ideas: The case for intention [J]. Academy of Management Review, 1988, 13 (3): 442-453.

[99] Bird M, Wennberg K. Why family matters: The impact of family resources on immigrant entrepreneurs' exit from entrepreneurship [J]. Journal of Business Venturing, 2016, 31 (6): 687-704.

[100] Birkinshaw J. Entrepreneurship in multinational corporations: The characteristics of subsidiary initiatives [J]. Strategic Management Journal, 1997, 18 (3): 207-229.

[101] Bjornskov C, Foss N. How strategic entrepreneurship and the institutional context drive economic growth [J]. Strategic Entrepreneurship Journal, 2013, 7 (1): 50-69.

[102] Blanka C. An individual-level perspective on intrapreneurship: A review and ways forward [J]. Review of Managerial Science, 2019, 13 (5): 919-961.

[103] Block Z, Macmillan I C. Corporate venturing: Creating new business within the firm [M]. Boston, MA: Harvard Business School Press, 1993.

[104] Block Z, Macmillan I C. Corporate venturing: Creating new businesses within the firm [J]. Corporate Venturing Creating New Businesses Within the Firm, 1995, 36 (3): 125-126.

[105] Block Z, Ornati O A. Compensating corporate venture managers [J]. Journal of Business Venturing, 1987, 2 (1): 41-51.

[106] Bloodgood J M, Hornsby J S, Burkemper A C, Sarooghi H. A system dynamics perspective of corporate entrepreneurship [J]. Small Business Economics, 2015, 45 (2): 383-402.

[107] Bloodgood J M, Hornsby J S, Hayton J C. Organizational resourceful-

ness: The role of purposeful resource focus vacillation in implementing corporate entrepreneurship [M]. Entrepreneurial Resourcefulness: Competing With Constraints. Emerald Group Publishing Limited; City of Bradford: 2014, 125-147.

[108] Bloom N, Van Reenen J. Why do management practices differ across firms and countries? [J]. Journal of Economic Perspectives, 2010, 24 (1): 203-224.

[109] Boeker W. Executive migration and strategic change: The effect of top manager movement on product-market entry [J]. Administrative Science Quarterly, 1997, 42 (2): 213-236.

[110] Boell S K, Cecez-Kecmanovic D. Debating systematic literature reviews (SLR) and their ramifications for IS: A rejoinder to Mike Chiasson, Briony Oates, Ulrike Schultze, and Richard Watson [J]. Journal of Information Technology, 2015, 30 (2): 188-193.

[111] Bojica A M, Fuentes M D M F. Knowledge acquisition and corporate entrepreneurship: Insights from Spanish SMEs in the ICT sector [J]. Journal of World Business, 2012, 47 (3): 397-408.

[112] Boling J R, Pieper T M, Covin J G. CEO tenure and entrepreneurial orientation within family and nonfamily firms [J]. Entrepreneurship Theory and Practice, 2016, 40 (4): 891-913.

[113] Boone C, Lokshin B, Guenter H, Belderbos R. Top management team nationality diversity, corporate entrepreneurship, and innovation in multinational firms [J]. Strategic Management Journal, 2019, 40 (2): 277-302.

[114] Boumgarden P, Nickerson J, Zenger T R. Sailing into the wind: Exploring the relationships among ambidexterity, vacillation, and organizational performance [J]. Strategic Management Journal, 2012, 33 (6): 587-610.

[115] Bouncken R B, Kraus S. Entrepreneurial ecosystems in an interconnected world: emergence, governance and digitalization [J]. Review of Managerial Science, 2022, 16 (1): 1-14.

[116] Bouquet C, Birkinshaw J. Managing power in the multinational corporation: How low-power actors gain influence [J]. Journal of Management, 2008, 34

（3）：477-508.

［117］Bourgeois L J, Brodwin D R. Strategic implementation: Five approaches to an elusive phenomenon [J]. Strategic Management Journal, 1984, 5 (3): 241-264.

［118］Bower J L. Managing the Resource Allocation Process [M]. Boston, MA: Harvard. Business School Press, 1970.

［119］Bradley S W, Wiklund J, Shepherd D A. Swinging a double-edged sword: The effect of slack on entrepreneurial management and growth [J]. Journal of Business Venturing, 2011, 26 (5): 537-554.

［120］Branstad A, Saetre A S. Venture creation and award-winning technology through co-produced incubation [J]. Journal of Small Business and Enterprise Development, 2016, 23 (1): 240-258.

［121］Braun D, Bertsch T. Breakthroughs in corporate nurturing strategies [J]. Business Horizons, 1993, 36 (4): 28-33.

［122］Braune E, Lantz J S, Sahut J M, Teulon F. Corporate venture capital in the IT sector and relationships in VC syndication networks [J]. Small Business Economics, 2021, 56 (3): 1221-1233.

［123］Briody E K, Cavusgil S T, Miller S R. Turning three sides into a Delta at general motors: Enhancing partnership integration on corporate ventures [J]. Long Range Planning, 2004, 37 (5): 421-434.

［124］Brouthers K D, Nakos G, Dimitratos P. SME entrepreneurial orientation, international performance, and the moderating role of strategic alliances [J]. Entrepreneurship Theory and Practice, 2015, 39 (5): 1161-1187.

［125］Browder R E, Aldrich H E, Bradley S W. The emergence of the maker movement: Implications for entrepreneurship research [J]. Journal of Business Venturing, 2019, 34 (3): 459-476.

［126］Brown S L, Eisenhardt K M. Product development: Past research, present findings, and future directions [J]. Academy of Management Review, 1995, 20 (2): 343-378.

［127］Brundin E, Patzelt H, Shepherd D A. Managers' emotional displays and employees' willingness to act entrepreneurially [J]. Journal of Business Venturing, 2008, 23 (2): 221-243.

[128] Bruneel J, Ratinho T, Clarysse B, Groen A. The evolution of business incubators: Comparing demand and supply of business incubation services across different incubator generations [J]. Technovation, 2012, 32 (2): 110-121.

[129] Bruneel J, Van De Velde E, Clarysse B. Impact of the type of corporate spin-off on growth [J]. Entrepreneurship Theory and Practice, 2013, 37 (4): 943-959.

[130] Bruton G D, Ahlstrom D, Li H L. Institutional theory and entrepreneurship: Where are we now and where do we need to move in the future? [J]. Entrepreneurship Theory and Practice, 2010, 34 (3): 421-440.

[131] Bruton G D, Ahlstrom D, Obloj K. Entrepreneurship in emerging economies: Where are we today and where should the research go in the future [J]. Entrepreneurship Theory and Practice, 2010, 32 (1): 1-14.

[132] Bruton G D, Filatotchev I, Steven S, Wright M. Entrepreneurship and strategy in emerging economies [J]. Strategic Management Journal, 2013, 7 (3): 169-180.

[133] Buenstorf G. Evolution on the shoulders of giants: Entrepreneurship and firm survival in the German laser industry [J]. Review of Industrial Organization, 2007, 30 (3): 179-202.

[134] Bunderson J S, Sutcliffe K M. Comparing alternative conceptualizations of functional diversity in management teams: Process and performance effects [J]. Academy of Management Journal, 2002, 45 (5): 875-893.

[135] Burgelman R A. Corporate entrepreneurship and strategic management: Insights from a process study [J]. Management Science, 1983, 29 (12): 1349-1364.

[136] Burgelman R A. A process model of internal corporate venturing in the diversified major firm [J]. Administrative Science Quarterly, 1983, 28 (2): 223-244.

[137] Burgelman R A. Designs for corporate entrepreneurship in established

firms [J]. California Management Review, 1984, 26 (3): 154-166.

[138] Burgelman R A. Managing the internal corporate venturing process [J]. Sloan Management Review, 1984, 25 (2): 33-48.

[139] Burgelman R A. Managing corporate entrepreneurship: New structures for implementing technological innovation [J]. Technology in Society, 1985, 7 (2-3): 91-103.

[140] Burgelman R A. Managing the new venture division: Research findings and implications for strategic management [J]. Strategic Management Journal, 1985, 6 (1): 39-54.

[141] Burgelman R A. Strategy making as a social-learning process: The case of internal corporate venturing [J]. Interfaces, 1988, 18 (3): 74-85.

[142] Burgelman R A. Intraorganizational ecology of strategy making and organizational adaptation: Theory and field research [J]. Organization Science, 1991, 2 (3): 239-262.

[143] Burgelman R A. Inside corporate innovation: Strategy, structure and managerial skills [J]. Management, 2015, 18 (2): 179-185.

[144] Burgelman R A, Grove A S. Cross-boundary disruptors: Powerful interindustry entrepreneurial change agents [J]. Strategic Entrepreneurship Journal, 2007, 1 (3-4): 315-327.

[145] Burgelman R A, Hitt M A. Entrepreneurial actions, innovation, and appropriability [J]. Strategic Entrepreneurship Journal, 2007, 1 (3-4): 349-352.

[146] Burgelman R A, Valikangas L. Internal corporate venturing cycles: A nagging strategic leadership challenge [J]. MIT Sloan Management Review, 2005, 46 (4): 26.

[147] Burgers J H, Covin J G. The contingent effects of differentiation and integration on corporate entrepreneurship [J]. Strategic Management Journal, 2016, 37 (3): 521-540.

[148] Burgers J H, Jansen J J P, Van Den Bosch F a J, Volberda H W. Structural differentiation and corporate venturing: The moderating role of formal

and informal integration mechanisms [J]. Journal of Business Venturing, 2009, 24 (3): 206-220.

[149] Burgess C. Factors influencing middle managers' ability to contri-bute to corporate entrepreneurship [J]. International Journal of Hospitality Management, 2013, 32 (Complete): 193-201.

[150] Burt R S, Celotto N. The network structure of management roles in a large matrix firm [J]. Evaluation and Program Planning, 1992, 15 (3): 303-326.

[151] Cabral J J, Francis B B, Kumar M V S. The impact of managerial job security on corporate entrepreneurship: Evidence from corporate venture capital programs [J]. Strategic Entrepreneurship Journal, 2021, 15 (1): 28-48.

[152] Cadorin E, Klofsten M, Lofsten H. Science parks, talent attraction and stakeholder involvement: An international study [J]. Journal of Technology Transfer, 2021, 46 (1): 1-28.

[153] Calvó-Armengol A, Jackson M O. The effects of social networks on employment and inequality [J]. American Economic Review, 2004, 94 (3): 426-454.

[154] Calvo-Mora A, Navarro-Garcia A, Rey-Moreno M, Perianez-Cristobal R. Excellence management practices, knowledge management and key business results in large organisations and SMEs: A multi-group analysis [J]. European Management Journal, 2016, 34 (6): 661-673.

[155] Camelo-Ordaz C, Fernandez-Alles M, Ruiz-Navarro J, Sousa-Ginel E. The intrapreneur and innovation in creative firms [J]. International Small Business Journal-Researching Entrepreneurship, 2012, 30 (5): 513-535.

[156] Cannella A A, Park J H, Lee H U. Top management team functional background diversity and firm performance: Examining the roles of team member co-location and environmental uncertainty [J]. Academy of Management Journal, 2008, 51 (4): 768-784.

[157] Cao Q, Maruping L M, Takeuchi R. Disentangling the effects of CEO turnover and succession on organizational capabilities: A social network perspective

［J］. Organization Science，2006，17（5）：563-576.

［158］ Cao Q, Simsek Z, Jansen J J P. CEO social capital and entrepreneurial orientation of the firm：Bonding and bridging effects［J］. Journal of Management, 2015, 41（7）：1957-1981.

［159］ Carayannis E G, Von Zedtwitz M. Architecting gloCal（global-local）, real-virtual incubator networks（G-RVINs）as catalysts and accelerators of entrepreneurship in transitioning and developing economies：lessons learned and best practices from current development and business incubation practices［J］. Technovation, 2005, 25（2）：95-110.

［160］ Carlile P R. A pragmatic view of knowledge and boundaries：Boundary objects in new product development［J］. Organization Science，2002, 13（4）：442-455.

［161］ Carlile P R. Transferring, translating and transforming：An integrative relational approach to sharing and assessing knowledge across boundaries［J］. Organization Science, 2004, 15（5）：555-568.

［162］ Carlsson G, Karlsson K. Age, cohorts and the generation of generations ［J］. American Sociological Review，1970, 35（4）：710-718.

［163］ Carrasco-Hernandez A, Sanchez-Marin G. The determinants of employee compensation in family firms：Empirical evidence［J］. Family Business Review, 2007, 20（3）：215-228.

［164］ Carter S, Kuhl A, Marlow S, Mwaura S. Households as a site of entrepreneurial activity［J］. Foundations and Trends in Entrepreneurship, 2017, 13（2）：81-190.

［165］ Carter S, Ram M. Reassessing portfolio entrepreneurship［J］. Small Business Economics, 2003, 21（4）：371-380.

［166］ Casson M. The economics of the family firm［J］. Scandinavian Economic History Review，1999, 47（1）：10-23.

［167］ Castriotta M, Loi M, Marku E, Moi L. Disentangling the corporate entrepreneurship construct：Conceptualizing through co-words［J］. Scientometrics, 2021, 126（4）：2821-2863.

［168］ Caves R E. Industrial organization, corporate strategy and structure ［J］. Journal of Economic Literature, 1980, 18 (1): 64-92.

［169］ Cavus M F, Demir Y. Institutionalization and corporate entrepreneurship in family firms ［J］. African Journal of Business Management, 2011, 5 (2): 416-422.

［170］ Ceccagnoli M, Higgins M J, Kang H D. Corporate venture capital as a real option in the markets for technology ［J］. Strategic Management Journal, 2018, 39 (13): 3355-3381.

［171］ Cennamo C, Santalo J. Generativity Tension and Value Creation in Platform Ecosystems ［J］. Organization Science, 2019, 30 (3): 617-641.

［172］ Cepeda G, Vera D. Dynamic capabilities and operational capabilities: A knowledge management perspective ［J］. Journal of Business Research, 2007, 60 (5): 426-437.

［173］ Chahine S, Saade S, Goergen M. Foreign Business Activities, Foreignness of the VC Syndicate, and IPO Value ［J］. Entrepreneurship Theory and Practice, 2019, 43 (5): 947-973.

［174］ Chakravarthy B S. Adaptation: A promising metaphor for strategic management ［J］. Academy of Management Review, 1982, 7 (1): 35-44.

［175］ Chan C S R, Patel P C, Phan P H. Do differences among accelerators explain differences in the performance of member ventures? Evidence from 117 accelerators in 22 countries ［J］. Strategic Entrepreneurship Journal, 2020, 14 (2): 224-239.

［176］ Chaulk B, Johnson P J, Bulcroft R. Effects of marriage and children on financial risk tolerance: A synthesis of family development and prospect theory ［J］. Journal of Family and Economic Issues, 2003, 24 (3): 257-279.

［177］ Chebbi H, Yahiaoui D, Sellami M, Papasolomou I, Melanthiou Y. Focusing on internal stakeholders to enable the implementation of organizational change towards corporate entrepreneurship: A case study from France ［J］. Journal of Business Research, 2020, 119: 209-217. doi: 10.1016/j.jbusres.2019.06.003.

［178］ Chemmanur T J, Loutskina E, Tian X. Corporate venture capital, value creation, and innovation [J]. Review of Financial Studies, 2014, 27 (8): 2434-2473.

[179] Chen C J. Technology commercialization, incubator and venture capital, and new venture performance [J]. Journal of Business Research, 2009, 62 (1): 93-103.

[180] Chen G, Crossland C, Luo S. Making the same mistake all over again: CEO overconfidence and corporate resistance to corrective feedback [J]. Strategic Management Journal, 2015, 36 (10): 1513-1535.

[181] Chen J, Nadkarni S. It's about time! CEOs' temporal dispositions, temporal leadership, and corporate entrepreneurship [J]. Administrative Science Quarterly, 2017, 62 (1): 31-66.

[182] Chen J, Simsek Z, Liao Y, Kwan H K. CEO self-monitoring and corporate entrepreneurship: A moderated mediation model of the CEO-TMT Interface [J]. Journal of Management, 2021, 49 (5): 1789-1821.

[183] Chen Y, Jiang Y J, Tang G Y, Cooke F L. High-commitment work systems and middle managers' innovative behavior in the Chinese context: The moderating role of work-life conflicts and work climate [J]. Human Resource Management, 2018, 57 (5): 1317-1334.

[184] Cheng J, Yiu D. China business at a crossroads: Institutions, innovation, and international competitiveness [J]. Long Range Planning, 2016, 49 (5): 584-588.

[185] Chesbrough H W. Making sense of corporate venture capital [J]. Harvard Business Review, 2002, 80 (3): 90-99.

[186] Child J. Organizational structure, environment and performance: The role of strategic choice [J]. Sociology, 1972, 6 (1): 1-22.

[187] Chin M K, Zhang S X, Jahanshahi A A, Nadkarni S. Unpacking political ideology: CEO social and economic ideologies, strategic decision-making processes, and corporate entrepreneurship [J]. Academy of Management Journal, 2021, 64 (4): 1213-1235.

[188] Chirico F, Sirmon D G, Sciascia S, Mazzola P. Resource orchestration

in family firms: Investigating how entrepreneurial orientation, generational involve-ment, and participative strategy affect performance [J]. Strategic Entrepreneurship Journal, 2011, 5 (4): 307-326.

[189] Cho T S, Hambrick D C, Chen M-J. Effects of top management team characteristics on cometitive behaviors of firms [J]. Academy of Management Proceedings, 1994, 1994 (1): 12-16.

[190] Christensen C M. The innovator's dilemma [M]. Boston, MA: Harvard Business School Press, 1997.

[191] Chung L H, Gibbons P T. Corporate entrepreneurship: The roles of ideology and social capital [J]. Group & Organization Management, 1997, 22 (1): 10-30.

[192] Churchill N, Bygrave W D. The entrepreneurship paradigm (I): A philosophical look at its research methodologies [J]. Entrepreneurship Theory and Practice, 1989, 14 (1): 7-26.

[193] Cirillo B. External learning strategies and technological search output: Spinout strategy and corporate invention quality [J]. Organization Science, 2019, 30 (2): 361-382.

[194] Clarysse B, Wright M, Lockett A, Van De Velde E, Vohora A. Spinning out new ventures: A typology of incubation strategies from European research institutions [J]. Journal of Business Venturing, 2005, 20 (2): 183-216.

[195] Clarysse B, Wright M, Velde E. Entrepreneurial origin, technological knowledge, and the growth of spin-off companies [J]. Journal of Management Studies, 2011, 48 (6): 1420-1442.

[196] Clausen T, Rasmussen E. Open innovation policy through intermediaries: The industry incubator programme in Norway [J]. Technology Analysis & Strategic Management, 2011, 23 (1): 75-85.

[197] Clayton P, Feldman M, Lowe N. Behind the scenes: Intermediary organizations that facilitate science commercialization through entrepreneurship [J]. Academy of Management Perspectives, 2018, 32 (1): 104-124.

[198] Clercq D, Dimov D, Thongpapanl N. The moderating impact of internal

social exchange processes on the entrepreneurial orientation-performance relationship [J]. Journal of Business Venturing, 2010, 25 (1): 87-103.

[199] Clough D R, Fang T P, Vissa B, Wu A. Turning lead into gold: How do entrepreneurs mobilize resources to exploit opportunities? [J]. Academy of Management Annals, 2019, 13 (1): 240-271.

[200] Coff R, Kryscynski D. Invited editorial: Drilling for micro-foundations of human capital-based competitive advantages [J]. Journal of Management, 2011, 37 (5): 1429-1443.

[201] Cogliser C, Brigham K, Lumpkin G T. Entrepreneurial orientation research: A review of theory, measurement, and data-analytic practices (summary) [J]. Frontiers of Entrepreneurship Research, 2008, 28 (13): 5.

[202] Cohen S, Fehder D C, Hochberg Y V, Murray F. The design of startup accelerators [J]. Research Policy, 2019, 48 (7): 1781-1797.

[203] Cohen S L, Bingham C B, Hallen B L. The role of accelerator designs in mitigating bounded rationality in new ventures [J]. Administrative Science Quarterly, 2019, 64 (4): 810-854.

[204] Cohen W M, Levinthal D A. Innovation and learning: The two faces of R & D [J]. The Economic Journal, 1989, 99 (397): 569-596.

[205] Cohen W M, Levinthal D A. Absorptive Capacity: A New Perspective on Learning and Innovation [J]. Administrative Science Quarterly, 1990, 35 (1): 128-152.

[206] Colombo M G, De Massis A, Piva E, Rossi-Lamastra C, Wright M. Sales and employment changes in entrepreneurial ventures with family ownership: Empirical evidence from high-tech industries [J]. Journal of Small Business Management, 2014, 52 (2): 226-245.

[207] Colombo M G, Delmastro M. How effective are technology incubators? Evidence from Italy [J]. Research Policy, 2002, 31 (7): 1103-1122.

[208] Colombo M G, Shafi K. Swimming with sharks in europe: When are they dangerous and what can new ventures do to defend themselves? [J]. Strategic Management Journal, 2016, 37 (11): 2307-2322.

［209］ Connolly A J, Turner J, Potocki A D. Ignite your corporate innovation: Insights from setting up an ag-tech start-up accelerator ［J］. International Food and Agribusiness Management Review, 2018, 21 （6）: 833-846.

［210］ Corbett A, Covin J G, O'connor G C, Tucci C L. Corporate entrepreneurship: State of the research and a future research agenda ［J］. Journal of Product Innovation Management, 2013, 30 （5）: 812-820.

［211］ Corbett A C, Hmieleski K M. The conflicting cognitions of corporate entrepreneurs ［J］. Entrepreneurship Theory and Practice, 2007, 31 （1）: 103-121.

［212］ Courpasson D, Dany F, Marti I. Organizational entrepreneurship as active resistance: A struggle against outsourcing ［J］. Entrepreneurship Theory and Practice, 2016, 40 （1）: 131-160.

［213］ Courrent J M, Chasse S, Omri W. Do entrepreneurial SMEs perform better because they are more responsible? ［J］. Journal of Business Ethics, 2018, 153 （2）: 317-336.

［214］ Covin J G, Garrett R P, Jr. , Kuratko D F, Shepherd D A. Value proposition evolution and the performance of internal corporate ventures ［J］. Journal of Business Venturing, 2015, 30 （5）: 749-774.

［215］ Covin J G, Garrett R P, Jr. , Kuratko D F, Shepherd D A. Short leash or long leash? Parenting style, initial strategic clarity, and the development of venture learning proficiency ［J］. Journal of Business Venturing, 2020, 35 （4）: 105951. doi: 10. 1016/j. jbusvent. 2019. 105951.

［216］ Covin J G, Green K M, Slevin D P. Strategic process effects on the entrepreneurial orientation-sales growth rate relationship ［J］. Entrepreneurship Theory and Practice, 2006, 30 （1）: 57-81.

［217］ Covin J G, Lumpkin G T. Entrepreneurial orientation theory and research: Reflections on a needed construct ［J］. Entrepreneurship: Theory and Practice, 2011, 35 （5）: 855-872.

［218］ Covin J G, Miles M P. Corporate entrepreneurship and the pursuit of competitive advantage ［J］. Entrepreneurship Theory and Practice, 1999, 23 （3）: 47-63.

[219] Covin J G, Miles M P. Strategic use of corporate venturing [J]. Entrepreneurship Theory and Practice, 2007, 31 (2): 183-207.

[220] Covin J G, Miller D. International entrepreneurial orientation: Conceptual considerations, research themes, measurement issues, and future research directions [J]. Entrepreneurship Theory and Practice, 2014, 38 (1): 11-44.

[221] Covin J G, Rigtering J P C, Hughes M, Kraus S, Cheng C-F, Bouncken R B. Individual and team entrepreneurial orientation: Scale development and configurations for success [J]. Journal of Business Research, 2020, 112: 1-12. doi: 10. 1016/j. jbusres. 2020. 02. 023.

[222] Covin J G, Slevin D P. The development and testing of an organizational-level entrepreneurship scale [M]. Wellesley, MA: Babson College, 1986.

[223] Covin J G, Slevin D P. The influence of organization structure on the utility of an entrepreneurial top management style [J]. Journal of Management Studies, 1988, 25 (3): 217-234.

[224] Covin J G, Slevin D P. Strategic management of small firms in hostile and benign environments [J]. Strategic Management Journal, 1989, 10 (1): 75-87.

[225] Covin J G, Slevin D P. A conceptual model of entrepreneurship as firm behavior [J]. Entrepreneurship Theory and Practice, 1991, 15 (1): 7-24.

[226] Covin J G, Slevin D P. A response to Zahra's "Critique and extension" of the Covin-Slevin entrepreneurship model [J]. Entrepreneurship Theory and Practice, 1993, 17 (4): 23-28.

[227] Covin J G, Slevin D P. The entrepreneurial imperatives of strategic leadership [J]. Strategic Entrepreneurship: Creating a New Mindset, 2017: 307-327. doi: 10. 1002/9781405164085. ch14.

[228] Covin J G, Slevin D P, Heeley M B. Pioneers and followers: Competitive tactics, environment, and firm growth [J]. Journal of Business Venturing, 2000, 15 (2): 175-210.

[229] Covin J G, Wales W J. The measurement of entrepreneurial orientation [J]. Entrepreneurship Theory and Practice, 2012, 36 (4): 677-702.

[230] Covin J G, Wales W J. Crafting high-impact entrepreneurial orientation

research: Some suggested guidelines [J]. Entrepreneurship Theory and Practice, 2019, 43 (1): 3-18.

[231] Crisan E L, Salanta Ii, Beleiu I N, Bordean O N, Bunduchi R. A systematic literature review on accelerators [J]. Journal of Technology Transfer, 2021, 46 (1): 62-89.

[232] Crossan M M, Berdrow I. Organizational learning and strategic renewal [J]. Strategic Management Journal, 2003, 24 (11): 1087-1105.

[233] Crossan M M, Lane H W, White R E. An organizational learning framework: From intuition to institution [J]. Academy of Management Review, 1999, 24 (3): 522-537.

[234] Cruz A D, Howorth C, Hamilton E. Intrafamily entrepreneurship: The formation and membership of family entrepreneurial teams [J]. Entrepreneurship Theory and Practice, 2013, 37 (1): 17-46.

[235] Cruz C, Nordqvist M. Entrepreneurial orientation in family firms: A generational perspective [J]. Small Business Economics, 2012, 38 (1): 33-49.

[236] Cull R, Xu L C. Institutions, ownership, and finance: The determinants of profit reinvestment among Chinese firms [J]. Journal of Financial Economics, 2005, 77 (1): 117-146.

[237] Dutton J E, Ashford S J. Selling issues to top management [J]. Academy of Management Review, 1993, 18 (3): 397-428.

[238] Da Gbadji, L A G, Gailly B, Schwienbacher A. International analysis of venture capital programs of large corporations and financial institutions [J]. Entrepreneurship Theory and Practice, 2015, 39 (5): 1213-1246.

[239] Daft R L, Parks S D. Chief executive scanning, environmental characteristics, and company performance: An empirical study [J]. Strategic Management Journal, 1988, 9 (2): 123-139.

[240] Dai L, Maksimov V, Gilbert B A, Fernhaber S A. Entrepreneurial orientation and international scope: The differential roles of innovativeness, proactiveness, and risk-taking [J]. Journal of Business Venturing, 2014, 29 (4): 511-524.

［241］Dai W, Alon I, Jiao H. Financial marketization and corporate venturing in China ［J］. Journal of Entrepreneurship in Emerging Economies, 2015, 7 (1): 2-22.

［242］Dai W, Arndt F, Liao M Q. Hear it straight from the horse's mouth: recognizing policy-induced opportunities ［J］. Entrepreneurship and Regional Development, 2020, 32 (5-6): 408-428.

［243］Dai W, Liao M, Lin Q, Dong J. Does entrepreneurs' proactive attention to government policies matter? ［J］. Asian Business & Management, 2020, 130 (2): 1-36.

［244］Dai W, Liu Y. Local vs. non-local institutional embeddedness, corporate entrepreneurship, and firm performance in a transitional economy ［J］. Asian Journal of Technology Innovation, 2015, 23 (2): 255-270.

［245］Dai W Q, Alon I, Jiao H. Financial marketization and corporate venturing in China ［J］. Journal of Entrepreneurship in Emerging Economies, 2015, 7 (1): 2-22.

［246］Dai W Q, Arndt F, Liao M. Hear it straight from the horse's mouth: Recognizing policy-induced opportunities ［J］. Entrepreneurship and Recgional Development, 2020, 32 (5-6): 408-428.

［247］Dai W Q, Kittilaksanawong W. How are different slack resources translated into firm growth? Evidence from China ［J］. International Business Research, 2014, 7 (2): 1-12.

［248］Dai W Q, Liao M Q. Entrepreneurial attention to deregulations and reinvestments by private firms: Evidence from China ［J］. Asia Pacific Journal of Management, 2019, 36 (4): 1221-1250.

［249］Dai W Q, Liu Y. Local vs. non-local institutional embeddedness, corporate entrepreneurship, and firm performance in a transitional economy ［J］. Asian Journal of Technology Innovation, 2015, 23 (2): 255-270.

［250］Dai W Q, Liu Y, Liao M Q, Lin Q. How does entrepreneurs' socialist imprinting shape their opportunity selection in transition economies? Evidence from China's privately owned enterprises ［J］. International Entrepreneurship and Management Journal, 2018, 14 (4): 823-856.

［251］Dai W Q, Mao Z X, Zhao X Y, Mattila A S. How does social capital influence the hospitality firm's financial performance? The moderating role of entrepreneurial activities ［J］. International Journal of Hospitality Management, 2015, 51: 42-55. doi: 10. 1016/j. ijhm. 2015. 08. 011.

［252］Dai W Q, Si S. Government policies and firms' entrepreneurial orientation: Strategic choice and institutional perspectives ［J］. Journal of Business Research, 2018, 93: 23-36. doi: 10. 1016/j. jbusres. 2018. 08. 026.

［253］Dai Y, Goodale J C, Byun G, Ding F. Strategic flexibility in new high-technology ventures ［J］. Journal of Management Studies, 2018, 55 (2): 265-294.

［254］Dai Z, Liu X. A new risk assessment method of power system distance protection ［J］. International Transactions on Electrical Systems, 2015, 25 (12): 3644-3659.

［255］Daily C A, Mcdougall P P, Covin J G, Dalton D R. Governance and strategic leadership in entrepreneurial firms ［J］. Journal of Management, 2002, 28 (3): 387-412.

［256］David A, Bruton G D. Venture capital in emerging economies: Networks and institutional change ［J］. Entrepreneurship Theory and Practice, 2006, 30 (2): 299-320.

［257］Davidson E, Vaast E, Ieee 2010. Digital entrepreneurship and its socio-material enactment ［C］//Proceedings of the Annual Hawaii International Conference on System Sciences: City. 2978.

［258］Day D L. Raising radicals-Different processes for championing innovative corporate ventures ［J］. Organization Science, 1994, 5 (2): 148-172.

［259］De Clercq D, Dimov D, Thongpapanl N. The moderating impact of internal social exchange processes on the entrepreneurial orientation-performance relationship ［J］. Journal of Business Venturing, 2010, 25 (1): 87-103.

［260］De Clercq D, Dimov D, Thongpapanl N. Organizational social capital, formalization, and internal knowledge sharing in entrepreneurial orientation formation

[J]. Entrepreneurship Theory and Practice, 2013, 37 (3): 505-537.

[261] De Coster R, Butler C. Assessment of proposals for new technology ventures in the UK: Characteristics of university spin-off companies [J]. Technovation, 2005, 25 (5): 535-543.

[262] De Lange D, Valliere D. Sustainable firms and legitimacy: Corporate venture capital as an effective endorsement [J]. Journal of Small Business Management, 2020, 58 (6): 1187-1220.

[263] De Massis A, Eddleston K A, Rovelli P. Entrepreneurial by design: How organizational design affects family and non-family firms' opportunity exploitation [J]. Journal of Management Studies, 2021, 58 (1): 27-62.

[264] Deephouse D L. To be different, or to be the same? It's a question (and theory) of strategic balance [J]. Strategic Management Journal, 1999, 20 (2): 147-166.

[265] Del Giudice M, Straub D. IT and entrepreneurism: An on-again, off-again love affair or a marriage? [J]. MIS Quarterly, 2011, 35 (4): Ⅲ-Ⅶ.

[266] Del Sarto N, Isabelle D A, Di Minin A. The role of accelerators in firm survival: An fsQCA analysis of Italian startups [J]. Technovation, 2020, 90-91: 1-13. doi: 10.1016/j. technovation. 2019. 102102.

[267] Demil B, Lecocq X, Ricart J E, Zott C. Introduction to the sej special issue on business models: Business models within the domain of strategic entrepreneurship [J]. Strategic Entrepreneurship Journal, 2015, 9 (1): 1-11.

[268] Desarbo W, Macmillan I C, Day D L. Criteria for corporate venturing-Importance assigned by managers [J]. Journal of Business Venturing, 1987, 2 (4): 329-350.

[269] Dess G G, Ireland R D, Zahra S A, Floyd S W, Janney J J, Lane P J. Emerging issues in corporate entrepreneurship [J]. Journal of Management, 2003, 29 (3): 351-378.

[270] Dess G G, Lumpkin G T. Blackwell handbook of strategic management: Emerging issues in strategy process research [M]. Malden, MA: Blackwell Publishers Inc, 2001.

[271] Dess G G, Lumpkin G T. The role of entrepreneurial orientation in stimulating effective corporate entrepreneurship [J]. Academy of Management Executive, 2005, 19 (1): 147-156.

[272] Dess G G, Lumpkin G T, Covin J G. Entrepreneurial strategy making and firm performance: Tests of contingency and configurational models [J]. Strategic Management Journal, 1997, 18 (9): 677-695.

[273] Di Lorenzo F, Van De Vrande V. Tapping into the knowledge of incumbents: The role of corporate venture capital investments and inventor mobility [J]. Strategic Entrepreneurship Journal, 2019, 13 (1): 24-46.

[274] Digan S P, Sahi G K, Mantok S, Patel P C. Women's perceived empowerment in entrepreneurial efforts: The role of bricolage and psychological capital [J]. Journal of Small Business Mangement, 2019, 57 (1): 206-229.

[275] Dm. P J, P. W W. The iron cage revisited: Institutional isomorphism and collective rationality in organizational fields [J]. American Sociological Review, 1983, 48 (2): 147-160.

[276] Dodgson M. Learning, trust, and technological collaboration [J]. Human Relations, 1993, 46 (1): 77-95.

[277] Dodgson M. Organizational learning: A review of some literatures [J]. Organization Studies, 1993, 14 (3): 375-394.

[278] Doh J P, Pearce J A. Corporate entrepreneurship and real options in transitional policy environments: Theory development [J]. Journal of Management Studies, 2004, 41 (4): 645-664.

[279] Dokko G, Gaba V. Venturing into new territory: Career experiences of corporate venture capital managers and practice variation [J]. Academy of Management Journal, 2012, 55 (3): 563-583.

[280] Dong C W, Jia Y, Peng H, Yang X X, Wen W S. A novel distribution service policy for crowdsourced live streaming in cloud platform [J]. Ieee Transactions on Network and Service Management, 2018, 15 (2): 679-692.

[281] Dorado S. Institutional entrepreneurship, partaking, and convening [J]. Organization Studies, 2005, 26 (3): 385-414.

[282] Dougherty D, Heller T. The illegitimacy of successful product innovation in established firms [J]. Organization Science, 1994, 5 (2): 200-218.

[283] Douglas E J, Shepherd D A, Venugopal V. A multi-motivational general model of entrepreneurial intention [J]. Journal of Business Venturing, 2021, 36 (4). doi: 10. 1016/j. jbusvent. 2021. 106107.

[284] Drucker P F. Innovation and entrepreneurship [M]. London: Pan Books Ltd, 1985.

[285] Drucker P F. The discipline of innovation [J]. Harvard Business Review, 2002, 80 (8): 85-95.

[286] Du W Y, Mao J Y. Developing and maintaining clients' trust through institutional mechanisms in online service markets for digital entrepreneurs: A process model [J]. Journal of Strategic Information Systems, 2018, 27 (4): 296-310.

[287] Durach C F, Kembro J, Wieland A. A new paradigm for systematic literature reviews in supply chain management [J]. Journal of Supply Chain Management, 2017, 53 (4): 67-85.

[288] Dushnitsky G. Limitations to interorganizationl knowledge acquisitition: The paradox of corporate venture capital [J]. Academy of Management Proceedings, 2004 (1): C1-C6.

[289] Dushnitsky G, Lavie D. How alliance formation shapes corporate venture capital investment in the software industry: A resource-based perspective [J]. Strategic Entrepreneurship Journal, 2010, 4 (1): 22-48.

[290] Dushnitsky G, Lenox M J. When do firms undertake R&D by investing in new ventures? [J]. Strategic Management Journal, 2005, 26 (10): 947-965.

[291] Dushnitsky G, Lenox M J. When does corporate venture capital investment create firm value? [J]. Journal of Business Venturing, 2006, 21 (6): 753-772.

[292] Dushnitsky G, Shapira Z. Entrepreneurial finance meets organizational reality: Comparing investment practices and performance of corporate and independent venture capitalists [J]. Strategic Management Journal, 2010, 31 (9): 990-1017.

[293] Dushnitsky G, Shaver J M. Limitations to interorganizational knowledge

acquisition: The paradox of corporate venture capital [J]. Strategic Management Journal, 2009, 30 (10): 1045-1064.

[294] Dushnitsky G, Yu L. Lost in translation: Studying the antecedents of corporate venture capital in China [J]. Academy of Management Proceedings, 2019 (1): 10151.

[295] Dutton J E, Ashford S J, O'neill R M, Hayes E, Wierba E E. Reading the wind: How middle managers assess the context for selling issues to top managers [J]. Strategic Management Journal, 1997, 18 (5): 407-423.

[296] Dyer W G, Nenque E, Hill E J. Toward a theory of family capital and entrepreneurship: Antecedents and outcomes [J]. Journal of Small Business Management, 2014, 52 (2): 266-285.

[297] Eddleston K A, Chrisman J J, Steier L P, Chua J H. Governance and trust in family firms: An introduction [J]. Entrepreneurship Theory and Practice, 2010, 34 (6): 1043-1056.

[298] Eddleston K A, Kellermanns F W, Zellweger T M. Exploring the entrepreneurial behavior of family firms: Does the stewardship perspective explain differences? [J]. Entrepreneurship Theory and Practice, 2012, 36 (2): 347-367.

[299] Eggers J P, Sarah K. Cognition and renewal: Comparing CEO and organizational effects on incumbent adaptation to technical change [J]. Organization Science, 2009, 20 (2): 461-477.

[300] Eisenhardt K M, Brown S L. Competing on the edge: Strategy as structured chaos [J]. Long Range Planning, 1998, 31 (5): 786-789.

[301] Eisenhardt K M. Building Theories from Case Study Research [J]. Academy of Management Review, 1989, 14 (4): 532-550.

[302] Eisenhardt K M, Martin J A. Dynamic capabilities: What are they? [J]. Strategic Management Journal, 2000, 21 (10-11): 1105-1121.

[303] Ekbia H R. Digital artifacts as quasi-objects: Qualification, mediation, and materiality [J]. Journal of the American Society for Information Science and Technology, 2009, 60 (12): 2554-2566.

[304] Eklund J C, Mannor M J. Keep your eye on the ball or on the field? Ex-

ploring the performance implications of executive strategic attention [J]. Academy of Management Journal, 2021, 64 (6): 1685-1713.

[305] Elert N, Stenkula M. Intrapreneurship: Productive and non-productive [J]. Entrepreneurship Theory and Practice, 2020, 46 (5): 1423-1439.

[306] Elia G, Margherita A, Passiante G. Digital entrepreneurship ecosystem: How digital technologies and collective intelligence are reshaping the entrepreneurial process [J]. Technological Forecasting and Social Change, 2020: 150. doi: 10.1016/j. techfore. 2019. 119791.

[307] Engelen A, Gupta V, Strenger L, Brettel M. Entrepreneurial orientation, firm performance, and the moderating role of transformational leadership behaviors [J]. Journal of Management, 2015, 41 (4): 1069-1097.

[308] Engelen A, Kube H, Schmidt S, Flatten T C. Entrepreneurial orientation in turbulent environments: The moderating role of absorptive capacity [J]. Research Policy, 2014, 43 (8): 1353-1369.

[309] Engelen A, Neumann C, Schmidt S. Should entrepreneurially oriented firms have narcissistic CEOs? [J]. Journal of Management, 2016, 42 (3): 698-721.

[310] Engelen A, Neumann C, Schwens C. "Of course I can": The effect of CEO over confidence on entrepreneurially oriented firms [J]. Entrepreneurship Theory and Practice, 2015, 39 (5): 1137-1160.

[311] Enkel E, Sagmeister V. External corporate venturing modes as new way to develop dynamic capabilities [J]. Technovation, 2020 (96-97): 1-14.

[312] Eriksson T. Processes, antecedents and outcomes of dynamic capabilities [J]. Scandinavian Journal of Management, 2014, 30 (1): 65-82.

[313] Estrada E. Economic empathy in family entrepreneurship: Mexican-origin street vendor children and their parents [J]. Ethnic and Racial Studies, 2016, 39 (9): 1657-1675.

[314] Estrin S, Korosteleva J, Mickiewicz T. Which institutions encourage entrepreneurial growth aspirations? [J]. Journal of Business Venturing, 2013, 28 (4): 564-580.

[315] Ettlie J E, Rubenstein A H. Firm size and product innovation [J]. Journal of Product Innovation Management, 1987, 4 (2): 89-108.

[316] Evald M R, Bager T. Managing venture team relationships in corporate incubators: A case study of network dynamics and political rivalry in a high-tech incubator [J]. International Entrepreneurship and Management Journal, 2008, 4 (3): 67-85.

[317] Fang H C, Memili E, Chrisman J J, Tang L J. Narrow-Framing and risk preferences in family firms [J]. Journal of Management Studies, 2021, 58 (1): 201-235.

[318] Farrukh M, Chong W Y, Mansori S, Ravan Ramzani S. Intrapreneurial behaviour: The role of organizational commitment [J]. World Journal of Entrepreneurship, Management and Sustainable Development, 2017, 13 (3): 243-256.

[319] Farrukh M, Ying C W, Mansori S. Organizational commitment: An empirical analysis of personality traits [J]. Journal of Work-Applied Management, 2017, 9 (1): 18-34.

[320] Fayolle A, Basso O, Bouchard V. Understanding the impact of culture on a firm's entrepreneurial orientation and behaviour: A conceptual framework [M]. UK: Edward Elgar Publishing, 2011.

[321] Feldman S. Values, ideology, and the structure of political attitudes [M]. New York, NY: Oxford University Press, 2003.

[322] Felin T, Foss N J, Heimeriks K H, Madsen T L. Microfoundations of routines and capabilities: Individuals, processes, and structure [J]. Journal of Management Studies, 2012, 49 (8): 1351-1374.

[323] Felin T, Foss N J, Ployhart R E. The microfoundations movement in strategy and organization theory [J]. Academy of Management Annals, 2015, 9 (1): 575-632.

[324] Ferrary M. Managing the disruptive technologies life cycle by externalising the research: social network and corporate venturing in the Silicon Valley [J]. International Journal of Technology Management, 2003, 25 (1-2): 165-180.

[325] Ferreira J J, Ratten V, Dana L P. Knowledge spillover-based strategic

entrepreneurship [J]. International Entrepreneurship and Management Journal, 2017, 13 (1): 161-167.

[326] Fini R, Rasmussen E, Wiklund J, Wright M. Theories from the Lab: How research on science commercialization can contribute to management studies [J]. Journal of Management Studies, 2019, 56 (5): 865-894.

[327] Firk S, Hanelt A, Oehmichen J, Wolff M. Chief digital officers: An analysis of the presence of a centralized digital transformation role [J]. Journal of Management Studies, 2021, 58 (7): 1800-1831.

[328] Fischer D, Kruse D P, Leonardy H, Weber C. Don't throw in the towel too early! How agency conflicts affect the survival of corporate venture capital units [J]. International Journal of Entrepreneurial Venturing, 2019, 11 (6): 568-597.

[329] Fitzpatrick M A. Family communication patterns theory: Observations on its development and application [J]. Journal of Family Communication, 2004, 4 (3-4): 167-179.

[330] Floyd S W, Lane P J. Strategizing throughout the organization: Managing role conflict in strategic renewal [J]. Academy of Management Review, 2000, 25 (1): 154-177.

[331] Floyd S W, Wooldridge B. Middle management involvement in strategy and its association with strategic type: A research note [J]. Strategic Management Journal, 1992, 13 (S1): 153-167.

[332] Floyd S W, Wooldridge B. The strategic middle manager: How to create and sustain competitive advantage [M]. San Francisco, CA: Jossey-Bass Publishers, 1996.

[333] Floyd S W, Wooldridge B. Middle management's strategic influence and organizational performance [J]. Journal of Management Studies, 1997, 34 (3): 465-485.

[334] Fonseca S A, Jabbour C J C. Assessment of business incubators' green performance: A framework and its application to Brazilian cases [J]. Technovation, 2012, 32 (2): 122-132.

[335] Fontes M. The process of transformation of scientific and technological

knowledge into economic value conducted by biotechnology spin-offs [J]. Technovation, 2005, 25 (4): 339-347.

[336] Foo M D, Uy M A, Baron R A. How do feelings influence effort? An empirical study of entrepreneurs' affect and venture effort [J]. Journal of Applied Psychology, 2009, 94 (4): 1086-1094.

[337] Ford S, Garnsey E, Probert D. Evolving corporate entrepreneurship strategy: Technology incubation at Philips [J]. R & D Management, 2010, 40 (1): 81-90.

[338] Ford S, Probert D. Trial by market: The Brightstar incubation experiment [J]. International Journal of Entrepreneurial Venturing, 2010, 2 (2): 185-200.

[339] Foss N J, Lyngsie J. The strategic organization of the entrepreneurial established firm [J]. Strategic Organization, 2014, 12 (3): 208-215.

[340] Foss N J, Lyngsie J, Zahra S A. Organizational design correlates of entrepreneurship: The roles of decentralization and formalization for opportunity discovery and realization [J]. Strategic Organization, 2015, 13 (1): 32-60.

[341] Freeman R E, Dmytriyev S D, Phillips R A. Stakeholder theory and the resource-based view of the firm [J]. Journal of Management, 2021, 47 (7): 1757-1770.

[342] Friedman Y, Carmeli A, Tishler A. How CEOs and TMTs build adaptive capacity in small entrepreneurial firms [J]. Journal of Management Studies, 2016, 53 (6): 996-1018.

[343] Friesen P H, Miller D. Innovation in conservative and entrepreneurial firms: Two models of strategic momentum [J]. Strategic Management Journal, 1982, 3 (1): 1-25.

[344] Fry A. The post-it note: An intrapreneurial success [J]. Sam Advanced Management Journal, 1987, 52 (3): 4-9.

[345] Fu Y, Si S. Does a second-generation returnee make the family firm more entrepreneurial? The China experience [J]. Chinese Management Studies, 2018, 12 (2): 287-304.

[346] Fulop L. Middle managers: Victims or vanguards of the entrepreneurial movement? [J]. Journal of Management Studies, 1991, 28 (1): 25-44.

[347] Gaba V, Bhattacharya S. Aspirations, innovation, and corporate venture capital: A behavioral perspective [J]. Strategic Entrepreneurship Journal, 2012, 6 (2): 178-199.

[348] Gaba V, Dokko G. Learning to let go: Social influence, learning, and the abandonment of corporate venture capital practices [J]. Strategic Management Journal, 2016, 37 (8): 1558-1577.

[349] Gaba V, Meyer A D. Crossing the organizational species barrier: How venture capital practices infiltrated the information technology sector [J]. Academy of Management Journal, 2008, 51 (5): 976-998.

[350] Gamber M, Kruft T, Kock A. Balanced give and take-An empirical study on the survival of corporate incubators [J]. International Journal of Innovation Management, 2020, 24 (8). doi: 10. 1142/S1363919620400058.

[351] Gans J S, Stern S. The product market and the market for "ideas": Commercialization strategies for technology entrepreneurs [J]. Research Policy, 2003, 32 (2): 333-350.

[352] García-Morales V J, Bolívar-Ramos M T, Martín-Rojas R. Technological variables and absorptive capacity's influence on performance through corporate entrepreneurship [J]. Journal of Business Research, 2014, 67 (7): 1468-1477.

[353] Garrett R P, Neubaum D O. Top management support and initial strategic assets: A dependency model for internal corporate venture performance [J]. Journal of Product Innovation Management, 2013, 30 (5): 896-915.

[354] Gartner W B. A conceptual-framework for describing the phenomenon of new venture creation [J]. Academy of Management Review, 1985, 10 (4): 696-706.

[355] Gartner W B. Is there an elephant in entrepreneurship? Blind assumptions in theory development [J]. Springer Berlin Heidelberg, 2007, 25 (4): 27-39.

[356] Garvin D A. Spin-offs and the new firm formation process [J]. Califor-

nia Management Review, 1983, 25 (2): 3-20.

[357] Garvin D A. What every CEO should know about creating new busines-
ses [J]. Harvard Business Review, 2004, 82 (7-8): 18-21.

[358] Garvin D A, Levesque L C. Management Levels at Staples (C): Dis-
trict Manager [J]. 2006.

[359] Gassmann O, Becker B. Towards a resource-Based view of corporate in-
cubators [J]. International Journal of Innovation Management, 2006, 10 (1): 19-
45.

[360] Gavetti G, Greve H R, Levinthal D A, Ocasio W. The behavioral theo-
ry of the firm: Assessment and prospects [J]. Academy of Management Annals,
2012, 6 (1): 1-40.

[361] Gawke J C, Gorgievski M J, Bakker A B. Personal costs and benefits of
employee intrapreneurship: Disentangling the employee intrapreneurship, well-being,
and job performance relationship [J]. Journal of Occupational Health Psychology,
2018, 23 (4): 508-519.

[362] Ge B, Jiang D, Gao Y, Tsai S B. The influence of legitimacy on a proa-
ctive green orientation and green performance: A study based on transitional econo-
my scenarios in China [J]. Sustainability, 2016, 8 (12): 1344-1351.

[363] Giannikis S, Nikandrou I. The impact of corporate entrepreneurship and
high-performance work systems on employees' job attitudes: Empirical evidence from
Greece during the economic downturn [J]. The International Journal of Human Re-
source Management, 2013, 24 (19): 3644-3666.

[364] Gibson C B, Birkinshaw J. The antecedents, consequences, and media-
ting role of organizational ambidexterity [J]. Academy of Management Journal,
2004, 47 (2): 209-226.

[365] Gilbert C G. Change in the presence of residual fit: Can competing
frames coexist? [J]. Organization Science, 2006, 17 (1): 150-167.

[366] Gil-López Á, Arzubiaga U, Román E S, De Massis A. The visible hand
of corporate entrepreneurship in state-owned enterprises: A longitudinal study of the
Spanish National Postal Operator [J]. International Entrepreneurship and Manage-

ment Journal, 2020, 18 (3): 1033-1071.

[367] Ginsberg A. Measuring and modeling changes in strategy-Theoretical foundations and empirical directions [J]. Strategic Management Journal, 1988, 9 (6): 559-575.

[368] Gioia D A, Corley K G, Hamilton A L. Seeking Qualitative Rigor in Inductive Research: Notes on the Gioia Methodology [J]. Organizational Research Methods, 2013, 16 (1): 15-31.

[369] Globocnik D, Salomo S. Do formal management practices impact the emergence of bootlegging behavior? [J]. Journal of Product Innovation Management, 2015, 32 (4): 505-521.

[370] Gnyawali D R, Park B-J. Co-opetition between giants: Collaboration with competitors for technological innovation [J]. Research Policy, 2011, 40 (5): 650-663.

[371] Goel S, Jones R J. Entrepreneurial exploration and exploitation in family business: A systematic review and future directions [J]. Family Business Review, 2016, 29 (1): 94-120.

[372] Goffee R E, Scase R. Real world of the small business owner [M]. London: Routledge, 1987.

[373] Gómez-Haro. S, Aragón-Correa. J, Cordón-Pozo. E. Differentiating the effects of the institutional environment on corporate entrepreneurship [J]. Management Decision, 2011, 49 (9-10): 1677-1693.

[374] Gomez-Mejia L R, Cruz C, Berrone P, Castro J D. The bind that ties: Socioemotional wealth preservation in family firms [J]. Academy of Management Annals, 2011, 5 (1): 653-707.

[375] Gomez-Mejia L R, Haynes K T, Nunez-Nickel M, Jacobson K J L, Moyano-Fuentes J. Socioemotional wealth and business risks in family-controlled firms: Evidence from Spanish olive oil mills [J]. Administrative Science Quarterly, 2007, 52 (1): 106-137.

[376] Gomez-Mejia L R, Larraza-Kintana M, Makri M. The determinants of executive compensation in family-controlled public corporations [J]. The Academy of

Management Journal, 2003, 46 (2): 226-237.

[377] Gones F, Brem A. Digital technology entrepreneurship: a definition and research agenda [J]. Technology Innovation Management Review, 2017, 7 (5): 44-51.

[378] Goodale J C, Kuratko D F, Hornsby J S, Covin J G. Operations management and corporate entrepreneurship: The moderating effect of operations control on the antecedents of corporate entrepreneurial activity in relation to innovation performance [J]. Journal of Operations Management, 2011, 29 (1-2): 116-127.

[379] Granovetter M. Economic-action and social-structure-The problem of embeddedness [J]. American Journal of Sociology, 1985, 91 (3): 481-510.

[380] Grant R M. Toward a knowledge-based theory of the firm [J]. Strategic Management Journal, 1996, 17 (S2): 109-122.

[381] Green K M, Covin J G, Slevin D P. Exploring the relationship between strategic reactiveness and entrepreneurial orientation: The role of structure-style fit [J]. Journal of Business Venturing, 2008, 23 (3): 356-383.

[382] Gregoire D A, Barr P S, Shepherd D A. Cognitive processes of opportunity recognition: The role of structural alignment [J]. Organization Science, 2010, 21 (2): 413-431.

[383] Gregoire D A, Shepherd D A. Technology-market combinations and the identification of entrepreneurial opportunities: An investigation of the opportunity-individual nexus [J]. Academy of Management Journal, 2012, 55 (4): 753-785.

[384] Gregory T, Lewkowicz A, Engelhardt D, Stringer A, Luddy S, Brinkman S A. Data resource profile: The South Australian Well-being and Engagement Collection (WEC) [J]. International Journal of Epidemiology, 2022, 51 (1): 16.

[385] Grimaldi R, Grandi A. Business incubators and new venture creation: An assessment of incubating models [J]. Technovation, 2005, 25 (2): 111-121.

[386] Grimes M G. The pivot: How founders respond to feedback through idea and identity work [J]. Academy of Management Journal, 2018, 61 (5): 1692-1717.

[387] Grimpe C, Murmann M, Sofka W. Organizational design choices of

high-tech startups: How middle management drives innovation performance [J]. Strategic Entrepreneurship Journal, 2019, 13 (3): 359-378.

[388] Grühn B, Strese S, Flatten T C, Jaeger N A, Brettel M. Temporal change patterns of entrepreneurial orientation: A longitudinal investigation of CEO successions [J]. Entrepreneurship Theory and Practice, 2017, 41 (4): 591-619.

[389] Guenther W A, Mehrizi M H R, Huysman M, Feldberg F. Debating big data: A literature review on realizing value from big data [J]. Journal of Strategic Information Systems, 2017, 26 (3): 191-209.

[390] Guerrero M, Amoros J E, Urbano D. Do employees' generational cohorts influence corporate venturing? A multilevel analysis [J]. Small Business Economics, 2021, 57 (1): 47-74.

[391] Guerrero M, Peña-Legazkue I. The effect of intrapreneurial experience on corporate venturing: Evidence from developed economies [J]. International Entrepreneurship and Management Journal, 2013, 9 (3): 397-416.

[392] Gulati R, Nohria N, Zaheer A. Strategic networks [M]. State of New Jersey: John Wiley & Sons, Ltd, 2006.

[393] Gulati R, Puranam P. Renewal through reorganization: The value of inconsistencies between formal and informal organization [J]. Organization Science, 2009, 20 (2): 422-440.

[394] Guo G C, Jiang C X, Yang Q. The effect of government involvement on Chinese firms' corporate entrepreneurial activities: The case of Chinese automobile industry [J]. New England Journal of Entrepreneurship, 2017, 20 (1): 6-16.

[395] Gupta A K, Smith K G, Shalley C E. The interplay between exploration and exploitation [J]. Academy of Management Journal, 2006, 49 (4): 693-706.

[396] Guth W D, Ginsberg A. Guest editors' introduction: Corporate entrepreneurship [J]. Strategic Management Journal, 1990, 11 (5): 5-15.

[397] Guth W D, Macmillan I C. Strategy implementation versus middle management self-interest [J]. Strategic Management Journal, 1986, 7 (4): 313-327.

[398] Haar J M, White B J. Corporate entrepreneurship and information technology towards employee retention: A study of New Zealand firms [J]. Human Re-

source Management Journal, 2013, 23 (1): 109-125.

[399] Habbershon T G, Williams M L. A resource-based framework for assessing the strategic advantages of family firms [J]. Family Business Review, 1999, 12 (1): 1-25.

[400] Hackett S M, Dilts D M. A real options-Driven theory of business incubation [J]. Journal of Technology Transfer, 2004, 29 (1): 41-54.

[401] Hackett S M, Dilts D M. A systematic review of business incubation research [J]. Journal of Technology Transfer, 2004, 29 (1): 55-82.

[402] Hajipour B, Mas'oomi S. A survey on the relationship between financial performance and corporate venturing [J]. Interdisciplinary Journal of Contemporary Research in Business, 2012, 2 (12): 890-901.

[403] Hambrick D C. Upper echelons theory: An update [J]. Academy of Management Review, 2007, 32 (2): 334-343.

[404] Hambrick D C, Mason P A. Upper echelons: The organization as a reflection of its top managers [J]. Academy of Management Review, 1984, 9 (2): 193-206.

[405] Hansen B. The digital revolution-digital entrepreneurship and transformation in Beijing [J]. Small Enterprise Research, 2019, 26 (1): 1-19.

[406] Harper D A, Lewis P. New perspectives on emergence in economics [J]. Journal of Economic Behavior & Organization, 2012, 82 (2-3): 329-337.

[407] Harraf A, Ghura H, Hamdan A, Li X. Formal institutions and the development of entrepreneurial activity the contingent role of corruption in emerging economies [J]. Journal of Entrepreneurship and Public Policy, 2020, 10 (1): 15-37.

[408] Hart S L. An integrative framework for strategy-making processes [J]. Academy of Management Review, 1992, 17 (2): 327-351.

[409] Haskins R, Petit T. Strategies for entrepreneurial manufacturing [J]. Journal of Business Strategy, 1988, 9 (6): 24-28.

[410] Hausberg J P, Korreck S. Business incubators and accelerators: A co-citation analysis-based, systematic literature review [J]. Journal of Technology

Transfer, 2020, 45 (1): 151-176.

[411] Hauswald H, Hack A. Impact of family control/influence on stakeholders' perceptions of benevolence [J]. Family Business Review, 2013, 26 (4): 356-373.

[412] Haynes K T, Hitt M A, Campbell J T. The dark side of leadership: Towards a Mid-Range theory of hubris and greed in entrepreneurial contexts [J]. Journal of Management Studies, 2015, 52 (4): 479-505.

[413] Hayton J C. Competing in the new economy: The effect of intellectual capital on corporate entrepreneurship in high-technology new ventures [J]. R & D Management, 2005, 35 (2): 137-155.

[414] Hayton J C, George G, Zahra S A. National culture and entrepreneurship: A review of behavioral research [J]. Entrepreneurship: Theory and Practice, 2002, 26 (4): 33-53.

[415] Hayton. , Kelley D J. A competency based framework for promoting corporate entrepreneurship [J]. Human Resource Management, 2006, 45 (3): 407-427.

[416] He J, Nazari M, Zhang Y, Cai N. Opportunity-based entrepreneurship and environmental quality of sustainable development: A resource and institutional perspective [J]. Journal of Cleaner Production, 2020, 256. doi: 10.1016/j. jclepro. 2020. 120390.

[417] Heavey C, Simsek Z. Top management compositional effects on corporate entrepreneurship: The moderating role of perceived technological uncertainty [J]. Journal of Product Innovation Management, 2013, 30 (5): 837-855.

[418] Helfat C E, Finkelstein S, Mitchell W, Peteraf M, Singh H, Teece D, Winter S G. Dynamic capabilities: Understanding strategic change in organizations [M]. State of New Jersey: John Wiley & Sons, 2009.

[419] Helfat C E. Know-how and asset complementarity and dynamic capability accumulation: The case of R&D [J]. Strategic Management Journal, 1997, 18 (5): 339-360.

[420] Helfat C E, Peteraf M A. Understanding dynamic capabilities: Progress along a developmental path [J]. Strategic Organization, 2009, 7 (1): 91-102.

[421] Hellmann T, Puri M. Venture capital and the professionalization of start-up firms: Empirical evidence [J]. Journal of Finance, 2002, 57 (1): 169-197.

[422] Henderson R, Cockburn I. Measuring competence? Exploring firm effects in pharmaceutical research [J]. Strategic Management Journal, 1994, 15 (S1): 63-84.

[423] Henry M. Patterns in strategy formation [J]. Management Science, 1978, 24 (9): 934-948.

[424] Hermelo F, Vassolo R. Institutional development and hypercompetition in emerging economies [J]. Strategic Management Journal 2010, 31 (13): 1457-1473.

[425] Hernandez-Perlines F, Moreno-Garcia J, Yanez-Araque B. Family firm performance: The influence of entrepreneurial orientation and absorptive capacity [J]. Psychology and Marketing, 2017, 34 (11): 1057-1068.

[426] Heshmati S, Shafiee M. Pathology of acceleration programs in corporate accelerators of Iran [J]. World Journal of Science Technology and Sustainable Development, 2021, 18 (4): 405-416.

[427] Hill S A, Birkinshaw J. Strategy-organization configurations in corporate venture units: Impact on performance and survival [J]. Journal of Business Venturing, 2008, 23 (4): 423-444.

[428] Hill S A, Birkinshaw J. Ambidexterity and survival in corporate venture units [J]. Journal of Management, 2014, 40 (7): 1899-1931.

[429] Hill S A, Maula M V J, Birkinshaw J M, Murray G C. Transferability of the venture capital model to the corporate context: Implications for the performance of corporate venture units [J]. Strategic Entrepreneurship Journal, 2009, 3 (1): 3-27.

[430] Hills G, Shrader R, Lumpkin G T. Opportunity recognition as a creative process [J]. Frontiers of Entrepreneurship Research, 1999, 19 (19): 216-227.

[431] Hinings B, Gegenhuber T, Greenwood R. Digital innovation and transformation: An institutional perspective [J]. Information and Organization, 2018, 28

（1）：52-61.

［432］ Hippel E V. Successful and failing internal corporate ventures：An empirical study and analysis［J］. Plant Physiology，1976，148（3）：1557-1569.

［433］ Hirsch P M，Levin D Z. Umbrella advocates versus validity police：A life-cycle model［J］. Organization Science，1999，10（2）：199-212.

［434］ Hirte R. The role of middle managers in the implementation of a corporate incubator：A case study in the automotive sector［J］. Technology Innovation Management Review，2018，8（7）：31-39.

［435］ Hitt M，Xu K. Institutions and entrepreneurial strategies［J］. Quarterly Journal of Management，2019，4（2）：1-14.

［436］ Hitt M A，Ireland R D，Camp S M，Sexton D L. Guest editors' introduction to the special issue-strategic entrepreneurship：Entrepreneurial strategies for wealth creation［J］. Strategic Management Journal，2001，22（6-7）：479-491.

［437］ Hitt M A，Ireland R D，Sirmon D G，Trahms C A. Strategic entrepreneurship：Creating value for individuals，organizations，and society［J］. Academy of Management Perspectives，2011，25（2）：57-75.

［438］ Hitt M A，Ireland R D，Stadter G. Functional importance and company performance：Moderating effects of grand strategy and industry type［J］. Strategic Management Journal，1982，3（4）：315-330.

［439］ Hitt M A，Nixon R D，Hoskisson R E，Kochhar R. Corporate entrepreneurship and cross-functional fertilization：Activation，process and disintegration of a new product design team［J］. Entrepreneurship Theory and Practice，1999，23（3）：145-168.

［440］ Hitt M A，Xu K，Carnes C M. Resource based theory in operations management research［J］. Journal of Operations Management，2016，41：77-94.

［441］ Hlavacek J D，Thompson V A. Bureaucracy and venture failures［J］. Academy of Management Review，1978，3（2）：242-248.

［442］ Hoang H，Antoncic B. Network-based research in entrepreneurship：A critical review［J］. Journal of Business Venturing，2003，18（2）：165-187.

［443］ Hobbs K G，Link A N，Scott J T. Science and technology parks：An annotated and analytical literature review [J]. Journal of Technology Transfer, 2017, 42 (4): 957-976.

[444] Holger P, Judith B, Wolfe M T, Shepherd D A. Perceived project transition support and employees' assessments of entrepreneurial project performance [J]. Journal of Business Venturing, 2020, 35 (1): 1-25.

[445] Holmes R, Michael J R, Zahra S A, Hoskisson R E, Deghetto K, Sutton T. Two-way streets: The role of institutions and technology policy in firms' corporate entrepreneurship and political strategies [J]. Academy of Management Perspectives, 2016, 30 (3): 247-272.

[446] Hoornaert S, Ballings M, Malthouse E C, Van Den Poel D. Identifying new product ideas: Waiting for the wisdom of the crowd or screening ideas in real time [J]. Journal of Product Innovation Management, 2017, 34 (5): 580-597.

[447] Hornsby J S, Bloodgood J M, Hayton J C, Kuratko D F. Network legitimacy diffusion: A model for corporate entrepreneurship [J]. International Entrepreneurship and Management Journal, 2013, 9 (3): 307-322.

[448] Hornsby J S, Kuratko D F, Holt D T, Wales W J. Assessing a measurement of organizational preparedness for corporate entrepreneurship [J]. Journal of Product Innovation Management, 2013, 30 (5): 937-955.

[449] Hornsby J S, Kuratko D F, Montagno R V. Perception of internal factors for corporate entrepreneurship: A comparison of Canadian and U. S. managers [J]. Entrepreneurship Theory and Practice, 1999, 24 (2): 9-24.

[450] Hornsby J S, Kuratko D F, Shepherd D A, Bott J P. Managers' corporate entrepreneurial actions: Examining perception and position [J]. Journal of Business Venturing, 2009, 24 (3): 236-247.

[451] Hornsby J S, Kuratko D F, Zahra S A. Middle managers' perception of the internal environment for corporate entrepreneurship: Assessing a measurement scale [J]. Journal of Business Venturing, 2002, 17 (3): 253-273.

[452] Hornsby J S, Naffziger D W, Kuratko D F, Montagno R V. An interactive model of the corporate entrepreneurship process [J]. Entrepreneurship Theory and Practice, 1993, 17 (2): 29-37.

［453］Hoskisson R E, Eden L, Lau C M, Wright M. Strategy in emerging e-conomies ［J］. Academy of Management Journal, 2000, 43 （3）: 249-267.

［454］Hsu C-C, Tan K C, Jayaram J, Laosirihongthong T. Corporate entrepreneurship, operations core competency and innovation in emerging economies ［J］. International Journal of Production Research, 2014, 52 （18）: 5467-5483.

［455］Huang J, Henfridsson O, Liu M J, Newell S. Growing on steroids: Rapidly scaling the user base of digital ventures through digital innovaton ［J］. MIS Quarterly, 2017, 41 （1）: 301-314.

［456］Huang P Y, Madhavan R. Dumb money or smart money? Meta-analytically unpacking corporate venture capital ［J］. Strategic Entrepreneurship Journal, 2021, 15 （3）: 403-429.

［457］Huber G P. Organizational learning: The contributing processes and the literatures ［J］. Organization Science, 1991, 2 （1）: 88-115.

［458］Hughes M, Hughes P, Hodgkinson I, Chang Y Y, Chang C Y. Knowledge-based theory, entrepreneurial orientation, stakeholder engagement, and firm performance ［J］. Strategic Entrepreneurship Journal, 2022, 16 （3）: 633-665.

［459］Hughes M, Hughes P, Morgan R E. Exploitative learning and entrepreneurial orientation alignment in emerging young firms: Implications for market and response performance ［J］. British Journal of Management, 2007, 18 （4）: 359-375.

［460］Hughes M, Morgan R E. Deconstructing the relationship between entrepreneurial orientation and business performance at the embryonic stage of firm growth ［J］. Industrial Marketing Management, 2007, 36 （5）: 651-661.

［461］Hussinki H, Ritala P, Vanhala M, Kianto A. Intellectual capital, knowledge management practices and firm performance ［J］. Journal of Intellectual Capital, 2017, 18 （4）: 904-922.

［462］Hutter K, Gfrerer A, Lindner B. From popular to profitable: Incumbents' experiences and challenges with external corporate accelerators ［J］. International Journal of Innovation Management, 2021, 25 （3）. doi: 10. 1142/S1363919621500353.

［463］ Huy Q N. How middle managers' group-focus emotions and social identities influence strategy implementation ［J］. Strategic Management Journal, 2011, 32 (13): 1387-1410.

［464］ Im G Y, Rai A. Knowledge sharing ambidexterity in long-term interorganizational relationships ［J］. Management Science, 2008, 54 (7): 1281-1296.

［465］ Inkinen H T, Kianto A, Vanhala M, Ritala P. Assessing the universality of knowledge management practices ［J］. Journal of Knowledge Management, 2016, 21 (1): 596-621.

［466］ Ipsmiller E, Brouthers K D, Dikova D. 25 years of real option empirical research in management ［J］. European Management Review, 2018, 16 (1): 55-68.

［467］ Ireland R D, Covin J G, Kuratko D F. Conceptualizing corporate entrepreneurship strategy ［J］. Entrepreneurship Theory and Practice, 2009, 33 (1): 19-46.

［468］ Ireland R D, Hitt M A. Achieving and maintaining strategic competitiveness in the 21st century: The role of strategic leadership ［J］. Academy of Management Executive, 2005, 19 (4): 63-77.

［469］ Ireland R D, Hitt M A, Camp S M, Sexton D L. Integrating entrepreneurship and strategic management actions to create firm wealth ［J］. Academy of Management Executive, 2001, 15 (1): 49-63.

［470］ Ireland R D, Hitt M A, Sirmon D G. A model of strategic entrepreneurship: The construct and its dimensions ［J］. Journal of Management, 2003, 29 (6): 963-989.

［471］ Ireland R D, Hitt M A, Vaidyanath D. Alliance management as a source of competitive advantage ［J］. Journal of Management, 2002, 28 (3): 413-446.

［472］ Ireland R D, Kuratko D F, Covin J G. Antecedents, elements, and consequences of corporate entrepreneurship strategy ［J］. Academy of Management Proceedings, 2003 (1): L1-L6.

［473］ Ireland R D, Kuratko D F, Morris M H. A health audit for corporate entrepreneurship: Innovation at all levels: Part I [J]. Journal of Business Strategy, 2006, 27 (1): 10-17.

[474] Ireland R D, Webb J W. A cross-disciplinary exploration of entrepreneurship research [J]. Journal of Management, 2007, 33 (6): 891-927.

[475] Ireland R D, Webb J W. Strategic entrepreneurship: Creating competitive advantage through streams of innovation [J]. Business Horizons, 2007, 50 (1): 49-59.

[476] Ivanov V I, Xie F. Do corporate venture capitalists add value to start-up firms? Evidence from IPOs and acquisitions of VC-Backed companies [J]. Financial Management, 2010, 39 (1): 129-152.

[477] Jan E D, Susa E J. Categorizing strategic issues: Links to organizational action [J]. Academy of Management Review, 1987, 12 (1): 76-90.

[478] Janney J J, Damaraju N L, Dess G G. The role of corporate venture capital on returns to acquiring firms: Evidence from the biotechnology industry [J]. Venture Capital, 2021, 23 (2): 111-127.

[479] Jansen J J P, Van Den Bosch F A J, Volberda H W. Exploratory innovation, exploitative innovation, and performance: Effects of organizational antecedents and environmental moderators [J]. Management Science, 2006, 52 (11): 1661-1674.

[480] Jaskiewicz P, Combs J G, Rau S B. Entrepreneurial legacy: Toward a theory of how some family firms nurture transgenerational entrepreneurship [J]. Journal of Business Venturing, 2015, 30 (1): 29-49.

[481] Jaskiewicz P, Combs J G, Shanine K K, Kacmar K M. Introducing the family: A review of family science with implications for management research [J]. Academy of Management Annals, 2017, 11 (1): 309-341.

[482] Javorcik B, Poelhekke S. Former foreign affiliates: Cast out and outperformed? [J]. Journal of the European Economic Association, 2017, 15 (3): 501-539.

[483] Jayasingam S, Ansari M A, Ramayah T, Jantan M. Knowledge management practices and performance: Are they truly linked? [J]. Knowledge Manage-

ment Research and Practice, 2013, 11 (3): 255-264.

[484] Jennings D F, Lumpkin J R. Functioning modeling corporate entrepreneurship: An empirical integrative analysis [J]. Journal of Management, 1989, 15 (3): 485-502.

[485] Jennings P D, Greenwood R, Lounsbury M D, Suddaby R. Institutions, entrepreneurs, and communities: A special issue on entrepreneurship [J]. Journal of Business Venturing, 2013, 28 (1): 1-9.

[486] Jensen M C, Meckling W H. Theory of the firm: Managerial behavior, agency costs and ownership structure [J]. Journal of Financial Economics, 1976, 3 (4): 305-360.

[487] Jensen M C, Meckling W H. Specific and general knowledge, and organizational structure [J]. Knowledge Management and Organizational Design, 1996, 8 (2): 17-38.

[488] Jiang F F, Wang G, Jiang X. Entrepreneurial orientation and organizational knowledge creation: A configurational approach [J]. Asia Pacific Journal of Management, 2019, 36 (4): 1193-1219.

[489] John C E, Michael J M. Keep your eye on the ball or on the field? Exploring the performance implications of executive strategic attention [J]. Academy of Management Journal, 2021, 64 (6): 1685-1713.

[490] Jones O, Ghobadian A, O'regan N, Antcliff V. Dynamic capabilities in a sixth-generation family firm: Entrepreneurship and the Bibby Line [J]. Business History, 2013, 55 (6): 910-941.

[491] Jovanovic B. Selection and the evolution of industry [J]. Econometrica, 1982, 50 (3): 649-670.

[492] Judge W Q, Liu-Thompkins Y, Brown J L, Pongpatipat C. The impact of home country institutions on corporate technological entrepreneurship via R&D investments and virtual world presence [J]. Entrepreneurship Theory and Practice, 2015, 39 (2): 237-266.

[493] Junni P, Sarala R M, Taras V, Tarba S Y. Organizational ambidexterity and performance: A meta-analysis [J]. Academy of Management Journal, 2013, 27

(4): 299-312.

[494] Kallinikos J, Aaltonen A, Marton A. The ambivalent ontology of digital artifacts [J]. MIS Quarterly, 2013, 37 (2): 357-370.

[495] Kammerlander N, Burger D, Fust A, Fueglistaller U. Exploration and exploitation in established small and medium-sized enterprises: The effect of CEOs' regulatory focus [J]. Journal of Business Venturing, 2015, 30 (4): 582-602.

[496] Kanbach D, Stubner S. Corporate accelerators as recent form of startup engagement: The what, the why, and the how [J]. Journal of Applied Business Research 2016, 32 (6): 1761.

[497] Kang S. The impact of corporate venture capital involvement in syndicates [J]. Management Decision, 2019, 57 (1): 131-151.

[498] Kanter R M. Supporting innovation and venture development in established companies [J]. Journal of Business Venturing, 1985, 1 (1): 47-60.

[499] Kanter R M. When giants learn to dance [M]. New York, NY: Simon and Schuster, Inc, 1989.

[500] Kanter R M, North J, Bernstein A P, Williamson A. Engines of progress: Designing and running entrepreneurial vehicles in established companies [J]. Journal of Business Venturing, 1991, 5 (6): 415-430.

[501] Kanter R M, Quinn G, North J. Engines of progress V: NEES Energy Inc., 1984-1990 [J]. Journal of Business Venturing, 1992, 7 (1): 73-89.

[502] Kanter R M, Richardson L. Engines of progress: Designing and running entrepreneurial vehicles in established companies-The enter-prize program at Ohio bell, 1985-1990 [J]. Journal of Business Venturing, 1991, 6 (3): 209-229.

[503] Katila R, Rosenberger J D, Eisenhardt K M. Swimming with sharks: Technology ventures, defense mechanisms and corporate relationships [J]. Administrative Science Quarterly, 2008, 53 (2): 295-332.

[504] Keats B W, Hitt M A. A causal model of linkages among environmental dimension, macro organizational characteristics, and performance [J]. Academy of Management Journal, 1988, 31 (3): 570-598.

[505] Keh H T, Nguyen T T M, Ng H P. The effects of entrepreneurial orien-

tation and marketing information on the performance of SMEs [J]. Journal of Business Venturing, 2007, 22 (4): 592-611.

[506] Keil T. Building external corporate venturing capability [J]. Journal of Management Studies, 2004, 41 (5): 799-825.

[507] Keil T, Autio E, George G. Corporate venture capital, disembodied experimentation and capability development [J]. Journal of Management Studies, 2008, 45 (8): 1475-1505.

[508] Keil T, Maula M, Schildt H, Zahra S A. The effect of governance modes and relatedness of external business development activities on innovative performance [J]. Strategic Management Journal, 2008, 29 (8): 895-907.

[509] Keil T, Maula M V J, Wilson C. Unique resources of corporate venture capitalists as a key to entry into rigid venture capital syndication networks [J]. Entrepreneurship Theory and Practice, 2010, 34 (1): 83-103.

[510] Kellermanns F W, Eddleston K A. Corporate entrepreneurship in family firms: A family perspective [J]. Entrepreneurship Theory and Practice, 2006, 30 (6): 809-830.

[511] Kellermanns F W, Eddleston K A, Barnett T, Pearson A. An exploratory study of family member characteristics and involvement: Effects on entrepreneurial behavior in the family firm [J]. Family Business Review, 2008, 21 (1): 1-14.

[512] Kelley D. Sustainable corporate entrepreneurship: Evolving and connecting with the organization [J]. Business Horizons, 2011, 54 (1): 73-83.

[513] Kelley D J, Peters L, O'connor G C. Intra-organizational networking for innovation-based corporate entrepreneurship [J]. Journal of Business Venturing, 2009, 24 (3): 221-235.

[514] Kemelgor B H. A comparative analysis of corporate entrepreneurial orientation between selected firms in the Netherlands and the USA [J]. Entrepreneurship and Regional Development, 2002, 14 (1): 67-87.

[515] Ketchen D J, Ireland R D, Snow C C. Strategic entrepreneurship, collaborative innovation, and wealth creation [J]. Strategic Entrepreneurship Journal, 2007, 1 (3-4): 371-385.

[516] Keyhani M. The logic of strategic entrepreneurship [J]. Strategic Organization, 2022. doi: 10. 1177/147612702110575.

[517] Khalil M A, Khalil M K, Khalil R. Passive but defiant: The role of innovative capabilities in knowledge management and corporate entrepreneurship [J]. Journal of Entrepreneurship in Emerging Economies, 2021, 14 (3): 422-448.

[518] Khan K U, Zhang X, Atlas F, Khan F. The impact of dominant logic and competitive intensity on SMEs performance: A case from China [J]. Journal of Innovation and Knowledge, 2019, 4 (1): 1-11.

[519] Khanagha S, Ansari S, Paroutis S, Oviedo L. Mutualism and the dynamics of new platform creation: A study of cisco and fog computing [J]. Strategic Management Journal, 2022, 43 (3): 476-506.

[520] Khanna T, Palepu K. The future of business groups in emerging markets: Long-run evidence from chile [J]. The Academy of Management Journal, 2000, 43 (3): 268-285.

[521] Kim J Y, Steensma H K, Park H D. The influence of technological links, social ties, and incumbent firm opportunistic propensity on the formation of corporate venture capital deals [J]. Journal of Management, 2019, 45 (4): 1595-1622.

[522] Kindström D, Kowalkowski C, Sandberg E. Enabling service innovation: A dynamic capabilities approach [J]. Journal of Business Research, 2013, 66 (8): 1063-1073.

[523] King A W, Fowler S W, Zeithaml C P. Managing organizational competencies for competitive advantage: The middle-management edge [J]. Academy of Management Perspectives, 2001, 15 (2): 95-106.

[524] Kiran R, Bose S C. Stimulating business incubation performance: Role of networking, university linkage and facilities [J]. Technology Analysis and Strategic Management, 2020, 32 (12): 1407-1421.

[525] Kirby D A. Creating entrepreneurial universities in the UK: Applying entrepreneurship theory to practice [J]. The Journal of Technology Transfer, 2006, 31 (5): 599-603.

[526] Kish-Gephart J J, Campbell J T. You don't forget your roots: The influence of CEO social class background on strategic risk taking [J]. Academy of Management Journal, 2015, 58 (6): 1614-1636.

[527] Kiss A N, Danis W M, Cavusgil S T. International entrepreneurship research in emerging economies: A critical review and research agenda [J]. Journal of Business Venturing, 2012, 27 (2): 266-290.

[528] Klavans R, Shanley M, Evan W M. The management of internal corporate ventures-Entrepreneurship and innovation [J]. Columbia Journal of World Business, 1985, 20 (2): 21-27.

[529] Knight G A. Cross-cultural reliability and validity of a scale to measure firm entrepreneurial orientation [J]. Journal of Business Venturing, 1997, 12 (3): 213-225.

[530] Knoke D. Networks of elite structure and decision making [J]. Sociological Methods and Research, 1993, 22 (1): 23-45.

[531] Knoke D, Pappi F U, Broadbent J, Tsujinaka Y. Comparing policy networks: labor politics in the US, Germany, and Japan [M]. Cambridge: Cambridge University Press, 1996.

[532] Koetting M. Corporate incubators as knowledge brokers between business units and ventures: A systematic review and avenues for future research [J]. European Journal of Innovation Management, 2020, 23 (3): 474-499.

[533] Kohler T. Corporate accelerators: Building bridges between corporations and startups [J]. Business Horizons, 2016, 59 (3): 347-357.

[534] Kollmann T, Stockmann C. Filling the entrepreneurial orientation-performance gap: The mediating effects of exploratory and exploitative innovations [J]. Entrepreneurship Theory and Practice, 2014, 38 (5): 1001-1026.

[535] Kolympiris C, Klein P G. The effects of academic incubators on university innovation [J]. Strategic Entrepreneurship Journal, 2017, 11 (2): 145-170.

[536] Kooij D T, De Lange A H, Jansen P G, Kanfer R, Dikkers J S. Age and work-related motives: Results of a meta-analysis [J]. Journal of Organizational Behavior, 2011, 32 (2): 197-225.

[537] Kori B W, Muathe S, Maina S M. Strategic intelligence and firm performance: An analysis of the mediating role of dynamic capabilities from commercial banks in Kenya. [J]. Journal of Business, 2021, 9 (1): 1-11.

[538] Kotey B, Folker C. Employee training in SMEs: Effect of size and firm type—family and nonfamily [J]. Journal of Small Business Management, 2007, 45 (2): 214-238.

[539] Kotlar J, De Massis A. Goal setting in family firms: Goal diversity, social interactions, and collective commitment to family-centered goals [J]. Entrepreneurship Theory and Practice, 2013, 37 (6): 1263-1288.

[540] Kotlar J, Sieger P. Bounded rationality and bounded reliability: A study of nonfamily managers' entrepreneurial behavior in family firms [J]. Entrepreneurship Theory and Practice, 2019, 43 (2): 251-273.

[541] Kozlowski S W, Chao G T. The dynamics of emergence: Cognition and cohesion in work teams [J]. Managerial and Decision Economics, 2012, 33 (5-6): 335-354.

[542] Kraus S, Kauranen I, Reschke C H. Identification of domains for a new conceptual model of strategic entrepreneurship using the configuration approach [J]. Management Research Review, 2011, 34 (1): 58-74.

[543] Kreiser P M. Entrepreneurial orientation and organizational learning: The impact of network range and network closure [J]. Entrepreneurship Theory and Practice, 2011, 35 (5): 1025-1050.

[544] Kreiser P M, Anderson B S, Kuratko D F, Marino L D. Entrepreneurial orientation and environmental hostility: A threat rigidity perspective [J]. Entrepreneurship Theory and Practice, 2020, 44 (6): 1174-1198.

[545] Kreiser P M, Marino L D, Dickson P, Weaver K M. Cultural Influences on Entrepreneurial Orientation: The Impact of National Culture on Risk Taking and Proactiveness in SMEs [J]. Entrepreneurship Theory and Practice, 2010, 34 (5): 959-984.

[546] Kreiser P M, Marino L D, Kuratko D F, Weaver K M. Disaggregating entrepreneurial orientation: The non-linear impact of innovativeness, proactiveness

and risk-taking on SME performance [J]. Small Business Economics, 2013, 40 (2): 273-291.

[547] Kreuzer T, Lindenthal A-K, Oberlaender A M, Roeglinger M. The effects of digital technology on opportunity recognition [J]. Business and Information Systems Engineering, 2022, 64 (1): 47-67.

[548] Kruft T, Gamber M, Kock A. Substitutes or complements? The role of corporate incubator support and innovation climate for innovative behavior in the hosting firm [J]. International Journal of Innovation Management, 2018, 22 (5). doi: 10. 1142/S1363919618400066.

[549] Kruft T, Kock A. Towards a comprehensive categorisation of corporate incubators: Evidence from cluster analysis [J]. International Journal of Innovation Management, 2019, 23 (8). doi: 10. 1142/S1363919619400024.

[550] Kuratko D F. Corporate entrepreneurship 2. 0: Research development and future directions [J]. Foundations and Trends in Entrepreneurship, 2017, 13 (6): 441-490.

[551] Kuratko D F, Audretsch D B. Strategic entrepreneurship: Exploring different perspectives of an emerging concept [J]. Entrepreneurship Theory and Practice, 2009, 33 (1): 1-17.

[552] Kuratko D F, Audretsch D B. Clarifying the domains of corporate entrepreneurship [J]. International Entrepreneurship and Management Journal, 2013, 9 (3): 323-335.

[553] Kuratko D F, Covin J G, Garrett R P. Corporate venturing: Insights from actual performance [J]. Business Horizons, 2009, 52 (5): 459-467.

[554] Kuratko D F, Covin J G, Hornsby J S. Why implementing corporate innovation is so difficult [J]. Business Horizons, 2014, 57 (5): 647-655.

[555] Kuratko D F, Fisher G, Audretsch D B. Unraveling the entrepreneurial mindset [J]. Small Business Economics, 2021, 57 (4): 1681-1691.

[556] Kuratko D F, Goldsby M G. Corporate entrepreneurs or rogue middle managers? A framework for ethical corporate entrepreneurship [J]. Journal of Business Ethics, 2004, 55 (1): 13-30.

［557］Kuratko D F, Hornsby J S. Corporate entrepreneurial leadership for the 21st century ［J］. Journal of Leadership and Organizational Studies, 1999, 5（2）: 27-39.

［558］Kuratko D F, Hornsby J S, Bishop J W. Managers' corporate entrepreneurial actions and job satisfaction ［J］. International Entrepreneurship and Management Journal, 2005, 1（3）: 275-291.

［559］Kuratko D F, Hornsby J S, Covin J G. Diagnosing a firm's internal environment for corporate entrepreneurship ［J］. Business Horizons, 2014, 57（1）: 37-47.

［560］Kuratko D F, Hornsby J S, Hayton J. Corporate entrepreneurship: The innovative challenge for a new global economic reality ［J］. Small Business Economics, 2015, 45（2）: 245-253.

［561］Kuratko D F, Hornsby J S, Mckelvie A. Entrepreneurial mindset in corporate entrepreneurship: Forms, impediments, and actions for research ［J］. Journal of Small Business Management, 2021: 1 - 23. doi: 10. 1080/00472778. 2021. 1907585.

［562］Kuratko D F, Hornsby J S, Naffziger D W. An examination of owner's goals in sustaining entrepreneurship ［J］. Journal of Small Business Management, 1997, 35（1）: 24-33.

［563］Kuratko D F, Ireland R D, Covin J G, Hornsby J S. A model of middle-level managers' entrepreneurial behavior ［J］. Entrepreneurship Theory and Practice, 2005, 29（6）: 699-716.

［564］Kuratko D F, Ireland R D, Hornsby J S. Corporate entrepreneurship behavior among managers: A review of theory, research, and practice ［M］, City of Bradford: Emerald Group Publishing Limited, 2004.

［565］Kuratko D F, Montagno R V, Hornsby J S. Developing an intrapreneurial assessment instrument for an effective corporate entrepreneurial environment ［J］. Strategic Management Journal, 1990, 11（SI）: 49-58.

［566］Kuratko D F, Sabatine F J, Montagno R V. Intrapreneurship and innovation in the corporation: An introductory guide. ［M］. Muncie, IN: Ball State University Press, 1987.

[567] Kurokawa S, Iwata S, Roberts E B. Global R&D activities of Japanese MNCs in the US: A triangulation approach [J]. Research Policy, 2007, 36 (1): 3-36.

[568] Lanctot A, Swan K S. Technology acquisition strategy in an internationally competitive environment [J]. Journal of International Management, 2000, 6 (3): 187-215.

[569] Langley A. Strategies for Theorizing from Process Data [J]. Academy of Management Review, 1999, 24 (4): 691-710.

[570] Langley A. Process thinking in strategic organization [J]. Strategic Organization, 2007, 5 (3): 271-282.

[571] Laursen K, Salter A. Open for innovation: The role of openness in explaining innovation performance among UK manufacturing firms [J]. Strategic management journal, 2006, 27 (2): 131-150.

[572] Lavie D, Rosenkopf L. Balancing exploration and exploitation in alliance formation [J]. Academy of Management Journal, 2006, 49 (4): 797-818.

[573] Lavie D, Stettner U, Tushman M L. Exploration and exploitation within and across organizations [J]. Academy of Management Annals, 2010, 4 (1): 109-155.

[574] Le Breton-Miller I, Miller D. Agency vs. stewardship in public family firms: A social embeddedness reconciliation [J]. Entrepreneurship Theory and Practice, 2009, 33 (6): 1169-1191.

[575] Leceta J M, Könnölä T. EIT digital: Leveraging ecosystems for international entrepreneurial innovation [J]. Innovation-the European Journal of Social Science Research, 2021, 34 (4): 454-474.

[576] Lee K, Makri M, Scandura T. The effect of psychological ownership on corporate entrepreneurship: Comparisons between family and nonfamily top management team members [J]. Family Business Review, 2019, 32 (1): 10-30.

[577] Leutner F, Ahmetoglu G, Akhtar R, Chamorro-Premuzic T. The relationship between the entrepreneurial personality and the Big Five personality traits

[J]. Personality and Individual Differences, 2014, 63: 58 – 63. doi: 10. 1016/j. paid. 2014. 01. 042.

[578] Levinthal C. Absorptive capacity: A new perspective on learning and innovation [J]. Administrative Science Quarterly, 1990, 35 (1): 128–152.

[579] Levinthal D A. Organizational adaptation, environmental selection, and random walks [J]. Organization Science, 1990, 2 (1): 140–145.

[580] Li S, Schulze W, Li Z. Plunging into the sea, again? A study of serial entrepreneurship in China [J]. Asia Pacific Journal of Management, 2009, 26 (4): 667–680.

[581] Li Y, Chi T L. Venture capitalists' decision to withdraw: The role of portfolio configuration from a real options lens [J]. Strategic Management Journal, 2013, 34 (11): 1351–1366.

[582] Li Y, Luo Z L, Yin J W, Xu L D, Yin Y Y, Wu Z H. Enterprise pattern: Integrating the business process into a unified enterprise model of modern service company [J]. Enterprise Information Systems, 2017, 11 (1): 37–57.

[583] Li Y, Zahra S A. Formal institutions, culture, and venture capital activity: A cross-country analysis [J]. Journal of Business Venturing, 2012, 27 (1): 95–111.

[584] Li Y A, Wei Z L, Liu Y. Strategic Orientations, Knowledge Acquisition, and Firm Performance: The Perspective of the Vendor in Cross-Border Outsourcing [J]. Journal of Management Studies, 2010, 47 (8): 1457–1482.

[585] Li Y H, Huang J W, Tsai M T. Entrepreneurial orientation and firm performance: The role of knowledge creation process [J]. Industrial Marketing Management, 2009, 38 (4): 440–449.

[586] Liebregts W, Stam E. Employment protection legislation and entrepreneurial activity [J]. International Small Business Journal, 2019, 37 (6): 581–603.

[587] Lin S-J, Lee J-R. Configuring a corporate venturing portfolio to create growth value: Within-portfolio diversity and strategic linkage [J]. Journal of Business Venturing, 2011, 26 (4): 489–503.

［588］ Lindenberg S, Foss N J. Managing joint production motivation: The role of goal framing and governance mechanisms ［J］. Academy of Management Review, 2011, 36 (3): 500-525.

［589］ Linder S, Torp S S. Middle managers' engagement in autonomous strategic actions: Does it really matter how top managers use budgets? ［J］. Ieee Transactions on Engineering Management, 2017, 64 (4): 450-463.

［590］ Ling Y, Simsek Z, Lubatkin M H, Veiga J F. Transformational leadership's role in promoting corporate entrepreneurship: Examining the CEO-TMT interface ［J］. Academy of Management Journal, 2008, 51 (3): 557-576.

［591］ Liu S S, Luo X M, Shi Y Z. Integrating customer orientation, corporate entrepreneurship, and learning orientation in organizations-in-transition: An empirical study ［J］. International Journal of Research in Marketing, 2002, 19 (4): 367-382.

［592］ Liu Y Y, Xi M. Linking CEO entrepreneurial orientation to firm performance: The perspective of middle managers' cognition ［J］. Entrepreneurship Theory and Practice, 2021, 46 (6): 1756-1781.

［593］ Locke E A, Latham G P. Building a practically useful theory of goal setting and task motivation: A 35-year odyssey ［J］. American Psychologist, 2002, 57 (9): 705.

［594］ Loeber A, Van Mierlo B, Grin J, Leeuwis C. The practical value of theory: Conceptualising learning in the pursuit of a sustainable development ［J］. Social Learning towards a Sustainable World, 2007: 83-98. doi: 10.3920/978-90-8686-594-9.

［595］ Lokuge S, Sedera D, Grover V, Xu D. Organizational readiness for digital innovation: Development and empirical calibration of a construct ［J］. Information and Management, 2019, 56 (3): 445-461.

［596］ Lomberg C, Urbig D, Stockmann C, Marino L D, Dickson P H. Entrepreneurial orientation: The dimensions' shared effects in explaining firm performance ［J］. Entrepreneurship Theory and Practice, 2017, 41 (6): 973-998.

［597］ Long Z Y, Bruesewitz M R, Delone D R, Morris J M, Amrami K K,

Adkins M C, Glazebrook K N, Kofler J M, Leng S, Mccollough C H, Fletcher J G, Halaweish A F, Yu L F. Evaluation of projection and dual-energy-based methods for metal artifact reduction in CT using a phantom study [J]. Journal of Applied Clinical Medical Physics, 2018, 19 (4): 252-260.

[598] Luke B. Uncovering strategic entrepreneurship: An examination of theory and practice [M]. Auckland: Auckland University of Technology, 2005.

[599] Luke B, Kearins K, Verreynne M L. Developing a conceptual framework of strategic entrepreneurship [J]. International Journal of Entrepreneurial Behaviour and Research, 2011, 17 (3): 314-337.

[600] Luke B, Verreynne M L. Exploring strategic entrepreneurship in the public sector [J]. Qualitative Research in Accounting and Management, 2006, 3 (1): 4-26.

[601] Lukes M, Longo M C, Zouhar J. Do business incubators really enhance entrepreneurial growth? Evidence from a large sample of innovative Italian start-ups [J]. Technovation, 2019, 82-83: 25-34. doi: 10.1016/j.technovation.2018.07.008.

[602] Lumpkin G T. The role of organizational learning in the opportunity-recognition process [J]. Entrepreneurship Theory and Practice, 2005, 29 (4): 451-472.

[603] Lumpkin G T. Strategic entrepreneurship in family business [J]. Strategic Entrepreneurship Journal, 2011, 5 (4): 285-306.

[604] Lumpkin G T, Brigham K H, Moss T W. Long-term orientation: Implications for the entrepreneurial orientation and performance of family businesses [J]. Entrepreneurship and Regional Development, 2010, 22 (3-4): 241-264.

[605] Lumpkin G T, Dess G G. Clarifying the entrepreneurial orientation construct and linking it to performance [J]. Academy of Management Review, 1996, 21 (1): 135-172.

[606] Lumpkin G T, Dess G G. Linking two dimensions of entrepreneurial orientation to firm performance: The moderating role of environment and industry life cycle [J]. Journal of Business Venturing, 2001, 16 (5): 429-451.

［607］Lumpkin G T, Dess G G. The effect of "simplicity" on the strategy-performance relationship: A note [J]. Journal of Management Studies, 2006, 43 (7): 1583-1604.

［608］Lumpkin G T, Erdogan B. If not entrepreneurship, can psychological characteristics predict entrepreneurial orientation? A pilot study [J]. ICFAI Journal of Entrepreneurship Development, 2004, 1 (1): 21-33.

［609］Lumpkin G T, Wales W J, Ensley M D. Entrepreneurial orientation effects on new venture performance: The moderating role of venture age [J]. Academy of Management Annual Meeting Proceedings, 2006, 2006 (1): N1-N6.

［610］Luo X M, Sivakumar K, Liu S S. Globalization, marketing resources, and performance: Evidence from China [J]. Journal of the Academy of Marketing Science, 2005, 33 (1): 50-65.

［611］Luo X M, Zhou L X, Liu S S. Entrepreneurial firms in the context of China's transition economy: An integrative framework and empirical examination [J]. Journal of Business Research, 2005, 58 (3): 277-284.

［612］Lyngsie J, Foss N J. The more, the merrier? Women in top-management teams and entrepreneurship in established firms [J]. Strategic Management Journal, 2017, 38 (3): 487-505.

［613］Lyon D W, Lumpkin G T, Dess G D. Enhancing entrepreneurial orientation research: Operationalizing and measuring a key strategic decision making process [J]. Journal of Management, 2000, 26 (5): 1055-1085.

［614］Ma J, He X, Zhu L, Li X, Liu Y, Chen X. How does the speed of institutional change affect the allocation of entrepreneurship in family firms : Empirical research on the based view of dynamic system [J]. Nankai Business Review International, 2017, 8 (4): 447-474.

［615］Macmillan I C, Block Z, Narasimha P N S. Corporate venturing: Alternatives, obstacles encountered, and experience effects [J]. Journal of Business Venturing, 1986, 1 (2): 177-191.

［616］Macmillan I C, Day D L. Corporate ventures into industrial markets: Dynamics of aggressive entry [J]. Journal of Business Venturing, 1987, 2 (1):

29-39.

[617] Madanoglu M, Altinay L, Wang X. Disentangling the effect of family involvement on innovativeness and risk taking: The role of decentralization [J]. Journal of Business Research, 2016, 69 (5): 1796-1800.

[618] Maes J, Sels L. SMEs' radical product innovation: The role of internally and externally oriented knowledge capabilities [J]. Journal of Small Business Management, 2014, 52 (1): 141-163.

[619] Mahnke V, Venzin M, Zahra S A. Governing entrepreneurial opportunity recognition in MNEs: Aligning interests and cognition under uncertainty [J]. Journal of Management Studies, 2007, 44 (7): 1278-1298.

[620] Maine E. Radical innovation through internal corporate venturing: Degussa's commercialization of nanomaterials [J]. R & D Management, 2008, 38 (4): 359-371.

[621] Mainela T, Puhakka V, Servais P. The concept of international opportunity in international entrepreneurship: A review and a research agenda [J]. International Journal of Management Reviews, 2014, 16 (1): 105-129.

[622] March J G. Exploration and exploitation in organizational learning [J]. Organization Science, 1991, 2 (1): 71-87.

[623] Marchisio G, Mazzola P, Sciascia S, Miles M, Astrachan J. Corporate venturing in family business: The effects on the family and its members [J]. Entrepreneurship and Regional Development, 2010, 22 (3-4): 349-377.

[624] Marginson D E W. Management control systems and their effects on strategy formation at middle-management levels: evidence from a U. K. organization [J]. Strategic Management Journal, 2002, 23 (11): 1019-1031.

[625] Martiarena A. What's so entrepreneurial about intrapreneurs? [J]. Small Business Economics, 2013, 40 (1): 27-39.

[626] Martin S L, Javalgi R G. Entrepreneurial orientation, marketing capabilities and performance: The moderating role of competitive intensity on latin American international new ventures [J]. Journal of Business Research, 2016, 69 (6): 2040-2051.

［627］ Martinez A B, Galvan R S, Palacios T M B. An empirical study about knowledge transfer, entrepreneurial orientation and performance in family firms ［J］. European Journal of International Management, 2016, 10 (5): 534-557.

［628］ Martinez M, Aldrich H. Sociological theories applied to family businesses ［J］. The Sage Handbook of Family Business, 2014, 83-99. doi: 10.4135/9781446247556. N5.

［629］ Martínez-Román J A, Romero I. About the determinants of the degree of novelty in small businesses' product innovations ［J］. International Entrepreneurship and Management Journal, 2013, 9 (4): 655-677.

［630］ Marvel M R, Griffin A, Hebda J, Vojak B. Examining the technical corporate entrepreneurs' motivation: Voices from the field ［J］. Entrepreneurship Theory and Practice, 2007, 31 (5): 753-768.

［631］ Mas J M, Gomez A. Social partners in the digital ecosystem: Will business organizations, trade unions and government organizations survive the digital revolution? ［J］. Technological Forecasting and Social Change, 2021, 162. doi: 10.1016/j. techfore. 2020. 120349.

［632］ Massis A D, Eddleston K A, Rovelli P, Clark T, Floyd S W, Wright M. Entrepreneurial by design: How organizational design affects family and nonfamily firms opportunity exploitation ［J］. Journal of Management Studies, 2021, 58 (1): 27-62.

［633］ Masucci M, Brusoni S, Cennamo C. Removing bottlenecks in business ecosystems: The strategic role of outbound open innovation ［J］. Research Policy, 2020, 49 (1). doi: 10.1016/j. respol. 2019. 103823.

［634］ Masulis R W, Nahata R. Financial contracting with strategic investors: Evidence from corporate venture capital backed IPOs ［J］. Journal of Financial Intermediation, 2009, 18 (4): 599-631.

［635］ Mathews R D. Strategic alliances, equity stakes, and entry deterrence ［J］. Journal of Financial Economics, 2006, 80 (1): 35-79.

［636］ Maula M V J, Autio E, Murray G C. Corporate venture capital and the balance of risks and rewards for portfolio companies ［J］. Journal of Business Venturing, 2009, 24 (3): 274-286.

[637] Maula M V J, Keil T, Zahra S A. Top management's attention to discontinuous technological change: Corporate venture capital as an alert mechanism [J]. Organization Science, 2013, 24 (3): 926-947.

[638] Mcadam M, Crowley C, Harrison R T. "To boldly go where no man has gone before" -Institutional voids and the development of women's digital entrepreneurship [J]. Technological Forecasting and Social Change, 2019, 146: 912-922. doi: 10. 1016/j. techfore. 2018. 07. 051.

[639] Mcadam M, Marlow S. Building futures or stealing secrets? Entrepreneurial cooperation and conflict within business incubators [J]. International Small Business Journal-Researching Entrepreneurship, 2007, 25 (4): 361-382.

[640] Mccann B T, Bahl M. The influence of competition from informal firms on new product development [J]. Strategic Management Journal, 2017, 38 (7): 1518-1535.

[641] Mccarthy I P, Lawrence T B, Wixted B, Gordon B R. A multidimensional conceptualization of environmental velocity [J]. Academy of Management Review, 2010, 35 (4): 604-626.

[642] Mcdougall P P, Oviatt B M. International entrepreneurship: The intersection of two research paths [J]. Academy of Management Journal, 2000, 43 (5): 902-906.

[643] Mcgee J E, Peterson M. The long-term impact of entrepreneurial self-efficacy and entrepreneurial orientation on venture performance [J]. Journal of Small Business Management, 2019, 57 (3): 720-737.

[644] Mcgrath R G. A real options logic for initiating technology positioning investments [J]. Academy of Management Review, 1997, 22 (4): 974-996.

[645] Mcgrath R G. Falling forward: Real options reasoning and entrepreneurial failure [J]. Academy of Management Review, 1999, 24 (1): 13-30.

[646] Mckelvie A, Mckenny A F, Lumpkin G T, Short J C. Corporate entrepreneurship in family businesses: Past contributions and future opportunities [M]. London: SAGE Handbook of Family Business, 2013.

［647］ Mckenny A F, Short J C, Ketchen D J, Payne G T, Moss T W. Strategic entrepreneurial orientation: Configurations, performance, and the effects of industry and time ［J］. Strategic Entrepreneurship Journal, 2018, 12 (4): 504-521.

［648］ Mcmullen J S, Shepherd D A. Encouraging consensus-challenging research in universities ［J］. Journal of Management Studies, 2006, 43 (8): 1643-1669.

［649］ Mcmullen J S, Shepherd D A. Entrepreneurial action and the role of uncertainty in the theory of The entrepreneur ［J］. The Academy of Management Review, 2006, 31 (1): 132-152.

［650］ Dabić M, Stojčić N, Šimić M, Potočan V, Slavković M, Nedelko Z. Intellectual agility and innovation in micro and small businesses: The mediating role of entrepreneurial leadership. Journal of Business Research. . Intellectual agility and innovation in micro and small businesses: The mediating role of entrepreneurial leadership ［J］. Journal of Business Research, 2021, 123: 683-695. doi: 10.1016/ j.jbusres.2020.10.013.

［651］ Menzel H C, Aaltio I, Ulijn J M. On the way to creativity: Engineers as intrapreneurs in organizations ［J］. Technovation, 2007, 27 (12): 732-743.

［652］ Meuleman M, Amess K, Wright M, Scholes L. Agency, strategic entrepreneurship, and the performance of private equity-backed buyouts ［J］. Entrepreneurship Theory and Practice, 2009, 33 (1): 213-239.

［653］ Meyer J P, Becker T E, Van Dick R. Social identities and commitments at work: Toward an integrative model ［J］. Journal of Organizational Behavior, 2006, 27 (5): 665-683.

［654］ Meyer K E, Peng M W. Probing theoretically into central and eastern europe: Transactions, resources, and institutions ［J］. Journal of International Business Studies, 2005, 36 (6): 600-621.

［655］ Meyer K E, Peng M W. Theoretical foundations of emerging economy business research ［J］. Journal of International Business Studies, 2016, 47 (1): 3-22.

[656] Mian S A. Assessing and managing the university technology business incubator: An integrative framework [J]. Journal of Business Venturing, 1997, 12 (4): 251-285.

[657] Michl T, Gold B, Picot A. The spin-along approach: Ambidextrous corporate venturing management [J]. International Journal of Entrepreneurship and Small Business, 2002, 15 (1): 39-56.

[658] Michl T, Gold B, Picot A. Managing strategic ambidexterity: The spin-along approach [J]. International Journal of Technology Management, 2013, 61 (1): 47-63.

[659] Miles M P, Covin J G. Exploring the practice of corporate venturing: Some common forms and their organizational implications [J]. Entrepreneurship Theory and Practice, 2002, 26 (3): 21-40.

[660] Miles M P, Munilla L S, Covin J G. The constant gardener revisited: The effect of social blackmail on the marketing concept, innovation, and entrepreneurship [J]. Journal of Business Ethics, 2002, 41 (3): 287-295.

[661] Miles R E, Snow C C, Meyer A D, Coleman H J. Organizational strategy, structure, and process [J]. Academy of Management Review, 1978, 3 (3): 546-562.

[662] Miller D. The correlates of entrepreneurship in three types of firms [J]. Management Science, 1983, 29 (7): 770-791.

[663] Miller D, Friesen P. Innovation in conservative and entrepreneurial firms: Two models of strategic momentum [J]. Strategic Management Journal, 1982, 3 (1): 1-25.

[664] Miller D, Friesen P H. Organization: A quantum view [J]. Academy of Management Review, 1984, 39 (3): 636-637.

[665] Miller D, Le Breton-Miller I, Lester R H. Family and lone founder ownership and strategic behaviour: Social context, identity, and institutional logics [J]. Journal of Management Studies, 2011, 48 (1): 1-25.

[666] Minola T, Brumana M, Campopiano G, Garrett R P, Cassia L. Corporate venturing in family business: A developmental approach of the enterprising fami-

ly [J]. Strategic Entrepreneurship Journal, 2016, 10 (4): 395-412.

[667] Minola T, Criaco G, Obschonka M. Age, culture, and self-employment motivation [J]. Small Business Economics, 2016, 46 (2): 187-213.

[668] Minola T, Kammerlander N, Kellermanns F W, Hoy F. Corporate entrepreneurship and family business: Learning across domains [J]. Journal of Management Studies, 2021, 58 (1): 1-26.

[669] Mintzberg H. Patterns in strategy formation [J]. Management Science, 1978, 24 (9): 934-948.

[670] Mohammadi A, Khashabi P. Patent disclosure and venture financing: The impact of the American Inventor's Protection Act on corporate venture capital investments [J]. Strategic Entrepreneurship Journal, 2021, 15 (1): 73-97.

[671] Monsen E, Boss R W. The impact of strategic entrepreneurship inside the organization: Examining job stress and employee retention [J]. Entrepreneurship Theory and Practice, 2009, 33 (1): 71-104.

[672] Morgan-Thomas A, Dessart L, Veloutsou C. Digital ecosystem and consumer engagement: A socio-technical perspective [J]. Journal of Business Research, 2020, 121: 713-723. doi: 10.1016/j.jbusres.2020.03.042.

[673] Moriano J A, Molero F, Topa G, Mangin J P L. The influence of transformational leadership and organizational identification on intrapreneurship [J]. International Entrepreneurship and Management Journal, 2014, 10 (1): 103-119.

[674] Morris M H, Kuratko D F, Covin J G. Corporate entrepreneurship and innovation (2nd ed.) [M]. Mason: Thomson South-Western, 2008.

[675] Morris M H, Allen J, Schindehutte M, Avila R. Balanced management control systems as a mechanism for achieving corporate entrepreneurship [J]. Journal of Managerial Issues, 2006, 18 (4): 468-493.

[676] Morris M H, Paul G W. The relationship between entrepreneurship and marketing in established firms [J]. Journal of Business Venturing, 1987, 2 (3): 247-259.

[677] Morris M H, Sexton D L. The concept of entrepreneurial intensity: Implications for company performance [J]. Journal of Business Research, 1996, 36

（1）：5-13.

［678］ Moschner S L, Fink A A, Kurpjuweit S, Wagner S M, Herstatt C. Toward a better understanding of corporate accelerator models ［J］. Business Horizons, 2019, 62 （5）：637-647.

［679］ Mowery D C. Plus ca change: Industrial RD in the third industrial revolution ［J］. Industrial and Corporate Change, 2009, 18 （1）：1-50.

［680］ Mthanti T, Ojah K. Entrepreneurial orientation （EO）: Measurement and policy implications of entrepreneurship at the macroeconomic level ［J］. Research Policy, 2017, 46 （4）：724-739.

［681］ Mukherjee D, Makarius E E, Stevens C E. Business group reputation and affiliates' internationalization strategies ［J］. Journal of World Business, 2018, 53 （2）：93-103.

［682］ Murphy G B, Trailer J W, Hill R C. Measuring performance in entrepreneurship research ［J］. Journal of Business Research, 1996, 36 （1）：15-23.

［683］ Mustafa M. Providing organisational support for corporate entrepreneurship: Evidence from a Malaysian family firm ［J］. International Journal of Entrepreneurship and Small Business, 2015, 25 （4）：414-441.

［684］ Mustafa M, Lundmark E, Ramos H M. Untangling the relationship between human resource management and corporate entrepreneurship: The mediating effect of middle managers' knowledge sharing ［J］. Entrepreneurship Research Journal, 2016, 6 （3）：273-295.

［685］ Naffziger D W, Hornsby J S, Kuratko D F. A proposed research model of entrepreneurial motivation ［J］. Entrepreneurship Theory and Practice, 1994, 18 （3）：29-42.

［686］ Nahapiet J, Ghoshal S. Social capital, intellectual capital, and the organizational advantage ［J］. The Academy of Management Review, 1998, 32 （2）：242-266.

［687］ Nakos G, Brouthers K D, Dimitratos P. International alliances with competitors and non-Competitors: The disparate impact on sme international performance ［J］. Strategic Entrepreneurship Journal, 2014, 8 （2）：167-182.

[688] Naldi L, Nordqvist M, Sjoberg K, Wiklund J. Entrepreneurial orientation, risk taking, and performance in family firms [J]. Family Business Review, 2007, 20 (1): 33-47.

[689] Nambisan S. Digital entrepreneurship: Toward a digital technology perspective of entrepreneurship [J]. Entrepreneurship Theory and Practice, 2017, 41 (6): 1029-1055.

[690] Nambisan S, Siegel D, Kenney M. On open innovation, platforms, and entrepreneurship [J]. Strategic Entrepreneurship Journal, 2018, 12 (3): 354-368.

[691] Nambisan S, Wright M, Feldman M. The digital transformation of innovation and entrepreneurship: Progress, challenges and key themes [J]. Research Policy, 2019, 48 (8): 1-9.

[692] Narayanan V K, Yang Y, Zahra S A. Corporate venturing and value creation: A review and proposed framework [J]. Research Policy, 2009, 38 (1): 58-76.

[693] Nason R S, Mckelvie A, Lumpkin G T. The role of organizational size in the heterogeneous nature of corporate entrepreneurship [J]. Small Business Economics, 2015, 45 (2): 279-304.

[694] Neessen P C M, Caniëls M C J, Vos B, De Jong J P. The intrapreneurial employee: Toward an integrated model of intrapreneurship and research agenda [J]. International Entrepreneurship and Management Journal, 2019, 15 (2): 545-571.

[695] Nelson R R, Winter S G. Growth theory from an evolutionary perspective: The differential productivity puzzle [J]. The American Economic Review, 1975, 65 (2): 338-344.

[696] Nerur S P, Rasheed A A, Natarajan V. The intellectual structure of the strategic management field: An author co-citation analysis [J]. Strategic Management Journal, 2008, 29 (3): 319-336.

[697] Neubaum D O, Mitchell M S, Schminke M. Firm newness, entrepreneurial orientation, and ethical climate [J]. Journal of Business Ethics, 2004, 52 (4): 335-347.

[698] Nguyen B. Entrepreneurial reinvestment: Local governance, ownership, and financing matter—evidence from vietnam [J]. Journal of Small Business Management, 2018, 57 (52): 323-349.

[699] Nicholls-Nixon C L, Valliere D, Gedeon S A, Wise S. Entrepreneurial ecosystems and the lifecycle of university business incubators: An integrative case study [J]. International Entrepreneurship and Management Journal, 2021, 17 (2): 809-837.

[700] Nickerson J A, Zenger T R. Being efficiently fickle: A dynamic theory of organizational choice [J]. Organization Science, 2002, 13 (5): 547-566.

[701] Nickerson J A, Zenger T R. A knowledge-based theory of the firm—The problem-solving perspective [J]. Organization Science, 2004, 15 (6): 617-632.

[702] Nielsen R P, Peters M P, Hisrich R D. Intrapreneurship strategy for internal markets-corporate, non-profit and government institution cases [J]. Strategic Management Journal, 1985, 6 (2): 181-189.

[703] Niemann C C, Mai R, Dickel P. Nurture or nature? How organizational and individual factors drive corporate entrepreneurial projects [J]. Journal of Business Research, 2022, 140: 155-169. doi: 10.1016/j.jbusres.2021.11.065.

[704] Noda T, Bower J L. Strategy making as iterated processes of resource allocation [J]. Strategic Management Journal, 1996, 17 (S1): 159-192.

[705] Nonaka I. Toward middle-up-down management: Accelerating information creation [J]. MIT Sloan Management Review, 1988, 29 (3): 9-18.

[706] Nonaka I. A dynamic theory of organizational knowledge creation [J]. Organization Science, 1994, 5 (1): 14-37.

[707] Nordqvist M, Melin L. Entrepreneurial families and family firms [J]. Entrepreneurship and Regional Development, 2010, 22 (3-4): 211-239.

[708] Norrman C, Bager-Sjogren L. Entrepreneurship policy to support new innovative ventures: Is it effective? [J]. International Small Business Journal-Researching Entrepreneurship, 2010, 28 (6): 602-619.

[709] North D C. Institutions, institutional change, and economic performance [M]. Cambridge: Cambridge University Press, 1990.

[710] North D C. A Transaction cost theory of politics [J]. Journal of Theoretical Politics, 1990, 2 (4): 355-367.

[711] Noyes E, Brush C, Hatten K, Smith-Doerr L. Firm network position and corporate venture capital investment [J]. Journal of Small Business Management, 2014, 52 (4): 713-731.

[712] Nutt P C. Identifying and appraising how managers install strategy [J]. Strategic Management Journal, 1987, 8 (1): 1-14.

[713] Oberlaender A M, Roeglinger M, Rosemann M. Digital opportunities for incumbents-A resource-centric perspective [J]. Journal of Strategic Information Systems, 2021, 30 (3). doi: 10. 1016/j. jsis. 2021. 101670.

[714] Ocasio W. Towards an attention-based view of the fim [J]. Strategic Management Journal, 1997, 18 (S1): 187-206.

[715] O'connor G C, Demartino R. Organizing for radical innovation: An exploratory study of the structural aspects of RI management systems in large established firms [J]. Journal of Product Innovation Management, 2006, 23 (6): 475-497.

[716] O'connor G C, Rice M P. Opportunity recognition and breakthrough innovation in large established firms [J]. California Management Review, 2001, 43 (2): 95-116.

[717] Olson D H. Circumplex model of marital and family systems [J]. Journal of Family Therapy, 2000, 22 (2): 144-167.

[718] O'reilly C A, Harreld J B, Tushman M L. Organizational ambidexterity: IBM and emerging business opportunities [J]. California Management Review, 2009, 51 (4): 75-99.

[719] O'reilly C A, Tushman M L. The ambidextrous organisation [J]. Harvard Business Review, 2004, 82 (4): 74-83.

[720] O'reilly C A, Tushman M L. Ambidexterity as a dynamic capability: Resolving the innovator's dilemma [J]. Research in Organizational Behavior, Vol 28: An Annual Series of Analytical Essays and Critical Reviews, 2008, 28 (2008): 185-206.

［721］O'reilly C A, Tushman M L. Organizational ambidexterity: Past, present, and future [J]. Academy of Management Perspectives, 2013, 27 (4): 324-338.

［722］Ortiz-De-Urbina-Criado M, Romero-Martinez A M, Montoro-Sanchez A. Domestic and international corporate entrepreneurship through alliances [J]. Canadian Journal of Administrative Sciences-Revue Canadienne Des Sciences De L Administration, 2011, 28 (3): 317-327.

［723］Ouakouak M L, Ouedraogo N, Mbengue A. The mediating role of organizational capabilities in the relationship between middle managers' involvement and firm performance: A European study [J]. European Management Journal, 2014, 32 (2): 305-318.

［724］Paek B, Lee H. Strategic entrepreneurship and competitive advantage of established firms: Evidence from the digital TV industry [J]. International Entrepreneurship and Management Journal, 2018, 14 (4): 883-925.

［725］Paik Y, Woo H. The effects of corporate venture capital, founder incumbency, and their interaction on entrepreneurial firms' R&D investment strategies [J]. Organization Science, 2017, 28 (4): 670-689.

［726］Pan Y, Verbeke A, Yuan W. CEO transformational leadership and corporate entrepreneurship in China [J]. Management and Organization Review, 2021, 17 (1): 45-76.

［727］Park H D, Steensma H K. When does corporate venture capital add value for new ventures? [J]. Strategic Management Journal, 2012, 33 (1): 1-22.

［728］Park H D, Steensma H K. The selection and nurturing effects of corporate investors on new venture innovativeness [J]. Strategic Entrepreneurship Journal, 2013, 7 (4): 311-330.

［729］Park S H, Kim D. Market valuation of joint ventures: Joint venture characteristics and wealth gains [J]. Journal of Business Venturing, 1997, 12 (2): 83-108.

［730］Park S H, Zhang Y L. Cultural entrepreneurship in corporate governance practice diffusion: Framing of "independent directors" by US-listed chinese companies [J]. Organization Science, 2020, 31 (6): 1359-1384.

[731] Parker S C. Intrapreneurship or entrepreneurship? [J]. Journal of Business Venturing, 2011, 26 (1): 19–34.

[732] Patel P C, Fiet J O. Knowledge combination and the potential advantages of family firms in searching for opportunities [J]. Entrepreneurship Theory and Practice, 2011, 35 (6): 1179–1197.

[733] Patel P C, Kohtamäki M, Parida V, Wincent J. Entrepreneurial orientation-as-experimentation and firm performance: The enabling role of absorptive capacity [J]. Strategic Management Journal, 2015, 36 (11): 1739–1749.

[734] Pati R K, Nandakumar M K, Ghobadian A, Ireland R D, O'regan N. Business model design-performance relationship under external and internal contingencies: Evidence from SMEs in an emerging economy [J]. Lone Range Planning, 2018, 51 (5): 750–769.

[735] Patzelt H, Behrens J, Wolfe M T, Shepherd D A. Perceived project transition support and employees' assessments of entrepreneurial project performance [J]. Journal of Business Venturing, 2020, 35 (1): 1–25.

[736] Pauwels C, Clarysse B, Wright M, Van Hove J. Understanding a new generation incubation model: The accelerator [J]. Technovation, 2016, 50–51: 13–24. doi: 10. 1016/j. technovation. 2015. 09. 003.

[737] Pena I. Business incubation centers and new firm growth in the Basque Country [J]. Small Business Economics, 2004, 22 (3–4): 223–236.

[738] Peng M W, Jiang W Y. An institution-based view of international business strategy: A focus on emerging economies [J]. Journal of International Business Studies, 2008, 39 (5): 920–936.

[739] Peng M W, Luo Y. Managerial ties and tirm performance in a transition economy: The nature of a micro-macro link [J]. Academy of Management Journal, 2000, 43 (3): 486–501.

[740] Perez M P, Sanchez A M. The development of university spin-offs: Early dynamics of technology transfer and networking [J]. Technovation, 2003, 23 (10): 823–831.

[741] Perez-Luno A, Wiklund J, Cabrera R V. The dual nature of innovative

activity: How entrepreneurial orientation influences innovation generation and adoption [J]. Journal of Business Venturing, 2011, 26 (5): 555-571.

[742] Pérez-Pérez M, Hernández-Linares R. Commitment to learning, knowledge, and strategic renewal: Do family firms manage them differently? [J]. Entrepreneurship and Family Business Vitality-Surviving and Flourishing in the Long Term, 2020: 177-203. doi: 10. 1007/978-3-030-15526-1_ 10.

[743] Perez-Perez M, Lopez-Fernandez M C, Obeso M. Knowledge, renewal and flexibility: Exploratory research in family firms [J]. Administrative Sciences, 2019, 9 (4): 87.

[744] Perri A, Peruffo E. Knowledge spillovers from FDI: A critical review from the international business perspective [J]. International Journal of Management Reviews, 2016, 18 (1): 3-27.

[745] Peteraf M A, Barney J B. Unraveling the resource-based tangle [J]. Managerial and Decision Economics, 2003, 24 (4): 309-323.

[746] Peters T J, Waterman R H. In search of excellence: Lessons from America's best-run companies [M]. New York, NY: Harper & Row, 1982.

[747] Peterson R A, Berger D G. Entrepreneurship in organizations: Evidence from the popular music industry [J]. Administrative Science Quarterly, 1971, 16 (1): 97-106.

[748] Phan P H, Siegel D S, Wright M. Science parks and incubators: Observations, synthesis and future research [J]. Journal of Business Venturing, 2005, 20 (2): 165-182.

[749] Piao M, Zajac E J. How exploitation impedes and impels exploration: Theory and evidence [J]. Strategic Management Journal, 2016, 37 (7): 1431-1447.

[750] Pinchot G. Intrapreneuring: Why you don't have to leave the corporation to become an entrepreneur [M]. New York: Harper & Row, 1985.

[751] Pinchot G. Introducing the 'intrapreneurÃ, Â¿: Successful innovators in large companies sometimes function as in-house entrepreneurs, running projects as independent innovators would [J]. IEEE Spectrum, 1985, 22 (4): 74-79.

［752］Pinchot G. Introducing the intrapreneur ［J］. IEEE Spectrum, 1985, 22 (4): 74-79.

［753］Pinchot S. Computers and hospitals link up for better service ［J］. American Lung Association bulletin, 1982, 68 (5): 4-8.

［754］Pinho J C, Prange C. The effect of social networks and dynamic internationalization capabilities on international performance ［J］. Journal of World Business, 2016, 51 (3): 391-403.

［755］Pirnay F, Surlemont B, Nlemvo F. Toward a typology of university spin-offs ［J］. Small Business Economics, 2003, 21 (4): 355-369.

［756］Plambeck N. The development of new products: The role of firm context and managerial cognition ［J］. Journal of Business Venturing, 2012, 27 (6): 607-621.

［757］Porter M E. Competitive advantage ［M］. New York: Free Press, 1985.

［758］Powell T C. Organizational alignment as competitive advantage ［J］. Strategic Management Journal, 1992, 13 (2): 119-134.

［759］Proksch D, Rosin A F, Stubner S, Pinkwart A. The influence of a digital strategy on the digitalization of new ventures: The mediating effect of digital capabilities and a digital culture ［J］. Journal of Small Business Management, 2021: 29. doi: 10. 1080/00472778. 2021. 1883036.

［760］Prugl R, Spitzley D I. Responding to digital transformation by external corporate venturing: An enterprising family identity and communication patterns perspective ［J］. Journal of Management Studies, 2021, 58 (1): 135-164.

［761］Puranam P, Srikanth K. What they know vs. what they do: How acquirers leverage technology acquisitions ［J］. Strategic Management Journal, 2007, 28 (8): 805-825.

［762］Putnins T J, Sauka A. Why does entrepreneurial orientation affect company performance? ［J］. Strategic Entrepreneurship Journal, 2020, 14 (4): 711-735.

［763］Qian C, Wang H X, Geng X, Yu Y. Rent appropriation of knowledge-based assets and firm performance when institutions are weak: A study of chinese publicly listed firms [J]. Strategic Management Journal, 2017, 38 (4): 892-911.

[764] Quinn J. Seeking alternatives in community based programs [J]. Business and Health, 1986, 3 (8): 21-24.

[765] Quinn J B. Managing innovation: Controlled chaos [J]. Harvard Business Review, 1986, 53 (3): 73-84.

[766] Radaelli G, Sitton-Kent L. Middle managers and the translation of new ideas in organizations: A review of micro-practices and contingencies [J]. International Journal of Management Reviews, 2016, 18 (3): 311-322.

[767] Radner R. The organization of decentralized information processing [J]. Econometrica, 1993, 61 (5): 1109-1146.

[768] Raes F, Pommier E, Neff K D, Van Gucht D. Construction and factorial validation of a short form of the self-compassion scale [J]. Clinical Psychology and Psychotherapy, 2011, 18 (3): 250-255.

[769] Raisch S, Birkinshaw J. Organizational ambidexterity: Antecedents, outcomes, and moderators [J]. Journal of Management, 2008, 34 (3): 375-409.

[770] Raisch S, Tushman M L. Growing new corporate businesses: from initiation to graduation [J]. Organization Science, 2016, 27 (5): 1237-1257.

[771] Raitis J, Sasaki I, Kotlar J. System-spanning values work and entrepreneurial growth in family firms [J]. Journal of Management Studies, 2021, 58 (1): 104-134.

[772] Ramirez-Pasillas M, Lundberg H, Nordqvist M. Next generation external venturing practices in family owned businesses [J]. Journal of Management Studies, 2021, 58 (1): 63-103.

[773] Randerson K, Zahra S A, Fayolle A. Corporate entrepreneurship: Where are we? Where can we go from here? [J]. Post-Print, 2013, 16 (4): 361-367.

[774] Rao-Nicholson R, Vorley T, Khan Z. Social innovation in emerging economies: A national systems of innovation based approach [J]. Technological Forecasting and Social Change, 2017, 121 (8): 228-237.

［775］ Raub W, Buskens V, Van Assen M A. Micro-macro links and micro-foundations in sociology ［J］. The Journal of Mathematical Sociology, 2011, 35 （1–3）: 1–25.

［776］ Rauch A, Wiklund J, Lumpkin G, Frese M. Entrepreneurial orientation and business performance: An assessment of past research and suggestions for the future ［J］. Entrepreneurship Theory and Practice, 2009, 33 （3）: 761–787.

［777］ Ray G, Barney J B, Muhanna W A. Capabilities, business processes, and competitive advantage: Choosing the dependent variable in empirical tests of the resource-based view ［J］. Strategic Management Journal, 2004, 25 （1）: 23–37.

［778］ Reihlen M, Schlapfner J F, Seeger M, Trittin-Ulbrich H. Strategic venturing as legitimacy creation: The case of sustainability ［J］. Journal of Management Studies, 2022, 59 （2）: 417–459.

［779］ Reitzig M, Sorenson O. Biases in the selection stage of bottom-up strategy formulation ［J］. Strategic Management Journal, 2013, 34 （7）: 782–799.

［780］ Ren C R, Guo C. Middle managers' strategic role in the corporate entrepreneurial process: Attention-based effects ［J］. Journal of management, 2011, 37 （6）: 1586–1610.

［781］ Reymen I M M J, Andries P, Berends H, Mauer R, Stephan U, Van Burg E. Understanding dynamics of strategic decision making in venture creation: A process study of effectuation and causation ［J］. Strategic Entrepreneurship Journal, 2015, 9 （4）: 351–379.

［782］ Rhodes C. Organizational learning Ⅱ: Theory, method and practice reading, ［J］. Asia Pacific Journal of Human Resources, 1998, 36 （1）: 107–109.

［783］ Riar F J, Wiedeler C, Kammerlander N, Kellermanns F W. Venturing motives and venturing types in entrepreneurial families: A corporate entrepreneurship perspective ［J］. Entrepreneurship Theory and Practice, 2022, 46 （1）: 44–81.

［784］ Richter N, Jackson P, Schildhauer T. Outsourcing creativity: An abductive study of open innovation using corporate accelerators ［J］. Creativity and Innovation Management, 2018, 27 （1）: 69–78.

［785］ Ries E. The lean startup: How today's entrepreneurs use continuous innovation to create radi cally successful businesses [M]. New York: Crown Publishing, 2011.

[786] Rigtering J P C, Weitzel G U, Muehlfeld K. Increasing quantity without compromising quality: How managerial framing affects intrapreneurship [J]. Journal of Business Venturing, 2019, 34 (2): 224-241.

[787] Rigtering J P C, Weitzel U. Work context and employee behaviour as antecedents for intrapreneurship [J]. International Entrepreneurship and Management Journal, 2013, 9 (3): 337-360.

[788] Rind K W. The role of venture capital in corporate development [J]. Strategic Management Journal, 1981, 2 (2): 169-180.

[789] Robert A B. A model of the interaction of strategic behavior, corporate context, and the concept of strategy [J]. Academy of Management Review, 1983, 8 (1): 61-70.

[790] Robert A B. Intraorganizational ecology of strategy making and organizational adaptation: Theory and field research [J]. Organization Science, 1991, 2 (3): 239-262.

[791] Roberts E B, Berry C A. Entering new businesses: Strategies for success [J]. Sloan Management Review, 1985, 26 (3): 3-17.

[792] Rocha C F, Mamedio D F, Quandt C O. Startups and the innovation ecosystem in Industry 4.0 [J]. Technology Analysis and Strategic Management, 2019, 31 (12): 1474-1487.

[793] Rogers D S, Lambert D M, Knemeyer A M. The product development and commercialization process [J]. International Journal of Logs Management, 2004, 15 (1): 43-56.

[794] Rohrbeck R. Harnessing a network of experts for competitive advantage: Technology scouting in the ICT industry [J]. R&D Management, 2010, 40 (2): 169-180.

[795] Rosabeth, Kanter. Supporting innovation and venture development in established companies [J]. Journal of Business Venturing, 1986, 1 (1): 47-60.

[796] Rosenbusch N, Brinckmann J, Bausch A. Is innovation always benefi-

cial? A meta-analysis of the relationship between innovation and performance in SMEs [J]. Journal of Business Venturing, 2011, 26 (4): 441-457.

[797] Rosenbusch N, Rauch A, Bausch A. The mediating role of entrepreneurial orientation in the task environment-performance relationship: A meta-analysis [J]. Journal of Management, 2013, 39 (3): 633-659.

[798] Rosenkopf L, Nerkar A. Beyond local search: Boundary-spanning, exploration, and impact in the optical disk industry [J]. Strategic Management Journal, 2001, 22 (4): 287-306.

[799] Rossi M, Festa G, Devalle A, Mueller J. When corporations get disruptive, the disruptive get corporate: Financing disruptive technologies through corporate venture capital [J]. Journal of Business Research, 2020, 118: 378-388. doi: 10. 1016/j. jbusres. 2020. 07. 004.

[800] Rossi M, Festa G, Papa A, Kolte A, Piccolo R. Knowledge management behaviors in venture capital crossroads: A comparison between IVC and CVC ambidexterity [J]. Journal of Knowledge Management, 2020, 24 (10): 2431-2454.

[801] Rousseau D M, Wade-Benzoni K A. Linking strategy and human resource practices: How employee and customer contracts are created [J]. Human Resource Management, 1994, 33 (3): 463-489.

[802] Ruggles R. The state of the notion: Knowledge management in practice [J]. California Management Review, 1998, 40 (3): 80-89.

[803] Ruiz J, Coduras A. Can company restructuring create a healthier work environment, promote corporate entrepreneurship, and improve productivity? [J]. Journal of Business Research, 2015, 68 (7): 1466-1467.

[804] Runyan R C, Ge B S, Dong B B, Swinney J L. Entrepreneurial orientation in cross-cultural research: Assessing measurement invariance in the construct [J]. Entrepreneurship Theory and Practice, 2012, 36 (4): 819-836.

[805] Russell R D, Russell C J. An examination of the effects of organizational norms, organizational structure, and environmental uncertainty on entrepreneurial strategy [J]. Journal of Management, 1992, 18 (4): 639-656.

［806］Rutherford M W, Holt D T. Corporate entrepreneurship: An empirical look at the innovativeness dimension and its antecedents ［J］. Journal of Organizational Change Management, 2007, 20 (3): 429-446.

［807］Sciascia S, Mazzola P, Chirico F. Generational involvement in the top management team of family firms: Exploring nonlinear effects on entrepreneurial orientation ［J］. Entrepreneurship Theory and Practice, 2013, 37 (1): 69-85.

［808］Saadat V, Saadat Z. Organizational learning as a key role of organizational success ［J］. Procedia-Social and Behavioral Sciences, 2016, 230 (2016): 219-225.

［809］Saeed S, Yousafzai S Y, Engelen A. On cultural and macroeconomic contingencies of the entrepreneurial orientation-performance relationship ［J］. Entrepreneurship Theory and Practice, 2014, 38 (2): 255-290.

［810］Sahaym A, Cho S Y, Kim S K, Mousa F T. Mixed blessings: How top management team heterogeneity and governance structure influence the use of corporate venture capital by post-IPO firms ［J］. Journal of Business Research, 2016, 69 (3): 1208-1218.

［811］Sahaym A, Steensma H K, Barden J Q. The influence of R&D investment on the use of corporate venture capital: An industry-level analysis ［J］. Journal of Business Venturing, 2010, 25 (4): 376-388.

［812］Sahut J M, Iandoli L, Teulon F. The age of digital entrepreneurship ［J］. Small Business Economics, 2021, 56 (3): 1159-1169.

［813］Saleem I, Siddique I, Ahmed A. An extension of the socioemotional wealth perspective: Insights from an Asian sample ［J］. Journal of Family Business Management, 2020, 10 (4): 293-312.

［814］Salvato C. Predictors of etrepenurship in family firms ［J］. Journal of Private Equity, 2004, 7 (3): 68-76.

［815］Salvato C, Chirico F, Melin L, Seidl D. Coupling family business research with organization studies: Interpretations, issues and insights ［J］. Organization Studies, 2019, 40 (6): 775-791.

［816］Salvato C, Chirico F, Sharma P. A farewell to the business: Championing exit and continuity in entrepreneurial family firms ［J］. Entrepreneurship and Regional Development, 2010, 22 (3-4): 321-348.

［817］ Sambamurthy V, Bharadwaj A, Grover V. Shaping agility through digital options: Reconceptualizing the role of information technology in contemporary firms ［J］. MIS Quarterly, 2003, 27 (2): 237-263.

［818］ Samei H, Feyzbakhsh A. A framework of successor competencies to promote corporate entrepreneurship in family firms ［J］. Journal of Enterprising Culture, 2015, 23 (3): 321-355.

［819］ Sapienza H J, Gupta A K. Impact of agency risks and task uncertainty on venture capitalist CEO interaction ［J］. Academy of Management Journal, 1994, 37 (6): 1618-1632.

［820］ Sarkar S. Uncorking knowledge-purposeful spillovers as a strategic tool for capability enhancement in the cork industry ［J］. International Entrepreneurship and Management Journal, 2017, 13 (1): 251-275.

［821］ Satalkina L, Steiner G. Digital entrepreneurship and its role in innovation systems: A systematic literature review as a basis for future research avenues for sustainable transitions ［J］. Sustainability, 2020, 12 (7): 27.

［822］ Savickas M L, Porfeli E J. Career adapt-abilities scale: Construction, reliability, and measurement equivalence across 13 countries ［J］. Journal of Vocational Behavior, 2012, 80 (3): 661-673.

［823］ Sawyer R K. Educating for innovation ［J］. Thinking Skills and Creativity, 2006, 1 (1): 41-48.

［824］ Schendel D E, Hofer C W. Research needs and issues in strategic management ［M］. Boston, MA: Little, Brown and Company, 1979.

［825］ Schepers J, Voordeckers W, Steijvers T, Laveren E. The entrepreneurial orientation-performance relationship in private family firms: The moderating role of socioemotional wealth ［J］. Small Business Economics, 2014, 43 (1): 39-55.

［826］ Schildt H A, Maula M V J, Keil T. Explorative and exploitative learning from external corporate ventures ［J］. Entrepreneurship Theory and Practice, 2005, 29 (4): 493-515.

［827］ Schindehutte M, Morris M H. Advancing strategic entrepreneurship research: The role of complexity science in shifting the paradigm ［J］. Entrepreneurship Theory and Practice, 2009, 33 (1): 241-276.

［828］ Schmelter R, Mauer R, Boersch C, Brettel M. Boosting corporate entrepreneurship through hrm practices: Evidence from german SMEs ［J］. Human Resource Management, 2010, 49 (4): 715-741.

［829］ Schmitt A, Raisch S, Volberda H W. Strategic renewal: Past research, theoretical tensions and future challenges ［J］. International Journal of Management Reviews, 2018, 20 (5): 81-98.

［830］ Schubert T, Tavassoli S. Product Innovation and Educational Diversity in Top and Middle Management Teams ［J］. Papers in Innovation Studies, 2019, 63 (1): 272-294.

［831］ Schuh G, Lau F, Vogt F, Bickendorf P. Typing of innovations from corporate incubator ［J］. International Journal of Engineering and Technical Research, 2017, 6 (12): 307-315.

［832］ Schuh G, Vogt F, Maurer D. Context-specific influencing factors within a transfer of innovation from corporate incubators ［J］. International Journal of Engineering and Technical Research, 2019, 8 (10): 488-497.

［833］ Schumpeter J A. The theory of economic development ［M］. Boston, MA: Harvard University Press, 1934.

［834］ Scott W R. Institutions and organizations. Foundations for organizational science ［M］. London: A Sage Publication Series, 1995.

［835］ Scott W R. Institutions and organizations: Ideas and interests ［M］. CA: SAGE, 2008.

［836］ Seaman C. Creating space for the business family Networks, social capital & family businesses in rural development ［J］. Journal of Family Business Management, 2015, 5 (2): 182-191.

［837］ Sebora T C, Theerapatvong T. Corporate entrepreneurship: A test of external and internal influences on managers' idea generation, risk taking, and proactiveness ［J］. International Entrepreneurship and Management Journal, 2010, 6

(3): 331-350.

[838] Sergio G L. Strategizing by the government: Can industrial policy create firm-level competitive advantage? [J]. Strategic Management Journal, 2013, 36 (1): 97-112.

[839] Shaheer N A, Li S L. The CAGE around cyberspace? How digital innovations internationalize in a virtual world [J]. Journal of Business Venturing, 2020, 35 (1): 19.

[840] Shaker A, Zahra S A. Corporate entrepreneurship and financial performance: The case of management leveraged buyouts [J]. Journal of Business Venturing, 1995, 10 (3): 225-247.

[841] Shane S. Uncertainty avoidance and the preference for innovation championing roles [J]. Journal of International Business Studies, 1995, 26 (1): 47-68.

[842] Shane S, Venkataraman S. The promise of entrepreneurship as a field of research [J]. Academy of Management Review, 2000, 25 (1): 217-226.

[843] Shane S, Venkataraman S. Guest editors' introduction to the special issue on technology entrepreneurship [J]. Research Policy, 2003, 32 (2): 181-184.

[844] Shankar R K, Clausen T H. Scale quickly or fail fast: An inductive study of acceleration [J]. Technovation, 2020, 98. doi: 10.1016/j.technovation.2020.102174.

[845] Sharma P, Chrisman J J. Toward a reconciliation of the definitional issues in the field of corporate entrepreneurship [J]. Entrepreneurship Theory and Practice, 1999, 23 (3): 1-11.

[846] Shepherd D, Haynie J M. Family business, identity conflict, and an expedited entrepreneurial process: A process of resolving identity conflict [J]. Entrepreneurship Theory and Practice, 2009, 33 (6): 1245-1264.

[847] Shepherd D A. Venture capitalists' assessment of new venture survival [J]. Management Science, 1999, 45 (5): 621-632.

[848] Shepherd D A. Venture capitalists' introspection: A comparison of "in

use" and "espoused" decision policies [J]. Journal of Small Business Management, 1999, 37 (2): 76-87.

[849] Shepherd D A. An emotions perspective for advancing the fields of family business and entrepreneurship: Stocks, flows, reactions, and responses [J]. Family Business Review, 2016, 29 (2): 151-158.

[850] Shepherd D A, Covin J G, Kuratko D F. Project failure from corporate entrepreneurship: Managing the grief process [J]. Journal of Business Venturing, 2009, 24 (6): 588-600.

[851] Shepherd D A, Ettenson R, Crouch A. New venture strategy and profitability: A venture capitalist's assessment [J]. Journal of Business Venturing, 2000, 15 (5-6): 449-467.

[852] Shepherd D A, Haynie J M, Patzelt H. Project failures arising from corporate entrepreneurship: Impact of multiple project failures on employees' accumulated emotions, learning, and motivation [J]. Journal of Product Innovation Management, 2013, 30 (5): 880-895.

[853] Shepherd D A, Katz J A. Innovation and corporate entrepreneurship [J]. Advances in Entrepreneurship Firm Emergence & Growth, 2004, 7 (4): 1-6.

[854] Shepherd D A, Kuratko D F. The death of an innovative project: How grief recovery enhances learning [J]. Business Horizons, 2009, 52 (5): 451-458.

[855] Shepherd D A, Patzelt H. The new field of sustainable entrepreneurship: Studying entrepreneurial action linking "What is to be sustained" with "What is to be developed" [J]. Entrepreneurship Theory and Practice, 2011, 35 (1): 137-163.

[856] Shepherd D A, Patzelt H, Haynie J M. Entrepreneurial spirals: Deviation-amplifying loops of an entrepreneurial mindset and organizational culture [J]. Entrepreneurship Theory and Practice, 2010, 34 (1): 59-82.

[857] Shepherd D A, Shankar R K. Accelerating strategic fit or venture emergence: Different paths adopted by corporate accelerators [J]. Journal of Business

Venturing, 2018, 34 (5): 1-19.

[858] Shepherd D A, Zacharakis A. Venture capitalists' expertise-A call for research into decision aids and cognitive feedback [J]. Journal of Business Venturing, 2002, 17 (1): 1-20.

[859] Shepherd D A, Zacharakis A, Baron R A. VCs' decision processes [J]. Journal of Business Venturing, 2003, 18 (3): 381-401.

[860] Shi W, Markoczy L, Dess G G. The role of middle management in the strategy process: Group affiliation, structural holes, and tertius iungens [J]. Journal of Management, 2009, 35 (6): 1453-1480.

[861] Shi W, Zhang Y, Hoskisson R E. Ripple effects of CEO awards: Investigating the acquisition activities of superstar CEOs' competitors [J]. Strategic Management Journal, 2017, 38 (10): 2080-2102.

[862] Shi X H, Li F, Chumnumpan P. Platform development: Emerging insights from a nascent industry [J]. Journal of Management, 2021, 47 (8): 2037-2073.

[863] Shimizu K. Risks of corporate entrepreneurship: Autonomy and agency issues [J]. Organization Science, 2012, 23 (1): 194-206.

[864] Short J C, Broberg J C, Cogliser C C, Brigham K H. Construct validation using computer-aided text analysis (CATA) an illustration using entrepreneurial orientation [J]. Organizational Research Methods, 2010, 13 (2): 320-347.

[865] Shu C, De Clercq D, Zhou Y, Liu C. Government institutional support, entrepreneurial orientation, strategic renewal, and firm performance in transitional China [J]. International Journal of Entrepreneurial Behaviour & Research, 2019, 25 (3): 433-456.

[866] Shu C L, Liu C J, Gao S X, Shanley M. The knowledge spillover theory of entrepreneurship in alliances [J]. Entrepreneurship Theory and Practice, 2014, 38 (4): 913-940.

[867] Shuwaikh F, Dubocage E. Access to the corporate investors' complementary resources: Aleverage for innovation in biotech venture capital-backed companies [J]. Technological Forecasting and Social Change, 2022, 175. doi:

10. 1016/j. techfore. 2021. 121374.

[868] Siegel R, Siegel E, Macmillan I C. Corporate venture capitalists: Autonomy, obstacles, and performance [J]. Journal of Business Venturing, 1988, 3 (3): 233-247.

[869] Siggelkow N. Evolution toward fit [J]. Administrative Science Quarterly, 2002, 47 (1): 125-159.

[870] Siggelkow N, Levinthal D A. Temporarily divide to conquer: Centralized, decentralized, and reintegrated organizational approaches to exploration and adaptation [J]. Organization Science, 2003, 14 (6): 650-669.

[871] Sillince J, Mueller F. Switching strategic perspective: The reframing of accounts of responsibility [J]. Organization Studies, 2007, 28 (2): 155-176.

[872] Silva D M, Al-Tabbaa O, Khan Z. Business model innovation by international social purpose organizations: The role of dynamic capabilities [J]. Journal of Business Research, 2021, 125: 733 - 749. doi: 10. 1016/j. jbusres. 2019. 12. 030.

[873] Silverstein M, Bengtson V L, Lawton L. Intergenerational solidarity and the structure of adult child parent relationships in American families [J]. American Journal of Sociology, 1997, 103 (2): 429-460.

[874] Simao L, Franco M. External knowledge sources as antecedents of organizational innovation in firm workplaces: A knowledge-based perspective [J]. Journal of Knowledge Management, 2018, 22 (2): 237-256.

[875] Simsek Z, Heavey C. The mediating role of knowledge-based capital for corporate entrepreneurship effects on performance: A study of small-to medium-sized firms [J]. Strategic Entrepreneurship Journal, 2011, 5 (1): 81-100.

[876] Simsek Z, Heavey C, Fox B C. (Meta-) framing strategic entrepreneurship [J]. Strategic Organization, 2017, 15 (4): 504-518.

[877] Simsek Z, Veiga J F, Lubatkin M H. The impact of managerial environmental perceptions on corporate entrepreneurship: Towards understanding discretionary slack's pivotal role [J]. Journal of Management Studies, 2007, 44 (8): 1398-1424.

[878] Sinha N, Srivastava K B L. Association of personality, work values and socio-cultural factors with intrapreneurial orientation [J]. The Journal of Entrepreneurship, 2013, 22 (1): 97-113.

[879] Sirmon D G, Hitt M A. Contingencies within dynamic managerial capabilities: Interdependent effects of resource investment and deployment on firm performance [J]. Strategic Management Journal, 2009, 30 (13): 1375-1394.

[880] Slevin D P, Covin J G. Strategy formation patterns, performance, and the significance of context [J]. Journal of Management, 1997, 23 (2): 189-209.

[881] Smith C, Smith J B, Shaw E. Embracing digital networks: Entrepreneurs' social capital online [J]. Journal of Business Venturing, 2017, 32 (1): 18-34.

[882] Smith S W, Shah S K. Do innovative users generate more useful insights? An analysis of corporate venture capital investments in the medical device industry [J]. Strategic Entrepreneurship Journal, 2013, 7 (2): 151-167.

[883] Snyder M. Self-monitoring of expressive behavior [J]. Journal of Personality and Social Psychology, 1974, 30 (4): 526.

[884] Snyder M, Gangestad S. On the nature of self-monitoring: Matters of assessment, matters of validity [J]. Journal of Personality and Social Psychology, 1986, 51 (1): 125.

[885] Soderblom A, Samuelsson M, Wiklund J, Sandberg R. Inside the black box of outcome additionality: Effects of early-stage government subsidies on resource accumulation and new venture performance [J]. Research Policy, 2015, 44 (8): 1501-1512.

[886] Soetanto D P, Jack S L. Business incubators and the networks of technology-based firms [J]. Journal of Technology Transfer, 2013, 38 (4): 432-453.

[887] Soleimanof S, Singh K, Holt D T. Micro-foundations of corporate entrepreneurship in family firms: An institution-based perspective [J]. Entrepreneurship Theory and Practice, 2019, 43 (2): 274-281.

[888] Soluk J, Miroshnychenko I, Kammerlander N, De Massis A. Family influence and digital business model innovation: The enabling role of dynamic capa-

bilities [J]. Entrepreneurship Theory and Practice, 2021, 45 (4): 867-905.

[889] Solymossy E, Gross A. Taking the engineering path to business leadership and entrepreneurial success in Canada and USA [J]. International Entrepreneurship and Management Journal, 2015, 11 (2): 393-408.

[890] Song A K. The digital entrepreneurial ecosystem-a critique and reconfiguration [J]. Small Business Economics, 2019, 53 (3): 569-590.

[891] Song M, Podoynitsyna K, Van Der Bij H, Halman J I M. Success factors in new ventures: A meta-analysis [J]. Journal of Product Innovation Management, 2008, 25 (1): 7-27.

[892] Sousa M J, Rocha A. Skills for disruptive digital business [J]. Journal of Business Research, 2019, 94: 257-263.

[893] Srinivasan A, Venkatraman N. Entrepreneurship in digital platforms: A network-centric view [J]. Strategic Entrepreneurship Journal, 2018, 12 (1): 54-71.

[894] Srivastava A, Lee H. Predicting order and timing of new product moves: The role of top management in corporate entrepreneurship [J]. Journal of Business Venturing, 2005, 20 (4): 459-481.

[895] Stam E. Knowledge and entrepreneurial employees: A country-level analysis [J]. Small Business Economics, 2013, 41 (4): 887-898.

[896] Stam W, Elfring T. Entrepreneurial orientation and new venture performance: The moderating role of intra-and extraindustry social capital [J]. Academy of Management Journal, 2008, 51 (1): 97-111.

[897] Stanimirovic D. A framework for information and communication technology onduced transformation of the healthcare business model in Slovenia [J]. Journal of Global Information Technology Management, 2015, 18 (1): 29-47.

[898] Steiber A, Alange S. Corporate-startup Co-creation for Increased Innovation and Societal Change [J]. Triple Helix, 2020, 7 (2-3): 227-249.

[899] Steiber A, Alange S. Corporate-startup collaboration: Effects on large firms' business transformation [J]. European Journal of Innovation Management, 2020, 24 (2): 235-257.

［900］ Steier L. New venture creation and organization: A familial sub-narrative ［J］. Journal of Business Research, 2007, 60 (10): 1099-1107.

［901］ Steininger D M. Linking information systems and entrepreneurship: A review and agenda for IT-associated and digital entrepreneurship research ［J］. Information Systems Journal, 2019, 29 (2): 363-407.

［902］ Stenholm P, Acs Z J, Wuebker R. Exploring country-level institutional arrangements on the rate and type of entrepreneurial activity ［J］. Journal of Business Venturing, 2013, 28 (1): 176-193.

［903］ Steven W F, Peter J L. Strategizing throughout the organization: Managing role conflict in strategic renewal ［J］. Academy of Management Review, 2000, 25 (1): 154-177.

［904］ Steyn P D, Du Toit A S A. Perceptions on the of use of a corporate business incubator to enhance knowledge management at ESKOM ［J］. South African Journal of Economic and Management Sciences, 2007, 10 (1): 33-50.

［905］ Stuart L H. An integrative framework for strategy-making processes ［J］. Academy of Management Review, 1992, 17 (2): 327-351.

［906］ Stuart T E, Hoang H, Hybels R C. Interorganizational endorsements and the performance of entrepreneurial ventures ［J］. Administrative Science Quarterly, 1999, 44 (2): 315-349.

［907］ Su J, Zhai Q, Karlsson T. Beyond red tape and fools: Institutional theory in entrepreneurship research, 1992 - 2014 ［J］. Entrepreneurship Theory and Practice, 2017, 41 (4): 505-531.

［908］ Suddaby R, Bruton G D, Si S X. Entrepreneurship through a qualitative lens: Insights on the construction and/or discovery of entrepreneurial opportunity ［J］. Journal of Business Venturing, 2015, 30 (1): 1-10.

［909］ Sun Y, Liu F. New trends in Chinese innovation policies since 2009-A system framework of policy analysis ［J］. International Journal of Technology Management, 2014, 65 (1-4): 6-23.

［910］ Surana K, Singh A, Sagar A D. Strengthening science, technology, and innovation-based incubators to help achieve Sustainable Development Goals: Lessons from India [J]. Technological Forecasting and Social Change, 2020, 157. doi: 10. 1016/j. techfore. 2020. 120057.

[911] Sussan F, Acs Z J. The digital entrepreneurial ecosystem [J]. Small Business Economics, 2017, 49 (1): 55-73.

[912] Sykes H B. The anatomy of a corporate venturing program: Factors influencing success [J]. Journal of Business Venturing, 1986, 1 (3): 275-293.

[913] Sykes H B. Corporate venture capital-Strategies for success [J]. Journal of Business Venturing, 1990, 5 (1): 37-47.

[914] Tajeddini K, Trueman M. Environment-strategy and alignment in a restricted, transitional economy: Empirical research on its application to iranian stateowned enterprises [J]. Long Range Planning, 2016, 49 (5): 570-583.

[915] Talaulicar T, Grundei J, Werder A V. Strategic decision making in start-ups: The effect of top management team organization and processes on speed and comprehensiveness [J]. Journal of Business Venturing, 2005, 20 (4): 519-541.

[916] Talke K, Salomo S, Kock A. Top management team diversity and strategic innovation orientation: The relationship and consequences for innovativeness and performance [J]. Journal of Product Innovation Management, 2011, 28 (6): 819-832.

[917] Tang J T, Tang Z, Katz J A. Proactiveness, stakeholder-firm power difference, and product safety and quality of chinese SMEs [J]. Entrepreneurship Theory and Practice, 2014, 38 (5): 1129-1157.

[918] Tang J T, Tang Z, Marino L D, Zhang Y L, Li Q W. Exploring an inverted U-shape relationship between entrepreneurial orientation and performance in Chinese ventures [J]. Entrepreneurship Theory and Practice, 2008, 32 (1): 219-239.

[919] Tarakci M, Ateş N Y, Floyd S W, Ahn Y Y, Wooldridge B. Performance feedback and middle managers' divergent strategic behavior: The roles of social comparisons and organizational identification [J]. Strategic Management Journal, 2018, 39 (4): 1139-1162.

［920］ Tarakci M, Greer L L, Groenen P J F. When does power disparity help or hurt group performance? ［J］. Journal of Applied Psychology, 2016, 101 (3): 415.

［921］ Tavassoli S, Bengtsson L, Karlsson C. Strategic entrepreneurship and knowledge spillovers: Spatial and aspatial perspectives ［J］. International Entrepreneurship and Management Journal, 2017, 13 (1): 233-249.

［922］ Taylor R N. Age and experience as determinants of managerial information processing and decision making performance ［J］. Academy of Management Journal, 1975, 18 (1): 74-81.

［923］ Teece D J. Explicating dynamic capabilities: The nature and microfoundations of (sustainable) enterprise performance ［J］. Strategic Management Journal, 2007, 28 (13): 1319-1350.

［924］ Teece D J. Dynamic capabilities: Routines versus entrepreneurial action ［J］. Journal of Management Studies, 2012, 49 (8): 1395-1401.

［925］ Teece D J, Pisano G, Shuen A. Dynamic capabilities and strategic management ［J］. Strategic Management Journal, 1997, 18 (7): 509-533.

［926］ Teng B S. Corporate entrepreneurship activities through strategic alliances: A resource-based approach toward competitive advantage ［J］. Journal of Management Studies, 2007, 44 (1): 119-142.

［927］ Thomas A, Toni-Matti K. The early stage of internal corporate venturing: Entrepreneurial activities in a large manufacturing company ［J］. Journal of Enterprising Culture, 2017, 25 (1): 1-30.

［928］ Thompson P, Klepper S. Spinoff entry in high-tech industries: Motives and consequences ［J］. Economics Research Working Paper Series, 2005, 78. doi: 10. 1017/CBO9780511618390. 010.

［929］ Thornberry N. Corporate entrepreneurship: Antidote or oxymoron? ［J］. European Management Journal, 2001, 19 (5): 526-533.

［930］ Thornhill S, Amit R. A dynamic perspective of internal fit in corporate venturing ［J］. Journal of Business Venturing, 2001, 16 (1): 25-50.

［931］ Tian J, Wang K, Chen Y, Johansson B. From IT deployment capabilities to competitive advantage: An exploratory study in China [J]. Information Systems Frontiers, 2010, 12 (3): 239-255.

[932] Tidd J, Taurins S. Learn or Leverage? Strategic diversification and organizational learning through corporate ventures [J]. Creativity and Innovation Management, 1999, 8 (2): 122-129.

[933] Titus V, House J M, Covin J G. The influence of exploration on external corporate venturing activity [J]. Journal of Management, 2017, 43 (5): 1609-1630.

[934] Titus V, Parker O, Covin J. Organizational aspirations and external venturing: The contingency of entrepreneurial orientation [J]. Entrepreneurship Theory and Practice, 2020, 44 (4): 645-670.

[935] Titus V J, House J M, Covin J G. The influence of exploration on external corporate venturing activity [J]. Journal of Management, 2017, 43 (5): 1609-1630.

[936] Titus V K, Anderson B S. Firm structure and environment as contingencies to the corporate venture capital-parent firm value relationship [J]. Entrepreneurship Theory and Practice, 2018, 42 (3): 498-522.

[937] Tiwana A, Konsynski B, Bush A A. Platform Evolution: Coevolution of Platform Architecture, Governance, and Environmental Dynamics [J]. Information Systems Research, 2010, 21 (4): 675-687.

[938] Toledano N, Urbano D, Bernadich M. Networks and corporate entrepreneurship a comparative case study on family business in Catalonia [J]. Journal of Organizational Change Management, 2010, 23 (4): 396-412.

[939] Tong T W, Li Y. Real options and investment mode: Evidence from corporate venture capital and acquisition [J]. Organization Science, 2011, 22 (3): 659-674.

[940] Tracey P, Phillips N, Jarvis O. Bridging institutional entrepreneurship and the creation of new organizational forms: A multilevel model [J]. Organization Science, 2011, 22 (1): 60-80.

[941] Trompenaars F, Woolliams P. A new framework for managing change

across cultures [J]. Journal of Change Management, 2002, 3 (4): 361-375.

[942] Tsai W P, Wu C H. Knowledge combination: A cocitation analysis [J]. Academy of Management Journal, 2010, 53 (3): 441-450.

[943] Tsui A S. Contextualization in Chinese management research [J]. Management and Organization Review, 2006, 2 (2): 1-13.

[944] Turner T, Pennington W W. Organizational networks and the process of corporate entrepreneurship: How the motivation, opportunity, and ability to act affect firm knowledge, learning, and innovation [J]. Small Business Economics, 2015, 45 (2): 1-17.

[945] Turro A, Alvarez C, Urbano D. Intrapreneurship in the Spanish context: A regional analysis [J]. Entrepreneurship & Regional Development, 2016, 28 (5-6): 380-402.

[946] Uberbacher F. Legitimation of new ventures: A review and research programme [J]. Journal of Management Studies, 2014, 51 (4): 667-698.

[947] Uhlaner L M, Kellermanns F W, Eddleston K A, Hoy F. The entrepreneuring family: A new paradigm for family business research Introduction [J]. Small Business Economics, 2012, 38 (1): 1-11.

[948] Uhlenbruck K, Meyer K E, Hitt M A. Organizational transformation in transition economies: Resource-based and organizational learning perspectives [J]. Journal of Management Studies, 2003, 40 (2): 257-282.

[949] Uittenbogaard B, Broens L, Groen A J. Towards a guideline for design of a corporate entrepreneurship function for business development in medium-sized technology-Based companies [J]. Creativity and Innovation Management, 2005, 14 (3): 258-271.

[950] Upson J W, Ketchen D J, Ireland R D. Managing employee stress: A key to the effectiveness of strategic supply chain management [J]. Organizational Dynamics, 2007, 36 (1): 78-92.

[951] Urban B, Wood E. The importance of opportunity recognition behaviour and motivators of employees when engaged in corporate entrepreneurship [J]. Journal of Business Economics and Management, 2015, 16 (5): 980-994.

[952] Urbano D, Guerrero M. Entrepreneurial universities: Socioeconomic impacts of academic entrepreneurship in a European region [J]. Economic Development Quarterly, 2013, 27 (1): 40-55.

[953] Urbano D, Turro A. Conditioning factors for corporate entrepreneurship: An in (ex) ternal approach [J]. International Entrepreneurship and Management Journal, 2013, 9 (3): 379-396.

[954] Urbano D, Turro A, Wright M, Zahra S. Corporate entrepreneurship: A systematic literature review and future research agenda [J]. Small Business Economics, 2022, 59 (4): 1541-1565.

[955] Uzuegbunam I, Ofem B, Nambisan S. Do corporate investors affect entrepreneurs' IP portfolio? Entrepreneurial finance and intellectual property in new firms [J]. Entrepreneurship Theory and Practice, 2019, 43 (4): 673-696.

[956] Uzzi B, Dunlap S. How to build your network [J]. Harvard Business Review, 2005, 83 (12): 53.

[957] Van Burg E, De Jager S, Reymen I, Cloodt M. Design principles for corporate venture transition processes in established technology firms [J]. R & D Management, 2012, 42 (5): 455-472.

[958] Van De Ven A H. In search of excellence: Lessons from America's Best-Run companies [J]. NASSP Bulletin, 1983, 67 (466): 120-121.

[959] Van De Vrande V, Vanhaverbeke W. How prior corporate venture capital investments shape technological alliances: A real options approach [J]. Entrepreneurship Theory And Practice, 2013, 37 (5): 1019-1043.

[960] Van De Vrande V, Vanhaverbeke W, Duysters G. External technology sourcing: The effect of uncertainty on governance mode choice [J]. Journal of Business Venturing, 2009, 24 (1): 62-80.

[961] Van De Vrande V, Vanhaverbeke W, Duysters G. Additivity and complementarity in external technology sourcing: The added value of corporate venture capital investments [J]. Ieee Transactions on Engineering Management, 2011, 58 (3): 483-496.

[962] Van Holm E J. Makerspaces and local economic development [J]. Eco-

nomic Development Quarterly, 2017, 31 (2): 164-173.

[963] Vandaie R, Zaheer A. Surviving bear hugs: Firm capability, large partner alliances, and growth [J]. Strategic Management Journal, 2014, 35 (4): 566-577.

[964] Vaska S, Massaro M, Bagarotto E M, Dal Mas F. The digital transformation of business model innovation: A structured literature review [J]. Frontiers in Psychology, 2021, 11: 18. doi: 10. 3389/fpsyg. 2020. 539363.

[965] Vassilakopoulou P, Grisot M. Effectual tactics in digital intrapreneurship: A process model [J]. Journal of Strategic Information Systems, 2020, 29 (3): 14.

[966] Venkatraman N, Koh J. The impact of joint venture formation strategies on the market value of firms : An assessment in the information technology sector [J]. Chinese Archives of Traditional Chinese Medicine, 1990, 12 (4): 111-131.

[967] Verbeke A, Yuan W L. The drivers of multinational enterprise subsidiary entrepreneurship in China: A new resource-based view perspective [J]. Journal of Management Studies, 2013, 50 (2): 236-258.

[968] Volberda H W, Baden-Fuller C, Van Den Bosch F a J. Mastering strategic renewal-Mobilising renewal journeys in multi-unit firms [J]. Long Range Planning, 2001, 34 (2): 159-178.

[969] Von Briel F, Davidsson P, Recker J. Digital technologies as external enablers of new venture creation in the it hardware sector [J]. Entrepreneurship Theory and Practice, 2018, 42 (1): 47-69.

[970] Von Briel F, Recker J, Davidsson P. Not all digital venture ideas are created equal: Implications for venture creation processes [J]. Journal of Strategic Information Systems, 2018, 27 (4): 278-295.

[971] Voss Z G, Voss G B, Moorman C. An empirical examination of the complex relationships between entrepreneurial orientation and stakeholder support [J]. European Journal of Marketing, 2005, 39 (9-10): 1132-1150.

[972] Vrande V, Vanhaverbeke W, Duysters G. External technology sourcing: The effect of uncertainty on governance mode choice [J]. Journal of Business

Venturing, 2009, 24 (1): 62-80.

［973］Vuori T O, Huy Q N. Distributed attention and shared emotions in the innovation process: How Nokia lost the smartphone battle ［J］. Administrative Science Quarterly, 2016, 61 (1): 9-51.

［974］Wade M R, Hulland J. The Resource-Based View and Information Systems Research: Review, Extension, and Suggestions for Future Research ［J］. MIS Quarterly, 2004, 28 (1): 107-142.

［975］Wadhwa A, Kotha S. Knowledge creation through external venturing: Evidence from the telecommunications equipment manufacturing industry ［J］. Academy of Management Journal, 2006, 49 (4): 819-835.

［976］Wadhwa A, Phelps C, Kotha S. Corporate venture capital portfolios and firm innovation ［J］. Journal of Business Venturing, 2016, 31 (1): 95-112.

［977］Wales W J. Entrepreneurial orientation: A review and synthesis of promising research directions ［J］. International Small Business Journal-Researching Entrepreneurship, 2016, 34 (1): 3-15.

［978］Wales W J, Covin J G, Monsen E. Entrepreneurial orientation: The necessity of a multilevel conceptualization ［J］. Strategic Entrepreneurship Journal, 2020, 14 (4): 639-660.

［979］Wales W J, Parida V, Patel P C. Too much of a good thing? Absorptive capacity, firm performance, and the moderating role of entrepreneurial orientation ［J］. Strategic Management Journal, 2013, 34 (5): 622-633.

［980］Wales W J, Patel P C, Lumpkin G T. In pursuit of greatness: CEO narcissism, entrepreneurial orientation, and firm performance variance ［J］. Journal of Management Studies, 2013, 50 (6): 1041-1069.

［981］Wales W J, Wiklund J, Mckelvie A. What about new entry? Examining the theorized role of new entry in the entrepreneurial orientation-performance relationship ［J］. International Small Business Journal-Researching Entrepreneurship, 2015, 33 (4): 351-373.

［982］Walsh J P. Managerial and organizational cognition-Notes from a trip down memory lane ［J］. Organization Science, 1995, 6 (3): 280-321.

[983] Walter A, Auer M, Ritter T. The impact of network capabilities and entrepreneurial orientation on university spin-off performance [J]. Journal of Business Venturing, 2006, 21 (4): 541-567.

[984] Waltz E. Start-ups weigh benefits of corporate incubators [J]. Nature Biotechnology, 2008, 26 (3): 254-255.

[985] Wan W P, Hoskisson R E. Home country environments, corporate diversification strategies, and firm performance [J]. Academy of Management Journal, 2003, 46 (1): 27-45.

[986] Wang C L. Entrepreneurial orientation, learning orientation, and firm performance [J]. Entrepreneurship Theory and Practice, 2008, 32 (4): 635-657.

[987] Wang L, Zajac E J. Alliance or acquisition? A dyadic perspective on interfirm resource combinations [J]. Strategic Management Journal, 2007, 28 (13): 1291-1317.

[988] Wang P. China's leap into the information age: Innovation and organization in the computer industry [J]. Asia Pacific Journal of Management, 2002, 19 (4): 604-607.

[989] Wang R, Gibbons P, Heavey C. The microfoundations of strategic entrepreneurship: A middle management perspective [J]. Journal of Enterprising Culture, 2021, 29 (1): 1-20.

[990] Wang T Y, Thornhill S, De Castro J O. Entrepreneurial orientation, legitimation, and new venture performance [J]. Strategic Entrepreneurship Journal, 2017, 11 (4): 373-392.

[991] Wang X, Wan W P. Explaining the variance in underpricing among venture capital-backed ipos: A comparison between private and corporate vc firms [J]. Strategic Entrepreneurship Journal, 2013, 7 (4): 331-342.

[992] Warner K S R, Wager M. Building dynamic capabilities for digital transformation: An ongoing process of strategic renewal [J]. Long Range Planning, 2019, 52 (3): 326-349.

[993] Waters-Lynch J, Potts J. The social economy of coworking spaces: A fo-

cal point model of coordination [J]. Review of Social Economy, 2017, 75 (4): 417-433.

[994] Watson A, Dada O, Wright O, Perrigot R. Entrepreneurial orientation rhetoric in franchise organizations: The impact of national culture [J]. Entrepreneurship Theory and Practice, 2019, 43 (4): 751-772.

[995] Webb J W, Kistruck G M, Ireland R D, Ketchen D J. The entrepreneurship process in base of the pyramid markets: The case of multinational enterprise/nongovernment organization alliances [J]. Entrepreneurship Theory and Practice, 2010, 34 (3): 555-581.

[996] Wei L-Q, Ling Y. CEO characteristics and corporate entrepreneurship in transition economies: Evidence from China [J]. Journal of Business Research, 2015, 68 (6): 1157-1165.

[997] Weiblen T, Chesbrough H W. Engaging with startups to enhance corporate innovation [J]. California Management Review, 2015, 57 (2): 66-90.

[998] Weimann V, Gerken M, Hülsbeck M. Old flames never die: The role of binding social ties for corporate entrepreneurship in family firms [J]. International Entrepreneurship and Management Journal, 2021, 17 (4): 1707-1730.

[999] Welsh D H B, Memili E, Kaciak E, Ochi M. Japanese women entrepreneurs: Implications for family firms [J]. Journal of Small Business Management, 2014, 52 (2): 286-305.

[1000] Wernerfelt B. A resource based view of the firm [J]. Strategic Management Journal, 1984, 5 (2): 171-180.

[1001] Westfall S L. Stimulating corporate entrepreneurship in U. S. industry [J]. Academy of Management Journal, 1969, 12 (2): 235-246.

[1002] Westhead P, Howorth C. Types' of private family firms: An exploratory conceptual and empirical analysis [J]. Entrepreneurship and Regional Development, 2007, 19 (5): 405-431.

[1003] Westley F, Mintzberg H. Visionary leadership and strategic management [J]. Strategic Management Journal, 1989, 10 (S1): 17-32.

[1004] White H D, Griffith B C. Author cocitation-A literature measure of intellectual structure [J]. Journal of the American Society for Information Science, 1981, 32 (3): 163-171.

[1005] Wiedeler C, Kammerlander N. Learning the ropes of entrepreneurship: Understanding internal corporate venturing for family firms from an entrepreneurial learning perspective [J]. Review of Managerial Science, 2021, 15 (3): 669-703.

[1006] Wiersema M F, Bantel K A. Top management team demography and corporate strategic change [J]. Academy of Management Journal, 1992, 35 (1): 91-121.

[1007] Wiklund J. The sustainability of the entrepreneurial orientation—performance relationship [J]. Entrepreneurship theory and practice, 1999, 24 (1): 37-48.

[1008] Wiklund J, Shepherd D. Knowledge-based resources, entrepreneurial orientation, and the performance of small and medium-sized businesses [J]. Strategic Management Journal, 2003, 24 (13): 1307-1314.

[1009] Wiklund J, Shepherd D. Entrepreneurial orientation and small business performance: A configurational approach [J]. Journal of Business Venturing, 2005, 20 (1): 71-91.

[1010] William G D, Macmillan I C. Strategy implementation versus middle management self-interest [J]. Strategic Management Journal, 2010, 7 (4): 313-327.

[1011] Williams C, Lee S H. Resource allocations, knowledge network characteristics and entrepreneurial orientation of multinational corporations [J]. Research Policy, 2009, 38 (8): 1376-1387.

[1012] Williams M L, Tsai M H, Day D. Intangible assets, entry strategies, and venture success in industrial-markets [J]. Journal of Business Venturing, 1991, 6 (5): 315-333.

[1013] Williams S. Increasing employees' creativity by training their managers [J]. Industrial & Commercial Training, 2001, 33 (2): 63-68.

[1014] Wincent J, Thorgren S, Anokhin S. Entrepreneurial orientation and network board diversity in network organizations [J]. Journal of Business Venturing,

2014, 29 (2): 327-344.

[1015] Winter S G. Understanding dynamic capabilities [J]. Strategic Management Journal, 2003, 24 (10): 991-995.

[1016] Wojcik P, Obloj K, Wasowska A, Wiercinski S. Corporate acceleration process: A systems psychodynamics perspective [J]. Journal of Organizational Change Management, 2020, 33 (6): 1163-1180.

[1017] Wolcott R C, Lippitz M J, Booksx I. Grow from within: Mastering corporate entrepreneurship and innovation [M]. NY: McGraw-Hill Education, 2010.

[1018] Wooldridge B, Floyd S W. The strategy process, middle management involvement, and organizational performance [J]. Strategic Management Journal, 1990, 11 (3): 231-241.

[1019] Wooldridge B, Schmid T, Floyd S W. The middle management perspective on strategy process: Contributions, synthesis, and future research [J]. Journal of Management, 2008, 34 (6): 1190-1221.

[1020] Wright M, Hoskisson R E, Peng M W. Strategy research in emerging economies: Challenging the conventional wisdom [J]. Journal of Management Studies, 2010, 42 (1): 1-33.

[1021] Wu C H, Parker S K, De Jong J P J. Need for cognition as an antecedent of individual innovation behavior [J]. Journal of Management, 2014, 40 (6): 1511-1534.

[1022] Wu W Q, Wang H X, Wu Y J. Internal and external networks, and incubatees' performance in dynamic environments: Entrepreneurial learning's mediating effect [J]. Journal of Technology Transfer, 2021, 46 (6): 1707-1733.

[1023] Wu Y Y, Ma Z Z, Wang M S. Developing new capability: Middle managers' role in corporate entrepreneurship [J]. European Business Review, 2018, 30 (4): 470-493.

[1024] Wurth B, Stam E, Spigel B. Toward an Entrepreneurial Ecosystem Research Program [J]. Entrepreneurship Theory and Practice, 2021, 46 (3): 729-778.

[1025] Xie X, Lv J. Female technology entrepreneurs: Resource shortages and reputation challenges-A view of institutional support [J]. International Entrepreneurship and Management Journal, 2018, 14 (2): 379-403.

[1026] Xu H, Guo H, Zhang J, Dang A. Facilitating dynamic marketing capabilities development for domestic and foreign firms in an emerging economy [J]. Journal of Business Research, 2018, 86: 141-152. doi: 10.1016/j.jbusres.2018.01.038.

[1027] Xu X, Meyers M M, Sammakia B G, Murray B T, Chen C. Performance and reliability analysis of hybrid concentrating photovoltaic/thermal collectors with tree-shaped channel nets' cooling system [J]. IEEE Transactions on Components Packaging and Manufacturing Technology, 2013, 3 (6): 967-977.

[1028] Yang Y, Narayanan V K, De Carolis D M. The relationship between portfolio diversification and firm value: The evidence from corporate venture capital activity [J]. Strategic Management Journal, 2014, 35 (13): 1993-2011.

[1029] Yi Y, Narayanan V K, Zahra S A. Developing the selection and valuation capabilities through learning: The case of corporate venture capital [J]. Journal of Business Venturing, 2009, 24 (3): 261-273.

[1030] Yiu D W, Hoskisson R E, Bruton G D, Lu Y. Dueling institutional logics and the effect on strategic entrepreneurship in Chinese business groups [J]. Strategic Entrepreneurship Journal, 2014, 8 (3): 195-213.

[1031] Yiu D W, Lau C M. Corporate entrepreneurship as resource capital configuration in emerging market firms [J]. Entrepreneurship Theory and Practice, 2008, 32 (1): 37-57.

[1032] Yiu K H, Ng W S, Chan D, Sit K Y, Wong A, Lee C W, Chum H L, Cheng W Y, Pun C T, Ho K L, Chen Y, Ho L M, Kumana C R, Cheung H L, Chung M C, Lau C P, Au W K, Tse H T. Improved prognosis following renin-angiotensin-aldosterone system blockade in patients undergoing concomitant aortic and mitral valve replacement [J]. International Journal of Cardiology, 2014, 177 (2): 680-682.

[1033] Yli-Renko H, Autio E, Sapienza H J. Social capital, knowledge acquisition, and knowledge exploitation in young technology-based firms [J]. Strategic

Management Journal, 2001, 22 (6-7): 587-613.

[1034] Yoo Y, Henfridsson O, Lyytinen K. The new organizing logic of digital innovation: An agenda for information systems research [J]. Information Systems Research, 2010, 21 (4): 724-735.

[1035] Yu W, Wiklund J, Perez-Luno A. ADHD symptoms, entrepreneurial orientation (EO), and firm performance [J]. Entrepreneurship Theory and Practice, 2021, 45 (1): 92-117.

[1036] Yunis M, Tarhini A, Kassar A. The role of ICT and innovation in enhancing organizational performance: The catalysing effect of corporate entrepreneurship [J]. Journal of Business Research, 2018, 88: 344 – 356. doi: 10. 1016/ j. jbusres. 2017. 12. 030.

[1037] Zacharakis A L, Shepherd D A. The nature of information and overconfidence on venture capitalists' decision making [J]. Journal of Business Venturing, 2001, 16 (4): 311-332.

[1038] Zack M, Mckeen J, Singh S. Knowledge management and organizational performance: An exploratory analysis [J]. Journal of Knowledge Management, 2009, 13 (6): 392-409.

[1039] Zahra S A. A cannonical analysis of corporate entrepreneurship antecedents and impact on performance [J]. Academy of Management Proceedings, 1986, 1986 (1): 71-75.

[1040] Zahra S A. Predictors and financial outcomes of corporate entrepreneurship: An exploratory study [J]. Journal of Business Venturing, 1991, 6 (4): 259-285.

[1041] Zahra S A. A conceptual model of entrepreneurship as firm behavior: A critique and extension [J]. Entrepreneurship theory and practice, 1993, 17 (4): 5-21.

[1042] Zahra S A. Environment, corporate entrepreneurship, and financial performance: A taxonomic approach [J]. Journal of Business Venturing, 1993, 8 (4): 319-340.

[1043] Zahra S A. Corporate entrepreneurship and financial performance: The case of management leveraged buyouts [J]. Journal of Business Venturing, 1995, 10 (3): 225-247.

[1044] Zahra S A. Governance, ownership, and corporate entrepreneurship: The moderating impact of industry technological opportunities [J]. Academy of Management Journal, 1996, 39 (6): 1713-1735.

[1045] Zahra S A. Technology strategy and financial performance: Examining the moderating role of the firm's competitive environment [J]. Journal of Business Venturing, 1996, 11 (3): 189-219.

[1046] Zahra S A. International expansion of US manufacturing family businesses: The effect of ownership and involvement [J]. Journal of Business Venturing, 2003, 18 (4): 495-512.

[1047] Zahra S A. Entrepreneurial risk taking in family firms [J]. Family Business Review, 2005, 18 (1): 23-40.

[1048] Zahra S A. The virtuous cycle of discovery and creation of entrepreneurial opportunities [J]. Strategic Entrepreneurship Journal, 2008, 2 (3): 243-257.

[1049] Zahra S A, Covin J G. Business strategy, technology policy and firm performance [J]. Strategic Management Journal, 1993, 14 (6): 451-478.

[1050] Zahra S A, Covin J G. Contextual influences on the corporate entrepreneurship-performance relationship: A longitudinal analysis [J]. Journal of Business Venturing, 1995, 10 (1): 43-58.

[1051] Zahra S A, Filatotchev I, Wright M. How do threshold firms sustain corporate entrepreneurship? The role of boards and absorptive capacity [J]. Journal of Business Venturing, 2009, 24 (3): 248-260.

[1052] Zahra S A, Garvis D M. International corporate entrepreneurship and firm performance: The moderating effect of international environmental hostility [J]. Journal of Business Venturing, 2000, 15 (5-6): 469-492.

[1053] Zahra S A, George G. Manufacturing strategy and new venture performance: A comparison of independent and corporate ventures in the biotechnology industry [J]. Journal of High Technology Management Research, 1999, 10 (2):

313-345.

[1054] Zahra S A, George G. The net-enabled business innovation cycle and the evolution of dynamic capabilities [J]. Information Systems Research, 2002, 13 (2): 147-150.

[1055] Zahra S A, Hayton J C. The effect of international venturing on firm performance: The moderating influence of absorptive capacity [J]. Journal of Business Venturing, 2008, 23 (2): 195-220.

[1056] Zahra S A, Ireland R D, Hitt M A. International expansion by new venture firms: International diversity, mode of market entry, technological learning, and performance [J]. Academy of Management Journal, 2000, 43 (5): 925-950.

[1057] Zahra S A, Korri J S, Yu J F. Cognition and international entrepreneurship: implications for research on international opportunity recognition and exploitation [J]. International Business Review, 2005, 14 (2): 129-146.

[1058] Zahra S A, Nambisan S. Entrepreneurship in global innovation ecosystems [J]. AMS Review, 2011, 1 (1): 4-18.

[1059] Zahra S A, Nambisan S. Entrepreneurship and strategic thinking in business ecosystems [J]. Business Horizons, 2012, 55 (3): 219-229.

[1060] Zahra S A, Neubaum D O, Huse M. Entrepreneurship in medium-size companies: Exploring the effects of ownership and governance systems [J]. Journal of Management, 2000, 26 (5): 947-976.

[1061] Zahra S A, Nielsen A P, Bogner W C. Corporate entrepreneurship, knowledge, and competence development [J]. Entrepreneurship Theory and Practice, 1999, 23 (3): 169-189.

[1062] Zahra S A, Wright M. Entrepreneurship's next act [J]. Academy of Management Perspectives, 2011, 25 (4): 67-83.

[1063] Zahra S A, Wright M, Abdelgawad S G. Contextualization and the advancement of entrepreneurship research [J]. International Small Business Journal-Researching Entrepreneurship, 2014, 32 (5): 479-500.

[1064] Zampetakis L A, Beldekos P, Moustakis V S. "Day-to-day" entrepreneurship within organisations: The rote of trait Emotional Intelligence and Per-

ceived Organisationat Support [J]. European Management Journal, 2009, 27 (3):
165-175.

[1065] Zedtwitz M V. Classification and management of incubators: Aligning
strategic objectives and competitive scope for new business facilitation [J]. Interna-
tional Journal of Entrepreneurship and Innovation Management, 2003, 3 (1/2):
176-196.

[1066] Zedtwitz M V, Grimaldi R. Are service profiles incubator-specific? Re-
sults from an empirical investigation in Italy [J]. Journal of Technology Transfer,
2006, 31 (4): 459-468.

[1067] Zellweger T, Sieger P. Entrepreneurial orientation in long-lived family
firms [J]. Small Business Economics, 2012, 38 (1): 67-84.

[1068] Zhang Z, Jia M. Using social exchange theory to predict the effects of
high-performance human resource practices on corporate entrepreneurship: Evidence
from China [J]. Human Resource Management, 2010, 49 (4): 743-765.

[1069] Zhang Z, Wang X, Jia M. Echoes of CEO entrepreneurial orientation:
How and when CEO entrepreneurial orientation influences dual CSR activities [J].
Journal of Business Ethics, 2021, 169 (4): 609-629.

[1070] Zhao E Y F, Fisher G, Lounsbury M, Miller D. Optimal distinctive-
ness: Broadening the interface between institutional theory and strategic management
[J]. Strategic Management Journal, 2017, 38 (1): 93-113.

[1071] Zhao Y B, Li Y A, Lee S H, Chen L B. Entrepreneurial orientation,
organizational learning, and performance: Evidence from China [J]. Entrepreneur-
ship Theory and Practice, 2011, 35 (2): 293-317.

[1072] Zhao, Ishihara M, Jennings P D. Strategic entrepreneurship's dynamic
tensions: Converging (diverging) effects of experience and networks on market entry
timing and entrant performance [J]. Journal of Business Venturing, 2020, 35 (2):
1-23.

[1073] Zhou K Z. Innovation, imitation, and new product performance: The
case of China [J]. Industrial Marketing Management, 2006, 35 (3): 394-402.

[1074] Zhou W B A. Institutional environment, public-private hybrid forms, and entrepreneurial reinvestment in a transition economy [J]. Journal of Business Venturing, 2017, 32 (2): 197-214.

[1075] Zhu H, Djurjagina K, Leker J. Innovative behaviour types and their influence on individual crowdsourcing performances [J]. International Journal of Innovation Management, 2014, 18 (6): 1440015. doi: 10. 1142/S1363919614400155.

[1076] Zimmerman M A, Zeitz G J. Beyond survival: Achieving new venture growth by building legitimacy [J]. Academy of Management Review, 2002, 27 (3): 414-431.

[1077] Zimmermann A, Raisch S, Birkinshaw J. How is ambidexterity initiated? The emergent charter definition process [J]. Organization Science, 2015, 26 (4): 1119-1139.

[1078] Zott C. Dynamic capabilities and the emergence of intraindustry differential firm performance: Insights from a simulation study [J]. Strategic Management Journal, 2003, 24 (2): 97-125.

[1079] Zupic I, Cater T. Bibliometric methods in management and organization [J]. Organizational Research Methods, 2015, 18 (3): 429-472.

[1080] 蔡莉, 肖坚石, 赵镝. 基于资源开发过程的新创企业创业导向对资源利用的关系研究 [J]. 科学学与科学技术管理, 2008, 29 (1): 98-102.

[1081] 蔡莉, 杨亚倩, 卢珊, 于海晶. 数字技术对创业活动影响研究回顾与展望 [J]. 科学学研究, 2019, 37 (10): 1816-1824+1835.

[1082] 蔡莉, 朱秀梅, 刘预. 创业导向对新企业资源获取的影响研究 [J]. 科学学研究, 2011, 29 (4): 601-609.

[1083] 曾蔚, 沈亚宁, 唐雨, 阳欢欢. CVC 投资模式对大公司技术创新绩效影响的实证研究 [J]. 科技进步与对策, 2020, 37 (7): 9-15.

[1084] 陈军. 美国公司风险投资分析——发展、特点及运作机理 [J]. 改革, 2001, 2001 (1): 106-114.

[1085] 陈凌, 王昊. 家族涉入、政治联系与制度环境——以中国民营企业为例 [J]. 管理世界, 2013, 241 (10): 130-141.

[1086] 陈伟, 孙秀丽, 蒋春燕. 中国转型经济中创业导向与绩效的实证研究 [J]. 经济与管理, 2010, 24 (4): 13-17.

［1087］陈文沛．政治网络战略与创业绩效：创业导向的多重中介效应［J］.中国科技论坛，2017，249（1）：122-128.

［1088］陈文婷．创业学习与家族企业跨代企业家的创业选择［J］.经济管理，2011，33（8）：38-50.

［1089］丛海涛，唐元虎．公司风险投资对核心竞争力的作用机理研究［J］.研究与发展管理，2003，2003（4）：73-77+82.

［1090］戴维奇．组织冗余、公司创业与成长：解析不同冗余的异质影响［J］.科学学与科学技术管理，2012，33（6）：156-164.

［1091］戴维奇．"战略创业"与"公司创业"是同一个构念吗？——兼论中国背景下战略创业未来研究的三个方向［J］.科学学与科学技术管理，2015，36（9）：11-20.

［1092］戴维奇．理解"公司社会创业"：构念定位、研究梳理与研究议程［J］.科学学与科学技术管理，2016，37（4）：35-44.

［1093］戴维奇，黄婷婷，傅颖．私营企业家的身份体系如何影响创业导向？——基于模糊集的定性比较分析［J］.科学学与科学技术管理，2020，41（3）：63-79.

［1094］戴维奇，姜浩然．监管与反监管：CEO自恋与公司创业投资［J］.财经论丛，2020，267（12）：78-87.

［1095］戴维奇，李强．正式与非正式知识搜索、知识属性与产品创新［J］.财经论丛，2016，211（9）：81-91.

［1096］戴维奇，林巧．本地与超本地制度网络、公司创业与集群企业升级［J］.科学学与科学技术管理，2013，34（1）：39-47.

［1097］戴维奇，林巧，魏江．集群内外网络嵌入与公司创业——基于浙江省四个产业集群的实证研究［J］.科学学研究，2011，29（4）：571-581.

［1098］戴维奇，林巧，魏江．公司创业是如何推动集群企业升级的？——刻意学习的中介作用［J］.科学学研究，2012，30（7）：1071-1081.

［1099］戴维奇，林巧，魏江．本地和超本地业务网络、吸收能力与集群企业升级［J］.科研管理，2013，34（4）：79-89.

［1100］戴维奇，刘赫，林巧．董事会断裂带对创业导向的影响——行为整合机制的调节效应［J］.财经论丛，2018，232（4）：83-93.

［1101］戴维奇，刘洋，廖明情．烙印效应：民营企业谁在"不务正业"？［J］.管理世界，2016，272（5）：99-115.

［1102］戴维奇，魏江．集群企业创业行为的测度及其影响效应——以浙江永康五金产业集群为例［J］.科学学研究，2010，28（10）：1502-1510+1466.

［1103］戴维奇，魏江．咨询网络的结构特征与公司创业——以集群企业升级为背景的理论分析［J］.科学学与科学技术管理，2010，31（9）：51-55.

［1104］戴维奇，魏江．创业心智、战略创业与业务演化［J］.科学学研究，2015，33（8）：1215-1224+1231.

［1105］戴维奇，魏江，林巧．公司创业活动影响因素研究前沿探析与未来热点展望［J］.外国经济与管理，2009，31（6）：10-17.

［1106］戴维奇，魏江，余纯国．过往绩效与公司风险投资：高管政治网络的调节效应［J］.科研管理，2012，33（1）：138-146.

［1107］戴维奇，杨俊．战略创业：因应突变环境之道［J］.清华管理评论，2020，85（10）：80-87.

［1108］戴维奇，赵慢．企业家新政感知、制度与创业导向［J］.科研管理，2020，41（9）：187-196.

［1109］董保宝，罗均梅，许杭军．新企业创业导向与绩效的倒 U 形关系——基于资源整合能力的调节效应研究［J］.管理科学学报，2019，22（5）：83-98.

［1110］董保宝，向阳．战略创业研究脉络梳理与模型构建［J］.外国经济与管理，2012，34（7）：25-34.

［1111］董静，徐婉渔．公司风险投资："鱼水相依"抑或"与鲨共舞"？——文献评述与理论建构［J］.外国经济与管理，2018，40（2）：3-17+50.

［1112］杜海东，刘捷萍．创业导向对不同类型创新的影响：市场导向的中介和调节［J］.管理评论，2014，26（3）：151-158.

［1113］杜群阳，郑小碧．天生全球化企业跨国创业导向与国际化绩效——基于网络关系与学习导向动态耦合的视角［J］.科研管理，2015，36（3）：118-126.

［1114］杜群阳，朱剑光，倪春平，李松鹤．国际化企业创业导向：基于二维分析框架的理论与实证研究［J］.中国工业经济，2010，23（9）：141-150.

［1115］杜善重，汤莉．亲缘关系与创业导向——来自中国上市家族公司的经验证据［J］.科学学与科学技术管理，2019，40（2）：132-149.

［1116］段勇倩，陈劲．风险投资如何影响企业创新？——研究述评与展望［J］.外国经济与管理，2021，43（1）：136-152.

［1117］丰若旸，温军．风险投资与我国小微企业的技术创新［J］.研究与发展管理，2020，32（6）：126-139.

［1118］傅颖，方汉青，薄秋实，窦军生，斯晓夫．家族企业公司创业：海归继承人的影响效应［J］.南开管理评论，2021，24（6）：129-141.

［1119］高辉，邹国庆，王京伦．转型经济下企业创新绩效的制度嵌入性研究［J］.山东大学学报（哲学社会科学版），2016，214（1）：129-137.

［1120］葛宝山，柳燕，黄金睿．基于企业内创业视角的一汽集团发展过程分析［J］.管理现代化，2005，2005（6）：7-9.

［1121］葛宝山，王一，马鸿佳．基于动态能力视角的并购式内创业机理研究［J］.科研管理，2017，38（5）：56-63.

［1122］葛法权，张玉利，张腾．组织相互依赖关系对公司创业能力的影响机制——基于海尔集团的案例研究［J］.管理学报，2017，14（4）：475-484.

［1123］古志辉，王伟杰．创业型家族企业中的亲缘关系与代理成本［J］.管理学报，2014，11（12）：1806-1817.

［1124］郭超．子承父业还是开拓新机——二代接班者价值观偏离与家族企业转型创业［J］.中山大学学报（社会科学版），2013，53（2）：189-198.

［1125］郭海，李永慧，赵雁飞．求同还是存异：最优区分研究回顾与展望［J］.南开管理评论，2020，23（6）：214-224.

［1126］郭海，薛佳奇．领导权变更、创业导向及自主创新间关系的实证研究［J］.管理学报，2011，8（2）：241-247.

［1127］郭海，杨主恩．从数字技术到数字创业：内涵、特征与内在联系［J］.外国经济与管理，2021，43（09）：3-23.

[1128] 郭鲁伟, 张健. 公司创业的模式探讨 [J]. 科学学与科学技术管理, 2002, 23 (12): 94-96.

[1129] 郭蓉, 文巧甜. 业绩反馈与公司创业投资行为关系——来自中国上市公司的数据检验 [J]. 系统管理学报, 2019, 28 (6): 1041-1056.

[1130] 郭向红, 张茂义. 推出"小商品"跻身"大市场"——浙江健盛袜业公司创业之路 [J]. 商业经济与管理, 1998, 1998 (3): 73-74.

[1131] 韩晨, 高山行. 创业导向、创新模式与双维企业绩效——多重中介效应的实证检验 [J]. 科学学研究, 2018, 36 (1): 114-122.

[1132] 韩瑾, 党兴华, 石琳. 不同管理风格下创业投资参与程度对创业企业绩效的影响 [J]. 科技进步与对策, 2016, 33 (3): 103-108.

[1133] 何轩. 家族企业战略创业与战略绩效——基于中小型家族企业的本土化实证研究 [J]. 中山大学学报 (社会科学版), 2010, 50 (4): 198-208.

[1134] 胡赛全, 詹正茂, 钱悦, 刘茜. 企业创新文化、战略能力对创业导向的影响研究 [J]. 科研管理, 2014, 35 (10): 107-113.

[1135] 胡望斌, 张玉利, 牛芳. 我国新企业创业导向、动态能力与企业成长关系实证研究 [J]. 中国软科学, 2009, 220 (4): 107-118.

[1136] 胡望斌, 张玉利, 杨俊. 同质性还是异质性: 创业导向对技术创业团队与新企业绩效关系的调节作用研究 [J]. 管理世界, 2014, 249 (6): 92-109.

[1137] 黄昊, 王国红, 邢蕊, 李娜. 创业导向与商业模式创新的匹配对能力追赶绩效的影响——基于增材制造企业的多案例研究 [J]. 中国软科学, 2019, 341 (5): 116-130.

[1138] 黄建国, 苏竣. 日本企业内部创业制度的形成和运营模式——对中国企业技术创新的启示 [J]. 科学学与科学技术管理, 2004, 25 (3): 41-44.

[1139] 黄永春, 张惟佳, 徐军海. 服务环境对新生企业家创业导向的影响 [J]. 科研管理, 2021, 42 (2): 149-160.

[1140] 加里·杜什尼茨基, 余雷, 路江涌. 公司创业投资: 文献述评与研究展望 [J]. 管理世界, 2021, 37 (7): 198-216.

[1141] 贾建锋, 刘梦含. 数字创业团队: 内涵、特征与理论框架 [J]. 研

究与发展管理，2021，33（1）：101-109.

[1142] 贾建锋，赵希男，于秀凤，王国锋．创业导向有助于提升企业绩效吗——基于创业导向型企业高管胜任特征的中介效应［J］.南开管理评论，2013，16（2）：47-56.

[1143] 江旭，穆文，周密．企业如何成功实现技术商业化？［J］.科学学研究，2017，35（7）：1032-1042.

[1144] 姜彦福，沈正宁，叶瑛．公司创业理论：回顾、评述及展望［J］.科学学与科学技术管理，2006，27（7）：107-115.

[1145] 姜彦福，张健，雷家骕，张帏．公司创业战略的跨文化研究［J］.科学学研究，2005，23（3）：357-361.

[1146] 姜忠辉，罗均梅．基于组织情境要素的内部创业模式分类研究［J］.科学学与科学技术管理，2017，38（9）：141-158.

[1147] 焦豪，魏江，崔瑜．企业动态能力构建路径分析：基于创业导向和组织学习的视角［J］.管理世界，2008，175（4）：91-106.

[1148] 焦豪，周江华，谢振东．创业导向与组织绩效间关系的实证研究——基于环境动态性的调节效应［J］.科学学与科学技术管理，2007，28（11）：70-76.

[1149] 康永博，王苏生，彭珂．公司创业投资对企业技术创新的影响研究——基于组织间学习的视角［J］.研究与发展管理，2017，29（5）：87-98.

[1150] 康永博，王苏生，彭珂．风险投资发挥监督作用了吗？——风险投资对公司创业投资（CVC）信息披露制度作用发挥的影响研究［J］.管理评论，2019，31（5）：203-212.

[1151] 黎赔肆，焦豪．动态环境下组织即兴对创业导向的影响机制研究［J］.管理学报，2014，11（9）：1366-1371.

[1152] 李德辉，范黎波，吴双．企业市场地位、信息优势与创业导向：基于法制环境调节效应的考察［J］.管理评论，2019，31（4）：58-69.

[1153] 李泓桥．创业导向对企业突破性创新的影响研究：互补资产的调节作用［J］.科学学与科学技术管理，2013，34（3）：126-135.

[1154] 李华晶．创业环境、公司创业战略与组织绩效——基于我国大中型企业科技活动的实证分析［J］.经济管理，2008，452（Z1）：44-48.

[1155] 李华晶,邢晓东. 高管团队与公司创业战略:基于高阶理论和代理理论融合的实证研究 [J].科学学与科学技术管理,2007,312(9):139-144.

[1156] 李华晶,张玉利. 公司治理与公司创业的契合:高管团队视角的分析 [J].经济管理,2006,2006(13):41-43.

[1157] 李璟琰,焦豪. 创业导向与组织绩效间关系实证研究:基于组织学习的中介效应 [J].科研管理,2008,29(5):35-41+48.

[1158] 李前兵. 家族成员特征对家族创业行为影响的实证研究 [J].预测,2011,30(3):59-64.

[1159] 李乾文. 公司创业活动与绩效关系测度体系评介 [J].外国经济与管理,2005,27(2):2-9.

[1160] 李乾文,张玉利. 内部创业环境中介效应的理论与实证研究 [J].研究与发展管理,2009,21(1):1-8.

[1161] 李卫宁,赵尚科. 创业导向与国际化绩效:基于国外市场知识的中介效应研究 [J].管理学报,2010,7(8):1191-1196.

[1162] 李先江. 营销创新对公司创业导向与组织绩效关系的中介效应研究——基于中东部八省市企业的实证研究 [J].研究与发展管理,2012,24(2):115-125.

[1163] 李先江. 公司创业导向、顾客价值创新与企业绩效的关系研究 [J].管理评论,2013,25(2):60-69.

[1164] 李新春,何轩,陈文婷. 战略创业与家族企业创业精神的传承——基于百年老字号李锦记的案例研究 [J].管理世界,2008,181(10):127-140+188.

[1165] 李新春,张鹏翔,叶文平. 家族企业跨代资源整合与组合创业 [J].管理科学学报,2016,19(11):1-17.

[1166] 李雪灵,马文杰,刘钊,董保宝. 合法性视角下的创业导向与企业成长:基于中国新企业的实证检验 [J].中国工业经济,2011,281(8):99-108.

[1167] 李雪灵,姚一玮,王利军. 新企业创业导向与创新绩效关系研究:积极型市场导向的中介作用 [J].中国工业经济,2010,267(6):116-125.

［1168］李扬，单标安，费宇鹏，李北伟．数字技术创业：研究主题述评与展望［J］.研究与发展管理，2021，33（1）：65-77.

［1169］李颖，赵文红，薛朝阳．创业导向、社会网络与知识资源获取的关系研究——基于信号理论视角［J］.科学学与科学技术管理，2018，39（2）：130-141.

［1170］李宇，马征远．大企业内部创业"裂生式"与"创生式"战略路径——基于海尔和思科的双案例研究［J］.中国工业经济，2020，392（11）：99-117.

［1171］李宇，张雁鸣．网络资源、创业导向与在孵企业绩效研究——基于大连国家级创业孵化基地的实证分析［J］.中国软科学，2012，260（8）：98-110.

［1172］梁巧转，孟瑶，刘炬，袁博．创业团队成员人格特质和工作价值观与创业绩效——基于创业导向的中介作用［J］.科学学与科学技术管理，2012，33（7）：171-180.

［1173］林子尧，李新春．公司创业投资与上市公司绩效：基于中国数据的实证研究［J］.南方经济，2012，272（6）：3-14.

［1174］刘人怀，王娅男．创业拼凑对创业学习的影响研究——基于创业导向的调节作用［J］.科学学与科学技术管理，2017，38（10）：135-146.

［1175］刘莎莎，宋立丰，宋远方．数字化情境下互联网独角兽的公司创业路径研究［J］.科学学研究，2020，38（1）：113-123.

［1176］刘伟，黄江林．企业资源对新创上市公司创业投资决策的影响——基于创业板制造业的分析［J］.科技进步与对策，2016，33（2）：86-90.

［1177］刘伟，杨贝贝，刘严严．制度环境对新创企业创业导向的影响——基于创业板的实证研究［J］.科学学研究，2014，32（3）：421-430.

［1178］刘小元，林嵩，李汉军．创业导向、家族涉入与新创家族企业成长［J］.管理评论，2017，29（10）：42-57.

［1179］刘亚军，和金生．创业导向、组织学习对核心能力及组织绩效的影响研究——来自华中、华南、华北地区210个企业的实证［J］.科学学与科学技术管理，2009，30（4）：152-158.

[1180] 刘宇璟，黄良志，林裘绪．环境动态性、创业导向与企业绩效——管理关系的调节效应［J］.研究与发展管理，2019，31（5）：89-102.

[1181] 刘志铭，邹文．数字创业生态系统：理论框架与政策思考［J］.广东社会科学，2020，204（4）：5-14.

[1182] 陆方舟，陈德棉，乔明哲．公司创业投资目标、模式与投资企业价值的关系——基于沪深上市公司的实证研究［J］.投资研究，2014，33（1）：57-71.

[1183] 吕源，徐二明．公司创业力研究［J］.南开管理评论，2004，2004（3）：34-40.

[1184] 马鸿佳，董保宝，葛宝山，罗德尼·若宁．创业导向、小企业导向与企业绩效关系研究［J］.管理世界，2009，192（9）：109-115+188.

[1185] 马丽，赵蓓．高层管理者关系对创业导向的影响机制研究——一个有中介的调节模型［J］.财经论丛，2018，232（4）：94-103.

[1186] 苗青．创新之难？公司创业的禀赋效应［J］.科研管理，2008，29（1）：188-191.

[1187] 庞仙君，罗劲博，彭涛．风险资本给创业家族企业带来什么？——基于中国创业板上市公司的经验证据［J］.科学学与科学技术管理，2015，36（5）：126-136.

[1188] 彭学兵，胡剑锋．初创企业与成熟企业技术创业的组织方式比较研究［J］.科研管理，2011，32（7）：53-59.

[1189] 戚振江，赵映振．公司创业的要素、形式、策略及研究趋势［J］.科学学研究，2003，2003（S1）：197-201.

[1190] 齐齐，赵树宽，胡玮璇．家族创业研究现状述评和未来研究展望［J］.外国经济与管理，2017，39（10）：18-39.

[1191] 乔明哲，张玉利，凌玉，李金良．公司创业投资究竟怎样影响创业企业的 IPO 抑价——来自深圳创业板市场的证据［J］.南开管理评论，2017，20（1）：167-180.

[1192] 乔明哲，张玉利，张玮倩，虞星星．公司创业投资与企业技术创新绩效——基于实物期权视角的研究［J］.外国经济与管理，2017，39（12）：38-52.

［1193］阮丽旸，刘益，王良．转型环境下关系导向和创业导向对民营企业 CSR 的影响研究［J］．软科学，2017，31（10）：52-56+65.

［1194］芮正云，罗瑾琏，甘静娴．新企业网络导向如何影响其创业导向［J］．管理评论，2020，32（1）：119-131.

［1195］宋典，袁勇志，彭纪生．战略人力资源管理、公司创业与企业绩效关系的实证研究［J］．科学学与科学技术管理，2009，30（12）：134-139.

［1196］宋典，袁勇志，张伟炜．创业导向对员工创新行为影响的跨层次实证研究——以创新氛围和心理授权为中介变量［J］．科学学研究，2011，29（8）：1266-1273.

［1197］宋效中，程玮．上市公司风险投资对经营绩效的影响［J］．会计之友，2014，479（11）：34-38.

［1198］苏晓华，王平．创业导向及合法性对新创企业绩效影响研究——基于产业生命周期的调节作用［J］．科学学与科学技术管理，2011，32（2）：121-126.

［1199］孙秀丽，赵曙明．CEO 冒险倾向对公司创业的影响：一个被调节的中介模型［J］．科学学与科学技术管理，2019，40（6）：107-124.

［1200］孙秀丽，赵曙明，白晓明．制度支持、高管团队冒险倾向与公司创业关系研究［J］．科研管理，2018，39（12）：123-130.

［1201］孙秀丽，赵曙明，蒋春燕．制度支持、公司创业与企业绩效——不正当竞争与技术能力的调节作用［J］．科技进步与对策，2016，33（11）：61-67.

［1202］孙玉青，赵艳萍．集群内创业网络对创业资源的影响研究［J］．科技进步与对策，2011，28（8）：52-54.

［1203］万坤扬，陆文聪．公司创业投资与企业技术创新——吸收能力、卷入强度和治理结构的调节作用［J］．科学学与科学技术管理，2014，35（11）：117-128.

［1204］王凤彬，张雪．用纵向案例研究讲好中国故事：过程研究范式、过程理论化与中西对话前景［J］．管理世界，2022，38（6）：191-213.

［1205］王凤霞，夏爽，陈亚娟．中基层员工主导型公司创业过程研究——基于腾讯公司的探索性案例设计［J］．科技进步与对策，2018，35

（12）：107-116.

[1206] 王国红，秦兰，邢蕊，周建林．新企业创业导向转化为成长绩效的内在机理研究——以创业拼凑为中间变量的案例研究［J］.中国软科学，2018，329（5）：135-146.

[1207] 王国顺，杨帆．创业导向、网络能力对国际化绩效的影响研究［J］.科研管理，2011，32（10）：144-150.

[1208] 王国颖．公司内创业：激励中层管理者的新思路［J］.中国人力资源开发，2011，258（12）：22-25.

[1209] 王雷．公司创业投资支持企业控制权配置实证研究［J］.管理科学，2016，29（4）：80-93.

[1210] 王雷，亓亚荣．CVC竞争强度与被投资企业技术创新绩效——基于卷入强度的中介效应分析［J］.上海财经大学学报，2019，21（2）：46-64.

[1211] 王雷，周方召．公司创业投资比独立创业投资更能促创新吗？——基于上市公司的实证研究［J］.科学学与科学技术管理，2017，38（10）：120-134.

[1212] 王圣慧，张玉臣，易明．企业内部创业路径研究：以精益创业走出"战争迷雾"［J］.科研管理，2017，38（3）：144-152.

[1213] 王世权，王丹．公司创业网络本质解构与作用机理和治理要义探析——基于利益相关者视角［J］.外国经济与管理，2011，33（6）：9-17.

[1214] 王苏生，康永博，彭珂．公司创业投资（CVC）、实物期权和公司价值创造［J］.管理评论，2017，29（9）：110-121.

[1215] 王钰，胡海青．冗余资源与创业导向：制度环境的调节效应［J］.科研管理，2021，42（8）：35-42.

[1216] 王志玮，叶凌峰，吴清，吴炳德．转型经济下破坏性技术创业及其合法性演化研究——MX公司纵向案例分析［J］.科学学与科学技术管理，2018，39（8）：100-114.

[1217] 魏江，戴维奇，林巧．公司创业研究领域两个关键概念——创业导向与公司创业——的比较［J］.外国经济与管理，2009，31（1）：24-31.

[1218] 魏江，戴维奇，林巧．管理者社会连带影响企业绩效的机理：以组织创新为中介变量［J］.科学学与科学技术管理，2009，30（2）：148-153+

159.

［1219］魏江，焦豪．创业导向、组织学习与动态能力关系研究［J］．外国经济与管理，2008，30（2）：36-41.

［1220］吴建祖，李英博．感知的创业环境对中层管理者内部创业行为的影响研究［J］．管理学报，2015，12（1）：111-117.

［1221］吴旭云，贺小刚，郝影利．创业导向、网络嵌入与创业型企业成长关系研究［J］．科技进步与对策，2013，30（5）：78-84.

［1222］谢卫红，林培望，李忠顺，郭海珍．数字化创新：内涵特征、价值创造与展望［J］．外国经济与管理，2020，42（09）：19-31.

［1223］谢雅萍，宋超俐．风险投资与技术创新关系研究现状探析与未来展望［J］．外国经济与管理，2017，39（2）：47-59.

［1224］谢雅萍，王国林．家族性资源、创业行动学习与家族创业能力——乐观的调节作用［J］．科研管理，2016，37（2）：98-106.

［1225］薛超凯，任宗强，党兴华．CVC 与 IVC 谁更能促进初创企业创新？［J］．管理工程学报，2019，33（4）：38-48.

［1226］薛红志．试论竞争战略对创业导向—绩效关系的影响［J］．外国经济与管理，2005，27（12）：28-36.

［1227］薛红志．内部创业倡导者角色与行为模式研究［J］．外国经济与管理，2006，28（12）：25-31+55.

［1228］薛红志，张玉利．公司创业研究评述——国外创业研究新进展［J］．外国经济与管理，2003，25（11）：7-11.

［1229］颜士梅，王重鸣．并购式内创业中人力资源整合水平的选择：一个实证研究［J］．管理世界，2005，144（9）：107-118.

［1230］杨超．外商直接投资与企业经营绩效［M］．北京：对外经济贸易大学出版社，2019.

［1231］杨林，张世超，季丹．公司创业战略导向、高管团队垂直对差异与创业绩效关系研究［J］．科研管理，2016，37（12）：92-104.

［1232］杨学儒，李新春．家族涉入指数的构建与测量研究［J］．中国工业经济，2009，254（5）：99-109.

［1233］姚先国，温伟祥，任洲麒．企业集群环境下的公司创业研究——

网络资源与创业导向对集群企业绩效的影响［J］.中国工业经济，2008，240（3）：84-92.

　　［1234］易朝辉.资源整合能力、创业导向与创业绩效的关系研究［J］.科学学研究，2010，28（5）：757-762.

　　［1235］易朝辉.网络嵌入、创业导向与新创企业绩效关系研究［J］.科研管理，2012，33（11）：105-115.

　　［1236］尹珏林.组织新颖性、创业导向与公司伦理管理——一个调节效应模型及启示［J］.科学学与科学技术管理，2012，33（12）：97-107.

　　［1237］余江，孟庆时，张越，靳景.数字创业：数字化时代创业理论和实践的新趋势［J］.科学学研究，2018，36（10）：1801-1808.

　　［1238］翟丽，鹿溪，宋学明.上市公司参与公司风险投资的收益及其影响因素实证研究［J］.研究与发展管理，2010，22（5）：104-112+133.

　　［1239］张萌萌，李建华，裴冬雪，王辰.高技术企业公司创业影响因素探析及模型构建［J］.科研管理，2016，37（7）：27-34.

　　［1240］张秀娥，张坤.创业导向对新创社会企业绩效的影响——资源拼凑的中介作用与规制的调节作用［J］.科技进步与对策，2018，35（9）：91-99.

　　［1241］张映红.公司创业理论的演化背景及其理论综述［J］.经济管理，2006（14）：4-10.

　　［1242］张映红.转型经济环境下中国企业创业战略决策的冒险性特征［J］.经济与管理研究，2007，177（8）：58-62.

　　［1243］张映红.动态环境对公司创业战略与绩效关系的调节效应研究［J］.中国工业经济，2008，238（1）：105-113.

　　［1244］张玉利，李乾文.公司创业活动与组织绩效——基于中国成长期私营企业的实证研究［J］.科研管理，2005，2005（S1）：28-39.

　　［1245］赵健宇，廖文琦，袭希.创业导向与探索式创新的关系：一个双中介效应模型［J］.管理科学，2019，32（2）：33-49.

　　［1246］赵兴庐，刘衡，张建琦.冗余如何转化为公司创业？——资源拼凑和机会识别的双元式中介路径研究［J］.外国经济与管理，2017，39（6）：54-67.

［1247］赵艳萍，梅强，赵观兵，孙玉青．产业集群内创业网络对中小企业创业过程影响的实证研究［J］.科技进步与对策，2013，30（18）：104-109.

［1248］周立新．家族企业创业导向与企业成长：社会情感财富与制度环境的调节作用［J］.科技进步与对策，2018，35（2）：90-95.

［1249］周立新．社会情感财富对家族企业创业导向的影响［J］.科技进步与对策，2021，38（9）：82-89.

［1250］周立新，杨良明．家族涉入与家族企业创业导向：环境与经营困境的调节作用［J］.科技进步与对策，2018，35（14）：88-94.

［1251］朱秀梅．资源获取、创业导向与新创企业绩效关系研究［J］.科学学研究，2008，26（3）：589-595.

［1252］朱秀梅，刘月，陈海涛．数字创业：要素及内核生成机制研究［J］.外国经济与管理，2020，42（4）：19-35.

［1253］朱秀梅，肖雪．转型经济环境特征与企业创业导向探讨［J］.统计与决策，2016，467（23）：185-188.

后 记

在本书撰写接近完成之际，诸多公司创业的高质量研究又涌现出来，让我们进一步感受到这一研究领域的生命力。与此同时，Gelderen、Wiklund 和 McMullen（2021）以《2030 年的创业将会是怎样》① 为题，运用德尔菲方法，征询了 ETP（*Entrepreneurship Theory and Practice*）和 JBV（*Journal of Business Venturing*）两个期刊编委会成员的意见。受访者认为，2030 年的在位企业将比今天的在位企业更具有创业精神。一方面，面对加剧的竞争和不确定性，大企业为了降低风险和减少竞争威胁，会将并购新创企业作为一种重要手段。而新创企业因为环境的不确定性加大而生存困难，因而也会寻求大企业的庇护。新创企业将变得不那么"雄心勃勃"，转而寻求迅速出售给大企业的机会。据此预测，大企业以并购为形式的外部公司冒险活动（external corporate venturing）将会增加。另一方面，在位企业基层员工的内创业（intrapreneurship）活动也会增加。到 2030 年，在位企业的公司创业是如此活跃，以至于员工的内创业活动或将成为其保住工作的重要途径②。综合以上两方面，我们意识到，组织层面创业现象将长期存在，而随之展开的研究也会不断推进。进一步地，全面地梳理和总结这一领域的发展进程，将会是一项长期的、不断迭代的工作。

在未来的归纳总结工作中，我们希望看到更多的中国学者的原创性贡献。

---

① van Gelderen, M., Wiklund, J. & McMullen, J. S. (2021). Entrepreneurship in the Future: A Delphi Study of ETP and JBV Editorial Board Members. Entrepreneurship Theory and Practice, 45 (5), 1239-1275.

② van Gelderen, M., Wiklund, J. & McMullen, J. S. (2021). Entrepreneurship in the Future: A Delphi Study of ETP and JBV Editorial Board Members. Entrepreneurship Theory and Practice, 45 (5), 1239-1275.

十几年前，学界曾就"中国管理学研究如何向前发展"这一议题做过一次深入的讨论。其时，徐淑英教授组织十几位专家，讨论中国管理研究是应当走"中国的管理理论之路"（*Theory of Chinese management*）还是"管理的中国理论之路"（*Chinese theory of management*），引发了广泛的反响，最终这次专题讨论的成果以专刊的形式在 2009 年第一期的 MOR 上发表①。所谓中国的管理理论之路，侧重点在于"管理理论"，强调运用其他情境（主要是指美国）下开发出来的理论解释中国管理现象，同时也进一步发展这些管理理论。而管理的中国理论之路，重点是"中国理论"，强调开发本土理论，解释中国特有的管理现象。前者由于"走的人多"，所以被认为是一条"康庄大道"，而后者由于人迹罕至，相对冷清，所以被称为"羊肠小道"。曾有学者认为康庄大道与羊肠小道是一个"*either…or…*"的选择。如在 MOR 的特刊中，有学者认为康庄大道更能培养符合西方管理研究范式的中国学者，且能更为稳定快速地产出研究成果，因而更适合中国学者。与此同时，也有学者认为，发展中国特色的管理理论才能真正为全球管理理论作出贡献，因而中国学者要另辟蹊径，迎难而上，将"羊肠小道"也作为一个重要的选项。当然，也有学者站在中立的角度，强调这两条路是并行不悖的。我们完全可以按"*both…and…*"的逻辑，一部分学者走"中国的管理理论之路"，另一部分学者专攻"管理的中国理论之路"。从公司创业研究的角度讲，同样也可以在学者之间进行分工，同步走好两条道路。

时间来到了 21 世纪 20 年代。当我们在今天重新审视"两条道路之争"时，我们无疑会有新的思考和想法。今天，我国的国力日渐强盛，中国企业日益受到全球的瞩目。面对中华民族崛起的历史机遇，面对丰富的、独特的中国企业的创业现象，创造公司创业的中国理论（*Chinese theory of corporate/firm-level entrepreneurship*）恰逢其时，也迫在眉睫。新时代也对我们提出了新要求。我们要从中国改革开放和现代化建设的宏伟史诗中汲取养分，挖掘公司创业的素材，讲好中国企业的创业故事，彰显中国气派、中国风格。在这

---

① 核心文献如下：Barney, J. & Zhang, S. (2009). The Future of Chinese Management Research：A Theory of Chinese Management versus A Chinese Theory of Management. Management and Organization Review，5（1），15-28.

样的背景下，对于我国的公司创业学者特别是资深学者而言，或许真的到了
"换道"的时候了。事实上，我国相当一部分学者已在"康庄大道"上走了
很长时间，取得了丰硕的成果与卓越的成就，也确实到了转型的时候了，因
为只有这样才能弥合当下公司创业研究与新时代新要求之间的差距。我们要
扛起"公司创业的中国理论"的大旗，争取为全球范围内的公司创业研究作
出中国学者应有的贡献。

愿本书的出版能为实现这一目标贡献绵薄之力。

戴维奇

2022 年 4 月 5 日初拟

2024 年 7 月 27 日修订